EXPROPRIAÇÃO e DIREITOS no CAPITALISMO

EDITORA AFILIADA

Coordenadora do Conselho Editorial de Serviço Social
Maria Liduína de Oliveira e Silva

Conselho Editorial de Serviço Social
Ademir Alves da Silva
Dilséa Adeodata Bonetti (*in memoriam*)
Elaine Rossetti Behring
Ivete Simionatto
Maria Lúcia Carvalho da Silva (*in memoriam*)
Maria Lucia Silva Barroco

Dados Internacionais de Catalogação na Publicação (CIP)
(Câmara Brasileira do Livro, SP, Brasil)

Expropriação e direitos no capitalismo / Ivanete Boschetti (Org.). — São Paulo : Cortez, 2018.

Vários autores.
Bibliografia.
ISBN 978-85-249-2709-6

1. Acumulação de capital 2. Capitalismo 3. Exploração 4. Expropriação 5. Expropriação de direitos 6. Marx, Karl, 1818-1883 7. Política social 8. Trabalho e classes trabalhadoras I. Boschetti, Ivanete.

18-21588   CDD-361.61

Índices para catálogo sistemático:
1. 1. Expropriações no capitalismo : Abordagem marxista : Direitos e políticas sociais 361.61

Maria Paula C. Riyuzo - Bibliotecária - CRB-8/7639

Ivanete Boschetti (Org.)

EXPROPRIAÇÃO e DIREITOS no CAPITALISMO

Apoio:

EXPROPRIAÇÃO E DIREITOS NO CAPITALISMO
Ivanete Boschetti (Org.)

Capa: de Sign Arte Visual
Preparação de originais: Ana Paula Luccisano
Revisão: Maria de Lourdes de Almeida
Projeto gráfico e diagramação: Linea Editora
Coordenação editorial: Danilo Morales
Assessoria editorial: Maria Liduína de Oliveira e Silva
Editora-assistente: Priscila Flório Augusto

Nenhuma parte desta obra pode ser reproduzida ou duplicada sem autorização dos autores e do editor.

© 2018 by Organizadora

CORTEZ EDITORA
Rua Monte Alegre, 1074 — Perdizes
05014-001 — São Paulo-SP — Brasil
Tel.: (55 11) 3864-0111 Fax: (55 11) 3864-4290
www.cortezeditora.com.br
E-mail: cortez@cortezeditora.com.br

Impresso no Brasil — novembro de 2018

Sumário

Apresentação
    Ivanete Boschetti.. 7

1. A transformação dos meios de existência em capital — expropriações, mercado e propriedade
    Virgínia Fontes 17

2. Notas sobre a expropriação na "odisseia" do capital
    Márcio Lupatini 63

3. Valor, expropriação e direito: sobre a forma e a violência jurídica na acumulação do capital
    Guilherme Leite Gonçalves.. 101

4. Expropriação de direitos e reprodução da força de trabalho
    Ivanete Boschetti... 131

5. Expropriações contemporâneas: hipóteses e reflexões
    Ana Elizabete Mota... 167

6. Fundo público, exploração e expropriações no capitalismo em crise
   Elaine Rossetti Behring 187

7. Sobretrabalho em Marx, expropriação e superexploração no capitalismo dependente
   Carla Cecilia Campos Ferreira 211

8. Estado e expropriações no capitalismo dependente
   Ana Paula Mauriel 233

9. A violência como potência econômica: da acumulação primitiva ao novo imperialismo
   Rodrigo Castelo, Vinicius Ribeiro e Ricardo de Lima 265

10. Empreendedorismo e expropriação da subjetividade
    Maria Augusta Tavares 293

11. Expropriação pela violência contra as mulheres: expressão da violência estrutural no capitalismo contemporâneo
    Milena Fernandes Barroso 311

12. Conciliação de classe: mediação ao aumento da exploração do trabalho?
    Sara Granemann 341

Sobre os autores 363

Apresentação

O interesse em organizar uma publicação que abordasse temáticas relacionadas às expropriações, os direitos, a acumulação, a exploração e a violência no capitalismo contemporâneo data de longo tempo. Inicialmente, foi suscitado pela incursão na fulcral elaboração marxiana (Marx, 1984[1867]) sobre o significado das expropriações na acumulação primitiva. Na sequência, o interesse se solidificou a partir das contribuições de David Harvey (2004) e seu debate sobre a acumulação por espoliação e de Virgínia Fontes (2010) em suas reflexões sobre as expropriações no capital imperialismo e o diálogo crítico com Harvey. Ambos partem do debate em Marx sobre as expropriações como elemento determinante dos processos de acumulação, mas com abordagens diferentes.

Tais leituras provocaram investidas subsequentes no aprofundamento da relação entre expropriação, destruição de direitos e a constituição de um tipo específico de Estado Social no capitalismo contemporâneo, seja em artigos, livro, palestras ou debates coletivos em eventos como o ENPESS (2016) e o NIEP/MARX (2017)[1]. O ama-

---

1. A mesa coordenada organizada no ENPESS em 2016 ("Acumulação capitalista, expropriações e superexploração do trabalho: determinantes estruturais e conjunturais da questão social no Brasil") contou com a participação de cinco autores/as deste livro: Rodrigo Castelo, Ana Paula Mauriel, Ana Elizabete Mota, Maria Augusta Tavares e Ivanete Boschetti, e constituiu um embrião da proposta dessa coletânea. A mesa coordenada articulada no NIEPP/MARX em 2017 (Expropriação e supressão de direitos no capitalismo contemporâneo: um debate necessário)

durecimento desses diálogos resultou no projeto de organização dessa coletânea, intitulada *Expropriação e Direitos no Capitalismo*, e agrega autores/as que vêm se dedicando a desvendar e explicitar os processos contemporâneos de exploração e acumulação do capital, em contexto de forte ofensiva conservadora, na perspectiva de recompor e ampliar as taxas de lucro.

O tema das expropriações é circundado de polêmicas, e os textos aqui reunidos não objetivam dirimi-las e tampouco abordá-las como eixos estruturantes das reflexões, mas dedicam-se a problematizar, com solidez teórica ancorada na tradição marxista, sua potencialidade como categoria explicativa dos violentos processos de subsunção do trabalho ao capital nesses tempos de forte ofensiva do capital.

Mesmo incorrendo no risco de abordar com excessiva simplicidade, nos limites dessa apresentação, a identificação das principais polêmicas em torno do tema das expropriações, podemos sinalizar que uma primeira discordância no campo da tradição marxista reside no uso da categoria expropriação para se referir aos processos contemporâneos de acumulação e reprodução ampliada do capital. No Livro I d'*O Capital*, Marx demonstra a determinação das expropriações como processos originários da acumulação primitiva no capítulo XXIV — A Assim Chamada Acumulação Primitiva. Algumas interpretações consideram que se trata de um fenômeno próprio e específico da acumulação originária, sendo, portanto, improcedente sua utilização para explicação de fenômenos contemporâneos. Outra importante discordância se refere ao sentido mesmo das expropriações, e, ao menos, duas posições se contrapõem. Uma, que interpreta as expropriações como processos restritos à separação entre "o produtor e os meios de produção", e outra que considera as expropriações como os processos que roubam dos trabalhadores "todas as garantias de sua existência". Ambas as formulações estão presentes em Marx e suscitam instigantes reflexões sobre as expropriações como processos que submetem

---

aprofundou o debate e contou com a presença de Ivanete Boschetti, Ana Elizabete Mota e Elaine Behring, além da docente Juliana Fiuza Cislaghi, quando a proposta desse livro foi amadurecida.

a classe trabalhadora à lei geral da acumulação, abordadas aqui sob diferentes e provocativas perspectivas, todas movidas pela intenção de explicitar os movimentos contemporâneos de reprodução do capital.

O trabalho de Virgínia Fontes — "A transformação dos meios de existência em capital — expropriações, mercado e propriedade" — abre o livro, resgata sua clássica compreensão das expropriações como base social do capitalismo e aprofunda a relação entre expropriação e desemprego, que não é mecânica nem imediata, afirma a autora, mas que constitui o "processo simultâneo e correlato da expropriação, que é a transformação de meios de vida em capital". A autora reafirma aqui sua perspectiva que "os processos de expropriação não estão apenas na pré-história do capitalismo, mas também integram sua expansão, acompanhando a extensão das próprias relações sociais capitalistas e aprofundando-as, e prosseguem resultando em massas de trabalhadores disponíveis para vender sua própria força de trabalho".

As "Notas sobre a expropriação na "odisseia" do capital", de Márcio Lupatini, percorre o Livro I d'*O Capital*, e nos apresenta que as expropriações são tratadas por Marx não como simples pressuposto do capital, mas como necessidade de sua reprodução. O autor sustenta que "processos de expropriação não se continuem apenas como um pressuposto da relação-capital" e enfatiza: "a expropriação não só é pressuposto do capital, das condições para a produção capitalista, mas também exigência da reprodução do capital, das suas *leis imanentes*". Suas reflexões chamam a atenção sobre a especificidade da relação capital e reprodução do capital, bem como as especificidades das expropriações contemporâneas.

Sustentado na crítica marxista do direito, o capítulo de Guilherme Leite Gonçalves — "Valor, expropriação e direito: sobre a forma e a violência jurídica na acumulação do capital" — oferece uma contundente crítica ao princípio da equivalência, onde o "direito aparece sob a veste da forma e do fetichismo jurídicos". O autor defende que o "direito se configura como violência jurídica explícita e prescrição expressa da desigualdade" e demonstra a posição e o papel do direito na acumulação do capital. Com argumentos sólidos, sustenta que, no princípio da equivalência, o "direito funciona como a forma da igualdade e liberdade abstratas, que se encontra vinculada ao fetichismo da mercadoria para ocultar a apropriação do tempo de trabalho que não foi pago"; enquanto no "âmbito governado pelo princípio da expropriação, o direito aparece como violência jurídica explícita e prescrição expressa da desigualdade, na medida em que reflete o caráter expansionista espoliativo do capitalismo sobre espaços e grupos que não são prevalentemente regidos pela criação primária de valor".

O capítulo de Ivanete Boschetti, "Expropriação de direitos e reprodução da força de trabalho", aborda a relação entre expropriação de direitos sociais e transformação do Estado na reprodução ampliada do capital no capitalismo contemporâneo. A autora sustenta que a destruição ou redução de direitos sociais no capitalismo tardio suprimem da classe trabalhadora a possibilidade de acessar parte da riqueza socialmente produzida apropriada pelo Estado sob forma de fundo público e reduz a participação do Estado Social na reprodução da força de trabalho e suas famílias, o que a impele a se submeter às mais bárbaras formas de exploração. A autora defende que a expropriação de direitos "produz uma dupla operação na constituição da base social da acumulação. Por um lado, obriga a classe trabalhadora a buscar meios de reprodução de sua força de trabalho no mercado, por meio da compra de serviços e benefícios que deixam de ser públicos e se tornam mercadoria, o que implica em criação de mais excedente, portanto mais acumulação. Por outro lado, muda o papel do Estado Social na reprodução ampliada do capital", que se torna cada vez mais funcional ao capital.

O capítulo "Expropriações contemporâneas: hipóteses e reflexões", de Ana Elizabete Mota, sustenta a tese de que as expropriações de direitos, e a oferta de serviços mercantis antes acessados como políticas públicas, podem ser consideradas mecanismos de superexploração da força de trabalho, sendo as "expropriações contemporâneas como mediação da exploração do trabalho e da acumulação por espoliação que confluem na ampliação da superexploração da força de trabalho". Para a autora, as expropriações contemporâneas "se ressignificam, vinculando-se organicamente com os mecanismos de exploração da força de trabalho, com a expansão da supercapitalização, com a contrarreforma do Estado e, de forma deslavada, na formação da sociabilidade das classes trabalhadoras (cultura e ideologias) determinando modos de ser e de viver necessários ao projeto de classe dominante".

Em "Fundo público, exploração e expropriações no capitalismo em crise", Elaine Rossetti Behring aborda o tema com base na relação entre expropriação e exploração, a partir da lógica de ajuste fiscal que orienta a formação e alocação do fundo público no Brasil. Nos termos da autora, "as políticas sociais públicas operam na reprodução da força de trabalho, *conditio sine qua non* para sua oferta no mercado de trabalho, a fragilização das mesmas pressiona pela oferta em quaisquer condições. A redução de direitos e de políticas sociais configura-se como expropriação — após as conquistas históricas de direitos nos séculos XIX e XX — para que se tenha trabalhadores "livres como pássaros" nas atuais condições de reprodução ampliada do capital, além de diminuir os custos empresariais com o capital variável".

A autora Carla Cecilia Campos Ferreira, em seu texto "Sobretrabalho em Marx, expropriação e superexploração no capitalismo dependente" apresenta as distinções entre sobretrabalho e trabalho excedente em *O Capital*, e articula a obra clássica de Karl Marx às formulações sobre superexploração, elaboradas no âmbito da Teoria Marxista da Dependência (TMD). Na perspectiva de pensar as expropriações no âmbito da mercadoria força de trabalho, a autora demonstra "como a superexploração do trabalho articula, dialeticamente, relações de sobretrabalho e trabalho excedente, resultando em uma contribuição relevante para pensar as expropriações quando se trata de analisar esse fenômeno em uma mercadoria especial: a mercadoria força de trabalho e suas determinações mais concretas no âmbito da divisão internacional do trabalho". O percurso construído pela autora ressalta que "No capitalismo dependente, o sobretrabalho converte-se em relação estrutural como compensação às transferências de valor como intercâmbio desigual, um imperativo para a acumulação dependente, e se articula com cisões nas fases do ciclo do capital. (...) Assim, toda a superexploração é uma forma de sobretrabalho. Mas nem todo sobretrabalho é superexploração".

O trabalho de Ana Paula Mauriel, intitulado "Estado e expropriações no capitalismo dependente", se soma ao debate das expropriações nos países de economia dependente, com foco no papel do Estado na contemporaneidade. A autora sustenta que a reestruturação produtiva sucateia serviços públicos, transforma direitos básicos e meios de sobrevivência em mercadorias, ao mesmo tempo em que a "transformação das relações de trabalho e o desemprego estrutural aumentam, cada vez mais, a parcela da superpopulação relativa estagnada". Tais processos, afirma a autora, criam "uma relação contraditória entre políticas sociais e proteção social, configurando uma tendência à desproteção social, que vem sendo levada a cabo por um processo de expropriação de direitos por parte do Estado". Nessa perspectiva, defende que "expropriações fazem parte da dinâmica histórica expansiva do capital, compondo a relação exploração-expropriação na realização da acumulação capitalista", assumindo, no capitalismo dependente, "a particularidade de constituir o binômio superexploração-expropriação devido ao padrão de reprodução de capital historicamente constituído, o que para além das especificidades que lhe são perenes, traz atualizações com as características da inserção da América Latina no capital mundializado".

O trabalho coletivo de Rodrigo Castelo, Vinicius Ribeiro e Ricardo de Lima, com o título "A violência como potência econômica: da acumulação primitiva ao novo imperialismo", aborda a violência como chave heurística para compreender as expropriações e sua relação com a exploração da força de trabalho. Conforme os autores, o objetivo do trabalho "é trazer elementos teóricos da síntese entre expropriação-exploração-dominação estatal operada pelo capital na sua marcha bárbara de criação e expansão das relações sociais de produção e de reprodução necessárias a sua existência, síntese esta condensada nas determinações da categoria violência como potência econômica".

Com o texto "Empreendedorismo e expropriação da subjetividade", Maria Augusta Tavares chama a atenção para as implicações das recentes políticas estatais de estímulo ao empreendedorismo para o individualismo, a competitividade, a subsunção do trabalhador ao capital como "sujeito-empresa". Para a autora, "o empreendedorismo expropria o coração e a mente dos trabalhadores. Já não basta ao capital ter o comando da produção de trabalhos informais e precários, sem garantir proteção social aos trabalhadores; é preciso comandar a alma do trabalhador. Ou seja, é necessário produzir nos trabalhadores uma subjetividade ainda mais alienada; é preciso operar uma espécie de hipnose que não lhes proporcione dúvida alguma quanto à responsabilidade que cada um tem consigo mesmo e apenas consigo, o que, por sua vez, libera o Estado de responsabilidades sociais que, formalmente, consubstanciam a sua função. O que estamos tratando, aqui e agora, como expropriação deve ser incorporado como uma lógica produzida pelo próprio sujeito. Sua vida são suas escolhas".

Na mesma direção de apreender os processos contemporâneos de expropriação para as condições de trabalho e vida de homens e mulheres, Milena Fernandes Barroso se debruça no campo polêmico da violência contra as mulheres de um ponto de vista marxista, tema ainda pouco abordado na literatura brasileira. O capítulo "Expropriação pela violência contra as mulheres: expressão da violência estrutural no capitalismo contemporâneo" busca "apreender os fundamentos e expressões da violência estrutural na história do capitalismo". A autora considera a "Expropriação que, assim como a exploração e a opressão, é também condição e expressão dessa violência. Além disso, empreende-se o esforço, mesmo que de forma rápida, de ilustrar o lugar e o papel das mulheres e da reprodução nesse processo, no sentido de explicitar a necessária e particular expropriação das mulheres". Para a autora, "a compreensão da violência estrutural só é possível se se avança a dimensão da superficialidade do imediato que contribui para a sua invisibilização. Nesse ensejo, relacionar a violência contra as mulheres às estruturas sociais coloca-se tão necessária como destacar a expropriação que deriva desta mesma violência. Ademais, não reconhecer a violência contra as mulheres como estrutural é reforçar, naturalizar e invisibilizar os padrões de dominação e opressões-exploração".

O livro finaliza com o capítulo de Sara Granemann, que interpela sobre a "Conciliação de classe: mediação ao aumento da exploração do trabalho?". Suas reflexões se sustentam na hipótese de que a "conciliação de classes levada a termo em diferentes países e períodos não somente apassivou a classe trabalhadora — o que não seria de pouca ou menor gravidade — senão que esta domesticação é ferramenta privilegiada do aprofundamento da exploração da classe trabalhadora". A autora se dedica a decifrar os processos contrarreformistas no campo da previdência social *mis em place* a partir do Governo Lula, que expressam a "necessidade dos capitais em converter o fundo público (a riqueza socialmente construída e materializada nos "recursos" do Estado) em instrumentos (incontornáveis) para a realização de seus lucros. A crise dos capitais elevou à (uma sua) necessidade o corte dos direitos (trabalhistas e previdenciários, mas não somente estes) da classe trabalhadora". Sem relacionar diretamente a supressão dos direitos a processos de expropriação, a autora afirma que "estamos diante de uma urgente disputa (a categoria analítica é a da luta de classe) por uma grande quantidade de riqueza socialmente construída e condensada no Estado".

Com esta publicação apresentamos às/aos leitoras/es um conjunto de reflexões fundamentadas em Marx e na tradição marxista sobre o tema das expropriações que, esperamos, possa fornecer subsídios fundamentais para compreender criticamente os violentos processos contemporâneos de destruição de direitos e das políticas sociais e sua relação dialética e contraditória com os processos contemporâneos de acumulação e exploração. Direitos que, é necessário reafirmar categoricamente, não são aqui mistificados como elementos de igualdade, liberdade ou emancipação nos marcos do capitalismo, mas compreendidos em sua essência como elementos determinantes da reprodução ampliada do capital.

Como tal, se inserem na luta de classes pela apropriação de parte da riqueza socialmente produzida, o que nos conclama, dialeticamente, a elucidar seu caráter capitalista, mas também a constituir forças organizadas de resistência em sua defesa, como uma mediação necessária para impor limites à gana do capital pela "caça apaixonada ao valor", que a tudo destrói.

Ivanete Boschetti
Rio de Janeiro, inverno de 2018.

1

A transformação dos meios de existência em capital
expropriações, mercado e propriedade

Virgínia Fontes*

Este capítulo começou com um desafio, o de retornar ao tema das expropriações para alguns aprofundamentos, pois vários aspectos não foram abordados de maneira sistemática no trabalho precedente (Fontes, 2010). Espero contribuir com alguns acréscimos para a reflexão — inclusive no que concerne à relação entre expropriação e desemprego, relação que não é mecânica nem imediata. Recupero aqui mais detalhadamente o processo simultâneo e correlato da expropriação, que é a transformação de meios de vida em capital, tema que constitui o cerne do atual trabalho. Para tanto, vi-me obrigada a enfrentar o tema da especificidade da propriedade do capital, desvencilhada de sua aparência de mero domínio sobre coisas, e enfatizar seu caráter de relação social. Marx assinalou diversas vezes essa característica da propriedade do capital, mas talvez seja na atualidade que ela se torna mais visível, exacerbando as contradições sobre as quais repousa.

---

* Agradeço aos integrantes do GTO (Grupo de Trabalho e Orientação) pela leitura atenta e pelo debate franco.

Quando Iva Boschetti gentilmente me convidou para integrar este livro, sugeri uma ementa que pretendia tratar também de outras questões, em especial as contradições sociais, políticas e ideológicas decorrentes da exacerbação do capital-imperialismo, assim como os prenúncios de abalos importantes em sua configuração, pois se avolumam contradições intra-capital-imperialistas. Não cheguei até o ponto previsto, pois o texto cresceu mais do que seria razoável para este capítulo. Além disso, muitos aspectos aqui abordados exigem desdobramentos ulteriores, e acredito que somente através do debate público podemos — coletivamente — avançar na compreensão das questões cruciais de nosso tempo.

Expropriações, ou a base social do capitalismo

Ao tratar do tema das expropriações, a abordagem de Marx, especialmente no capítulo 24 de *O capital*, "A assim chamada acumulação primitiva" (Marx, 1996b, p. 339-82), é esclarecedora sobre muitos e variados aspectos. A forma histórica do capitalismo — e do capital — não é algo predeterminado, muito menos é fruto de alguma tenacidade de protocapitalista em direção a um mundo orientado por uma racionalidade absoluta que deveria guiar o crescimento da riqueza, tal como sugeriram pensadores liberais, como Weber,[1] em nível de qualidade mais alto, e repetem ainda hoje epígonos que se limitam a recopiar oportunista e estropiadamente seus antecessores.

---

1. Para Weber, somente o Ocidente estabeleceu um Estado racional, "com uma "Constituição" racionalmente redigida, um Direito racionalmente ordenado, e uma administração orientada por regras racionais, as leis... " [e] "o mesmo ocorre com a força mais significativa de nossa vida moderna: o Capitalismo" (p. 4) que, também ocidental, produziu uma "organização capitalística racional assentada no trabalho livre (formalmente pelo menos)" (p. 6). O autor aponta, entretanto, que essa racionalidade lastreava-se em intenso sofrimento, pois a ascese protestante (ou a interdição de usufruir dos resultados do trabalho e a imposição do trabalho como disciplina permanente) converteria o manto puritano "numa prisão de ferro" (p. 131). Ver Weber (1983).

Ao contrário de qualquer racionalidade, o nascimento histórico e concreto do capitalismo resulta de enormes violências e poreja sangue. A forma social do capitalismo corresponde a uma verdadeira amputação das possibilidades da humanidade, com uma limitação estreita dos horizontes da inteligência humana. E isso exatamente no período em que se ampliava a socialização das atividades, em que o crescimento urbano prefigurava a potencialização da atividade social e a intensificação do aprendizado coletivo e cooperativo. A "racionalidade" capitalista é metódica e abstrata, calcada quase exclusivamente no cálculo (de maneira simplificada, mas não falsificada, limita-se a... "maior benefício com menor custo"), e é extremamente eficiente para a multiplicação do próprio capital. Ela despe o cálculo econômico de todos os valores socialmente construídos, o desvincula dos próprios seres sociais sobre os quais incide, bloqueia sua historicidade — tanto na compreensão dos processos que conduziram ao capitalismo, quanto com relação ao futuro — ao reiteradamente naturalizar relações que são históricas e sociais. Mas é com base em tal racionalidade estreita que a economia política pretende apresentar-se como neutra e equitativa. Essa é a base pretensamente filosófica da extração do mais-valor, que se apresenta como sua expressão imediata, a de uma troca de equivalentes entre os trabalhadores e seus empregadores, ou contratadores.

Essa equivalência formal não é falsa, mas *unilateral*. Ela oculta de maneira imediata a não equivalência entre o *uso* da força de trabalho — que corresponde à atividade humana fundamental, a capacidade de transformar a natureza, e de fazê-lo além das próprias necessidades imediatas de reprodução do trabalhador — e o valor de *troca* dessa mesma força de trabalho, que se limita aos bens capazes de reproduzir o trabalhador para manter-se apenas como... trabalhador. Enquanto o primeiro corresponde a um pressuposto ontológico do trabalho e a uma das mais formidáveis características dos seres sociais (Lukács, 2013, p. 41-158), o valor de troca expressa a subordinação dos trabalhadores a uma classe dominante específica, e pode ser evidenciado pela ampliação da subordinação dos trabalhadores, que reproduzem de maneira ampliada a riqueza do capital, resultado da crescente massa de trabalho não pago fornecido pelos trabalhadores. Esse é exatamente o cerne da Crítica da Economia Política realizada por Marx: desvendar as relações sociais — concretas, históricas e contraditórias — que sustentam a sociedade capitalista, rompendo com as naturalizações calculistas produzidas incessantemente por uma "ciência do capital" (cujo modelo é a Economia Política), que reitera fetiches e estranhamentos. Demonstra como, desde suas origens e até os seus mais extensos desdobramentos, a expansão do capital é a configuração de um mundo no qual classes sociais se defrontam.

Marx enfrenta abertamente o capital no terreno mundano, ali onde se desenvolvem as relações sociais. Onde existe a vida real e concreta. Onde as resistências às formas de expansão das relações capitalistas foram violentamente reprimidas, mas onde renascem sem cessar inúmeras formas de luta cotidiana, posto que a sobrevivência do capital depende da existência dos trabalhadores.

No referido capítulo 24, Marx ironiza a estranha suposição da existência de uma "acumulação prévia", através da qual alguns teriam economizado — os capitalistas — enquanto a grande maioria não o fez, restando-lhe, portanto, assujeitar-se como trabalhadores aos primeiros. É ato de dominação de classes sugerir que os capitalistas são o fruto de gerações de parcos e contidos, enquanto os demais lhes devem... trabalho. É luta de classes não apenas debater o argumento, desmontá-lo como falácia, mas também evidenciar as contradições pelas quais os que de fato produzem a existência possam enfrentá-las e superar os estreitos limites impostos pela expansão da acumulação capitalista. Também em outras obras, como em *Salário, preço e lucro*, Marx reafirma:

> Como se explica que um dos grupos compre constantemente para realizar lucro e enriquecer-se, enquanto o outro grupo vende constantemente para ganhar o pão de cada dia? A investigação desse problema seria uma investigação do que os economistas chamam "acumulação prévia ou originária", mas que deveria chamar-se expropriação originária. E veremos que essa chamada acumulação originária não é senão uma série

de processos históricos que resultaram na decomposição da unidade originária existente entre o homem trabalhador e seus instrumentos de trabalho (Marx, 1996a, p. 99).

Mas é no capítulo 24 de *O capital* que ele esmiúça as diversas formas de violência e roubo sobre as populações que de fato partejaram o capitalismo: expropriação do povo do campo; reforma e roubo dos bens da Igreja (católica); legislação sanguinária contra os pobres na Europa, através de encarceramento e trabalho forçado; roubo dos domínios do Estado; a colonização e seu cortejo trágico de escravização, extermínio de populações e pilhagens; estabelecimento de sistemas tributários voltados para favorecer o grande capital, assim como as dívidas públicas etc.

> Todos, porém, utilizaram o poder do Estado, a violência concentrada e organizada da sociedade, para ativar artificialmente o processo de transformação do modo feudal de produção em capitalista e para abreviar a transição. A violência é a parteira de toda velha sociedade que está prenhe de uma nova. Ela mesma é uma potência econômica (Marx, 1996b, p. 37).

Anteriormente insisti que os processos de expropriação não estão apenas na pré-história do capitalismo, mas também integram sua expansão, acompanhando a extensão das próprias relações sociais capitalistas e aprofundando-as, e prosseguem resultando em massas de trabalhadores disponíveis para vender sua própria força de trabalho, e necessitados disso. Continuo a discordar de categorizações que se acomodaram à suposição de uma acumulação "prévia", na sequência da qual predominaria um capitalismo normalizado, que relegaria para um passado longínquo os processos de expropriação. É verdade que o próprio Marx permite — se lido de maneira rápida — supor tal sequência:

> Na Europa ocidental, a terra natal da Economia Política, o processo da acumulação primitiva está mais ou menos completado. O regime

capitalista aqui ou submeteu diretamente toda a produção nacional ou, onde as condições estão menos desenvolvidas, controla pelo menos indiretamente aquelas camadas sociais decadentes que pertencem ao modo de produção arcaico que continua existindo a seu lado (Marx, 1996c, p. 382).

Utilizar essa citação de maneira unilateral desconsidera as inúmeras passagens nas quais Marx retoma o tema das expropriações. No debate travado por Marx nesta mesma Seção VII do livro 1 de *O capital*, intitulada "O processo de acumulação de capital", ele analisa a colonização e a produção especificamente capitalista do desemprego. Ao abordar a colonização, retoma a questão das expropriações sob diversos ângulos. Ironicamente, mostra que ao chegar às colônias, o empreendedor capitalista Wakefield "descobriu que *o capital não é uma coisa, mas uma relação social entre pessoas intermediada por coisas*" (Marx, 1996c, p. 384, grifos nossos). Nosso autor ridiculariza o relato de Wakefield, o qual procurava realizar uma "colonização sistemática" (leia-se, capitalista) nas colônias britânicas:

> O sr. Peel [...] levou meios de subsistência e meios de produção, num total de 50 mil libras esterlinas, da Inglaterra para o Swan River, na Nova Holanda. O sr. Peel foi tão precavido, que levou também 3 mil pessoas da classe trabalhadora, homens, mulheres e crianças. Uma vez alcançado o lugar de destino, "o sr. Peel ficou sem nenhum criado para fazer sua cama ou para buscar-lhe água do rio". Infeliz sr. Peel, que previu tudo, menos a exportação das relações inglesas de produção para o Swan River! (Marx, 1996c, p. 384).

Percebemos que, mesmo se aparentemente esgotada a separação entre o campesinato e seus meios de vida em alguns países europeus, ela prosseguiria de variadas maneiras no curso de sua expansão, e o sr. Peel se dava conta disso na prática. Não bastava "importar" trabalhadores e máquinas, seria necessário expropriar todas as condições de existência que permitiam ligar os seres sociais à natureza, e que ainda perduravam nas colônias. E o fizeram, com requintes de crueldade. Marx (1996c, p. 386, grifos nossos) retoma diversas vezes o argumento para reafirmar que *"a expropriação da massa do povo de sua base fundiária constitui a base do modo de produção capitalista"*, e que os processos de expansão do capitalismo trazem o trágico correlato da separação entre os trabalhadores e seus meios de vida, aqueles convertidos em trabalhadores "livres", estes convertidos em capital.

Expropriação e desemprego

A produção de trabalhadores "livres" foi um longo processo histórico, e segue ocorrendo, pois constitui a base social da sociedade capitalista. Através de formidáveis lutas sociais, inclusive opondo setores das classes dominantes tradicionais aos novos capitalistas, paulatinamente ocorreu a liberação das sujeições precedentes (escravidão e feudalismo, até o século XIX), mas a nova liberdade era limitada, com os trabalhadores lançados numa nova forma de sujeição. A grande maioria dos seres sociais está doravante desprovida de meios de existência que possa assegurar sua subsistência. Configuram os "sem", base de inúmeros movimentos sociais que irromperiam mais de um século depois de Marx, como os "sem terra", "sem teto", "sem documentos", "sem comida", "sem emprego" etc. Antes como na atualidade, as expropriações geram seres sociais sem meios de trabalho, sem o acesso a matérias-primas, sem o acesso à terra, convertidos em trabalhadores e que precisam imperativamente vender sua força de trabalho para assegurar sua subsistência.

> A relação-capital pressupõe a separação entre os trabalhadores e a propriedade das condições da realização do trabalho. Tão logo a produção capitalista se apoie sobre seus próprios pés, não apenas *conserva* aquela separação, mas a *reproduz* em escala sempre crescente (Marx, 1996c, p. 380, grifos nossos).

O movimento apresentado por Marx não se limita a seu momento inaugural: a expropriação precisa ser *conservada* — mantidos os trabalhadores enquanto trabalhadores — e *reproduzida*. Para muitos a expropriação seria externa ao capital, posto atingir trabalhadores até então independentes do mercado capitalista ou apenas formalmente subordinados ao capital. Não considero ser este o caso, uma vez que ao lado dessa expropriação originária (da terra), Marx já no século XIX assinalava outras expropriações, como as dos artesãos e das manufaturas domésticas, assim como as que atingiam os próprios capitalistas (com os grandes devorando os pequenos). Em todos os casos, sublinhava a correlação estreita entre expropriação e transformação de meios de vida em capital. Voltaremos a este tema mais adiante.

A produção de trabalhadores disponíveis para o capital não ocorre porém apenas através dessas expropriações, do povo do campo ou outras. Esta é uma das suas formas, primária e essencial. A produção social de trabalhadores, de seres sociais necessitados e disponíveis para o mercado, integra o próprio processo mais íntimo de reprodução ampliada do capital.

Marx insiste que a expansão dos processos de acumulação, concentração e centralização produzem, incessantemente, levas de trabalhadores disponíveis para o capital, mesmo entre aqueles já expropriados. Este movimento deriva do aumento da composição orgânica do capital — isto é, da maior quantidade de capital constante, aplicado em máquinas e equipamentos, com relação ao capital variável, utilizado para a aquisição de força de trabalho, utilizada para o exercício do trabalho vivo, ou para a transferência e produção do valor. A lei demográfica característica do movimento do capital *reafirma a conservação e a reprodução da separação entre trabalhadores e meios de produção, agravando-a* através da produção de uma superpopulação relativa.

> Com a acumulação do capital produzida por ela mesma, a população trabalhadora produz, portanto, em volume crescente, os meios de sua própria redundância relativa. Essa é uma lei populacional peculiar ao

modo de produção capitalista, assim como, de fato, cada modo de produção histórico tem suas leis populacionais particulares, historicamente válidas. Uma lei populacional abstrata só existe para planta e animal, à medida que o ser humano não interfere historicamente. Mas, se uma população trabalhadora excedente é produto necessário da acumulação ou do desenvolvimento da riqueza com base no capitalismo, *essa superpopulação torna-se, por sua vez, a alavanca da acumulação capitalista, até uma condição de existência do modo de produção capitalista.* Ela constitui um exército industrial de reserva disponível, que pertence ao capital de maneira tão absoluta, como se ele o tivesse criado à sua própria custa (Marx, 1996c, p. 262-3, grifos nossos).

A dinâmica de funcionamento do capitalismo produz de maneira dupla superpopulação relativa, ou exército industrial de reserva: pela expropriação daqueles cujos meios de existência possam converter-se em capital e pelo desemprego recorrente de grandes quantidades de trabalhadores. O papel dessas massas trabalhadoras desprovidas de emprego também é duplo: elas contribuem, contra a sua vontade, para reduzir o valor dos salários daqueles que conservaram seus empregos, e constituem uma reserva para momentos de expansão do capital e de implementação de novos setores, que abocanham atividades convertidas em formas de exploração capitalistas, ou investem em novos ramos de atividade.

Toda a forma de movimento da indústria moderna decorre, portanto, da constante transformação de parte da população trabalhadora em braços desempregados ou semiempregados [...] O sobretrabalho da parte ocupada da classe trabalhadora engrossa as fileiras de sua reserva, enquanto, inversamente, a maior pressão que a última exerce sobre a primeira obriga-a ao sobretrabalho e à submissão aos ditames do capital. A condenação de uma parcela da classe trabalhadora à ociosidade forçada em virtude do sobretrabalho da outra parte e vice-versa torna-se um meio de enriquecimento do capitalista individual e acelera, simultaneamente, a produção do exército industrial de reserva numa escala adequada ao progresso da acumulação social (Marx, 1996c, p. 264, 266-7).

Interessa ressaltar que apesar de processos diversos, lidamos com o mesmo fenômeno, do ponto de vista do conjunto da vida social, ou seja, trata-se da reprodução ampliada de trabalhadores disponíveis para o capital. A permanente produção de superpopulação relativa pela "ociosidade forçada" repousa sobre a existência prévia de trabalhadores já expropriados, e depende da manutenção e reprodução destas características. As massas de seres sociais disponíveis para o capital crescem tanto pelas demissões, quanto pela permanente sangria dos povos do campo.

Estes são processos multisseculares, deles resultando, por exemplo, boa parte do povoamento das Américas, nos séculos XIX e XX, por trabalhadores expulsos de suas terras ou convertidos ao "ócio forçado" na Itália, Irlanda, França, Inglaterra, Holanda e outros países. O processo jamais se interrompeu e volta a ter visibilidade, crescer em escala internacional na passagem para o século XXI, com fluxos migratórios crescentes em proveniência de países devastados por guerras (levadas a efeito por países europeus e pelos Estados Unidos, como a Líbia), por razões políticas ou econômicas.[2]

Enormes barreiras foram erigidas para gotejar os deslocamentos de trabalhadores ("migrantes econômicos") de um país a outro (Amnistía Internacional, 2014). A presença e a disponibilidade de tais imigrantes contribuem para disciplinar as massas trabalhadoras já estabelecidas naqueles países, mas aumentam as tensões políticas, racismos etc., inclusive entre os trabalhadores "nacionais" e aqueles que estes enxergam como ameaça a seus empregos e direitos. A naturalização da vida social sob o capitalismo reduz a compreensão das próprias classes trabalhadoras a uma dimensão imediata, que não é

---

2. "35,1 milhões de pessoas nascidas fora da UE-28 [nos 28 países integrantes da União Europeia] viviam num Estado-Membro da UE em 1 de janeiro de 2016, enquanto 19,3 milhões de pessoas nasceram num Estado-Membro diferente daquele onde residiam." Os dados não apontam a origem nacional dos migrantes não europeus. Cf. *Estatísticas da migração e da população migrante*. Eurostat Statistics Explained, mar. 2017. Disponível em: <http://ec.europa.eu/eurostat/statistics-explained/index.php?title=Migration_and_migrant_population_statistics/pt>. Acesso em: 30 maio 2018.

falsa mas unilateral. É certo que a concorrência entre trabalhadores tende a reduzir as condições de todos eles, mas ela não é fruto de uma natureza qualquer (nem de nacionalidades, etnias ou culturas específicas), pois é reposta permanentemente pela própria dinâmica do capitalismo. Fechar-se nas próprias fronteiras jamais assegurou direitos ou garantias, salvo por períodos muito pequenos, em geral concluídos por tragédias sociais, inclusive grandes guerras.

Ao desemprego recorrentemente recriado se acrescentam permanentemente novos expropriados da terra ou de outras atividades através das quais asseguravam sua subsistência. Estamos destacando que as recorrentes demissões não devem ser igualadas — *a priori* — com novas expropriações, mas com um ato corriqueiro e tragicamente monótono do funcionamento regular de expansão da acumulação de capitais. Ambas lançam massas de trabalhadores no mercado, e o que as diferencia (ao menos até os dias atuais) é que as demissões não necessariamente envolvem a transformação direta de meios de existência em capital. Em contraparte, sucessivas e intensas expropriações alienam meios de vida, apropriados pelo capital e transformados em formas de sujeição dos seres sociais, como veremos adiante.

Expropriações e demissões são movimentos complementares, coligados um ao outro, o primeiro assegurando a possibilidade da existência do segundo e levando a ele. Não são idênticos, e é preciso destacar pontos de união fundamentais entre eles:

a) ambos são a expressão dos desdobramentos concretos do capitalismo como processo histórico, e de sua expansão contraditória e avassaladora. Nos dois casos, envolvem enorme violência, lutas, enfrentamentos e permanentes tensões. Além disso, são agudizados ou até mesmo mudam de configuração segundo as escalas — de acumulação, históricas e geográficas — de reprodução ampliada do capital (com seu cortejo de centralização e concentração);

b) ambos aumentam o número de trabalhadores disponíveis para o capital;

c) ambos conservam, reproduzem e ampliam a expropriação fundante, originária;

d) trabalhadores demitidos ou recém-expropriados (seja o povo do campo ou vítimas de expropriações secundárias) integram igualmente a superpopulação relativa;

e) os dois movimentos expressam o aprofundamento da contradição axial da vida sob o capitalismo, a expansão da socialização da produção, através da intensificação da divisão social do trabalho, e a apropriação privada e concentrada de seus resultados. As formas e proporções da divisão social do trabalho e da apropriação modificam as condições das lutas sociais e suas possibilidades;

f) ambos promovem uma furiosa intensificação da socialização dos processos de extração de valor, e reinstalam exatamente a fissura que expõe o nervo doloroso da contradição, a permanente recondução dos seres sociais à condição de supérfluos para o capital;

g) ambos resultam de uma conjunção entre lutas de classes e concorrência intercapitalista. As expropriações ressubordinam trabalhadores, por exemplo, quando iniciativas de cooperação procuram driblar o capital, ou quando trabalhadores inventam meios parciais de assegurar suas existências apesar do predomínio do capital. As demissões são também formas brutais de resposta à concorrência intercapitalista e às lutas concretas de trabalhadores,[3] pelo recurso às inovações tecnológicas "poupadoras de trabalho".

Em suma, parcela expressiva da população mundial é constantemente mantida em condições expropriadas (mesmo se essas eventualidades são recorrentes e de longa duração), desprovida das condições de assegurar sua subsistência, ainda agravadas pelo desemprego, unicamente para assegurar a lucratividade do capital. A acumulação, a centralização e a concentração capitalistas ocorrem em múltiplas escalas e sem nenhuma consideração prévia (ou posterior)

---

3. Ver, a esse respeito, a análise do fazer e refazer-se da classe trabalhadora, exposta na instigante pesquisa de Silver (2005).

sobre melhorias ou benefícios que poderiam resultar para cada um e para todos aqueles trabalhadores.

O cerne central da existência do capital é a extração de mais-valor. Para tanto, as classes dominantes sob o capitalismo controlam desde os meios diretos de produção até recursos sociais de produção, ou seja, detêm capacidade econômica que permite dominar, direta ou indiretamente, os meios de produção com o único fito de valorizar o valor. A criação de valor novo exige relacionar força de trabalho, meios de trabalho (ou de produção) e natureza. Estes elementos aparecem para o capital como secundários, frente à sua premência expansiva: seres sociais ou natureza parecem existir apenas para permitir a expansão da lucratividade através da atividade dos primeiros sobre a segunda, objetivando unicamente a apropriação pelo capital do sobretrabalho realizado pelos trabalhadores, apropriação que se dá sob a forma do mais-valor. É o elo fundamental, que não pode ser esquecido na análise das formas contemporâneas de expropriação e de ressubordinação dos trabalhadores.

As demissões alteram as proporções entre trabalhadores efetivamente empregados pelo capital (assalariados ou qualquer que seja a forma contratual — ou não — pela qual a subordinação ocorre) e os desempregados. Elas não necessariamente transformam meios de vida em capital, e resultam do aumento da escala da acumulação (e a propriedade) do capital, da concorrência intercapitalista e das lutas entre as classes. As expropriações alteram incessantemente as atividades concretas, separadas de seus produtores e convertidas em formas de extração de mais-valor. As dimensões intercontinentais da expansão do capitalismo tendem a alterar a configuração da propriedade, a cada dia mais abstrata e mais implacável, enquanto acirram crises no âmbito mais concreto e direto da vida social.

Analisar os procedimentos de expropriação e de demissões em grande escala (como nas recentes reestruturações produtivas) envolve compreender os dois momentos intimamente conectados. A tendência permanente de introdução de inovações tecnológicas e organizativas nos processos de trabalho, que dispensam trabalhadores, se acrescenta a novas atividades, extremamente variadas, sobre as quais passa a incidir extração de valor. Nas primeiras, a produtividade exacerbada favorece sobrelucros; em algumas das atividades "novas" (pois a maioria delas já constituíam atividades sociais, inclusive mercantilizadas, mas não estavam diretamente submetidas à extração de mais-valor, sobretudo em grande escala), as taxas de mais-valor podem revelar-se muito altas, por envolverem, ao menos inicialmente, menor composição orgânica do capital, como no caso dos processos de trabalho similares ao Uber (cf. Fontes, 2017).[4] Ambas resultam na permanente *re-produção* de trabalhadores "livres". As novas e terríveis formas de extração de valor reconstituídas com as novas expropriações, acrescidas do já conhecido pesadelo do desemprego, reforçam a urgência da venda da força de trabalho para os trabalhadores, abalando suas organizações.

De meios de vida a capital — relações sociais mediadas pelo mercado

Vimos que a existência de trabalhadores disponíveis para o mercado de trabalho capitalista não apenas pressupõe a separação originária entre os trabalhadores e os meios e condições de realização do trabalho, mas traduz a necessidade permanente do capital de *conservá-la* e *reproduzi-la*. Para sua *conservação* é mister impedir que, em algum momento — ou espaço — as populações controlem os meios de trabalho (ou de vida), singular ou coletivamente.

Sua *reprodução* significa — num sentido mais literal — que a ampliação da produção capitalista (extração de mais-valor) tende a expropriar seres sociais de seus meios de vida (na época de Marx, sobretudo os trabalhadores do campo) para além dos limites geográficos nos quais tais violências expropriatórias já haviam ocorrido,

---

4. Registro a importante contribuição de Flávio Miranda para tornar mais explícita a ideia central consignada neste parágrafo. Eventuais equívocos são de minha inteira responsabilidade.

e a colonização o mostrava. Em sentido mais amplo, também pode significar expropriar meios de vida parciais, fragmentos mais ou menos essenciais de uma vida social já dominada pelo capital, mas ainda assim meios de vida retidos pelos seres sociais, transformando-os em capital.

Marx, ao exigir a compreensão da historicidade presente no capitalismo, permite ir além e compreender que qualquer atividade que permita uma conexão mais ou menos direta entre ser social e meios de vida pode sofrer tal expropriação, uma vez que o processo é simultaneamente a transformação de tais meios de vida em capital e a imposição de uma única forma de propriedade, a do capital.

> Portanto, o processo que cria a relação-capital não pode ser outra coisa que o processo de separação de trabalhador da propriedade das condições de seu trabalho, um processo que transforma, *por um lado, os meios sociais de subsistência e de produção em capital, por outro, os produtores diretos em trabalhadores assalariados* (Marx, 1996c, p. 340, grifos nossos).

Os meios sociais de subsistência, ou os meios de vida, as condições através das quais os seres sociais asseguravam sua existência, são transformados no processo de expropriação em meios de exploração do trabalho pelo capital. É importante sublinhar essa caracterização, pois muitas vezes tendemos a considerar tanto a definição de meios de produção quanto a de propriedade de maneira estática. Quanto aos meios de produção, cristaliza-se a suposição de que se resumem a máquinas e equipamentos industriais necessários a certo tipo de produção fabril, deixando à sombra as demais formas de mediação e de interação entre seres sociais e a natureza que, reunidos sob o capital, tornam-se poderosas ferramentas de divisão e de subordinação do trabalho. A reflexão marxiana é ainda mais importante quando as modalidades de extração de mais-valor se modificam:

> Divisões entre trabalho manual e não manual são desfeitas e reconstituídas, fronteiras entre produção, distribuição e consumo aos poucos se

dissolvem e, enquanto alguns trabalhos remunerados se transformam em trabalhos não remunerados, novos empregos e novas atividades econômicas são geradas a partir de áreas da vida que foram tradicionalmente vistas como fora do escopo de qualquer mercado. No vai e vem da mercadorização, o abstrato se torna concreto e o concreto, abstrato, lançando dúvidas sobre categorias conceituais que, a princípio, pareciam autoevidentes (Huws, 2014, p. 1).

No tocante à propriedade, naturaliza-se uma concepção jurídica de propriedade que parece abranger qualquer forma de propriedade. E se essa concepção jurídica efetivamente aparenta defender toda e qualquer propriedade, tem como cerne fundamental a propriedade *do capital*.

Ora, já no texto de Marx, as condições naturais da produção integram tais meios de existência, e a expropriação originária incide diretamente sobre a base fundiária, sobre a terra. Ademais, o papel social anterior dos meios de produção, considerados instrumentos e práticas de trabalho, era o de assegurar a vida, e não necessariamente envolvia uma "produção econômica" separada do modo de viver (Thompson, 1995). Ainda que os seres sociais assegurassem sua subsistência com o uso de tais instrumentos, não estavam reduzidos à condição unilateral e compulsória de "trabalhadores", sendo esta uma característica específica da sociedade capitalista.

Há outra decorrência dessa reflexão — mesmo sob sociedades capitalistas, trabalhadores (já reduzidos a esta condição pela expropriação originária ou primária) procuram subterfúgios para escapar da condição salarial. Criam e inventam maneiras de assegurar sua subsistência, muitas vezes de modos mercantis, mas não salariais, em parte fugindo às exigências do assalariamento (o clássico sonho de viver sem patrão), em parte acreditando poder converter-se em "patrão" em caso de sucesso. De maneira similar, subsistem, mesmo nas sociedades capitalistas mais avançadas, certas formas de relação com a natureza que asseguram meios de vida parciais aos seres sociais, ainda que não sejam capazes de lhes assegurar a completa subsistência (como o acesso às águas, ao ar, às plantas e sua reprodução etc.). As expropriações contemporâneas, que denominei de secundárias, assumem exatamente o mesmo padrão anterior: retiram dos seres sociais suas condições de existência e as convertem em capital. Reconduzem seres sociais à condição de trabalhadores, enquanto convertem meios de existência e de vida em capital.

O que denominamos com base em uma espécie de senso comum generalizado de "mercantilização" da existência sugere o crescimento de procedimentos mediados pelo mercado, ou a transformação direta em mercadorias de elementos da natureza, de objetos e serviços realizados pelos seres sociais. Este processo mercantil é de fato significativo e, em muitos casos, foi resultado de longuíssimas experiências históricas, quando mercados de tamanhos e escalas muito diferentes conviveram com relações sociais não capitalistas, mesmo se admitissem trocas mercantis. Ao longo do processo histórico, inúmeras sociedades conviveram com mercados e mercadorias em escala variada, porém isso não significa que fossem capitalistas.

Essa constatação conduz regularmente, inclusive, a dois equívocos corriqueiros: no primeiro, considerar que sob o capitalismo convivem regularmente mercados de *qualidade* diversa. O autor que melhor expressa tal perspectiva é Fernand Braudel, para quem os mercados são definidos por sua abrangência e nem todos seriam capitalistas. Para ele, o mercado capitalista seria aquele no qual opera o grande negociante, seria a esfera superior, à qual as pessoas em sua vida corriqueira nem sequer têm acesso. O mercado capitalista, segundo ele, seria sempre mundial e monopolizador, mas não penetraria todos os âmbitos da vida social. Restariam grandes espaços mercantis não capitalistas, envolvendo os pequenos produtores e as escalas locais:

> [...] o capitalismo não abarca toda a economia, toda a sociedade em atividade. [...] No rés do chão, mesmo na Europa, ainda há um alto grau de autoconsumo, muitos serviços que a contabilidade nacional não engloba, muitas oficinas artesanais (Braudel, 1985, p. 115).

A questão é relevante: a fina percepção braudeliana de que sobrevivem espaços nos quais persistem e/ou se reconstituem frestas de controle popular sobre alguns meios de vida, inclusive nos mercados, merece ser levada em consideração. Porém, a definição de capitalismo que ele sugere[5] — a dos "grandes negociantes" — apoia-se sobretudo na aparência da extrema heterogeneidade entre os pequenos comerciantes e os grandes banqueiros, e desconsidera o conjunto das relações que definem o capitalismo como uma forma de ser social, que atravessa todas as escalas de atuação, pequenas ou grandes, subordinando-as a uma dinâmica comum.

O segundo equívoco é recorrente e também parte da distinção entre mercado — considerado genérica e historicamente — e capital. De tal distinção real, cujo fundamento é sobretudo histórico (houve sociedades com mercado, embora não capitalistas), alguns derivam a suposição unilateral de que o mercado possa ser "neutro", o que abriria a possibilidade da superação do capitalismo através da manutenção do próprio mercado. Há uma infinidade de debates sobre o tema, e vale lembrar as intervenções de Alec Nove (1989), defendendo a coexistência entre mercado e socialismo.[6] Mais recentemente, a polêmica envolve principalmente autores e militantes voltados para compreender — justificar ou criticar — as condições socioeconômicas da China, como "socialismo de mercado". Este não é o espaço para tal questão, e nos basta apenas assinalar que, sendo o capitalismo a extensão máxima do mercado, o qual integra o âmago das relações sociais, suas modalidades de dominação social não apenas estão impregnadas da forma mercantil. *A própria forma mercantil passou a estar,*

---

5. Apesar de Fernand Braudel distinguir corretamente entre "economia" (que para ele limita-se a uma abstração) e vida material, sua definição de capitalismo é muito vaga e não lastreada nem na extração de mais-valor, nem na separação entre trabalhadores e meios de vida. Algumas das características do capitalismo, para ele, seriam: exploração dos recursos e das possibilidades internacionais e monopólios (que seriam, para ele, formas antimercado). Enfim, considera que: "O capitalismo decorre, em absoluto, das atividades econômicas de cúpula ou que tendem para a cúpula" (Braudel, 1985, p. 116).

6. Uma interessante e respeitosa polêmica a esse respeito pode ser encontrada em Samary (2001).

com o predomínio do capitalismo, impregnada da forma capital. O mercado é o ponto imediato do fetiche e da alienação — exatamente pela ocultação das relações sociais que subjazem a um mundo povoado de coisas, mercadorias e dinheiro.

Embora o mercado esteja no cerne da vida social sob o capitalismo, ele não é o *locus* e, muito menos, o cerne do processo que define o capitalismo, e sim a profunda transformação das relações sociais que impuseram que a própria capacidade de transformação da natureza de seres sociais, desvencilhados de laços diretos de dependência e dos meios de existência, se convertesse em mercadoria. Ele é a expressão corriqueira de uma *"relação social entre pessoas intermediada por coisas"* (Marx, 1996c, p. 384), em que as coisas parecem cegar as pessoas quanto às suas próprias relações reais. Apenas quando seres sociais são expropriados de seus meios de existência e lançados a um mundo no qual só podem subsistir caso consigam vender força de trabalho, se torna possível expandir um modo de ser em que tendencialmente tudo parece poder converter-se em mercadoria. A transformação mais significativa do capitalismo é a redução da existência humana à força de trabalho, dependente do mercado para sobreviver.[7]

A questão não é irrelevante, nem mero jogo de palavras. O que precisa ser esclarecido é que, ainda que a luta anticapitalista reivindique — a meu juízo corretamente — a superação do mercado, ele não se supera por si mesmo e a longuíssima tradição de convivência com o mercado tende a impelir à sua naturalização. Podemos observar, por exemplo, iniciativas esparsas e difusas de setores populares que buscam no mercado uma fuga... da dinâmica social capitalista e veremos adiante que de maneira recorrente tais iniciativas são expropriadas, reconvertidas à forma específica da propriedade do capital. Braudel — ainda que por razões equivocadas — observou a existência

---

7. Ellen Wood analisou de maneira detalhada e acurada essa questão, fazendo excelente crítica aos que supõem ser o capitalismo apenas a expansão do mercado: "O efeito dessas explicações é enfatizar a *continuidade* entre as sociedades não capitalistas e capitalistas, e negar ou disfarçar a *especificidade* do capitalismo" (Wood, 2001, p. 14. Ver sobretudo p. 21-74). Para debate sobre outras proposições da autora, ver Fontes (2010, p. 74-70).

de brechas mercantis com aparência autônoma, considerando-as não capitalistas. De fato, embora a troca de mercadorias não signifique imediatamente a propriedade do capital (e sim a propriedade de coisas, objetos, mercadorias) e, nela própria, apenas assinale o aprofundamento da divisão social do trabalho, ela *contém a possibilidade de converter-se em capital*, sobretudo quando a maioria da população já é força de trabalho disponível e necessitada de assegurar sua subsistência. Instaura-se um movimento recorrente de iniciativas mercantis que se pretendem autônomas, cuja maior parte assegura apenas um nível básico de subsistência.

Fenômeno similar que ocorre entre camponeses cujas relações de trabalho são de tipo familiar, sem exploração do trabalho alheio. Mesmo assim, têm parcela do valor de sua produção transferida ao capital no momento do mercado. Quando a produção agrária já é em grande escala capitalista, a produção camponesa (que consome maior tempo de trabalho considerada isoladamente) contribui para elevar o valor (e o preço) médio dos produtos, o que favorece o grande capital, cuja escala de produção resulta em produtos de menor valor (e preço) unitários. O preço final, entretanto, muitas vezes fica abaixo das condições sociais médias de reprodução para a família camponesa, tendo sido parcela dele transferida para os empresários mais competitivos. Outro exemplo, dessa feita mais direto, resulta da integração entre a pequena unidade camponesa — proprietária da terra e dos benefícios nela realizados (como granjas para criação de animais), e responsável pelas dívidas para sua realização — e os grandes capitais agrários, nas chamadas "parcerias". Ainda que os camponeses sejam detentores dos meios imediatos da produção, são incorporados a uma cadeia produtiva na qual não mais produzem e reproduzem suas condições de vida, mas dedicam-se a atividades parciais, como a engorda, ou a chocagem de ovos etc. Não apenas tiveram parcela expressiva de sua atividade expropriada, como permanecem sob estreito controle dos grandes capitais, que definem tamanho e condições das granjas a serem pagas pelos camponeses, como submetem o processo, agora parcializado, à estrita vigilância. Ainda que proprietários de coisas (terra e meios imediatos de produção), podem ser facilmente expropriáveis pela propriedade do capital, que controla o conjunto do processo e os estrangula pouco a pouco.

Outras pequenas iniciativas — manufatureiras, artesanais, e até mesmo mercantis — veem parcela do seu tempo de trabalho acaparada pela dinâmica capitalista predominante. Também de maneira similar, essas iniciativas — justamente por prospectarem meios de existência mercantis de pequena escala — são regularmente expropriadas, seus trabalhadores desprovidos de seus meios de vida, transformados em capital.

A relação social capital envolve, portanto, a transformação da população em "força de trabalho" a ser realizada no mercado e a transformação dos meios de vida em capital. Tornam-se portanto propriedade capitalista. Em que consistiria a especificidade da propriedade do capital?

Sobre a propriedade do capital[8]

A expropriação primária, do povo do campo, também dissolveu a propriedade privada baseada no próprio trabalho. Mesmo se a propriedade capitalista aparenta ter inúmeros matizes e nuances, e mesmo se ela tem o mercado como espaço de realização, seu fulcro é a exploração do trabalho alheio através da extração do mais-valor de trabalhadores impossibilitados socialmente de produzirem a própria subsistência. A definição a seguir parece-me crucial para compreender

---

8. Vale destacar aqui a enorme contribuição de Guilherme Leite Gonçalves para as reflexões sobre este tema. Ao demonstrar como o direito burguês incorpora, favorece e garante formas de expropriação, seu trabalho permitiu aprofundar a investigação sobre em que consiste, especificamente, a propriedade capitalista. Agradeço a interlocução, enquanto assumo — é claro — as incorreções eventualmente derivadas da leitura de seus estimulantes artigos. Ver, neste mesmo livro, Gonçalves, G. L. *Valor, expropriação e direito: sobre a forma e a violência jurídica na acumulação do capital*.

a constituição histórica e jurídica da propriedade propriamente capitalista:

> A propriedade privada obtida com trabalho próprio, baseada, por assim dizer, na fusão do trabalhador individual isolado e independente com suas condições de trabalho, é deslocada pela *propriedade privada capitalista, a qual se baseia na exploração do trabalho alheio, mas formalmente livre* (Marx, 1996c, p. 380, grifos nossos).

A propriedade capitalista dos meios de produção envolveu historicamente, em muitos casos, *destruir* os processos anteriores de produção para capturá-los, modificá-los e assujeitar a população sob a condição de trabalhadores. Apenas aparentemente atingia os mesmos objetivos ou resultados, ampliando-os: o crescimento da produção em quantidade e variedade. Para além das aparências, *há uma nova qualidade social*: anteriormente a produção dos mesmos objetos (ou coisas) estava impregnada na e da vida de seus produtores; e os instrumentos configuravam-se como meios de existência independente. As formas de dominação de classes anteriores — e de extração do sobretrabalho — eram radicalmente diversas, embora já incorporassem a propriedade privada. Elas implicavam expressivo isolamento dos produtores diretos ou a limitação dos complexos de relações sociais. A partir da transformação de tais instrumentos e meios de produção em capital, os seres sociais continuaram a produzir coisas, mas de maneira crescentemente coletiva, sob coordenação do capital. O que antes eram meios de existência transformaram-se em meios de produção, maneira de extorquir sobretrabalho através da sujeição dos produtores, convertidos agora em "trabalhadores". Na próxima citação, Marx avança na explicitação do tema, mostrando que o processo não se limitou à expropriação da terra, mas também de outras atividades produtivas anteriores:

> Mas o que o sistema capitalista requeria era, ao contrário, uma posição servil da massa do povo, sua transformação em trabalhadores de aluguel

e a *de seus meios de trabalho em capital*. [...] Os fusos e teares, antes disseminados pelo interior, estão agora concentrados em algumas grandes casernas de trabalho, tal como os trabalhadores e como a matéria-prima. E *os fusos, os teares e a matéria-prima, de meios de existência independente para fiandeiros e tecelões, transformam-se, de agora em diante, em meios de comandá-los e de extrair deles trabalho nãopago*. Nas grandes manufaturas, bem como nos grandes arrendamentos, não se nota que se originam da reunião de muitos pequenos centros de produção e que são formados pela *expropriação* de muitos pequenos produtores independentes" (Marx, 1996c, p. 345 e 366, grifos nossos).

Impedir que a massa dos seres sociais tenha acesso aos meios de existência não pode ser resumido em "mercantilizar", ainda que tal mercantilização exista. Fiandeiros e tecelões já compravam fios no mercado. Envolve simultaneamente expropriar os produtores, monopolizar os bens necessários à existência *e impor a propriedade especificamente capitalista, cujos processos de produção subjugam* aqueles seres sociais. A propriedade capitalista, exacerbação de todas as formas precedentes de propriedade, não se limita a uma "coisa", a "ter" algo ou a uma relação jurídica, embora esta relação seja fundamental: ela é a capacidade de extrair sobretrabalho de trabalhadores formalmente livres e somente conserva sua enorme potência quando assegurada *sob esta forma*.

Sob o capital, a propriedade exige alijar os trabalhadores (a maioria dos seres sociais) de todas as escolhas que envolvem o processo de produção da existência: o que, para que, para quem e como se realizará. Submete seres sociais que até então tinham algum acesso à natureza, ao conhecimento, às práticas e às razões de sua própria produção a processos produtivos sobre os quais não exercem nenhum controle, além de induzir um desconhecimento profundo dessas razões, pois apresenta como "naturais" as carências individuais que derivam de tais condições sociais. O conhecimento parcelar detido por cada ser social acerca de suas condições de vida, de relações com a natureza e de processos produtivos é permanentemente separado dele, e defronta-se contra cada um e contra todos os trabalhadores como potência coletiva detida pela propriedade do capital.

Este processo que envolveu (e envolve) enorme violência e sofrimento reafirma a contradição que habita a sociedade capitalista: a socialização do processo produtivo retirou os produtores de seus casulos singulares e os colocou em situação efetiva de cooperação coletiva, mas sob o látego do capital. O látego se abate quando há jornada de trabalho ou em sua ausência. A superação desta contradição — a que contrapõe a socialização dos processos produtivos à absolutização da propriedade do capital — envolve, portanto, *abolir a propriedade do capital* e simultaneamente superar *qualquer bloqueio à livre associação dos seres sociais na produção coletiva da existência*, assim como a todas as decisões concernentes a essa associação.

Transformar os meios de existência — meios de produção, meios de vida, como acesso a bens da natureza, como à terra e, na atualidade, à reprodução das sementes, às águas etc. — em capital alterou toda a forma de ser e de existir que a humanidade até então experimentara. O que era fruto de trabalho passado, perceptível e reproduzível, ferramentas, utensílios, modos de ser e de fazer que permitiam a reprodução da existência, tornou-se algo arrancado de suas raízes históricas e sociais, assim como o camponês expulso de suas terras e os tecelões arrancados de seus teares. Doravante, a tendência era a eliminação das formas de produção independentes, constituindo-se processos complexos de divisão social do trabalho e aprofundamento da divisão entre concepção (ou trabalho intelectual, ele também crescentemente subdividido) e execução.

A terra — o mundo — e o fruto do trabalho passado passaram a erguer-se diante dos trabalhadores como espectros gigantescos. Antes, a natureza assustava por sua efetividade, suas dimensões e complexidade, e a atuação coletiva — para a construção de estradas, pontes, aquedutos, moinhos —, mesmo se conduzida por classes dominantes (como no Egito, em Roma ou na China antigos), se aparentava sobretudo à soma dos esforços individuais, ainda que contando com instrumentos já bastante aperfeiçoados. Somente com o capitalismo a natureza apareceria como *domesticável*, mas apenas pela intervenção de uma força decuplicada que desconsiderava os seres singulares: o capital, na forma primária do grande maquinismo e na sua forma explicitada na contemporaneidade, a do controle dos recursos sociais de produção. Essa imensa força repousa, como antes, na cooperação dos trabalhadores. Sob o influxo do capital, a natureza foi reduzida a pálido espectro, e a própria dinâmica social esmaga os trabalhadores e o conjunto da vida social.

Não os esmaga apenas pela imposição de jornadas exaustivas e pelo disciplinamento que exerce. Também por reiterar permanentemente que os seres sociais podem ser dispensáveis, meras peças de um "sistema"[9] que lhes escapa e à qual são obrigados a dobrar-se. O sentido social da existência esvai-se, e instaura-se enorme sofrimento psíquico, que atinge empregados, desempregados ou semiempregados. Todo o conjunto da vida social é impelido a assegurar a continuidade da reprodução expandida do capital, erigido em condição de existência de todos, acima de tudo e haja o que houver. Isso se torna evidente através da atuação contemporânea dos Estados, parceiros e garantidores da reprodução e da propriedade *do capital* contra suas populações, contra as demais formas históricas da propriedade, devastando — inclusive juridicamente — qualquer tipo de propriedade (coletiva ou privada) que ameace a única que representa o capital — a capacidade altamente concentrada de extrair mais-valor em grande escala de trabalhadores formalmente livres.

A propriedade do capital, ou em termos mais precisos e atuais, a concentração de riqueza social que se converte em capacidade de extrair mais-valor, se desliga crescentemente de qualquer atividade de trabalho realizada por seus detentores. As lutas entre classes dominantes antigas e as ascendentes, capitalistas, foram também

---

9. O termo é corriqueiro, generalizado no senso comum. "Sistema" permite reconhecer a existência de uma espécie de engrenagem que esmaga cada um, mas oblitera a identificação das relações sociais que o constituem, permanecendo numa espécie de externalização da dominação, abstraída de sujeitos, de história e de contradições.

violentas, mas não na mesma proporção que aquelas realizadas contra os trabalhadores. A propriedade do capital impunha a conversão das formas pretéritas em capacidade de extrair mais-valor sob pena de as riquezas entesouradas (em ouro, moedas, pedras preciosas, castelos, terras e campos de caça) dissiparem-se mais ou menos rapidamente. Uma das modalidades mais antigas da propriedade de classes, a da terra, era também *transmutada*, e sua capitalização (ou a participação desses proprietários na repartição de mais-valor) não decorreria mais do único controle direto sobre a terra, mas da atividade produtiva nelas realizada, seja pelos próprios proprietários, seja por arrendatários.

> A forma de propriedade fundiária por nós examinada é uma forma histórica específica, a forma *transmutada*, por influência do capital e do modo de produção capitalista, seja da propriedade fundiária feudal, seja da agricultura de subsistência do camponês, na qual a posse da terra aparece como uma das condições de produção para o produtor direto e a *propriedade* da terra como a condição mais vantajosa, como condição do florescimento de seu modo de produção. Se o modo de produção capitalista pressupõe, de maneira geral, a expropriação dos trabalhadores das condições de trabalho, da mesma forma pressupõe, na agricultura, a expropriação dos trabalhadores rurais do solo e a subordinação destes a um capitalista, que exerce a agricultura para obter lucro. Para nossa exposição é, portanto, uma objeção irrelevante que se recorde que existiram ou que existem ainda outras formas de propriedade fundiária e de agricultura. Isso só pode afetar os economistas que tratam o modo de produção capitalista na agricultura e sua correspondente forma de propriedade fundiária não como categorias históricas, mas como categorias eternas [...]. A propriedade fundiária pressupõe que certas pessoas têm o monopólio de dispor de determinadas porções do globo terrestre como esferas exclusivas de sua vontade privada, com exclusão de todas as outras. Isso pressuposto, *trata-se agora de expor o valor econômico, ou seja, a valorização desse monopólio na base da produção capitalista. O poder jurídico dessas pessoas de usar e abusar de porções do globo terrestre em nada contribui para isso. A utilização dessas porções depende inteiramente de condições econômicas que são independentes da vontade desses proprietários* (Marx, 1986, p. 123-4, grifos nossos).

A propriedade do capital apresenta-se aos seres sociais como natural, eterna, necessidade econômica primeira, forma histórica indeclinável e potência exterior à qual precisam dobrar-se para assegurar sua subsistência. A propriedade do capital *recobre e reatualiza* todas as formas precedentes de propriedade, as defende de maneira nominal (juridicamente), enquanto as devasta em permanência.

Ora, a condição fundamental da propriedade do capital — transformar meios de existência em capital, e a ele sujeitar trabalhadores formalmente livres — precisa manter-se para além e acima das circunstâncias mais ou menos aleatórias que envolvem os processos produtivos concretos e imediatos. Assim, na dinâmica social capitalista pode-se assistir a modalidades de sua *transmutação*, na qual os titulares de propriedades diversas as conservam, mas não detêm as condições de valorizá-las enquanto capital, o que ficará a cargo de capitalistas arrendatários, como na citação anterior, ou a cargo de pequenos grupos altamente concentrados de proprietários de capital-dinheiro (e não meramente de dinheiro), capazes de impor sua função-capital, de valorizar-se, diretamente ou através de capitalistas funcionantes. O caso dos camponeses e dos artesãos analisado por Marx envolveu expropriação direta da propriedade anterior e sua transformação. Mas este também pode ser o caso de qualquer outra forma de propriedade *sobre coisas* — cuja garantia jurídica é genérica, pois sua validade plena concerne sobretudo à capacidade de valorização do valor — que venha a constituir-se como empecilho aos processos efetivos de extração de mais-valor. A expropriação resulta inclusive da própria concorrência intercapitalista. Nos termos de Marx (1996c, p. 380): "essa expropriação se faz por meio do jogo das leis imanentes da própria produção capitalista, por meio da centralização dos capitais. Cada capitalista mata muitos outros".

A propriedade do capital não é estática, no sentido do controle permanente de determinados objetos singulares, ainda que sejam dinheiro ou meios de produção. Ela é *social* (envolve a subordinação dos trabalhadores), dinâmica, expropriadora, resulta e promove uma espiral de crescente ampliação, além de contínua modificação do teor e da forma dos próprios meios de produção — a isso muitos designaram como sucessivas "revoluções industriais". Vejamos três de seus movimentos.

1) Consideremos em primeiro lugar o avanço da acumulação, da centralização e da concentração de capitais, cuja escala prossegue no século XXI com uma dimensão vertiginosa. Segundo a Oxfam (2017, p. 2), "desde 2015, o 1% mais rico detinha mais riqueza que o resto do planeta. Atualmente, oito homens detêm a mesma riqueza que a metade mais pobre do mundo". Tal concentração da propriedade sob a forma capital torna-se ao mesmo tempo mais palpável — é possível nomear os maiores proprietários — e mais abstrata, uma vez que a ação singular daqueles proprietários pouco interessa, pois expressam a ponta mais estreita de uma malha de proprietários voltados para a garantia da extração de mais-valor, que se erigem como potência social abstrata frente a toda a humanidade. A esse processo, que inclui significativas modificações ídeo-sócio-políticas, designei capital-imperialismo.

Essa propriedade é apresentada, entretanto, como se fosse homogênea (natural e não histórica), absorvendo e justificando todas as formas de propriedade. Não é falso, mas absolutamente insuficiente. Nesse sentido, o proprietário da casa onde vive, do automóvel com que se desloca, de uma caderneta de poupança na qual deposita mês a mês uma suada economia, da carrocinha de pipoca na qual se esfalfa para assegurar a subsistência, são apresentados como identicamente proprietários. Há nuances entre eles: o poupador coparticipa do rentismo, enquanto o pipoqueiro é o dono dos meios de produção. Nenhum deles, entretanto, é proprietário de capital e nessa homogeneização da propriedade desaparecem as características específicas da propriedade capitalista, ou a extração crescente de mais-valor.

A propriedade característica do capital tornou-se mais evidente sob o capital-imperialismo e se expressa em massas de capital monetário, que resultam de acumulação capitalista e que *precisam urgentemente retornar à extração de valor para vivificar-se*. Seu próprio movimento de concentração e centralização tende a *deslocá-la da propriedade imediata dos meios de produção para o controle de todas as capacidades produtivas da vida social*, independentemente de seu teor concreto. Em termos mais diretos, não se trata de um "capital bancário" que devoraria o capital industrial, mas de crescente concentração da propriedade *enquanto capacidade de valorizar o valor*, e resulta não no desaparecimento, mas no impulsionamento feroz do capital funcionante (extrator de mais-valor) pela propriedade do capital, incessantemente reconvertido em necessidade imperiosa de valorização. Hilferding e Lênin identificaram o capital financeiro, quando ele ainda expressava uma unificação entre personificações bastante concretas — os industriais e os banqueiros — no início do século XX, sob a liderança dos primeiros. Há um século atrás, concretamente, tais grandes proprietários do capital financeiro podiam ser identificados na figura dos grandes industriais e dos grandes banqueiros, uma vez que a união financeira ainda não os dissolvera.

Mais de cem anos depois, em finais do século XX e nas primeiras décadas do século XXI, a escala da acumulação, centralização e concentração agigantou-se. Não é mais possível identificar as figuras específicas, concretas, da propriedade do capital, no que chamei de fusão pornográfica. A grande propriedade do capital tornou-se essa personificação abstrata e social, integrada por proprietários com origens nas indústrias (os que extraem mais-valor de qualquer atividade, fabril ou não), bancos ou intermediações monetárias diversas, como os fundos de investimentos, comerciantes, acionistas, gestores com direitos de participação (ou, mais apropriadamente, capitalistas funcionantes, quer sejam proprietários ou não dos meios de produção). Completamente incorporada pelos Estados, suas exigências de valorização apresentam-se como se delas dependesse a existência humana.

Ela impõe-se a todas as demais formas de propriedade, inclusive aquelas que se imaginavam ser... capitalistas. Não se trata apenas de uma "política" selecionada por tais proprietários, embora seja fundamental compreender seus estreitos vínculos com a política e o Estado,[10] mas resulta sobretudo de uma exigência da reprodução de tais massas gigantescas de capitais precisando valorizar-se, ainda que se expresse de maneira contraditória através de diferentes tipos de concorrência. Em conjunto, sua melhor definição ainda segue a verbalizada por Margaret Thatcher: "não há alternativa".

Não por acaso desmembram empresas para que, sob gestão de novos "funcionantes", aumentem taxas de mais-valor e de lucratividade; destroem indústrias e as deslocam de um lado a outro do planeta, dividem empresas, estimulando a concorrência entre setores até então internos ao mesmo processo produtivo. Todos os processos reforçam a evidência: *a propriedade do capital não se limita aos meios de produção, mas é fundamentalmente a da capacidade (sempre com maior urgência) de fazer funcionar* **como capital** *os meios de existência, de assegurar a extração de valor (por capitalistas funcionantes, proprietários ou não), de subordinar massas crescentes de trabalhadores e de converter atividades humanas (meios de vida) em capital*

Não predominam as personificações do capital que nos habituamos a considerar, com suas práticas de vida diversas entre os industriais fabris de diferentes ramos, os banqueiros ou os comerciantes. Decerto, subsistem seletos grupos cuja referência à atividade ou pertencimento social original (bancos, indústria, comércio, serviços, nobreza etc.) age como traço distintivo. Mas tendem a ser quase uma caricatura, enquanto cresce a distinção pelo controle da *quantidade* (montantes de propriedade a valorizar) e da *extensão* (escala) das atividades funcionantes.

Constitui-se em um segmento dominante capitalista cuja caracterização é unicamente a da grande propriedade *do capital, e não unicamente da empresa*. As empresas perduram, e crescem de maneira monopólica, mas apenas se e enquanto conservarem-se como centros fundamentais e crescentes de extração de mais-valor. Pouco importa onde são investidos tais recursos, contanto que retornem de maneira acrescida

---

10. O tema da relação da propriedade capitalista com os Estados é crucial, mas não cabe nos limites deste capítulo.

(valorizados, capitalizados). Muitas análises apresentam tais investidores como rentistas, e isso não é falso, uma vez que a propriedade do capital não tem como preocupação central a *maneira* pela qual seus investimentos serão *capitalizados*, isto é, assegurarão rendimentos que parecem provir unicamente do próprio dinheiro convertido em capital. Mas tampouco é verdadeiro, pois a suposição de que se reduzam a "rentistas" e de que nada tenham a ver com as formas de extração de mais-valor obscurece o fato de que são a ponta mais concentrada da propriedade do capital e que é delas que deriva o alucinado impulso à maior ainda extração de valor, sob modalidades a cada dia mais brutais. Mesmo quando as grandes fortunas têm uma origem identificável — fabril, comercial, serviços ou bancos, ou ainda especulativa —, elas romperam os limites de cada uma dessas atividades, e deixam para trás as personificações e costumes que as limitavam à exploração de atividades específicas. Não basta denunciar o rentismo, pois ele é apenas a *aparência* da grande propriedade dominante do capital na atualidade. É preciso compreender a explicitação brutal da grande propriedade capitalista decorrente de sua própria expansão.

A propriedade, sob o capital-imperialismo, atua como se fosse uma enorme bomba de sucção dos mais díspares recursos monetários, que captura e reúne em busca de maior escala para a lucratividade, convertendo-os em extração de mais-valor. Ao longo do século XX, diversas iniciativas de trabalhadores — como a constituição de fundos mútuos de reserva, para prevenção de velhice, doença ou pensões para órfãos e viúvas, ou ainda para assegurarem o próprio enfrentamento contra o capital, como fundos de greves — foram expropriadas em seu sentido mais substantivo. Mesmo quando os trabalhadores conseguiam reaver parcela desses recursos, tinham acesso apenas ao dinheiro, assim reafirmada sua condição de trabalhador (e não de proprietário de capital). A utilização enquanto capital de tais recursos foi, em parte, a obra de Estados. Em alguns casos, em função do acirramento das lutas dos trabalhadores, Estados absorveram esses fundos, transformando as prestações originalmente devidas em direitos e contribuindo com o capital, ao assegurar parcela do valor da reprodução da força de trabalho (tema trabalhado de forma ainda atual por Brunhoff, 1976). Posteriormente, sobretudo após a década de 1980, tais fundos serviriam simultaneamente para garantir direitos e para engrossar diretamente as massas de capital exigindo valorização, sob a gestão de capitalistas funcionantes a serviço da conversão de dinheiro em capital (extração de mais-valor).

De bomba de sucção, o complemento desse processo passa a se assemelhar a uma descentralizada exigência (imposição) de extração de valor a todos os elos das cadeias funcionantes do capital. Nessa configuração, todas as formas de *capitalização* (funcionantes de escalas diversas, capital fictício, especulações, máfias) são bombeadas e impulsionadas e, a partir delas (e com elas), forjam-se novas mesclas para modalidades ainda mais brutais de extração de valor.

2) Em segundo lugar, observamos que um movimento já identificado por Marx no século XIX intensificou-se: a expropriação de expropriadores. Na atualidade, ele ocorre numa escala que certamente Marx não poderia prever, através de processos incessantes de fusões e aquisições e de deslocamentos da grande propriedade — com formatos jurídicos diversos, como acionistas, ou de coletivos de proprietários (fundos diversos) ou outras formas — em âmbito internacional. Deter relativamente pequenos percentuais, mas com direitos especiais, da propriedade de enormes empreendimentos, assegura drenagem proporcionalmente maior do lucro (e do mais-valor) neles produzido, o que já foi sinalizado por Lênin há mais de 100 anos. O salto de escala é enorme frente ao período analisado por Lênin, e algumas características da propriedade do grande capital continuam a se desvelar. Os incessantes movimentos de controle acionista, exercido por empresas que são apenas a expressão da grande propriedade de forma quase pura (*holdings*), ou de grupos de *holdings*, outras vezes em consórcios de proprietários, através de *private equity*[11] (que permitem multiplicar

---

11. O processo de expropriação de expropriadores é praticamente explícito. Os fundos de Private Equity são a expressão da atuação conjunta do capital monetário e funcionante, pois participam ativamente da gestão e da administração das companhias nas quais investem.

a escala da centralização e assegurar a entrada em grau competitivo de propriedade de capital monetário), garantem exclusivamente o poder proprietário *enquanto capital*. Este não necessariamente pretende gerir diretamente os novos negócios, que permanecem nas mãos de capitalistas funcionantes, antigos donos ou gestores, impulsionados a intensificar formas de extração de mais-valor.[12]

Assim como o capital portador de juros analisado por Marx, a configuração dessa forma de propriedade aprofunda a distância com o trabalho e os trabalhadores, e exatamente em função dessa maior distância, permite-se exigir extração de valor exacerbada. Tal escala submete também os capitalistas funcionantes, e estes extorquem todos os escalões dos trabalhadores dos quais pode ser extraído valor. Contraditoriamente, como já mencionado, também fundos privados de trabalhadores podem agir da mesma maneira, sob o comando de capitalistas que assumem o papel da grande propriedade, remunerados pelo crescimento da extração de valor que impulsionam. Não são proprietários da massa de dinheiro reunida, mas são os executores das medidas que permitem que ela se transforme em capital, isto é, extrair mais-valor. Neste caso, tornam-se capitalistas funcionantes do próprio capital monetário, de forma direta. Em alguns casos, tais capitalistas funcionantes também agirão na direção das empresas controladas, impulsionando a extração de valor de maneira intensificada e direta.

Pretendem potencializar e agilizar o crescimento de companhias promissoras, para intensificar sua lucratividade. Elas se apresentam como a possibilidade do "crescimento" de pequenas e médias empresas (PME): "no atual cenário de crise e escassez de recursos, PMEs se tornaram um alvo em potencial para fundos de private equity pelo seu maior potencial de ganhos em processos de consolidação e melhoria operacional em relação às empresas maiores, que já possuem uma gestão profissionalizada". Disponível em: <https://endeavor.org.br/private-equity/>, de 27 jul. 2015. Acesso em: 30 maio 2018.

12. Um exemplo interessante pode ser dimensionado na compra recente pela Kroton de outras unidades escolares. Disponível em: <https://g1.globo.com/economia/noticia/kroton-fecha-compra-da-somos-educacao-por-r-46-bilhoes.ghtml>, 23 abr. 2018. Acesso em: 1º jun. 2018. Contradições se revelam no processo de centralização em curso da "indústria da educação" como se pode observar, por exemplo, nos debates sobre a compra da Escola Parque (RJ) pelo Fundo de Investimento Bahema Educação. Disponível em: <https://vejario.abril.com.br/cidades/polemica-na-escola-parque/>, 13 fev. 2017. Acesso em: 1º jun. 2018.

Um processo de tal monta em escala internacional exigiu a formação acelerada de novas gerações de capitalistas, *funcionantes e expropriadores*, remunerados diretamente por parcela da mais-valia que contribuem para extrair, em qualquer setor de atuação. O estreito limite das heranças e dos herdeiros não era mais suficiente para a direção, gestão e controle empresarial dessa massa de capitais em busca de valorização urgente. Portanto, integrou-se — em função da capacidade de extração de valor — uma proporcionalmente pequena mas eficiente camada de capitalistas totalmente dedicados à função de extrair valor e assegurar rentabilidade, estimulados pelos enormes lucros que poderiam auferir, se e enquanto demonstrassem o faro para a prospecção, a ousadia para a expropriação, a capacidade de extrair mais-valor, tudo expresso abstratamente em taxas de lucratividade.

Agregaram-se aos *managers*, que tiveram intenso papel na primeira metade do século XX, mas cuja experiência permanecia intimamente ligada às atividades das empresas. Os novos funcionantes não têm necessariamente relação estreita com uma única atividade, mas com a própria atividade funcionante de maneira genérica, em qualquer área de atuação. Como todo capitalista, são permanentemente atormentados por alucinada competição, na qual novos pretendentes não devem ter o menor escrúpulo em superar seus adversários; o que importa é a lucratividade do capital. De capatazes obedientes a seus empregadores, comportam-se como se estivessem em guerra, obedecendo a índices e a taxas, procurados por caçadores de talentos (*headhunters*) para agir como capitalistas funcionantes. Abriu-se assim uma brecha de circulação (o que a sociologia costuma chamar de mobilidade social) para atividades ligadas à extração de mais-valor, e a atuação desses capitalistas funcionantes tende a ser ainda mais furiosa do que a dos proprietários clássicos ou seus *managers*, uma vez que dispõem em geral de pouco tempo para assenhorear-se de montantes significativos de mais-valor, que lhes permitam permanecer enquanto proprietários de capital, uma vez retirados de sua função e substituídos por outros ainda mais competitivos. Integram plenamente as classes dominantes, por posição de classe e atuação prática, assim como os intelectuais coletivos e as burocracias privadas constituídas em paralelo às administrações públicas, além de boa parcela da própria administração pública, que responde às injunções das extração ampliada de valor (e não de qualquer propriedade), nas quais circulam de maneira legal representantes da propriedade do capital (e, é claro, também e do capital funcionante). Mas este é tema mais amplo e demanda maiores explicitações que não cabem no formato do presente capítulo.

A análise da forma social concreta que reveste a pirâmide da grande propriedade do capital nos dias atuais é assunto para outros estudos. Desde já vale lembrar que sua consolidação envolve processos peculiares (quase todos centrados nas práticas estadunidenses privadas, semiprivadas, semipúblicas e públicas), com relações estreitas com os setores da grande propriedade do capital-monetário, e redunda em novos moldes de especialização (nichos de controle monetário e nichos funcionantes). Certamente carreiam novas contradições intraclasses dominantes, em função da escala internacional na qual atua grande parcela de tais capitalistas funcionantes. Há diversas interpretações sobre o tema, dentre as quais a realizada por João Bernardo. Não obstante a contribuição que realiza, em especial pela conexão entre a atuação empresarial e a estatal, merecedora de análise detalhada que escapa ao escopo deste estudo, ela parece sobretudo estribada na "empresa" e não nas características sociais da propriedade do capital.[13]

---

13. João Bernardo realizou sugestiva investigação e considerou os gestores como uma nova classe, complementar à classe capitalista. Sua definição distingue entre os proprietários e aqueles que asseguram a continuidade da extração de mais-valor, bem além das unidades imediatas de produção, incorporando a burocracia de Estado: "Defino a burguesia em função do funcionamento de cada unidade econômica enquanto unidade particularizada. Defino os gestores em função do funcionamento das unidades econômicas enquanto unidades em relação com o processo global. Ambas são classes capitalistas porque se apropriam da mais-valia e controlam e organizam os processos de trabalho. [...] A classe burguesa e a classe dos gestores distinguem-se: a) pelas funções que desempenham no modo de produção e, por conseguinte; b) pelas superestruturas jurídicas e ideológicas que lhes correspondem; c) pelas suas diferentes origens históricas; d) pelos seus diferentes desenvolvimentos históricos. Quanto às funções desempenhadas, não devemos conceber os burgueses como meros apropriadores inativos da mais-valia. Eles são ainda organizadores de processos econômicos. O que os caracteriza é organizarem processos particularizados e fazerem-no de modo a que essa particularização

3) O terceiro movimento resultante da ampliação da escala de acumulação de capital é o correlato da expropriação, ou seja, a transformação de meios de vida em capital. Comecemos por um processo intimamente ligado ao tema anterior, à expropriação dos expropriadores, para além dos processos já tradicionais de cartéis, trustes, centralizações envenenadas, fundos de ações ou outros, que sufocam a concorrência. A partir da grande propriedade capitalista se dissemina, como prática usual, um procedimento regular de estímulo, formação e "produção" de pequenos pretendentes a capitalistas, os quais detêm escassos recursos, mas são avaliados como tendo boa capacidade de prospecção de atividades que se enraízam nos meios de vida da população, mas não estão subordinadas ao capital em larga escala. Para além dos fundos como *private equity*, já mencionados, destacam-se as *startups* ou incubadeiras, nutridas a crédito, e todo o valor ou mais-valor nelas gerado terá significativa parcela drenada para a propriedade abstrata do capital. Seu papel é peculiar: de um lado, sua prospecção fundamental é descobrir *nichos de atividade* a serem expropriados e convertidos em capital. De outro lado, os próprios empreendedores originados de tais incubadoras serão eles próprios — em sua grande maioria — expropriados por seus incubadores ou outros "investidores". A expropriação, em seus múltiplos sentidos, mantém-se como a base social que constitui a relação capital.

Atividades supostamente filantrópicas de teor capitalista foram historicamente iniciadas por múltiplas razões, a começar pelas dramáticas *workhouses* já analisadas por Marx no século XIX, que se destinavam

---

se reproduza. Ao passo que os gestores organizam processos decorrentes do funcionamento econômico global e da relação de cada unidade econômica com tal funcionamento (Bernardo, 2009, p. 218). Como se observa, sua preocupação central reside na distinção entre a propriedade burguesa, ou seja, do capital considerado diretamente como meios de produção (a empresa na qual ocorre a extração de mais-valor) e as diversificadas funções que dela se desdobram. A nosso juízo, a questão da *propriedade do capital* é mais complexa, como estamos tentando evidenciar. Em nossa análise, a conexão entre empresas é assegurada pela própria propriedade dos recursos sociais de produção — forma exacerbada da propriedade do capital —, enquanto as demais conexões, mais diretamente políticas (que se relacionam à formação e à contenção da força de trabalho), assumem formatos diversificados através da intensificação de aparelhos privados de hegemonia.

a disciplinar não apenas os indivíduos que nelas se encontravam, mas o conjunto da classe trabalhadora. Tais iniciativas nasceram no bojo de lutas de classes. De maneira recorrente, a emergência de diversas rebeldias e lutas sociais foi tratada ao mesmo tempo pela violência e pelo convencimento, forjando uma permanente questão social de contornos e limites indefinidos. Uma nova onda de expansão das iniciativas empresariais com teor supostamente filantrópico ocorre no pós-Segunda Guerra Mundial, sob a Guerra Fria, voltadas diretamente para conter processos revolucionários nos países centrais e defender a "democracia ocidental". Aprofundava-se o processo de contrarrevolução preventiva, por meios sutis ("democráticos") ou abertamente ditatoriais (na própria Europa ou em outros países). A partir de 1960, voltaram a multiplicar-se lutas sociais, que se mostraram irredutíveis apesar de intensa coerção, e ocuparam espaço crescente em âmbitos nacionais e internacional. Não nasciam naquela época, mas se consolidariam ao longo do tempo como lutas por direitos, lutas feministas, antirracistas, antissexistas e lutas ambientais. Estavam estreitamente associadas a condições de existência das massas trabalhadoras, e despontavam como enorme contestação anticapitalista.[14] Emergiam em contexto especialmente complexo — Guerra Fria; revoluções anticoloniais, como a do Vietnã; enfrentamentos de 1968; ditaduras militares em diversos quadrantes do planeta, especialmente na América do Sul; a divulgação por Kruschev dos crimes de Stálin, mas a permanência da política de defesa da URSS frente às demais lutas de classes, com a invasão da Tchecolosváquia etc.

As condições desiguais dessas potentes lutas e os duros enfrentamentos a que foram submetidas não impediram sua difusão, mas a partir da década de 1980 houve intensa atividade empresarial no sentido de segmentá-las e direcioná-las. Consideradas ameaça internacionalista

---

14. A criação da *Comissão Trilateral*, "organização não governamental", envolvia empresários, altos funcionários e seus intelectuais da Europa, Estados Unidos e Japão. Criada em 1973, reagia não apenas às iniciativas dos "países não-alinhados", desde a Conferência de Bandung de 1955 até a Tricontinental, de 1966, mas sobretudo ao forte impulso dos movimentos populares, o que a levou a significativo debate sobre a "contenção" da democracia. Cf. Hoeveler, 2015.

contra o capital, foram alvo de estratégias empresariais e governamentais de contenção nacional (encapsulamento no âmbito dos Estados) e *cosmopolita*, através de uma numerosa malha de iniciativas empresariais internacionais. Formidáveis aparelhos privados de hegemonia empresariais — sem fins lucrativos — intensificaram sua proximidade com universidades e intelectuais avulsos, com movimentos sociais e com governos. Não por acaso, este é exatamente o período a partir do qual intelectuais europeus próximos à esquerda formulam teorias de "novos movimentos sociais", isolando-os cuidadosamente tanto da relação de classes quanto das questões internacionais. Essa nova "sociologia" iniciará um longo procedimento de "apagamento" das classes sociais, inaugurando uma certa "gramática do social":[15] as classes sociais passam a ser encaradas como se fossem constituídas apenas pelos operários fabris, e seu espaço de organização definido como unicamente o das organizações sindicais, apesar de serem, em muitos países não europeus, proibidas ou submetidas a estreito controle. A *totalitária subordinação do conjunto da vida ao capital* designava espaços particulares, definidos segundo a capacidade de cada movimento se expressar em sua luta *singular*, acompanhados de perto pela vigilância estatal, por organizações empresariais bem demarcadas, do que resultavam políticas locais a conta-gotas e contatos internacionais bem selecionados. Ora, praticamente todas essas lutas precisavam enfrentar o capital, por exemplo a luta antimanicomial, que supõe um verdadeiro revolucionamento das cidades e das formas de lidar com as singularidades.

Nascidas diretamente da defesa de interesses de classes dominantes, inúmeras entidades empresariais sem fins lucrativos, cujas origens remetiam à defesa de questões setoriais, tornaram-se experimentadas no enfrentamento das lutas populares. O tema é amplo, e foi analisado por diversos autores, dos quais destacamos apenas alguns, especificamente para o caso brasileiro (Dreifuss, 1987 e 1989; Mendonça, 1997, 1998 e 2016; Martins, 2009; Casimiro, 2016).

---

15. Ver sugestiva pesquisa sobre a atuação desses aparelhos na generalização dos termos de "empoderamento", "protagonismo" e "capital social" de Guerriero (2018).

Interessa-nos agora destacar alguns de seus desdobramentos no que concerne a seu papel nas expropriações contemporâneas. Nos limitaremos a dois de seus desdobramentos. Algumas — e das mais significativas — entidades empresariais sem fins lucrativos passaram a realizar procedimentos similares às "incubadoras" (ou *startups*), sob a "parceria" da grande propriedade, através da dotação de recursos para organizações populares já existentes (ou a assim chamada "sociedade civil", que nada mais é do que um dos espaços das lutas de classes). Aqui, instaura-se procedimento similar ao das *startups*: capturar as formas de atividade social que consistem em meios de vida para parcelas da população, convertendo-as em capital. A "pobretologia" estimulada pelo Banco Mundial desde a década de 1960 revelou-se uma frente múltipla de atuação, dentre as quais se destacam as tentativas de pacificação das lutas de classes, com uma intensa atividade empresarial de caráter pretensamente filantrópico, voltado para a amenização das condições da pobreza (Pereira, 2010). Além de influenciarem algumas organizações populares, o volume e a disparidade dos recursos manipulados por tais entidades induzem à sua atuação na formulação e na execução de políticas públicas de diversos governos (os casos mais conhecidos são o Haiti e Moçambique). Tais práticas geraram uma intensa produção de conhecimento sobre as formas de viver de inúmeras populações díspares no planeta. Finalmente, desdobram-se em inúmeras modalidades de expropriação e de transformação do que constituía meios de vida em capital. Uma delas foi defendida por Hernando de Soto, não por acaso premiado em 2004 com o *Milton Friedman Prize for Advancing Liberty*,[16] do *The Cato Institute*[17] (prêmio que lhe assegurou 500 mil dólares), além de inúmeros outros prêmios (inclusive a medalha Hayek), com sua obra difundida em inúmeros países por redes empresariais, extremamente

---

16. Disponível em: <https://www.cato.org/friedman-prize/hernando-desoto>, sem data (2004?). Acesso em: 10 jun. 2018.

17. The Cato Instituto se apresenta como *think tank* libertariano, tem cariz ultraliberal e ultradireitista, e foi fundado pelos milionários irmãos Koch. Vale ver extensa rede de conexões no Brasil apresentada por Amaral (2015).

próximas a diversos círculos governamentais. Biografia em estilo hagiográfico, na ocasião do prêmio do *Cato Institute*, o apresenta:

> De Soto não se limita ao mundo intelectual. Ele pode ser visto incansavelmente caminhando pelas ruas e aldeias empobrecidas do Haiti, Peru, Egito e Bali, encontrando-se com meeiros, negociantes do mercado negro, donos de barracas de comida, empresários locais e operários. Seu trabalho com o ILD [*Institute for Liberty and Democracy, think tank* criado por De Soto, do qual ainda é o presidente[18]] está pressionando os governos dos países em desenvolvimento para simplificar e agilizar o processo de concessão de títulos de propriedade.[19]

Ora, a proposta de "transformar o mero controle físico "extralegal" de ativos em capital", legalizando-os para "desenvolver um guia para o "processo de capitalização" dos países pobres"[20] calcada na distribuição de títulos de propriedade para os pobres, explicitamente, propõe transformar meios de vida em capital, embora o faça sob o argumento da capitalização dos pobres. A primeira, e mais evidente, ocorre através de expropriações "suaves" da recente propriedade dos pobres, realizadas por meio de formas de gentrificação dos bairros populares localizados em regiões valorizadas. Na tradicional face violenta, eles são simplesmente expropriados, rompendo-se os laços sócio-históricos, que favoreciam a subsistência nas frestas — mesmo se mercantis — da vizinhança. A ela agrega-se uma nova face *soft*, na qual a expropriação ocorre a conta-gotas: os próprios moradores venderiam

---

18. Disponível em: <http://www.ild.org.pe/about-us/ild-president>, sem data. Acesso em: 10 jun. 2018.

19. "De Soto does not limit himself to the intellectual world. He can be seen tirelessly trudging through the impoverished streets and villages in Haiti, Peru, Egypt, and Bali, meeting with sharecroppers, black-market dealers, food stand owners, local entrepreneurs, and factory workers. His work with the ILD is pushing the governments of developing countries to simplify and streamline the process of granting property titles." *Hernando de Soto"s Biography*. Disponível em: <https://www.cato.org/friedman-prize/hernando-desoto/biography>, sem data (2004?). Acesso em: 10 jun. 2018. Tradução livre.

20. Disponível em: <https://www.cato.org/friedman-prize/hernando-desoto/biography>, sem data. Acesso em: 10 jun. 2018. Tradução livre.

suas "propriedades" para se "capitalizarem". O que não é dito é que receberão apenas dinheiro, e não capital. Sob outras modalidades, tal "capitalização" procura estimular iniciativas de empreendedorismo popular, agora sob o guarda-chuva da grande propriedade do capital. Esse "empreendedorismo" induz os próprios setores populares a identificar atividades que possam vir a ser generalizadas em maior escala, "investir seu capital" e, caso frutifiquem, serão absorvidas pelos investidores, isto é, expropriadas. Observe-se finalmente que as designações são inteiramente falsificadas, uma vez que a propriedade de moradia jamais correspondeu à propriedade do capital.

Outra modalidade também premiada e também propiciadora de novas expropriações foi formulada por Muhammad Yunus,[21] e envolvia disseminar microcrédito entre as populações pobres do mundo, mais corriqueiramente conhecida como "banco dos pobres". Extensa e rigorosa crítica da atuação do microcrédito foi realizada por Bateman (2014), que analisa sua generalização através do Banco Mundial e de outras poderosas instituições financeiras. No entanto, não houve redução da pobreza nos inúmeros locais onde se implantou, ao contrário, ela se agravou. Gerou intenso endividamento dos mais pobres, resultando no rebaixamento de suas condições de trabalho e de remuneração, o que beneficiou consumidores das classes médias e altas, que passaram a dispor de serviços mais baratos. Ainda segundo Bateman, em diversos países — e ele analisa especialmente casos no México e na Índia —, tais Bancos de Microcréditos geraram enorme fluxo de pagamento de dividendos a acionistas (inclusive para o exterior), além de altíssimos salários e formação de enormes riquezas de seus administradores e investidores.

---

21. Ganhador do Prêmio Nobel de Economia em 2011, Yunus dirige uma rede internacional de "negócios sociais", que capta doações e oferece financiamentos para "empreendimentos sociais", *Yunus Social Business*. Disponível em: <http://www.yunussb.com/about/>. Acesso em: 30 maio 2018. Tem sede brasileira, *Yunus Negócios Sociais*, voltada para a incubação de "negócios sociais" e seu financiamento. Disponível em: <https://www.yunusnegociossociais.com/o-que-fazemos>. Acesso em: 30 maio 2018. Dentre seus parceiros "filantrópicos", constam Bank of America Merrill Lynch, J. P. Morgan, Casas Bahia, The Boston Consulting Group, Latam e a empresa de advogados Mattos Filho. O *site* especifica que a Yunus Negócios Sociais não distribui dividendos, reinvestindo os lucros.

Bateman analisa tais operações contrapondo-as aos objetivos que esgrimiram, de redução da pobreza. Do ângulo pelo qual estamos observando, este tipo de iniciativa é uma das mais explícitas formas de expropriação contemporânea, uma vez que atinge especialmente os meios de vida (ainda que parciais) detidos pelos mais pobres, que serão corroídos em função da entrada do grande capital (créditos), eliminados enquanto tais (meios de vida), as populações reduzidas a condições de total disponibilidade para o capital. Caso alguns desses empreendimentos possam frutificar, serão transformados em capital. Seriam necessários novos estudos para analisar a atuação dessas iniciativas na expropriação das atividades levadas a efeito por mulheres, alvos preferenciais de tais microcréditos. Em nome da defesa genérica das mulheres, talvez estejamos assistindo a formas de expropriação de trabalhadoras, cujas atividades, mesmo se alguns casos já mercantis (cuidados, trabalhos domésticos, reprodução familiar etc.), não asseguravam extração de mais-valor para o capital, transformando-as em atividades subordinadas ao capital (Huws, 2014). Subordinadas ao domínio da propriedade do capital-monetário, tais atividades tendem, mesmo que lentamente, a converter-se em capital — a industrialização do cuidado e da reprodução não viria para emancipar as mulheres, mas para submetê-las ao capital.

Desafios

O tema das expropriações no capital-imperialismo contemporâneo é extenso e complexo. Este capítulo procurou trazer elementos, ainda exploratórios, para a análise de alguns de seus desdobramentos, além de voltar a insistir com alerta, a meu juízo fundamental: *apesar da aparência do distanciamento do trabalho, o capital-imperialismo lastreia-se na expansão da relação-capital, e ela envolve crescente extração de valor de trabalhadores sob duríssimas condições, expropria a humanidade, expande a transformação de meios de vida em capital e explicita o caráter específico da propriedade capitalista.*

Várias pistas anunciadas anteriormente exigem e merecem pesquisas sistemáticas, especialmente no que concerne o estreitamento da relação entre entidades empresariais sem fins lucrativos e as expropriações, além das expropriações contemporâneas das atividades do cuidado e da reprodução da vida, tradicionalmente atividades "femininas". Os dados disponíveis não facilitam nossa tarefa. As estatísticas públicas de escala internacional tendem a responder às grandes questões que envolvem a própria reprodução do capital, utilizando inclusive suas próprias categorias. Para os aparelhos privados de hegemonia, em boa parcela, os dados hoje são produzidos por empresas ou por... entidades empresariais sem fins lucrativos.

A leitura de Marx permite apreender as formas mais abstratas e descoladas do mundo real — como o crédito (capital portador de juros), as dívidas públicas, as especulações, as ações em bolsa etc. (capital fictício) — e mostrar como nascem e dependem das relações sociais concretas. Marx permite, e exige, ir além de suas aparências, para apanhar a contradição que a propriedade do capital aprofunda, pois suas raízes se expandem subordinando concretamente os trabalhadores. Decerto, revestem formas diversas e se complexificam. Mas capital (e sua propriedade) somente sobrevive pela punção que realiza do trabalho vivo. Identificar suas formas atuais é, portanto, nosso desafio permanente.

Referências

AMARAL, Marina. *A nova roupa da direita*, 23 jun. 2015. Disponível em: <https://apublica.org/2015/06/a-nova-roupa-da-direita/>. Acesso em: 30 maio 2018.

AMNISTÍA INTERNACIONAL. *El coste humano de la fortaleza Europa*. SecretariadoInternacional, Amnistía Internacional, 2014. Disponível em: <https://anistia.org.br/wp-content/uploads/2014/07/O-custo-humano-da-fortaleza-europeia.pdf>. Acesso em: 30 maio 2018.

BATEMAN, Milford. The rise and fall of Muhammad Yunus and the microcredit model. International Development Studies — IDS. Working Paper #001 — Jan. 2014. Disponível em: <http://www.arabic.microfinancegateway.org/sites/default/files/mfg-en-paper-the-rise-and-fall-of-muhammad-yunus-and-the-microcredit-model-jan-2014.pdf>. Acesso em: 30 maio 2018.

BERNARDO, João. *Economia dos conflitos sociais*. São Paulo: Expressão Popular, 2009.

BRAUDEL, Fernand. *A dinâmica do capitalismo*. Lisboa: Teorema, 1985.

BRUNHOFF, Suzanne de. *État et capital*. Paris: FS Fondations, 2010. Edição original: Editions Sociales, 1976.

CASIMIRO, Flávio Henrique Calheiros. *A nova direita no Brasil:* aparelhos de ação político-ideológica e a atualização das estratégias de dominação burguesa (1980-2014). 2016. Tese (Doutorado em História) — Universidade Federal Fluminense, Niterói.

DREIFUSS, R. A. *1964:* a conquista do Estado. 5. ed. Petrópolis: Vozes, 1987.

_____. *O jogo da direita*. Petrópolis: Vozes, 1989.

EUROSTAT. *Eurostat Statistics Explained*. Mar. 2017. Disponível em: <http://ec.europa.eu/eurostat/statistics-explained/index.php?title=Migration_and_migrant_population_statistics/pt>. Acesso em: 30 maio 2018.

FONTES, Virgínia. *O Brasil e o capital-imperialismo*. Rio de Janeiro: Ed. UFRJ/Ed. EPSJV-Fiocruz, 2010.

_____. Capitalismo em tempos de uberização: do emprego ao trabalho. *Marx e o Marxismo — Revista do NIEP-Marx*, [S.l.], v. 5, n. 8, p. 45-67, jul. 2017. Disponível em: <http://www.niepmarx.blog.br/revistadoniep/index.php/MM/article/view/220>. Acesso em: 30 maio 2018.

GUERRIERO, Lídice de Barros. *A gramática do social:* considerações sobre os atuais processos de construção de hegemonia na cidade do Rio de Janeiro. 2018. Tese (Doutorado) — Programa de Pós-Graduação em Ciências Sociais, Universidade Estadual do Rio de Janeiro, Rio de Janeiro.

HOEVELER, Rejane C. *As elites orgânicas transnacionais diante da crise:* uma história dos primórdios da Comissão Trilateral (1973-1979). 2015. Dissertação (Mestrado em História) — Programa de Pós-Graduação da Universidade Federal Fluminense, Niterói.

HUWS, Ursula Elin. Vida, trabalho e valor no século XXI: desfazendo o nó. *Cadernos CRH*, Salvador, v. 27, n. 70, jan./abr. 2014. Disponível em: <http://dx.doi.org/10.1590/S0103-49792014000100002>. Acesso em: 20 mar. 2017.

LUKÁCS, Gyorgy. *Para uma ontologia do ser social*. São Paulo: Boitempo, 2013.

MARTINS, André. *A direita para o social*: estratégias empresariais para educar o consenso no Brasil contemporâneo. Juiz de Fora: EdUFJF, 2009.

MARX, Karl. *O capital*. São Paulo: Nova Cultural, 1986. Livro 3, t. 2.

_____. *Salário, preço e lucro*. In: _____. *O capital*. São Paulo: Nova Cultural, 1996a. Livro 1, t. 1. (Coleção Os Economistas.)

_____. *O capital*. São Paulo: Nova Cultural, 1996b. Livro 1, t. 1. (Coleção Os Economistas.)

_____. *O capital*. São Paulo: Nova Cultural, 1996c. Livro 1, t. 2. (Coleção Os Economistas.)

MENDONÇA, Sonia Regina de. *O ruralismo brasileiro*. São Paulo: Hucitec, 1997.

_____. *Agronomia e poder*. Niterói: Vício de Leitura, 1998.

_____. *Estado e classe dominante agrária no Brasil pós-30*. Curitiba: Prismas, 2016.

NOVE, Alec. *A economia do socialismo possível*. São Paulo: Ática, 1989.

OXFAM. *Uma economia para os 99%*. 2017, p. 2. Disponível em: <https://www.oxfam.org.br/sites/default/files/arquivos/economia_para_99-relatorio_completo.pdf>. Acesso em: 30 maio 2018.

PEREIRA, João Márcio Mendes. *O Banco Mundial como ator político, econômico e financeiro (1944-2008)*. Rio de Janeiro: Civilização Brasileira, 2010.

SAMARY, Catherine. *El papel del mercado*: el debate Mandel — Nove. 2001. Disponível em: <https://www.ernestmandel.org/es/lavida/txt/samary.htm>. Acesso em: 30 maio 2018.

SILVER, Beverly M. *Forças do trabalho. Movimentos de trabalhadores e globalização desde 1870*. São Paulo: Boitempo, 2005.

THOMPSON, E. P. Tiempo, disciplina de trabajo y capitalismo industrial. In: _____. *Costumbres en común*. Barcelona: Crítica, 1995.

WEBER, Max. *A ética protestante e o espírito do capitalismo*. 3. ed. São Paulo: Livraria Pioneira Editora, 1983.

WOOD, Ellen. *A origem do capitalismo*. Rio de Janeiro: Jorge Zahar, 2001.

2

Notas sobre a expropriação na "odisseia" do capital*

Márcio Lupatini

> [...] é essencial explorar as constantes mudanças do sistema capitalista, mas isso não pode ser feito sem antes deixar claro o que o capitalismo é.
>
> Ellen Wood, *O império do capital*

Introdução

A temática da expropriação, do caráter contínuo ou não da "acumulação primitiva", tem ganhado destaque, nas últimas décadas. Tal fato não se deve ao imperativo epistemológico em si, mas é expressão da própria dinâmica capitalista, a qual produziu a intensificação das expropriações no período recente. Há também de se demarcar a

---

* Em alguns momentos da exposição, nos valemos de elaborações realizadas em Lupatini (2015). Também não poderíamos deixar de agradecer à Ellen Tristão e ao Mauricio Sabadini pela rigorosa revisão deste capítulo. A maioria das indicações sugeridas foram incorporadas, isentando-os, claro, da responsabilidade e dos possíveis equívocos contidos neste texto.

contribuição direta de algumas produções científicas que se debruçaram sobre este processo.[1]

Karl Marx abre o seu capítulo sobre "A assim chamada acumulação primitiva", Capítulo XXIV, Livro I, d'*O capital*, afirmando que "viu-se como dinheiro é transformado em capital, como por meio do capital é produzida mais-valia e da mais-valia mais capital. A acumulação do capital, porém, pressupõe a mais-valia, a mais-valia a produção capitalista, e esta, por sua vez, a existência de massas relativamente grandes de capital e de força de trabalho nas mãos de produtores de mercadorias". Imediatamente depois diz que "todo este movimento parece, portanto, girar num círculo vicioso, do qual só podemos sair supondo uma acumulação "primitiva" [...], precedente à acumulação capitalista, uma acumulação que não é resultado do modo de produção capitalista, mas sim seu ponto de partida" (Marx, 1984a, p. 261).

Aparentemente, não há motivos para controvérsia, este processo é um processo histórico que cria as condições para existência e para

---

1. Dentre as publicações, destacamos a edição n. 10, nos anos 1990, da Revista *Midnight Notes*, sobre os novos cercamentos, com reedição em setembro de 2001 pela Revista *The Commoner*, n. 2 (disponível em: <http://www.commoner.org.uk/?p=5>). Em setembro de 2012, a edição da Revista *THEOMAI* (disponível em: <http://revista-theomai.unq.edu.ar/NUMERO%2026/contenido_26.htm>), que teve como temática: a continuidade da acumulação originária em nossa época?, trouxe vários destes textos das coletâneas já citadas versados em espanhol. A Revista *O Comuneiro*, n. 26, de março de 2018, traduz dois textos de grande repercussão para a temática, a saber: "A história secreta da acumulação primitiva e a economia política clássica", de Michael Perelman; "Marx e acumulação primitiva: o caráter contínuo das "vedações" do capital" de Massimo de Angelis (disponível em: <http://www.ocomuneiro.com/>). Não poderíamos deixar de citar duas publicações de grande relevo e que produziram (e ainda produzem) grande debate sobre esta temática, a saber: o livro de David Harvey, *O novo imperialismo*, originalmente publicado em 2003, e traduzido para português em 2004, e o de Virgínia Fontes, *O Brasil e o capital-imperialismo*, publicado em 2010, mas cuja temática a autora já tratara vários anos antes. Além dessas, e para ficarmos apenas em três publicações relativamente recentes no país, há outras que se dedicaram ao Capital e/ou o método de Marx e que nos fornecem aportes sobre a temática da *acumulação primitiva*, são elas: *Explicação e reconstrução do* Capital de Jacques Bidet (2010); *Para entender* O Capital: *Livro 1*, de David Harvey (2013); e *Sobre a estrutura lógica do conceito de capital em Karl Marx*, de Helmut Reichelt (2013). Com estas indicações, sequer fizemos um breve inventário da produção das últimas décadas sobre a temática em tela, dada a vastidão de publicações.

a reprodução do capital. Mas aqui há enorme complexidade, a qual está interligada à discussão das mediações entre o dinheiro e o capital, com a gênese do capital, com a articulação entre desdobramentos das categorias e a história etc. Além disso, se considerarmos que: esta temática está exposta no Capítulo XXIV, penúltimo do Livro I, e não em um Capitulo 1 (ou mesmo Seção 1) d'*O capital*;[2] e também que processos de expropriação das condições objetivas de produtores diretos, o processo de acumulação "primitiva" de capital, permanecem e se intensificam no período contemporâneo, o que se percebe é que há enorme controvérsia sobre o sentido da expropriação e de seu papel no período atual.

Longe de pretendermos esgotar a temática, o que faremos aqui é acompanhar a exposição de Marx, concentrando-nos, principalmente, no Livro I, d'*O capital*,[3] apresentando alguns momentos-chave desta exposição nos quais aparece a expropriação. Basicamente o que defendemos é que processos de expropriação não se colocam apenas como um pressuposto da relação-capital, ou seja, esses processos também são postos pelo capital, pela sua reprodução, a partir de suas *leis imanentes*. Destarte, é necessário expor a especificidade da relação capital e da reprodução do capital, pois só assim é possível apresentar a especificidade da expropriação posta pelo capital, o que nos permite diferenciá-la de outras formações sociais que também se estruturam em classes sociais, e, ao mesmo tempo, se formos exitosos, subsidiar a apresentação da particularidade das expropriações contemporâneas.

Para a exposição deste argumento, na primeira Seção apresentaremos a especificidade da economia mercantil-capitalista, na qual,

---

2. Até que ponto o processo de expropriação comparece de forma explícita ao final do livro por imposição do próprio caminho percorrido na exposição de Marx, cujo objeto se constitui em um todo que só pode ser entendido a partir de um complexo categorial que nos instrumentaliza para sua apreensão? Há de se entender a acumulação primitiva sem os pressupostos teóricos da acumulação, do capital, do dinheiro, do valor ou da mercadoria?

3. Certamente esta exposição ganharia com a incorporação sistemática de outros dois livros d'*O capital*, mas não nos foi possível aqui.

além de breves indicações, nos concentraremos na expropriação como pressuposto do capital e na especificidade da expropriação quando posta pelo capital. Na sequência, segunda Seção, indicaremos como, sob a lei geral da acumulação capitalista, a expropriação adquire estágio superior. Na última Seção discutiremos o caráter contínuo, ou não, da expropriação na forma social capitalista.

A especificidade da economia mercantil-capitalista

Seguiremos aqui o indicado na abertura do Capítulo XXIV, "como dinheiro é transformado em capital, como por meio do capital é produzida mais-valia e da mais-valia mais capital". A própria exposição de Marx sobre a transformação do dinheiro em capital, como sabemos, é precedida pela exposição de mercadoria, valor e dinheiro. Ainda que não possamos adentrar nos pormenores aqui, vale dizer que já na Seção 1, Livro 1, de *O capital* o objeto é o modo capitalista de produção, ainda que com nível de determinações diferente da Seção 2, que trata da transformação de dinheiro em capital.[4] Mesmo nos limites deste texto, com o intuito de demarcar a especificidade da produção capitalista, deve-se atentar que "nenhum produtor, [...] considerado isoladamente, produz mercadoria ou valor. Seu produto só se torna valor e mercadoria em determinado contexto social" (Marx, 1985a, p. 140). Marcelo Carcanholo (2017, p. 13) expõe, nesta passagem, a especificidade do contexto social capitalista, a saber:

> En la sociedad capitalista, los seres humanos se ven obligados, para existir en esa sociedad, a comprar y vender mercancías. Con el desarrollo de la división del trabajo, estos individuos producen apenas una parte

---

4. João Leonardo Medeiros e Leonardo de M. Leite (2016) contribuem com minuciosa exposição sobre as mediações entre dinheiro e capital, sobre a gênese do capital.

de lo que necesitan para vivir. Se ven obligados, por tanto, a obtener las otras mercancías en la circulación, ofreciendo para eso sus mercancías a cambio. Esto significa que: (i) el trabajo privado, en el capitalismo, sólo es reconocido, o no, como parte del trabajo social, si su producto es reconocido/validado en el cambio; (ii) los individuos se relacionan unos con otros por intermedio de la compra/venta de sus mercancías, y no directamente como seres sociales. Se trata de una sociabilidad obligatoriamente mercantil.[5]

Nesta forma social, portanto, o produto do trabalho assume a forma mercadoria, a qual além de satisfazer uma necessidade social, pelas suas propriedades químicas, físicas, materiais, portanto por ser portadora de valor de uso, é produzida de antemão para a troca, uma vez que estamos numa economia de base mercantil, cujas relações entre produtores não são diretamente sociais, ou seja, essa mercadoria precisa ter a propriedade de se trocar por outras mercadorias. A mercadoria, portanto, aparece como uma unidade entre valor de uso e valor de troca, sendo este uma expressão do valor, pois apesar de as mercadorias parecer terem vários valores de troca, apesar de as trocas entre mercadorias aparecerem como relativas e casuais, há algo de comum e de mesma grandeza nelas, o valor. Este não é propriedade das coisas, mas sim de determinada forma de produção social, da produção mercantil.[6] "Na realidade, a ideia de "valor" supõe "trocas"

---

5. "Na sociedade capitalista, os seres humanos se veem obrigados, para existir nessa sociedade, a comprar e vender mercadorias. Com o desenvolvimento da divisão social do trabalho, estes indivíduos produzem apenas uma parte do que precisam para viver. Eles se veem obrigados, portanto, a obter as outras mercadorias na circulação, oferecendo para isto suas mercadorias em troca. Isto significa que: i) o trabalho privado, no capitalismo, só é reconhecido, ou não, como parte do trabalho social, se o seu produto é reconhecido/validado na troca; ii) os indivíduos se relacionam entre si por meio da compra/venda de suas mercadorias, e não diretamente como seres sociais. Se trata de uma sociabilidade obrigatoriamente mercantil." (tradução minha)

6. "Como valores, as mercadorias são magnitudes *sociais*, algo portanto absolutamente diverso de suas "propriedades" como "coisas". Como valores representam apenas relações entre os homens em sua atividade produtiva. Na realidade, valor implica "trocas", mas trocas são trocas de coisas entre seres humanos; trocas que em nada atingem as coisas em si mesmas" (Marx, 1980, p. 1.184, grifo do original).

dos produtos. Onde o trabalho é comunitário, as relações entre homens em sua produção social não se configuram em "valores" de "coisas". A troca de produtos como mercadorias é determinado método de trocar trabalho e de fazer o trabalho de cada um depender do trabalho dos outros, determinado modo de trabalho social ou de produção social" (Marx, 1980, p. 1.185).

Como produtos do trabalho, a unidade valor de uso e valor da mercadoria está respectivamente, nesta forma social, atrelada ao caráter concreto (útil) e abstrato (social) do trabalho, este último como substância do valor. Dito de outro modo, a mercadoria como forma que o produto do trabalho adquire no modo capitalista de produção somente se constitui em valor de uso e valor porque o trabalho nesta forma social tem um duplo caráter, concreto e abstrato.

Assim, a despeito de esta organização social ser constituída de produtores privados, a relação social entre eles ocorre por meio das trocas dos produtos de seu trabalho que, no caso, assumem a forma mercadoria, impõe-se então uma dependência mútua entre estes produtores privados, os quais, independentemente de sua vontade individual, seguem o imperativo do valor.[7] "[O] valor é a maneira pela qual os indivíduos se relacionam socialmente — de forma intermediada (pela troca de mercadorias)" (Carcanholo, 2017, p. 6, tradução minha). E, como exposto por Marx, é na forma dinheiro que as mercadorias se livram de seu caráter particular para que o "valor se autonomize", pois o dinheiro "liberta" a mercadoria de sua contradição interna entre valor de uso e valor, a mercadoria-dinheiro adquire um valor de uso adicional, "decorrente de suas funções sociais específicas" (Marx, 1983), pelo qual as diversas mercadorias expressam seus valores (não dependendo de valor de uso particular), cuja determinação mais desenvolvida é o dinheiro como *forma universal da riqueza*.

---

7. "[...] as mercadorias apenas possuem objetividade de valor na medida em que elas sejam expressões da mesma unidade social de trabalho humano, pois sua objetividade de valor é puramente social e, então, é evidente que ela pode aparecer apenas na relação social de mercadoria para mercadoria" (Marx, 1983, p. 54).

Expropriação como pressuposto do capital

Passamos para a exposição de como o dinheiro é transformado em capital. Fazemos isto tanto para apresentar a especificidade da circulação capitalista de mercadorias, como para indicar alguns momentos em que a expropriação comparece na exposição de *O capital*. "A circulação de mercadorias é o ponto de partida do capital. Produção de mercadorias e circulação desenvolvida de mercadorias, comércio, são os pressupostos históricos sob os quais ele surge" (Marx, 1983, p. 125). É assim que Marx abre o seu Capítulo IV, "Transformação de dinheiro em capital". É possível sustentar, ainda que seja uma temática que suscite enorme debate, que o autor parte aqui dos resultados alcançados em sua exposição sobre o dinheiro enquanto dinheiro como meio de entesouramento e de pagamento.[8] Concentremo-nos nesta última função do dinheiro para apresentar a assertiva supracitada.

Com o desenvolvimento da circulação de mercadorias, o dinheiro ultrapassa esta esfera (M-D-M) e se converte em dinheiro como dinheiro. Se há uma diferença no tempo de produção, o vendedor pode comparecer ao mercado com sua mercadoria pronta para a venda, sem que o comprador tenha a sua disposição o valor para a compra:

---

8. "Um dos resultados básicos alcançados no último momento da apresentação da forma-dinheiro — entesouramento e meio de pagamento — é que o dinheiro tendia já aparecer enquanto finalidade para seu possuidor, enquanto forma em que se expressa universalmente o valor [...]. Quando a exposição desta autonomia do valor avança, o dinheiro aparece plenamente como finalidade da circulação, determinando-se enquanto capital" (Grespan, 2012, p. 83); "Na linha de raciocínio que faz a mediação entre a terceira seção do Capítulo III e a primeira seção do Capítulo IV, Marx vai, de fato, desvendar, *em termos teóricos*, a lógica causal por detrás da gênese histórica da categoria obviamente mais importante da obra: o capital" (Medeiros e Leite, 2016, p. 15, grifos do original). Prosseguem os autores "[...] a obra [*O capital*] realmente contém uma explicação para a gênese lógica e histórica da categoria capital na análise das funções exercidas pelo dinheiro em sua terceira determinação, isto é, do dinheiro "como dinheiro". [...] [N] o trecho do final do Capítulo III, em particular na análise das funções exercidas pelo dinheiro como meio de entesouramento e de pagamento, é possível identificar claramente o argumento por intermédio do qual Marx reconhece a lógica do processo de emergência do capital a partir da análise das contradições imanentes à circulação mercantil desenvolvida" (*Id.*, *ibid.*, p. 22-3).

Um possuidor de mercadorias vende mercadorias que já existem, o outro compra como simples representante do dinheiro ou como representante de dinheiro futuro. O vendedor torna-se credor, o comprador, devedor. Como metamorfoses da mercadoria ou desenvolvimento de sua forma se altera aqui, o dinheiro assume outra função. Converte-se em meio de pagamento (Marx, 1983, p. 114).

O dinheiro assume a nova função e aparece então como um fim em si, não mais restrito a um momento mediador na circulação das mercadorias, a ultrapassa, só surge na circulação no vencimento do prazo para pagamento: "A figura de valor da mercadoria, *dinheiro*, torna-se, portanto, agora *um fim em si* na venda, em virtude de uma necessidade social que se origina das condições do próprio processo de circulação (Marx, 1983, p. 115, grifos meus).

Partindo-se do fato de que credor e devedor são figuras centrais nesta relação social em que o dinheiro desempenha a função de meio de pagamento,[9] Medeiros e Leite (2016, p. 19) indicam o que para eles é um aspecto pouco explorado em Marx, a saber: "aquele em que o autor [Marx] dá conta da subordinação da categoria juro ao desenvolvimento e à lógica da circulação de mercadorias. Todos sabem que entre a concessão do crédito e o pagamento da dívida correm juros: isso significa que Marx está aqui nos oferecendo uma explicação para a gênese histórica desta categoria em sua forma moderna [...]". Segundo os autores, o entesouramento e o meio de pagamento são mediações para as formas antediluvianas, capital comercial e capital usurário. Isto nos encaminha ao Capítulo IV, para as primeiras aparições do capital, no qual Marx (1983, p. 125) afirma:

> Abstraiamos o conteúdo material da circulação de mercadorias [...], então encontraremos como seu produto último o dinheiro. Este produto

---

9. Os papéis de credor e devedor já estavam presentes antes do desenvolvimento das trocas, por exemplo, na relação entre arrendatário endividado e o senhor feudal, mas aqui surgem como meio de superação da compra imediatamente dada (Marx, 1983, p. 114; Medeiros e Leite, 2016, p. 19).

último da circulação de mercadorias é a primeira forma de aparição do capital. Historicamente, o capital se defronta com a propriedade fundiária, no início, em todo lugar, sob a forma dinheiro, como fortuna em dinheiro, capital comercial e capital usurário.

Essas formas antediluvianas do capital, em geral, requerem e impulsionam processos de expropriações, por imporem a troca de não equivalentes, conforme nos evidencia esta passagem:

> [...] a regra da circulação mercantil simples é a troca de objetos de igual valor, de maneira que as formas antecedentes de capital são, na realidade, [...] veículos para a expropriação dos produtores diretos. Para percebê-lo, basta imaginar a condição de um organismo produtivo posto em contato com um especulador usurário: a não ser que a produção possua a capacidade de operar um contínuo aumento da riqueza, o organismo produtivo que esbarra com o especulador tende a ser expropriado, entregando-lhe mais valor do que recebe do mercado. Se não conseguir gerar esse valor a mais, responde às dívidas com seus bens (Medeiros e Leite, 2016, p. 21).

Partimos para a transformação do dinheiro em capital na exposição de Marx, na qual a expropriação comparece novamente como pressuposto. Diz ele: "Dinheiro como dinheiro e dinheiro como capital diferenciam-se primeiro por sua forma diferente de circulação" (Marx, 1983, p. 125). Marx diferencia circulação capitalista de mercadorias (note, não estamos ainda falando de circulação de capital) de circulação simples de mercadorias. Nesta, os dois extremos são constituídos de mercadorias, com o mesmo valor, mas qualitativamente diferentes (com valores de uso distintos), condição para ocorrer a troca (M-D-M). Naquela os dois extremos têm a mesma forma econômica, dinheiro (D-M-D), de maneira que uma soma de dinheiro somente pode se distinguir de outra mediante sua grandeza, ou seja, a forma completa deste processo é D-M-D'. "O valor originalmente adiantado não só se mantém na circulação, mas altera nela a sua grandeza de valor, acrescenta mais-valia ou se valoriza. Este movimento transforma-o em capital" (Marx, 1983, p. 128). Para Marx, portanto, a circulação capitalista tem por conteúdo a valorização do valor. "O valor torna-se [...] valor em processo, dinheiro em processo e como tal, capital" (Marx, 1983, p. 131), a circulação capitalista é "[...] uma finalidade em si mesma, pois a valorização do valor só existe dentro desse movimento sempre renovado" (Marx, 1983, p. 129).

Mas como ocorre esta valorização do valor? Marx nos mostra que a mais-valia não pode se formar pelo aumento nominal dos preços na circulação, pois estes seriam anulados, uma vez que todo comprador é também vendedor na economia capitalista. Também esclarece que na circulação não se produz valor, de maneira que em sua análise "da forma básica do capital, da forma pela qual ele determina a organização econômica da sociedade moderna", as formas antediluvianas, capital comercial e capital usurário, permanecem de início fora de cogitação,[10] mas só porque aqui Marx caminha para mostrar a especificidade da produção capitalista. O passo decisivo se dá em que o "capital não pode, portanto, originar-se da circulação e, tampouco, pode não originar-se da circulação. Deve, ao mesmo tempo, originar-se e não originar-se dela" (Marx, 1983, p. 138).

Mas o valor não se valoriza na forma dinheiro, uma vez que pela venda (M-D) não é possível criar valor. Desta forma, a "[...] modificação

---

10. Isto não significa, é claro, prescindir do papel desempenhado por estas formas de capital, mas concentrar-se na especificidade desta "forma básica". Nesta passagem, Marx trabalha esta questão: "[...] é inerente ao conceito do capital — em sua gênese — que ele parte do *dinheiro* e, por isso, da fortuna que existe na forma dinheiro. É igualmente inerente ao seu conceito que o capital aparece como provindo da circulação, como *produto* da circulação. Por isso, a formação do capital não parte da propriedade da terra [...]; tampouco parte da corporação [...]; **mas da fortuna mercantil e usurária. Mas esta fortuna só encontra as condições para comprar trabalho livre quando este foi separado de suas condições objetivas de existência pelo processo histórico**" (Marx, 2011, p. 415, negritos meus). Vale dizer que estas formas contribuíram com a criação destas condições, mas não só (como a particularidade da estrutura fundiária, desenvolvimento dos ofícios urbanos). Diz Marx (1985a, p. 119): "[...] a usura acarreta duas coisas: primeiro, constituir em geral, ao lado do estamento comercial, uma fortuna monetária autônoma, e segundo, apropriar-se das condições de trabalho, isto é, arruinar os possuidores das condições de trabalho antigas, ela é uma poderosa alavanca para a formação dos pressupostos para o capital industrial". Demarca-se aqui seu caráter expropriador, pressuposto à produção capitalista.

[na magnitude do valor] precisa ocorrer [...] com a mercadoria comprada no primeiro ato D — M, mas não com seu valor, pois são trocados como equivalentes, a mercadoria é paga por seu valor. A modificação só pode originar-se, portanto, do seu valor de uso enquanto tal, isto é, do seu consumo" (Marx, 1983, p. 138-9). Para isso é necessário que o possuidor de dinheiro tenha sorte de encontrar na circulação "[...] uma mercadoria cujo próprio valor de uso tivesse a característica peculiar de ser fonte de valor, portanto, cujo verdadeiro consumo fosse em si objetivação de trabalho, por conseguinte, criação de valor" (Marx, 1983, p. 139). Essa mercadoria é a força de trabalho, ou seja, a força de trabalho é uma mercadoria com característica específica e única pelo seu valor de uso, de maneira que apenas pela possibilidade de o possuidor de dinheiro encontrar na *circulação* essa mercadoria específica é que se podem formar valor e mais-valia.

O pressuposto para que o possuidor de dinheiro possa transformá-lo em capital, neste momento da exposição de Marx, é claro: é necessário que o possuidor da força de trabalho esteja expropriado dos meios de produção, de subsistência,[11] portanto, que o trabalhador esteja "[...] livre no duplo sentido de que ele dispõe, como pessoa livre, de sua força de trabalho como mercadoria, e de que ele, por outro lado, não tem outras mercadorias para vender, solto e solteiro, livre de todas as coisas necessárias à realização de sua força de trabalho" (Marx, 1983, p. 140). É fundamental destacar que as condições históricas de existência do capital em sua *especificidade* "[...] só surge[m] onde o possuidor de meios de produção e de subsistência encontra o trabalhador livre como vendedor de sua força de trabalho no mercado, e esta é uma condição histórica que encerra uma história mundial.[12]

---

11. "O proprietário da força de trabalho deve ser um proletário sem posses" (Rosdolsky, 2001, p. 230).

12. Com o intuito de distinguir a especificidade da força de trabalho e seu modo peculiar de "inserção" na forma social capitalista, destacamos: 1) o preço da força de trabalho, o salário, é expressão monetária e corresponde ao seu valor, que é determinado pelo tempo de trabalho necessário para a sua manutenção e reprodução, o qual também atende às condições nacionais, culturais, sociais distintas; 2) o trabalhador vende sua capacidade de trabalho e não a si

O capital anuncia, portanto, de antemão, uma época do processo de produção social" (Marx, 1983, p. 141). Portanto, a exposição de Marx, ainda nos capítulos iniciais de *O capital*, já apresenta claramente dois momentos em que se pressupõem processos de expropriação: não são resultados da produção capitalista, seja no surgimento do dinheiro como dinheiro na gênese do capital, seja agora na transformação propriamente do dinheiro em capital, ao pressupor a existência do trabalhador "livre".

Mais próximo ao final deste Capítulo, "Transformação de dinheiro em capital", Marx ressalta que "aqui há de se mostrar não só como o capital produz, mas também como ele mesmo é produzido, o capital. O segredo da fabricação de mais-valia há de se finalmente desvendar" (Marx, 1983, p. 144-5). Para isto, o possuidor de dinheiro, agora, compra as mercadorias necessárias para produção de determinado produto, a saber: objetos de trabalho (matérias-primas, materiais auxiliares etc.) e instrumentos de trabalho, que juntamente com as instalações, aqui pressupostas, formam os meios de produção, e compra a força de trabalho. Ambas mercadorias são compradas pelos seus valores (inclusive a força de trabalho), portanto, respeita-se integralmente a troca de equivalentes.[13] "O processo de consumo da força de trabalho

---

próprio, mas neste processo ele primeiro adianta o valor de uso da força de trabalho, que é a própria capacidade de trabalho, por um tempo e só depois recebe o pagamento de seu preço, ou seja, "o trabalhador fornece crédito ao capitalista" (Marx, 1983, p. 143); 3) se na circulação os trabalhadores e o possuidor de dinheiro se confrontam como possuidores de mercadorias e, portanto, "como pessoas livres, juridicamente iguais" (Marx, 1983, p. 145), quando estes saem desta esfera, as coisas são muito diferentes, pois enquanto "[...] o possuidor de dinheiro marcha adiante como capitalista, segue-o o possuidor de força de trabalho como seu trabalhador; um cheio de importância, sorriso satisfeito e ávido por negócios; o outro, tímido, contrafeito, como alguém que levou a sua própria pele para o mercado e agora não tem mais nada a esperar, exceto o — curtume" (Marx, 1983, p. 145).

13. Desta forma, uma vez pressupostas as condições capitalistas específicas, para se explicar a mais-valia não se precisa burlar a troca de equivalentes. Neste estágio do desenvolvimento da exposição de *O capital*, Marx está preocupado em analisar as leis gerais do modo de produção capitalista, como o capital produz e ele mesmo, o capital, é produzido. Neste processo, vale demarcar que na particularidade, dependendo das condições de produção específicas, da luta de classes, das forças coercitivas da concorrência, das manifestações da oferta e demanda etc., os valores e os preços muito raramente coincidem, mas não é por essa não coincidência que

é, simultaneamente, o processo de produção de mercadorias e de mais-valia" (Marx, 1983, p. 144).

Aqui não temos como expor de forma pormenorizada este processo, mas a chave para descobrir a mais-valia é que o possuidor de dinheiro, proprietário dos meios de produção e que controla a produção, o capitalista, paga o valor da força de trabalho, mas utiliza seu valor de uso, ou seja, a capacidade de trabalho, fonte de valor. Dito de modo diverso, o trabalhador realiza o valor de troca da força de trabalho, mas aliena seu valor de uso. Como qualquer outra mercadoria, durante o período que está sob o controle do capitalista, este a utiliza, consome o valor de uso da força de trabalho, no seu estabelecimento (pois não se utiliza o valor de uso de qualquer mercadoria na circulação!), tal como queira. Se durante a jornada de trabalho, e isto é a condição para produção capitalista, o capitalista utiliza o valor de uso da força de trabalho (fonte de valor), de forma a "absorver" horas de trabalho que ultrapassem as correspondentes ao valor da força de trabalho, ou seja, o tempo de trabalho ultrapassa o tempo de trabalho necessário, há, portanto, obtenção de trabalho excedente perante as condições de produção e reprodução da força de trabalho. Isto permite que se produza uma quantidade de mercadoria cujo valor supera o capital adiantado, ou seja, tem-se uma mais-valia. Daí a obstinação do capitalista de obter métodos que reduzam relativamente a parte da jornada de trabalho correspondente ao trabalho necessário perante a parte relacionada ao trabalho excedente. A forma por excelência de engendrar isto é na grande indústria, sendo a forma relativa de extração de mais-valia a forma típica (não queremos dizer exclusiva!), ou seja, redução do valor da força de trabalho por meio do aumento da força produtiva do trabalho através da introdução de progresso técnico no processo de produção, cujo instrumento de trabalho especificamente capitalista é a maquinaria e o sistema de máquinas (conforme exposto

---

se explica a mais-valia, ou as leis internas do modo capitalista de produção, ainda que estes desencontros entre valor e preço sejam inevitáveis, ou mesmo outro lado das próprias condições internas de sua reprodução.

por Marx no Capítulo XIII, Livro I, *O capital*). Em síntese: "Dinheiro se transformou em capital. [Esta transformação] [...] se opera na esfera da circulação e não se opera nela. Por intermédio da circulação, por ser condicionado pela compra da força de trabalho no mercado. Fora da circulação, pois ela apenas introduz o processo de valorização, que ocorre na esfera da produção" (Marx, 1983, p. 160).

Vimos, então, a expropriação como pressuposto da relação-capital, e uma vez essa relação constituída, a produção de valor, de mais-valia, e suas condições básicas, não precisa burlar a troca de equivalentes, ao contrário do que ocorre nas formas antediluvianas do capital. Mas a expropriação não é apenas pressuposto do capital, conforme tratado a seguir.

Expropriação posta pelo capital

Até aqui se expôs como se produz e é produzida a mais-valia, como o valor se valoriza; como o capitalista, na esfera da circulação, compra com determinada soma de dinheiro: meios de produção e força de trabalho, o que pressupõe que estejam "disponíveis". Depois, como na esfera da produção, com estes elementos combinados, é possível aumentar o valor. Agora, uma vez as mercadorias produzidas, as quais estão "prenhes" de mais-valia, nos termos de Marx, é necessário vendê-las, ou seja, é necessário "lançá-las de novo na esfera da circulação. Trata-se de vendê-las, realizar seu valor em dinheiro, transformar esse dinheiro novamente em capital, e assim, sempre de novo. Esse ciclo, que percorre sempre as mesmas fases sucessivas, constitui a *circulação do capital*" (Marx, 1984a, p. 151, grifos meus).

Marx (1984a) no início do Capítulo XXI, "Reprodução simples", nos mostra que as "condições da produção são ao mesmo tempo as condições de reprodução", em qualquer forma social. Em seguida, nos apresenta como a produção capitalista produz suas próprias condições de reprodução, ou seja, a especificidade deste processo sob a forma capitalista, cuja exposição subsequente ganha novas determinações. Agora as condições de produção, que são sempre condições de reprodução, estão "adequadas" à natureza do capital, sua tendência autoexpansiva, cuja finalidade em si é a valorização do valor; não é necessário, portanto, em sua "condição básica", a coerção direta, pessoal para se apropriar de excedente, como em formas sociais pretéritas. Ao mesmo tempo que trataremos deste processo, indicaremos como comparece a expropriação, como esta é engendrada, agora não mais como simples pressuposto, mas como exigência do capital.

Mesmo na reprodução simples tem-se um processo incessante de reprodução da relação-capital. Mesmo o capital despendido na compra da força de trabalho, capital variável, considerando-se o incessante processo de reprodução do capital, se constitui pela formação de valor pelo trabalhador. Em algum momento, diz Marx (1984a, p. 155), "[...] é provável que [...] o capitalista se tornou possuidor de dinheiro em virtude de uma acumulação primitiva, independente de trabalho alheio não pago, e por isso pôde pisar no mercado como comprador de força de trabalho". No entanto, na reprodução do capital os trabalhadores, por um lado, são os responsáveis pela produção de valor equivalente aos seus salários, o qual enquanto capital variável lhe explora, ou seja, o capital variável, neste processo, "[...] perde o significado de um valor adiantado a partir do fundo próprio do capitalista" (Marx, 1984a) e, por outro, produzem a mais-valia oriunda do trabalho não pago, fundamento do capital. Descortina-se, assim, como o capital é produzido, tendo como seu fundamento apenas o trabalho não pago.[14] Ou seja, não lhe é específico a coerção pessoal, assim como o rompimento com a troca de equivalentes na esfera da circulação. Este último aspecto está exposto nestas passagens:

> Se a mais-valia produzida periodicamente, por exemplo anualmente, por um capital de 1.000 libras esterlinas, for de 200 libras esterlinas e

---

14. "O processo de produção por conseguinte não foi apenas o seu processo de reprodução: foi também o seu processo de produção como capital" (Marx, 1985b, p. 134).

se essa mais-valia for consumida todos os anos, é claro que, depois de repetir-se o mesmo processo durante 5 anos, a soma da mais-valia consumida será = 5 x 200, ou igual ao valor do capital originalmente adiantado de 1.000 libras esterlinas. Se a mesma mais-valia fosse apenas parcialmente consumida, por exemplo só pela metade, teríamos o mesmo resultado, após 10 anos de repetição do processo de produção, pois 10 x 100 = 1000 (Marx, 1984a, p. 155).
Abstraindo toda acumulação, a mera continuidade do processo de produção, ou a reprodução simples, transforma após um período mais ou menos longo necessariamente todo o capital em capital acumulado ou mais-valia capitalizada (Marx, 1984a, p. 156).

Ademais, neste processo não se trata apenas de o capital se reproduzir, mas também de que, pela sua reprodução, ele reproduz as relações sociais capitalistas. A separação entre o produto do trabalho e o próprio trabalho, que era o ponto de partida da produção capitalista, agora, "[...] é produzido e perpetuado sempre de novo, por meio da mera continuidade do processo, da reprodução simples, como resultado próprio da produção capitalista" (Marx, 1984a, p. 156). E assim as condições de exploração do trabalho pelo capital são reproduzidas e perpetuadas. De modo que

> O processo de produção capitalista, considerado como um todo articulado ou como processo de reprodução, produz por conseguinte não apenas a mercadoria, não apenas a mais-valia, mas produz e reproduz a própria relação capital, de um lado o capitalista, do outro o trabalhador assalariado (Marx, 1984a, p. 161).

Marx, em seu argumento, é explícito quanto aos "passos" de sua exposição: "anteriormente tivemos de considerar como a mais-valia se origina do capital, agora, como o capital se origina da mais-valia" (Marx, 1984a, p. 163). Se a mais-valia é reinvestida — processo pelo qual se constitui a acumulação de capital (transformação de mais-valia em capital) —, então ocorre processo de produção capitalista em escala ampliada.

Recorremos ao exemplo que se segue, cujas grandezas foram retiradas do próprio Marx (1984a, p. 163), tanto para apresentar a reprodução ampliada de capital, como para mostrar a particularidade da apropriação capitalista. Um capitalista individual adianta um capital de $ 10.000, sendo deste 4/5 em meios de produção, portanto, 8.000, e 1/5 em salário, ou seja, $ 2.000. A massa de produto oriunda da combinação dos meios de produção com a força de trabalho tem um valor de $ 12.000. Se considerarmos a taxa de mais-valia de 100%, quando se realizar a venda desta massa de mercadorias, obtém-se $ 2.000 de mais-valia. Em caso de reprodução ampliada essa mais-valia é capitalizada (aqui abstraiu-se a mais-valia consumida pelo capitalista). Para as mesmas condições, lê-se, mesma taxa de mais-valia, mesmas condições técnicas etc., do novo capital, $ 2.000, sendo 4/5 em meios de produção ($ 1.600) e 1/5 em salário ($ 400), gera-se uma mais-valia de $ 400, e assim por diante. Está configurada a produção capitalista em escala ampliada.

Suprimindo algumas medições, podemos aqui já apresentar a lei da apropriação capitalista. Diz Marx (1984a, p. 166):

> O pressuposto para a acumulação do primeiro capital adicional de 2 mil libras esterlinas foi uma soma no valor de 10 mil libras esterlinas, adiantada pelo capitalista e pertencente a ele em virtude de seu "trabalho original". O pressuposto do segundo capital de 400 libras esterlinas, ao contrário, nada mais é que a acumulação prévia do primeiro, das 2 mil libras esterlinas, cuja mais-valia capitalizada ele é. Propriedade de trabalho passado não pago aparece agora como única condição para a apropriação presente do trabalho vivo não pago, em dimensão sempre crescente.

No primeiro momento, aparece no mercado o capitalista com uma parte do seu capital (por suposição, pertencente a ele em virtude do seu "trabalho original") que paga o valor de troca da força de trabalho, há troca de equivalentes, portanto. Mas no segundo momento, o novo capital, que também no mercado seguirá o princípio da troca de equivalentes, é, na verdade, trabalho não pago objetivado e de propriedade do capitalista, dito de outra maneira, esse novo capital, em essência, é oriundo de tempo de trabalho apropriado sem equivalente. Tal fato é possível, pois, no mercado, como vimos, o trabalhador realiza o valor de troca da força de trabalho (troca de equivalentes), mas aliena o seu valor de uso (que é fonte de valor) para o capitalista, o que pela condição de ser e permanecer capitalista, este a utiliza no processo de produção por um tempo superior ao necessário para a manutenção e a reprodução da força de trabalho e, portanto, apropria-se de trabalho alheio, sem equivalente.[15] E na reprodução deste processo, o trabalhador não só repõe o valor da sua força de trabalho, mas produz uma mais-valia, apropriação de trabalho alheio sem equivalente pelo capitalista, que parte se destina a um *quantum* maior de trabalho vivo. Nesta passagem bastante conhecida, Marx desenvolve esta inversão:

> [...] a lei da apropriação ou lei da propriedade privada [...] evidentemente se converte mediante sua própria dialética interna, inevitável em seu contrário direto. O intercâmbio de equivalentes, que apareceu como a operação original, se torceu de tal modo que se troca apenas na aparência, pois, primeiro, a parte do capital que se troca por força de trabalho nada mais é que uma parte do produto do trabalho alheio, apropriado sem equivalente, e segundo, ela não somente é resposta por seu produtor, o trabalhador, como este tem de repô-la com novo excedente. A relação de intercâmbio entre capitalista e trabalhador torna-se portanto apenas mera aparência pertencente ao processo de circulação, mera forma, que é alheia ao próprio conteúdo e apenas o mistifica. A contínua compra e venda da força de trabalho é a forma. O conteúdo é que o capitalista sempre troque parte do trabalho alheio já objetivado, do qual se apropria incessantemente sem equivalente, por um *quantum* maior de trabalho vivo. Originalmente, o direito de propriedade apareceu-nos fundado sobre o próprio trabalho. Pelo menos

---

15. "A lei do intercâmbio requer igualdade apenas para os valores de troca das mercadorias reciprocamente alienadas" (Marx, 1984a, p. 167).

tinha de valer essa suposição, já que somente se defrontam *possuidores de mercadorias com iguais direitos*, e o meio de apropriação de mercadoria alheia porém é apenas a alienação da própria mercadoria e esta pode ser produzida apenas mediante trabalho. A propriedade aparece agora, do lado do capitalista, como *direito de apropriar-se de trabalho alheio não pago* ou de seu produto; do lado do trabalhador, como impossibilidade de apropriar-se de seu próprio produto. *A separação entre propriedade e trabalho torna-se consequência necessária de uma lei que, aparentemente, se originava em sua identidade*. (Marx, 1984a, p. 166, grifos meus).

Aqui se configura a especificidade da apropriação capitalista. Não se precisa burlar nenhuma "lei econômica" para ocorrer a acumulação do capital. Não é necessário recorrer à coerção direta, pessoal, para se apropriar de excedente.[16] Também não é difícil de extrair que, nesta reprodução, não apenas se reproduz em escala progressiva o capital (mesmo sem considerarmos as alterações das condições técnicas da produção, de composição do capital, o que faremos na próxima Seção), mas também que as relações sociais capitalistas são ampliadas, uma vez que pela lei da apropriação capitalista, que acabamos de ver, o trabalhador sai da mesma forma como entrou no processo de produção, mero proprietário da sua força de trabalho, e o capitalista troca uma parte do trabalho alheio objetivado, sem equivalente, por um *quantum* maior de trabalho vivo alheio.

---

16. Com isto não dizemos que na prática cotidiana isso não ocorra, pois ao longo do tempo sob as relações capitalistas não houve um dia sem coerção direta, violência etc., assim como não precisa o salário estar abaixo do valor da força de trabalho para se expor a mais-valia, ainda que na prática isto ocorra. Marx (1984a, p. 178) deixa clara a importância no "movimento prático" desta redução do salário abaixo do valor da força de trabalho, pois transforma, "dentro de certos limites, o fundo necessário de consumo do trabalhador em fundo de acumulação de capital". Mas se considerar isto como o predominante desta forma social, não chegaremos a sua especificidade. Vale dizer que em momento mais avançado de sua exposição, Capítulo XIV, Livro III, Marx trata este fato como uma das contratendências à queda da taxa de lucro, as quais não são externas ao movimento tendencial, ao contrário, adverte o autor, "as mesmas causas que geram a tendência à queda da taxa de lucro também moderam a realização dessa tendência" (Marx, 1984b, p. 180).

[...] [Os] pressupostos, que originalmente apareciam como condições de seu devir — consequentemente, ainda não podiam nascer de sua ação como capital —, aparecem agora como resultado de sua própria efetivação, de sua efetividade, como condições postas por ele — não como condições de sua gênese, mas como resultado de sua existência. Para devir, o capital não parte mais de pressupostos, mas ele próprio é pressuposto, e partindo de si mesmo, cria os pressupostos de sua própria conservação e crescimento (Marx, 2011, p. 378).

Eis o caráter específico de dependência dos trabalhadores e da violência a que são expostos na forma social capitalista. Mesmo o valor de uso da única mercadoria que possuem sendo o fundamento da vida dos capitalistas, eles, na melhor das condições (veremos o porquê na próxima Seção), apenas se reproduzem como trabalhadores!

A lei geral da acumulação capitalista e a expropriação em estágio superior

Nossa exposição precisa ir além, é necessário apresentar novas determinações do mecanismo típico pelo qual a produção capitalista se reproduz e reproduz a classe trabalhadora, o que nos leva à *lei geral da acumulação capitalista*. Nesta, trata-se do efeito da acumulação de capital para a classe trabalhadora. Começamos em como Marx coloca a questão no Capítulo XXII. Na totalidade, para acumular capital, é necessário que parte do mais-trabalho esteja empregada na fabricação de meios de produção e meios de subsistência. "A mais-valia só é transformável em capital porque o mais-produto, do qual é o valor, já contém os componentes materiais de um novo capital" (Marx, 1984a, p. 164). Vale aqui citar o pressuposto presente neste momento da exposição de Marx, explicitado em nota: "É abstraído aqui o comércio de exportação [...]. Temos de considerar o mundo do comércio como uma nação e pressupor que a produção capitalista se estabeleceu por toda parte e apoderou-se de todos os ramos industriais" (Marx, 1984a, p. 164). Mas para estes componentes funcionarem como capital, considerando-se mesmo grau de exploração e condições de produção, necessita-se de força de trabalho adicional. E "disso o mecanismo de produção capitalista também já cuidou, ao reproduzir a classe trabalhadora como classe dependente do salário, cujo salário comum basta não apenas para assegurar sua manutenção, mas também sua multiplicação. O capital precisa apenas incorporar essas forças de trabalho adicionais [...]" (Marx, 1984a, p. 164). Ou seja, o capital se reproduz e os trabalhadores permanecem e se multiplicam sem as condições de trabalho, que agora sabemos, pela própria especificidade da produção da mais-valia e pela lei da apropriação capitalista. Esta questão se desenvolve no momento subsequente — pois o capital "cuidará também da multiplicação dos trabalhadores" conforme suas necessidades e imperativos — quando Marx expõe a lei geral da acumulação capitalista. Pelo nosso objetivo, nos deteremos em dois aspectos apenas deste Capítulo XXIII: a) a expropriação posta pelo capital agora também ocorre de capitalistas por capitalistas; b) como o capital controla a oferta de força de trabalho, a despeito do crescimento populacional, e seus desdobramentos.

Inicialmente, é-nos apresentado por Marx que um crescimento do capital, em dadas condições de exploração e composição do capital, leva a um crescimento do capital variável e, portanto, da demanda de força de trabalho. A acumulação do capital, combinada ao impulso de expansão, abertura de novos mercados, de novas esferas de investimentos, faz com que a demanda por força de trabalho supere a sua oferta, pressionando a um aumento dos salários. Ora, este ciclo coloca-se como uma base muito estreita perante o ímpeto do capital. A ampliação quantitativa da acumulação de capital "realiza-se numa alteração qualitativa contínua", de forma que há a tendência ao aumento da produtividade social do trabalho e, por conseguinte, ao desenvolvimento da força produtiva do trabalho como a alavanca da acumulação capitalista, como também o são os processos de concentração e centralização do capital e o desenvolvimento do crédito.

E este processo faz com que as condições de produção sejam profundamente revolucionadas.

Este ímpeto ao aumento da produtividade social do trabalho, pela qual o trabalhador (com dada jornada e intensidade do trabalho) transforma uma quantidade cada vez maior de meios de produção em produtos, faz com que tendencialmente nos processos produtivos haja um maior volume de meios de produção, comparativamente ao número de trabalhadores (uma maior composição técnica do capital). Daí Marx extrai algo fundamental: "Essa mudança na composição técnica do capital, o crescimento da massa dos meios de produção, comparada à massa da força de trabalho que os vivifica, reflete-se em sua composição em valor, no acréscimo da componente constante do valor do capital à custa de sua componente variável" (Marx, 1984a, p. 194). Da análise deste processo, ele apreende a tendência imanente da dinâmica capitalista ao aumento da composição orgânica do capital (Marx, 1984a, p. 194) — ou seja, um crescimento maior do capital constante perante o capital variável durante o processo incessante de acumulação de capital —, ainda que esta ocorra em ritmo menor do que o crescimento da composição técnica. E Marx (1984a, p. 195-6) conclui a este respeito:

> Se [...] certo grau de acumulação de capital aparece como condição do modo de produção especificamente capitalista, este último ocasiona em reação uma acumulação acelerada do capital. Com a acumulação do capital desenvolve-se, portanto, o modo especificamente capitalista e, com modo de produção especificamente capitalista, a acumulação de capital. Esses dois fatores econômicos criam, de acordo com a relação conjugada dos impulsos que eles se dão mutuamente, a mudança na composição técnica do capital pela qual a componente variável se torna cada vez menor comparada à constante.

Vale dizer que tal conclusão é desenvolvida por Marx a partir de sua apresentação sobre a especificidade de extração de mais-valia sob a forma relativa, de seus *métodos particulares de produção* (Seção IV,

Livro I, de *O capital*). Esta é somente possível através do aumento de produtividade do trabalho, o que ocorre com o desenvolvimento de instrumentos de trabalho (cuja forma especificamente capitalista é a maquinaria e o sistema de máquinas), o qual permite ao trabalhador transformar, em dado tempo e com mesma intensidade, uma maior quantidade de meios de produção e, portanto, maior produção de valores de uso em dado período, resultando em mercadorias com menor valor individual.[17] Se este processo ocorrer em ramos que produzem para consumo e reprodução da força de trabalho, reduz-se o valor desta e, assim, pode-se diminuir o trabalho necessário e, por conseguinte, permitir o aumento da parte do trabalho não pago na jornada de trabalho, impulsionando a acumulação capitalista.[18]

Aqui nos concentraremos nos dois aspectos que já indicamos. Comecemos pela alínea "a", expropriação de capitalistas por capitalistas. É a partir do processo de acumulação e de constituição do modo especificamente capitalista que Marx chega à concentração do capital, a saber:

> Todo capital individual é uma concentração maior ou menor de meios de produção com comando correspondente sobre um exército maior ou menor de trabalhadores. Toda acumulação torna-se meio de nova acumulação. Ela amplia, com a massa multiplicada da riqueza, que funciona como capital, sua concentração nas mãos de capitalistas

---

17. "[...] a tendência necessária do capital é o aumento da força produtiva do trabalho e a máxima negação do trabalho necessário. A efetivação desta tendência é a transformação do meio de trabalho em máquina" (Marx, 2011, p. 581).

18. Ressalta-se que a extração de mais-valia relativa (que é típica da forma social capitalista) vem acompanhada pela extração de mais-valia absoluta, pelo prolongamento da jornada de trabalho, pela intensificação do trabalho, pela precarização das relações de trabalho (Marx, 1984a, p. 22-39). A própria tendência que estamos tratando, por exemplo, requer prolongamento da jornada de trabalho para melhor aproveitamento do capital constante e para "compensar" a redução relativa do trabalho vivo (*Id., ibid.*, p. 31-2). "[...] as duas formas da mais-valia, a absoluta e a relativa [...] correspondem a duas formas separadas da subsunção do trabalho no capital [a formal e a real], ou duas formas separadas da produção capitalista, das quais a primeira precede sempre a segunda, embora a mais desenvolvida, a segunda, possa constituir por sua vez a base para a introdução da primeira em novos ramos de produção" (Marx, 1985b, p. 93).

individuais e, portanto, a base da produção em larga escala e dos métodos de produção especificamente capitalistas. O crescimento do capital social realiza-se no crescimento de muitos capitais individuais (Marx, 1984a, p. 196).

A concentração de capital realiza-se por meio do crescimento individual dos capitais, da produção em larga escala, dos métodos de produção especificamente capitalistas (lê-se: nos marcos da grande indústria), decorre, assim, do próprio movimento do capital. Este processo de acumulação e concentração se desdobra em um movimento contraditório, de atração e repulsão, conforme nos mostra esta passagem:

> [Primeiro:] a crescente concentração dos meios de produção social nas mãos de capitalistas individuais é, permanecendo constantes as demais circunstancias, limitada pelo grau de crescimento da riqueza social. Segundo: a parte do capital social, localizada em cada esfera específica da produção, está repartida entre muitos capitalistas, que se confrontam como produtores de mercadorias independentes e reciprocamente concorrentes. A acumulação e a concentração que a acompanha não apenas estão dispersas em muitos pontos, mas o crescimento dos capitais em funcionamento é entrecruzado pela constituição de novos capitais e pela fragmentação de capitais antigos [caso da divisão da fortuna de famílias capitalistas] (Marx, 1984a, p. 196).

Observa-se que aqui há dois movimentos contraditórios, que no fundo estão alicerçados na contradição entre trabalho e capital, entre socialização da produção e base da propriedade e apropriação privadas. A acumulação engendra, ao mesmo tempo, "concentração crescente dos meios de produção e do comando sobre o trabalho" e "repulsão recíproca entre muitos capitais". Este segundo aspecto desdobra-se no processo de centralização do capital, ou seja: "É concentração de capitais já constituídos, supressão de sua autonomia individual, *expropriação de capitalistas por capitalistas*, transformação de muitos capitais menores em poucos capitais maiores" (Marx, 1984a, p. 196, grifos meus). A expropriação agora atinge grau superior, não somente expropriação das condições objetivas dos trabalhadores diretos, mas a expropriação de capitalistas por capitalistas.

A centralização se distingue da concentração "porque pressupõe apenas divisão alterada dos capitais já existentes e em funcionamento". Em síntese, a concentração expressa a reprodução ampliada do capital, enquanto a centralização do capital pode ocorrer por "meio de mera mudança da distribuição de capitais já existentes, mediante mudança simples do agrupamento quantitativo dos componentes do capital social" (Marx, 1984a, p. 197). A centralização tipicamente ocorre por dois mecanismos: 1) via concorrência entre os capitais: "À medida que se desenvolve a produção e acumulação capitalista, na mesma medida desenvolve-se a concorrência e crédito, as duas mais poderosas alavancas da centralização" (Marx, 1984a, p. 197); 2) por meio da formação das sociedades anônimas (SAs). Estes dois mecanismos de centralização do capital são retomados por Marx na sua exposição no Livro III, d'*O capital*. Tal movimento de centralização também rebate na acumulação e na concentração. Este movimento contraditório do capital entre repulsão e atração, entre socialização da produção e base da propriedade e apropriação privada, vai se desdobrar particularmente no processo de autonomização das formas do capital, capital a juros e capital fictício, expostos por Marx na Seção V, Livro III, d'*O capital*.[19]

Passamos para alínea "b", efeitos da acumulação capitalista sobre a classe trabalhadora. Com o aumento da produtividade social do trabalho e da composição orgânica (tendências do modo capitalista de produção), a acumulação de capital ocorre demandando *relativamente* menos força de trabalho.[20] Se a demanda relativa de força de

---

19. Não temos como desenvolver isto neste texto, portanto, apenas indicamos para explicitar que este processo não se esgota aqui.

20. Isto pode ser visto por este exemplo, com base em Marx (1984a, p. 194-5). Admitamos a seguinte situação inicial: capital inicial de $ 6.000, o qual está dividido em 50% como capital

trabalho for menor que o crescimento da população (trabalhadora), então a acumulação de capital produz imanentemente uma população trabalhadora supérflua, "[...] ao menos no concernente às necessidades de aproveitamento por parte do capital" (Marx, 1984a, p. 199). Portanto, produz-se uma superpopulação relativa; como Rosdolsky (2001) nos adverte, população supérflua não é específica ao modo de produção capitalista, a sua especificidade é produzir uma população *trabalhadora* supérflua. Marx nos mostra que uma parte desta, mesmo quando o ritmo da acumulação de capital se acelera, não será incorporada.

Desta forma, no processo de acumulação capitalista, para dado crescimento da população, e como o capital variável cresce relativamente menos que o capital global, tem-se como resultado a criação de uma massa de superpopulação relativa às necessidades do capital. Ou seja, a oferta de força de trabalho na forma social capitalista não é uma variável restrita às leis da demografia, ao contrário, o capital também age nesta dimensão. "O capital age sobre ambos os lados ao mesmo tempo. Se, por um lado, sua acumulação multiplica a demanda de trabalho, por outro multiplica a oferta de trabalhadores mediante sua "liberação", enquanto, ao mesmo tempo, a pressão dos desocupados força os ocupados a porem mais trabalho em ação, portanto, até certo ponto, torna a oferta de trabalho independente da oferta de trabalhadores" (Marx, 1984a, p. 206). Agora esta questão, portanto, é exposta com novas determinações frente ao que fora tratado anteriormente.

---

constante ($ 3.000) e 50% como capital variável ($ 3.000). Se houve uma acumulação de capital de forma que este aumente para $ 18.000, então, para esta dada composição orgânica, o capital constante cresceu para $ 9.000 e o variável também para $ 9.000. Tanto o capital global como suas partes cresceram três vezes (200%). Em outros termos, há demanda de força de trabalho e a acumulação capitalista no mesmo ritmo. Se, no momento seguinte, ocorre o aumento do capital, altera-se a composição orgânica (introdução de máquinas mais avançadas e matérias-primas mais desenvolvidas, por exemplo, alterando a composição técnica do capital) para 80% de capital constante e 20% de capital variável. Mesmo com igual crescimento do capital global, de $ 6.000 para $ 18.000, agora o capital constante aumenta para $ 14.400 (um crescimento de 240%), o variável atinge a cifra de $ 3.600, ou seja, este aumenta somente 20%. Desta forma, vê-se que "como a demanda de trabalho não é determinada pelo volume capital global, mas por seu componente variável, ela cai progressivamente com o crescimento do capital global [...]" (Marx, 1984a, p. 199).

Não só a demanda por força de trabalho segue o imperativo (e ritmo) da acumulação do capital, mas esta também condiciona a oferta, a qual é oriunda da "liberação" de trabalhadores pelo capital em conformidade com suas necessidades. Em última instância, o capital se liberta do ritmo e das condições de multiplicação dos trabalhadores como classe dependente do salário. As condições da reprodução dos trabalhadores tendem a piorar. Vejamos.

A demanda de força de trabalho somente tem um crescimento real se o aumento da produtividade do trabalho (como vimos, esta é a tendência) for compensado pelo ritmo da acumulação capitalista, fato que somente ocorre em situações em que esta se sobressai, o que não anula a tendência. O efeito disso é uma pressão crescente sobre a classe trabalhadora, conforme nos mostra Marx (1984a, p. 209):

> A lei segundo a qual uma massa sempre crescente de meios de produção, graças ao progresso da produtividade do trabalho social, pode ser colocada em movimento com um dispêndio progressivamente decrescente de força humana — essa lei se expressa sobre a base capitalista, onde não é o trabalhador quem emprega os meios de trabalho, mas os meios de trabalho o trabalhador, de forma que, quando mais elevada a força produtiva do trabalho, tanto maior a pressão do trabalhador sobre seus meios de ocupação e tanto mais precária, portanto, sua condição de existência: venda da própria força para multiplicar a riqueza alheia ou para autovalorização do capital.

Desta forma, este processo de reprodução do capital em escala intensiva (cujos métodos de extração de mais-valia relativa são os característicos) e extensiva tem como implicação inescapável não só a pauperização relativa, mas também absoluta dos trabalhadores, ambas as formas podem ocorrer simultaneamente. Em outros termos, "[...] a acumulação da riqueza num polo é [...] ao mesmo tempo, a acumulação da miséria [...]" (Marx, 1984a, p. 210).

A própria acumulação de capital produz uma superpopulação trabalhadora em relação às suas necessidades, agora esta população excedente torna-se "[...] a alavanca da acumulação capitalista, até uma condição de existência do modo de produção capitalista", o qual, em seu movimento, não fica refém de limites do crescimento populacional. As condições de reprodução do capital estão postas por ele mesmo, de maneira que "[...] as oscilações do ciclo industrial recrutam a superpopulação e tornam-se os mais enérgicos agentes da reprodução" (Marx, 1984a, p. 201).[21] Este traço posto pelo capital se distingue de épocas anteriores, nas quais se criaram as condições, foram o pressuposto, para a produção capitalista, uma vez que a "[...] composição do capital só se alterava paulatinamente. À sua acumulação correspondia, portanto, no todo, um crescimento proporcional da demanda de trabalho. Lento como o progresso de sua acumulação, se comparado com o da época moderna, ele se chocava com as barreiras naturais da população trabalhadora explorável, que só foram removidas por meios violentos [...]" (Marx, 1984a, p. 201).

Mas isto não é tudo. Vimos, há pouco, o quão natural é a lei da demanda e oferta de força de trabalho. Mas com a acumulação e expansão do capital, esta é posta por meios coercitivos. Marx (1984a, p. 206) nos diz, que se:

[Por um lado, os trabalhadores] [...] procuram organizar uma atuação conjunta planejada dos empregados com os desempregados para eliminar ou enfraquecer as ruinosas consequências daquela lei natural da produção capitalista sobre sua classe, o capital e seu sicofanta, o

---

21. "Com a acumulação e o desenvolvimento da força produtiva do trabalho que a acompanha, cresce a súbita força de expansão do capital, não só porque cresce a elasticidade do capital em funcionamento e a riqueza absoluta, da qual o capital só constitui uma parte elástica, mas também porque o crédito, sob qualquer estímulo particular, põe, num instante, à disposição da produção, como capital adicional, parte incomum dessa riqueza. As condições técnicas do próprio processo de produção, maquinaria, meios de transporte etc., possibilitam, em maior escala, a transformação mais rápida de mais-produto em meios de produção adicionais. A massa de riqueza social, superabundante com o progresso da acumulação e transformável em capital adicional, lança-se freneticamente em ramos de produção antigos [...] ou em ramos recém-abertos [...]. Em todos estes casos, grandes massas humanas precisam estar disponíveis para serem subitamente lançadas nos pontos decisivos, sem quebra da escala de produção em outras esferas. A superpopulação as provê" (Marx, 1984a, p. 200-1).

economista político, clamam contra a violação da "eterna" e, por assim dizer, "sagrada" lei da demanda e oferta. [...] Por outro lado, assim que nas colônias, por exemplo, circunstâncias adversas perturbem a criação do exército industrial de reserva e com ele, a dependência absoluta da classe trabalhadora em relação à classe capitalista, o capital [...] rebela-se contra a "sagrada" lei da demanda e oferta e trata de promover aquela criação por meios coercitivos.

Agora, por um lado, sob a *lei geral*, a dependência da classe trabalhadora em relação à classe capitalista atinge estágio superior. Por outro, a expansão do capital, no caso para as colônias, exige métodos de coerção direta.[22] Lá a lei da oferta e demanda de força de trabalho se impõe pela lei geral capitalista. Aqui se exigem meios coercitivos para assegurar a relação-capital, cujo desenvolvimento atinge a lei geral. Salta aos olhos a atualidade desta questão!

Expropriação: caráter contínuo ou apenas pressuposto do capital?

A exposição final já nos encaminha para a *assim chamada acumulação primitiva*. E também para demarcar que a expropriação não só é pressuposto do capital, das condições para a produção capitalista, mas também exigência da reprodução do capital, das suas *leis imanentes*. Vejamos como tal processo aparece na exposição dos últimos dois capítulos do Livro I, de *O capital*.

No parágrafo de abertura do Capítulo XXIV, a *acumulação primitiva* aparece como uma necessidade *lógica* e *histórica* da gênese da produção capitalista. Neste Marx, ao mesmo tempo que sintetiza toda sua argumentação anterior, "como dinheiro é transformado em capital,

---

22. Retornaremos a este aspecto na próxima Seção.

como por meio do capital é produzida mais-valia e da mais-valia mais capital", mostra-nos que é necessário um processo que engendre as condições para a produção capitalista, o seu ponto de partida, pois "acumulação do capital [...] pressupõe a mais-valia, a mais-valia a produção capitalista, e esta, por sua vez, a existência de massas relativamente grandes de capital e de força de trabalho nas mãos de produtores de mercadorias." Para sair deste círculo vicioso, é necessário supor "uma acumulação "primitiva" (*previous accumulation* em A. Smith) precedente à acumulação capitalista, uma acumulação que não é resultado do modo de produção capitalista, mas sim seu ponto de partida" (Marx, 1984a, p. 261). Tal resultado não poderia ser obtido se a produção capitalista não tivesse se desenvolvido, se completado.

A referência a Smith, de como a economia política percebe este processo, já é contraditada no parágrafo subsequente, pois de natural e idílico nada tem este processo.[23] "Na realidade, os métodos da acumulação primitiva são tudo, menos idílicos" (Marx, 1984a, p. 262). E Marx nos oferece uma gama enorme de processos alicerçados na violência, no roubo, na fraude ao longo de sua exposição. O passo seguinte é nos apresentar quais são as condições para a produção capitalista, aliás, as quais, em vários momentos do Livro I, d'*O capital*, são expostas (claro, não com o mesmo nível de determinação; agora em nível mais concreto), ou seja, de um lado, "possuidores de dinheiro, de meios de produção e meios de subsistência, que se propõem a valorizar uma soma-valor que possuem mediante compra da força de trabalho alheia; do outro, trabalhadores livres, vendedores da força

---

23. A este respeito, diz Isaak Rubin (2014, p. 253, grifos meus): "De onde vem essa "acumulação de capitais"? Smith, no espírito de todos os ideólogos da burguesia nascente, oferece a seguinte explanação: as pessoas mais industriosas e prudentes, em vez de gastar o produto inteiro de seu trabalho, "economizam" uma parte dele e acumulam gradualmente capital. *Capital é aquilo que o possuidor ou seus antepassados "poupam" do produto do seu trabalho*". Esta forma idílica de perceber o processo pode ser verificada, por exemplo, nesta passagem da obra de Smith (1983, p. 290): "Os capitais são aumentados pela parcimônia e diminuídos pelo esbanjamento e pela má administração. [...] A parcimônia, e não o trabalho, é a causa imediata do aumento de capital". Ora, como bem assinala Rubin (2014, p. 253): "Foi Marx quem [...] superou o mito ingênuo que predominara por tanto tempo na ciência burguesa, de que *a origem do capital reside na "parcimônia"*".

de trabalho". Há, neste momento, a chave para capturar se o processo de acumulação primitiva, de expropriação, é contínuo ou não, e qual o papel que cumpre na "odisseia" do capital (nos termos de Carlos Nelson Coutinho, *O estruturalismo e a miséria da razão*): "A relação-capital pressupõe a separação entre trabalhadores e a propriedade das condições da realização do trabalho. Tão logo a produção capitalista se apoie sobre seus próprios pés, não apenas conserva aquela separação, mas a reproduz em escala sempre crescente" (Marx, 1984a, p. 262).

Ora, como vimos, o que foi exposto sobre a reprodução do capital, nos capítulos anteriores ao da "Assim chamada acumulação primitiva", não seria a maneira *específica* de como a relação social capitalista não apenas conserva, "mas a reproduz em escala sempre crescente"? De maneira que a exposição do capítulo se concentra, por um lado, em como ocorre a expropriação do produtor direto, expropriação com "traços de sangue e fogo", cujo capítulo final é a constituição dos trabalhadores "livres como os pássaros" e, de outro lado, em como se constitui a gênese dos proprietários, dos capitalistas, da propriedade privada capitalista e sua especificidade, ou seja, em como se constitui a relação-capital.

Para Ellen Wood, o mais importante é perceber que este tipo de acumulação, de expropriação, segue uma nova lógica, o que nos parece uma chave frutífera de análise. Diz a autora:

> O ponto não é que ele [Marx] relegou "acumulação baseada na predação, fraude e violência" para um "estágio/etapa inicial", mas que esse tipo de acumulação, na medida em que permanece como uma característica essencial do imperialismo capitalista, tem *uma nova lógica, a qual é consequência e não a causa da dinâmica específica do capitalismo*. Não se trata simplesmente de atividades utilizadas na apropriação e concentração de riqueza, mas, mais fundamentalmente, da continuidade da imposição, manutenção e intensificação dos imperativos do mercado. De forma precisa, roubo, fraude e violência continuam; mas o que permite que o capital explore as economias em todo o mundo em suas próprias e distintas formas é a sujeição, como sempre, de mais esferas da vida humana em todos os lugares à dependência do mercado e dos seus

imperativos. Esta é a expropriação fundamentalmente sob o capitalismo (Wood, 2006, p. 21, grifos meus).[24]

Roman Rosdolsky (2001), a partir dos *Grundrisse*, mas também d'*O capital* e das *Teorias da mais-valia*, sustenta que *acumulação primitiva* se constitui sim como pressuposto da relação-capital, pois "[...] antes de o modo de produção capitalista se impor, foi necessário desfazer a unidade original entre os produtores e as condições de produção [...]. Desse ponto de vista, a acumulação primitiva é um elemento constituinte da relação capitalista e está "contida no conceito de capital" [*Grundrisse*]". Mas em seguida, ele adverte: "Não decorre daí, no entanto, que tenhamos de considerar o processo de separação entre os trabalhadores e os meios de produção, que constitui a essência dessa acumulação, como um fato concluído para sempre, mergulhado na história" (Rosdolsky, 2001, p. 234). O autor, na sequência, desenvolve, com base n'*O capital* e *Grundrisse*, que essa separação não apenas se conserva, mas se amplia nos marcos da reprodução ampliada do capital. E Rosdolsky prossegue:

> Isso não é tudo. Se, de um lado, a transformação do dinheiro em capital pressupõe o processo histórico da acumulação primitiva, "de outro, o efeito do capital (uma vez que ele já tenha surgido) e de seu processo consiste em submeter toda a produção e em desenvolver e estender em todas as direções a separação entre trabalho e propriedade, entre trabalho e condições objetivas do trabalho" [*Grundrisse*]. Por isso, *o avanço posterior do modo de produção capitalista não provoca apenas a paulatina destruição do trabalho artesanal, da pequena propriedade da terra de trabalho*

---

24. Em outra obra, ainda que Wood coloque como elemento nuclear da especificidade capitalista a coerção econômica, a qual ocorre por via impessoal, ela não descarta a força extraeconômica, ao contrário, esta "[...] é claramente essencial para a manutenção da coerção econômica em si" (Wood, 2014, p. 17). Em relação à temática, ainda que concorde com vários aspectos da elaboração de E. M. Wood (2001), V. Fontes (2010, p. 75, grifos do original) apresenta nesta passagem seu ponto de divergência: "Wood sugere que a expropriação *decorre* das relações sociais capitalistas, *não sendo sua condição prévia*, enquanto estamos considerando neste livro que as expropriações são simultaneamente condição e decorrência".

etc., mas também faz com que "*os grandes capitalistas abocanhem os pequenos, pela descapitalização destes*" (Rosdolsky, 2001, p. 234-5, grifos meus).

Assim, a expropriação, a acumulação primitiva que era a condição para a produção capitalista, uma vez constituído o modo de produção capitalista (que requer "existência de massas relativamente grandes de capital e força de trabalho" livre), desenvolve a forma especificamente capitalista, o capital apoiado sobre "seus próprios pés". A acumulação, concentração de capital, desenvolvimento da força produtiva do trabalho, sob a qual não só o capital mantém a separação entre "trabalhadores e a propriedade das condições da realização do trabalho", mas amplia esta relação em escala crescente, desenvolve-se em estágio superior. Diz Marx quase ao final do Capítulo XXIV: "O que está agora para ser expropriado já não é o trabalhador economicamente autônomo, mas o capitalista que explora muitos trabalhadores. Essa expropriação se faz por meio das leis imanentes da própria produção capitalista, por meio da centralização de capitais" (Marx, 1984a, p. 293).[25] Configura-se, assim, a expropriação de capitalistas por capitalistas através do processo de centralização de capital.[26] A partir desta base, Marx fecha o capítulo expondo que as condições para superar a forma social capitalista, para superar a contradição entre produção crescentemente socializada e apropriação privada estão dadas. Diz ele numa passagem bastante conhecida: "A centralização dos meios de produção e a socialização do trabalho atingem um ponto em que se tornam incompatíveis com seu invólucro capitalista. Ele é arrebentado. Soa a hora final da propriedade privada capitalista. Os expropriadores são expropriados" (Marx, 1984a, p. 294).

---

25. Vale ressaltar que se tal desenvolvimento resultar na superação da existência de vários capitais individuais, nos termos de Marx (1984a, p. 197), alcançado o "limite último" da centralização, significaria a eliminação do próprio movimento e reprodução do capital.

26. No Livro III, Marx, assim, sintetiza: "A expropriação de produtores diretos [...] inaugura-se com a acumulação primitiva [...], aparece depois como processo constante na acumulação e concentração e por fim se expressa aqui como centralização de capitais existentes em poucas mãos e como descapitalização de muitos (nisso é que agora se transforma a expropriação)" (Marx, 1985a, p. 186).

A exposição de Marx do Livro I d'*O capital*, como sabemos, não termina aqui, no Capítulo XXIV. Há um último capítulo, no qual ele centra uma crítica à teoria moderna da colonização, em que nos oferece elementos de que também a expropriação não é algo, nos termos de Rosdolsky (2001), "mergulhado na história". Mas há um elemento adicional exposto, a saber: a expropriação como exigência da autoexpansão do capital. E, portanto, aqui retomamos o que anunciamos no final da última Seção.

Marx abre o capítulo afirmando: "A Economia Política confunde por princípio duas espécies muito diferentes de propriedade privada, das quais uma se baseia sobre o próprio trabalho do produtor e a outra sobre a exploração do trabalho alheio. Ela esquece que a última não apenas forma a antítese direta da primeira, mas também cresce somente sobre seu túmulo" (Marx, 1984a, p. 295). Se na Europa a propriedade privada capitalista está constituída, "as coisas são bem outras nas colônias. O regime capitalista choca-se lá por toda parte contra a barreira do produtor" (Marx, 1984a, p. 295), ou seja, ainda o produtor direto não está expropriado de suas condições de trabalho, ou se está, está ou "apenas esporadicamente ou em escala limitada demais" (Marx, 1984a, p. 298). A partir da exposição de Marx neste capítulo é possível extrair que perante o movimento de autoexpansão do capital, que lhe é inerente, exige-se a expropriação, impõe-se a constituição da propriedade privada capitalista. Esta passagem é reveladora:

> O Sr. Peel, lamenta-se [E. G. Wakefield], levou meios de subsistência e meios de produção, num total de 50 mil libras esterlinas, da Inglaterra para o Swan River, na Nova Holanda. O Sr. Peel foi tão precavido, que levou também 3 mil pessoas da classe trabalhadora, homens, mulheres e crianças. Uma vez alcançado o lugar de destino, "O Sr. Peel ficou sem nenhum criado para fazer sua cama ou para buscar-lhe água do rio" [E. G. Wakefield]. Infeliz Sr. Peel, que previu tudo, menos a exportação das relações inglesas de produção para o Swan River (Marx, 1984a, p. 296).

Ora, esta transformação de trabalhadores assalariados em produtores independentes colide com a relação-capital. Não basta o Sr. Peel levar dinheiro, meios de produção e de subsistência, pois isto não o faz capitalista, uma vez que "o capital não é uma coisa, mas uma relação social entre pessoas intermediada por coisas" (Marx, 1984a, p. 296), conforme expusemos na primeira Seção.[27] Daqui Marx extrai a seguinte síntese: "o modo capitalista de produção e acumulação e, portanto, a propriedade privada capitalista exigem o aniquilamento da propriedade privada baseada no próprio trabalho, isto é, a expropriação do trabalhador" (Marx, 1984a, p. 302). Ou seja, a expansão do capital exige, "repõe" a expropriação, não mais como simples pressuposto, mas sim como necessidade de sua reprodução.

* * *

O que esperamos ter exposto é que a expropriação não é apenas um pressuposto, ela também é posta pelo capital, é uma exigência da própria reprodução do capital. E mais: o processo de acumulação capitalista em seu estágio mais desenvolvido desdobra-se na expropriação de capitalistas por capitalistas, o que, por um lado, acirra as contradições do capital (produção social e apropriação privada), mas por outro cria as condições para a superação desta forma social. O último momento da exposição revelou que a expansão do capital exige, "repõe", a expropriação como condição de sua reprodução. Em poucas palavras, uma vez constituída a relação-capital e seu desenvolvimento, a expropriação não é algo que comparece de "fora para dentro do capital", ao contrário, é uma exigência de suas "leis imanentes".[28] Este é o caráter específico da expropriação nesta forma

---

27. Para não falarmos da lei geral capitalista, pela qual o capital também opera a oferta de força de trabalho, conforme vimos na segunda Seção.

28. "Os pressupostos que na origem foram condições históricas do surgimento do capital, depois que este surgiu e se constituiu, se revelam como resultados da sua própria realização e reprodução; eles já não são condições do seu *nascimento histórico*, mas resultado e condições da sua *existência histórica*" (Kosik, 2010, p. 59, grifos do original).

social. Mais do que discutir seu caráter contínuo ou não, é entender sobre qual imperativo, sobre qual lógica se engendram os processos de expropriações. E é exatamente esta lógica que Marx expôs n'*O capital*.

Referências

BIDET, J. *Explicação e reconstrução do* Capital. Campinas: Editora da Unicamp, 2010.

CARCANHOLO, M. D. *Dependencia, super-explotación del trabajo y crisis:* una interpretación desde Marx. Madrid: Maia Ediciones, 2017.

FONTES, V. *O Brasil e o capital-imperialismo*: teoria e história. Rio de Janeiro: EPSJV, UFRJ, 2010.

GRESPAN, J. *O negativo do capital*: o conceito de crise na crítica de Marx à economia política. 2. ed. São Paulo: Expressão Popular, 2012.

HARVEY, D. *O novo imperialismo*. 2. ed. São Paulo: Loyola, 2005.

_____. *Para entender* O capital: Livro I. São Paulo: Boitempo, 2013.

KOSIK, K. *Dialética do concreto*. 2. ed. Rio de Janeiro: Paz e Terra, 2010.

LUPATINI, M. *O capital em sua plenitude*: alguns dos traços principais do período contemporâneo. 2015. 466 f. Tese (Doutorado) — Escola de Serviço Social, Universidade Federal do Rio de Janeiro, Rio de Janeiro.

MARX, K. *Teorias da mais-valia*: história crítica do pensamento econômico. Rio de Janeiro: Difel, 1980. Livro 4 de *O capital*. v. 3.

_____. *O capital*: crítica da economia política. São Paulo: Abril Cultural, 1983. Livro Primeiro, t. 1.

_____. São Paulo: Abril Cultural, 1984a. Livro Primeiro, t. 2.

_____. São Paulo: Abril Cultural, 1984b. Livro Terceiro, t. 1.

_____. São Paulo: Abril Cultural, 1985a. Livro Terceiro, t. 2.

_____. *Capítulo VI, inédito de* O capital: resultados do processo de produção imediata. São Paulo: Moraes, 1985b.

_____. *Grundrisse*: manuscritos econômicos de 1857-1858: esboço da crítica da economia política. São Paulo: Boitempo, 2011.

MEDEIROS, J. L.; LEITE, L. de M. Em busca do elo perdido: sobre a gênese dialética da categoria capital. ENCONTRO NACIONAL DE ECONOMIA POLÍTICA, 21. *Anais...* Niterói: SEP, 2016.

REICHELT, H. *Sobre a estrutura lógica do conceito de capital em Karl Marx*. Campinas: Editora da Unicamp, 2013.

ROSDOLSKY, R. *Gênese e estrutura de* O capital *de Karl Marx*. Rio de Janeiro, EDUERJ: Contraponto, 2001.

RUBIN, I. *História do pensamento econômico*. Rio de Janeiro: Editora UFRJ, 2014.

SMITH, A. *Investigação sobre a natureza e as causas da riqueza das nações*. São Paulo: Abril Cultural, 1983.

WOOD, E. M. *A origem do capitalismo*. Rio de Janeiro: Zahar, 2001.

_____. Logics of power: a conversation with David Harvey. *Historical Materialism*, v. 14, n. 4, p. 9-34, 2006.

_____. *O império do capital*. São Paulo: Boitempo, 2014.

3

Valor, expropriação e direito:
sobre a forma e a violência jurídica na acumulação do capital*

Guilherme Leite Gonçalves

Introdução

A partir da tradição inaugurada por Luxemburgo (1975[1913], p. 397-8), é possível afirmar que, enquanto totalidade e processo histórico concreto, a acumulação capitalista tem dois lados. De um lado, a dinâmica inerente às relações de produção capitalistas, caracterizada pela troca de mercadorias entre equivalentes, que oculta e garante a apropriação da riqueza pelo trabalho alheio. De outro, a dinâmica expansionista do capital, definida pela expropriação de espaços ainda não mercantilizados. Ambos os lados se encontram em uma relação

---

* Esta é uma versão reduzida e modificada de texto anteriormente publicado (Gonçalves, 2017). Gostaria especialmente de agradecer a Virgínia Fontes pela cuidadosa leitura e por seus valiosos comentários, fundamentais para que o capítulo tenha alcançado sua formulação atual. Também gostaria de agradecer a Sergio Costa pelo diálogo que me permite avançar na presente pesquisa. Por fim, registro meu agradecimento a Allan Hillani, Amélia Coelho, Breno Bringel, Cesar Barreira, Juliana Fiuza, Klaus Dörre, Lena Lavinas, Maria Backhouse, Raquel Varela, Rhaysa Ruas e Tayna Carneiro pelas críticas e sugestões oferecidas em diferentes momentos e circunstâncias.

de contradição, em que o princípio da equivalência nega o da expropriação, mas, ao mesmo tempo, transforma-o em seu pressuposto.

No princípio da equivalência, tem-se frente a frente dois proprietários de diferentes produtos que, obtidos direta ou indiretamente por seu trabalho, são *intercambiáveis* entre si (Fausto, 1987, p. 292). Tais produtos adquirem, portanto, um *valor de troca*. Esse último é estendido à própria força de trabalho quando *não se há nada para vender a não ser ela mesma*, o que lhe confere igualmente um caráter de mercadoria. Esse traço de *equivalência* é, na verdade, uma negação: a negação da existência de uma estrutura de desigualdade entre capitalista e trabalhador no processo de produção (Fausto, 1987, p. 292). Tal relação desigual é aprofundada na apropriação de tempo de trabalho alheio, o que, por sua vez, permite a *criação de mais-valia*, que assegura a existência do capital. Esse processo é marcado pela *violência econômica* baseada na obrigação de venda da força de trabalho como meio de subsistência e na naturalização do processo capitalista de produção (MEW 23, p. 765). Trata-se da violência do *fetichismo* da mercadoria. A aparente igualdade de trocas é naturalizada, bloqueando a percepção da desigualdade material. No esquema de equivalência, há, assim, uma *contradição entre identidade (abstrata das classes) e não identidade (concreta entre as classes)* (Fausto, 1987, p. 293).

No princípio da expropriação, relações de produção e de propriedade diferentes encontram-se em um quadro de oposições formais, cuja realização é a *dissolução* de modos de produção e de vida não orientados primariamente à criação de valor. Há, nesse caso, a *transformação* dos meios sociais de subsistência em capital e do produtor direto em indivíduo disponível ao mercado. Essa transformação pressupõe uma *relação abstrata de não identidade entre as classes*, qual seja, a mutação de escravos e servos em trabalhadores assalariados (MEW 23, p. 789), que, todavia, nega uma conformidade ou equivalência material: *a identidade entre classes (oprimidas) não livres*.[1] Em outras palavras: a

---

1. Sobre a mudança formal, Marx a afirma quando reflete sobre a assim chamada acumulação primitiva. Ver, sobretudo, MEW (23, p. 789). Já a identidade de classes não livres pode

libertação dos laços servis é, simultaneamente, subordinação direta ao reino da necessidade, o que mostra que o avanço na forma (mais liberdade formal) significou o avesso da liberdade material, isto é, a não redução da necessidade. Essa não liberdade material é produzida por *expropriações* que separam o trabalhador dos meios de produção. Tal separação é imposta por *violências não econômicas*, praticadas, sobretudo, pelo Estado, e capazes de assegurar que contingentes populacionais sejam despojados da propriedade dos instrumentos necessários à sua subsistência. Trata-se de uma *violência política desvelada*. No esquema da expropriação, a diferença (ou não identidade) aparente entre classes subjugadas oculta sua identidade concreta: a ausência de liberdade efetiva. Ao permitir que *o sistema atenue a identidade material em não identidade abstrata*, a abstração (ou aparência) *não mistifica* o Estado, mas o justifica enquanto *violência a tomar o "outro" ou o "diferente"*, o único supostamente escravizado.

Ambos os lados da acumulação do capital se negam mutuamente. Enquanto o princípio da equivalência é elemento constitutivo da lei do valor, o princípio da expropriação repete a lógica da acumulação primitiva. De uma parte, há intercâmbio de mercadorias entre os seus proprietários; de outra, a tomada compulsória de meios de subsistência alheios. A identidade (aparente) da troca de equivalentes encobre a desigualdade das classes e a criação de mais-valia. A expropriação, por sua vez, desmistifica essa aparência ao criar outra: ao indicar a diferença abstrata entre os trabalhadores formalmente livres e a servidão ou escravidão, oculta a permanência da não liberdade. Na primeira, a identidade aparente se opõe à não identidade material; na segunda, a não identidade aparente se opõe à identidade material. Essa diferença permite que a violência estatal seja explícita na expropriação (esbulho do fora não mercantilizado) e implícita na troca de equivalentes (a universalidade do Estado que reprime a particularidade das classes).

---

ser vista, por exemplo, no *Manifesto Comunista*, quando o trabalhador moderno é chamado de escravo da burguesia (MEW 4, p. 473).

A relação de contradição entre identidade exposta e não identidade não exposta, própria do princípio da troca de equivalência, nega, mas pressupõe a relação de contradição entre não identidade exposta e identidade não exposta, que caracteriza o princípio da expropriação. No plano da aparência, a suposição de que a relação de trocas reúne proprietários livres em situação de igualdade decorre da suposição de que os trabalhadores modernos se libertam com o fim da servidão/escravidão. No plano da essência, a criação de mais-valia pressupõe a disponibilidade ao trabalho e a dependência forçada ao mercado geradas pela expropriação. Dessa perspectiva, é possível afirmar que a acumulação do capital é a relação de contradição entre o princípio da equivalência e o princípio da expropriação. Tem-se uma unidade entre contrários, uma simbiose, em que o primeiro se expande e se alimenta do segundo. Por esse motivo, pode-se já em Marx (MEW 23, p. 790) encontrar que, após proceder à mudança de forma (de escravos e servos para o trabalho assalariado), a expropriação passa a integrar a dinâmica capitalista: a própria propriedade privada fundada no trabalho será despojada pela empresa capitalista, e esta última por capitais e propriedades cada vez mais concentrados.[2]

O presente capítulo tem por objetivo indicar como é possível compreender a reprodução sociojurídica em cada um dos lados da acumulação do capital. Sustento que, no âmbito do princípio da equivalência, o direito aparece sob a veste da forma e do fetichismo jurídicos, conforme descritos por Pachukanis (2003[1924]). Essa descrição, todavia, não apreende a estrutura e o papel do direito nas situações de expropriação, em que o capitalismo é pressionado a mercantilizar grupos, bens e esferas sociais ainda não mercantilizados para poder construir seus pressupostos e assegurar sua continuidade. Defendo que, nesse contexto, o direito se configura como violência jurídica explícita e prescrição expressa da desigualdade. Sob tais estruturas, proponho que o direito se desenvolve em três etapas: discursos jurídicos

---

2. Nos *Grundrisse*, Marx (MEW 42, p. 33) afirma ainda que a própria mudança do tipo de produção importa um outro tipo de expropriação ou, conforme suas palavras, "roubo".

de *othering*, regimes de privatização e uso massivo do direito penal. Nas próximas páginas, apresentarei cada um dos tópicos indicados.

Forma jurídica da equivalência

A noção de forma jurídica da equivalência foi desenvolvida por Pachukanis. Por meio dela, o autor busca oferecer um modelo que, construído a partir da teoria do valor, objetiva analisar o direito na socialização capitalista (Elbe, 2004). Seu ponto de partida é a concepção de Marx segundo a qual, na sociedade capitalista, a sociabilidade do trabalho adquire a forma de valor (Heinrich, 1999). Isso implica que, no capitalismo, o trabalho individual concreto realiza-se somente por meio da permutabilidade dos produtos, o que, por sua vez, torna a forma do valor condição necessária da socialização. Uma vez que a troca de mercadorias iguala diversos produtos uns aos outros, ela cria uma igualdade abstrata entre diferentes trabalhos, que, a partir de medidas — como, por exemplo, o trabalho social médio —, possibilita a autorreprodução da desigualdade e da própria apropriação do trabalho. A forma do valor adquire, assim, um caráter fetichista e místico.

Para a crítica da forma jurídica, a relação da forma do valor com o direito surge da teoria da mercadoria (Pachukanis, 2003[1924], p. 112). Seu ponto de referência é um trecho clássico de Marx (MEW 23, p. 99):

> As mercadorias não podem ir por si mesmas ao mercado e se trocar umas às outras. Temos, portanto, que olhar para os seus guardiões, para os proprietários das mercadorias. As mercadorias são coisas; são incapazes de resistir aos homens. Se elas não se mostram solícitas, o homem pode empregar violência contra elas, isto é, pode tomá-las. Para relacionar essas coisas umas às outras como mercadoria, seus guardiões precisam se relacionar como pessoas cuja vontade reside nessas coisas, de modo que alguém só se apropria da mercadoria estranha ao vender

a sua própria; em consonância, portanto, com a vontade do outro, por meio de um ato de vontade comum a ambos. Eles precisam, assim, se reconhecer reciprocamente como proprietários privados. Legalmente desenvolvida ou não, essa relação jurídica, cuja forma é o contrato, é uma relação de vontades, na qual se reflete a relação econômica.

A partir desse trecho, se sustenta que a troca de mercadorias e, portanto, a realização do valor nela contida só pode se dar em uma relação de vontades dos atores (Elbe, 2004, p. 44-5). A condição fundamental para a troca (capitalista) de equivalentes torna-se, assim, a fabricação de um ato autônomo da vontade dos proprietários de mercadorias. Essa vontade livre é estabelecida pela forma jurídica. Trata-se da constituição de uma subjetividade que permite a circulação do homem no mercado como um proprietário, que se encontra sem nenhum tipo de impedimento para comprar e vender (Naves, 2000, p. 66 ss.). Na verdade, o direito redefine o homem em termos de propriedade, tornando-o, ao mesmo tempo, sujeito e objeto (*Id.*, *ibid.*). Por isso, a forma jurídica é um fator fundamental do processo de alienação: ela faz o homem emergir enquanto um proprietário que aliena a si mesmo (Cerroni, 1974, p. 91).

Dessa perspectiva, o direito é tratado na sociedade capitalista como uma forma social que se realiza juntamente com a forma do valor (Pachukanis, 2003[1924], p. 117 ff.). Ele participa do processo de abstração dos produtores concretos desiguais, que constituem a troca de equivalentes pressuposta na permutabilidade direta entre mercadorias (Elbe, 2008, p. 234). Para isso, os instrumentos jurídicos empregados são o conceito de sujeito de direito e os princípios de liberdade e igualdade, todos constitutivos do Estado de Direito (Elbe, 2004, p. 47). O conceito de sujeito de direito é aquele que permite levar as mercadorias, mas também o próprio homem ao mercado (para vender sua força de trabalho). Tal conceito só pode funcionar, no entanto, com base nos princípios jurídicos da liberdade e da igualdade. Para dispor de sua força de trabalho, o homem precisa ser livre. Nesse sentido, a liberdade jurídica é a livre disposição de sua capacidade laborativa (criativa e física) como mercadoria. Isso, no entanto, não é suficiente para realizar o processo de troca de mercadorias. O homem precisa também firmar contratos com outros homens. Para tanto, a igualdade formal é fundamental. Ela apresenta qualquer transação como um acordo entre vontades iguais.

Sujeito de direito, igualdade e liberdade jurídicas formam no plano abstrato atores iguais, que podem trocar livremente mercadorias e vender sua força de trabalho. Ao mesmo tempo, porém, nascem da imposição de interesses privados e desigualdades, possibilitando que estes últimas se reproduzam na instância material. Assim, discursos e instituições jurídico-democráticas se configuram como uma das formas sociais que possibilitam o desenvolvimento do capitalismo e seus mecanismos de exploração, sem que seja necessário aplicar meios de violência direta e não econômica. Aqui, operam-se as relações fetichizadas e reificadas do capital.

Forma jurídica e coesão social

Essa configuração possibilita conceber a forma jurídica como mecanismo de *coesão social*.[3] Nesse sentido, a sociedade capitalista é caracterizada pelo processo de redefinição das desigualdades estratificadas então existentes. Tal processo contém um potencial elevado de desagregação social (*soziale Auflösung*), pois implica a ruptura e a fragmentação da concepção religiosa, unitária e transcendental do mundo que determinava o socialmente possível nas sociedades pré-modernas (De Giorgi, 1980, p. 21 ff.). De maneira oposta a estas últimas, a sociedade capitalista decompõe e distingue o agir em

---

3. A literatura sobre direito como forma de coesão social é ampla. Particularmente relevante foi a contribuição dada pela sociologia marxista do direito italiana na virada dos anos 1970-80, bastante influenciada por Galvano Della Volpe. Ver, entre outros, Badaloni (1972); Barcellona (1978); Cerroni (1974); De Giorgi (1980). Atualmente esse tema foi desenvolvido por Buckel (2007 e 2010).

diversas esferas sociais diferenciadas e desiguais. Tem-se, assim, uma criação permanente de insegurança e volatilidade das relações sociais (De Giorgi, 1980, p. 22).[4]

A reprodução da desagregação e das desigualdades constrange a própria sociedade a afrontar o problema da coesão do agir. Como, no entanto, sob condições capitalistas, as desigualdades e a desagregação não podem ser eliminadas, a coesão torna-se possível apenas como abstração (Badaloni, 1972). Para tanto, a sociedade capitalista estrutura um universo de abstrações e formas que se descola da realidade objetiva das relações de produção (que é a estrutura da desigualdade) e se apresenta como um sistema normativo de coordenação das ações. Esse sistema é o direito (De Giorgi, 1980, p. 22).

O direito torna possível a coexistência, mas apenas enquanto abstração. Em outras palavras, o direito estabelece um plano de indiferença à hierarquia, isto é, iguala, na abstração, a desigualdade. Trata-se de uma coesão unicamente formal e de um modelo de abstração que relaciona igualdades abstratas e indiferentes, na medida em que oculta a racionalidade objetiva das relações sociais de produção (De Giorgi, 1980, p. 23-4).

Para esse tipo de coesão funcionar, é preciso que o ato constitutivo das abstrações jurídicas não seja reconhecido como aquilo que ele é: um processo de distanciamento e alienação. Para isso, a forma de vontade livre é, mais uma vez, fundamental. Por conta dela, o direito *aparece* como uma estrutura autônoma, que seria resultado de uma escolha da própria sociedade (capitalista) que *quer* obter coesão (circulação) entre suas partes, e não como o resultado de uma pressão seletiva da desigualdade constitutiva. É, nesse sentido, que se pode compreender a ideia de Pachukanis (2003[1924], p. 117), segundo a qual "o fetichismo da mercadoria é completado pelo fetichismo jurídico". Este último cria a imagem de que as normas jurídicas são

---

4. Lembre-se de que, conforme as palavras de Marx e Engels (MEW 4, p. 472), "a subversão contínua da produção, o abalo incessante de todas as condições sociais, a insegurança e a agitação perpétuas distinguem a época burguesa de todas as anteriores".

regras universalmente válidas colocadas pela comunidade e resultado de decretos e procedimentos formais do Estado, como se elas não tivessem nenhum tipo de vínculo com contextos e classes desiguais. Com isso, a forma jurídica conclui a operação iniciada pela forma da mercadoria, o ocultamento da reprodução das relações de produção.

Forma jurídica da equivalência: um dos lados da acumulação

A noção de forma e fetichismo jurídicos serve para analisar o funcionamento do direito em um lado específico da acumulação capitalista, aquele governado pelo princípio da equivalência. Tal lado pode ser expresso pelo momento em que dinheiro é transformado em capital e que, por meio deste, se faz mais-valia e vice-versa. Esse momento é representado pela notória fórmula D-M-D', em que dinheiro acumulado é investido em mercadoria para produzir mais dinheiro (MEW 23, p. 161 s.). Trata-se, assim, de um processo caracterizado pela conversão de força de trabalho e matérias-primas em capital.

Evidentemente, como mostrou Marx, tal conversão não se realiza por um conjunto de critérios técnicos de eficiência que seriam válidos *ad eternum*, nem mesmo por uma correlação proporcional entre o valor da mercadoria e o tempo de trabalho da produção. Em seu esforço por revelar como a produção está organizada e seu produto distribuído, Marx identifica que o valor de troca da força de trabalho (equivalente aos custos médios de regeneração do trabalhador) não corresponde ao que é efetivamente produzido, pois se cria um excedente, uma mais-valia, que apenas os proprietários do capital podem se apropriar. Esse excedente completa o valor da mercadoria produzida (MEW 23, p. 165 ss.).

Para a normalização e a estabilização desse percurso da acumulação, é preciso que o capital estabeleça mecanismos de indiferença ao ato de apropriação da riqueza criada por trabalho alheio. Isso se torna possível pelo reflexo do valor de troca das mercadorias no trabalho (MEW 23, p. 61). O valor de troca torna as mercadorias equivalentes entre si, não obstante os diversos valores de uso que elas possuem. Dessa equivalência emerge uma identificação entre os diferentes trabalhos concretos, na medida em que todos são expressões da atividade produtiva geral. Ao lado da dimensão concreta desenvolve-se assim um caráter abstrato (homogeneizador e equalizador) do trabalho (MEW 23, p. 56 ff.). Tem-se, assim, que, no interior da própria estrutura do trabalho, já estão presentes os componentes e as condições para sua alienação. Enquanto o abstrato expressa igualdade, o concreto implica desigualdades e diferenças. Essa contradição primária entre identidade (aparência) e não identidade (essência) *inscreve mas, ao mesmo tempo, oculta* a relação de exploração na mercadoria (Fausto, 1987, p. 293). Torna-se, com isso, fator fundamental de normalização e estabilização do modo de produção capitalista.

A forma jurídica da equivalência é um processo fundamental atrelado a essa contradição primária. Ela explica por qual razão a dominação adquire a forma de uma dominação abstrata, como a expropriação do trabalho do produtor direto é invisibilizada e de que forma a troca entre equivalentes proporciona a reprodução das desigualdades. Trata-se, portanto, de um capítulo-chave da teoria da forma-valor, que permite pensar o direito no interior do círculo em que dinheiro é transformado em capital, por meio do capital se faz mais-valia e por meio da mais-valia se faz mais capital.

Mas a acumulação do capital se resume a esse lado? Como já visto na introdução deste capítulo, a resposta é não.

Expropriação e direito

Para continuar a ser capital, o capital tem de se valorizar sempre e, dado que a produção de valor está atada ao trabalho, ele sempre precisa de mais trabalho do que o necessário, levando-o a produzir um excedente de trabalho e, portanto, de capital (MEW 25, p. 263). Como o valor é um "fim em si mesmo" (*Selbstzweck*), ele se torna "desmedido" (*Masslos*) (MEW 23, p. 161 e 167). Quando atinge um determinado volume de grandeza, esse processo desmedido se depara com as condições sociais possíveis de realização do valor criado, isto é, com a viabilidade de se vender o que se produziu e de utilizar o potencial produtivo que se gerou. Ao atingir essas barreiras, o valor aumentado não consegue mais ser realizado. Tem-se, assim, uma sobreacumulação que mina as bases da rentabilidade (MEW 25, p. 261 ff.). Nesse momento, o capital precisa recorrer à expropriação de outro espaço, de outro lugar, criar novas condições sociais que permitam o excedente fluir, abrindo alternativas à revalorização.

As relações sociais produzidas por essa dinâmica não correspondem àquelas constituídas pelo princípio da equivalência. Elas não dizem respeito aos mecanismos de estabilização da acumulação capitalista, mas à sua dinâmica expansionista e seus imperativos por crescimento (Dörre, 2012; Harvey, 2009; Luxemburg, 1975[1913]). O desenvolvimento do capitalismo é um processo permanente de superação dos obstáculos e limites à acumulação por meio da mercantilização de espaços ainda não mercantilizados (Dörre, 2012, p. 39 ff.). Esse processo supõe a impossibilidade de realização completa da mais-valia em seu lugar de produção e a pressão da sobreacumulação, que exigem a *expropriação* de um *Fora* não capitalista para realizar parte relativa da mais-valia existente e amortizar investimentos (Luxemburg, 1975[1913], p. 315 ff.).

Essa dinâmica destruidora do capitalismo é uma condição permanente para a troca de equivalentes. Na medida em que ela proporciona a expropriação de um espaço (que ainda não gera primariamente valor), realiza as condições necessárias para a respectiva troca, quais sejam, a tomada da terra pertencente ao camponês, a separação entre os produtores e os meios de produção, o estabelecimento do reino da necessidade e a exploração intensiva dos recursos naturais (MEW 23,

p. 741-4). Isso, por sua vez, permite a abertura de novas possibilidades à acumulação e de novos mercados.

Nesse lado expropriador da acumulação capitalista, o direito não possui as mesmas características que ele desenvolve na troca de equivalentes. Como afirma Luxemburgo (1975[1913], p. 397), no reino puro de tais trocas, "domina a paz, a propriedade e a igualdade como formas", o que significa que "a apropriação da propriedade alheia transforma-se em direito de propriedade; a exploração, em troca de mercadorias; e a dominação de classes, em igualdade". Já no momento de expropriação dos "espaços não capitalistas" (conforme sua terminologia), os métodos empregados não são formas sociais de dissimulação. Segundo a autora: "aqui dominam a política colonial, o sistema de empréstimos internacionais, a política de interesses privados e a guerra. Aqui se evidenciam, de maneira completamente explícita e aberta, a violência, a fraude, a opressão e a pilhagem" (Luxemburg, 1975[1913], p. 397).

Como visto, essas experiências são muito distintas daquelas desenvolvidas pelo princípio da equivalência. Em uma situação de repressão institucional explícita, o direito não funciona como um recurso motivacional ou legitimador da acumulação capitalista nem mesmo como uma forma social fetichizada. Conforme Luxemburgo (1975[1913], p. 397): "seria muito difícil descobrir, nessa confusão de atos políticos de violência e provas de força, as leis estritas dos processos econômicos". Assim, no contexto da expansão expropriadora da acumulação do capital, o direito não pode ser pensado nos termos da tese da complementaridade entre forma da mercadoria e forma jurídica. Ao contrário, para se compreender esse outro caráter do direito, é preciso ir para além da noção de forma jurídica da equivalência. Diferentemente desta última, que pretende investigar por qual razão a estrutura da desigualdade capitalista depende de um princípio formal de identidade para se estabilizar, a principal pergunta a orientar a pesquisa sobre a característica do direito nos processos de expropriação do espaço é: como o direito funciona no movimento de reação capitalista a mecanismos bloqueadores da acumulação?

Teoria da expropriação capitalista

Para responder à última pergunta é preciso reconhecer, como visto há pouco, que o capitalismo é uma engrenagem que produz permanentemente autolimitações, mas que também é altamente sensível a seus pontos nevrálgicos. Quando estes são atingidos, ele aciona processos que o levam a se expandir para terrenos não mercantilizados (Dörre, 2012, p. 41). Na base fundamental desse processo de expansão, estão atos expropriatórios que guardam a mesma lógica da acumulação primitiva.

Em Marx (MEW 23, p. 741), esta última é tratada como uma acumulação prévia que é o ponto de partida para o modo de produção capitalista. Uma vez que o pressuposto do capitalismo é a transformação de bens materiais ou imateriais em valor, e isto só é possível pelo divórcio "entre os trabalhadores e a propriedade das condições de realização do trabalho", Marx (MEW 23, p. 742) conclui que a acumulação primitiva é o "processo histórico de separação entre produtor e meio de produção".

Trata-se, portanto, de um ato de expropriação de grupos sociais, cuja consequência é a criação de uma massa livre que se vê forçada a vender sua força de trabalho, pois destituída de seus meios de subsistência. Para Marx (MEW 23, p. 742 e 765), esse ato envolve pilhagem, espoliação, colonização, roubo por meio de assassinatos e legislações sanguinárias, isto é, "violência direta e extraeconômica" (*außerökonomische, unmittelbare Gewalt*) (MEW 23, p. 765). Segundo o autor (MEW 23, p. 742), a acumulação primitiva é constitutiva da "pré-história do capital". Quando, todavia, a produção capitalista já está estabelecida, Marx (MEW 23, p. 789 ss.) sustenta que a expropriação não cessa, mas passa a se reproduzir em escala cada vez maior, conforme formas específicas de concentração do capital e da propriedade privada.

Luxemburgo identificou esse fenômeno como fator determinante da dinâmica do desenvolvimento do próprio capitalismo. A autora sustenta que somente um segmento do movimento da acumulação consegue se efetuar enquanto processo puramente econômico entre capitalistas e trabalhadores nos espaços de produção de mercadorias (Luxemburg, 1975[1913], p. 315). Na medida em que esse trânsito interno não é suficiente para absorver toda a mais-valia gerada no local de sua criação, Luxemburgo (1975[1913], p. 315-6) sustenta que o sistema sempre necessita recorrer a um *Fora* não capitalista para realizar a mais-valia por completo. Esta outra dimensão da acumulação opera no cenário mundial e, como visto, faz uso de violência explícita.

A partir das considerações de Luxemburgo, Harvey (2009, p. 74 ss.) desenvolve o argumento segundo o qual a acumulação baseada na violência é um processo que se repete permanentemente no curso do capitalismo. Por esta razão, ele passou a denominá-lo de "acumulação por despossessão". Harvey (2009, p. 64) sustenta que "a sobreacumulação em um sistema territorial específico" é resultado tanto do excedente de trabalho (desemprego) como de capital (abundância de mercadorias que não podem ser vendidas sem perdas, inutilização da potencialidade produtiva e excesso de capital desprovido de capacidade de se tornar rentável). Segundo o autor, tal excedente pode ser absorvido por ajustes temporal-espaciais. Quando esses ajustes não se dão através da "reprodução ampliada sobre uma base sustentável", Harvey (2009, p. 63-64) afirma que a acumulação passa a recorrer a outros meios, qual seja, a acumulação por despossessão. Nesse momento, conclui o autor, ela se transforma em um "capitalismo de rapina" que retoma as práticas predatórias e a violência política da acumulação primitiva (Harvey, 2009, p. 72).

Este é o ponto de partida para os estudos de Dörre (2012) que, nos últimos anos, dedicou-se a oferecer um teorema da expropriação capitalista do espaço (*Landnahme*).[5] Esse modelo entende que a

---

5. O termo alemão *Landnahme* significa literalmente "tomada da terra". Sua origem teórica encontra-se em Luxemburgo que lhe atribuiu o sentido da colonização dos países não europeus. Conforme aplicado por Dörre, essa noção adquire um sentido mais amplo. É a invasão, tomada e ocupação de um espaço ou grupo social para a exploração de toda sua potencialidade e mercantilização. Nesse sentido, optei pela tradução "expropriação capitalista do espaço". Essa opção se deve à reflexão fundamental que Fontes (2010) desenvolve entre nós, como veremos a

acumulação do capital sempre esbarra em barreiras temporal-espaciais que precisam ser superadas para sua continuidade. A ideia de impossibilidade de realização completa da mais-valia em seu lugar de produção é retomada para demonstrar que a acumulação exige, para sua perpetuação, territórios ainda não mercantilizados que poderão prover novos recursos, matérias-primas e mercados de trabalho (Dörre, 2012, p. 40).

Para Dörre (2012, p. 41), os espaços não mercantilizados não se resumem a territórios ou modos de produção já existentes, o que tornaria o processo de expansão do capital um fenômeno irreversível, que tenderia a um fim. Ao contrário, a necessidade permanente de superar as fronteiras da acumulação leva o capitalismo a *produzir* um círculo contínuo e contraditório, em que a mercantilização de um espaço (por exemplo, amortização de investimentos em infraestrutura) pode, ao mesmo tempo, gerar outro espaço não mercantilizado (por exemplo, bens públicos), que ele, posteriormente, mercantilizará (por exemplo, privatização). Com isso, o autor indica que "em princípio, a cadeia de expropriação capitalista do espaço é infinita" (Dörre, 2012, p. 42).

A partir dessas considerações, Dörre (2012, p. 36 e 41) formula um teorema do desenvolvimento capitalista. Trata-se da acumulação do capital pela expropriação de espaços não mercantilizados existentes ou produzidos ativamente. Dessa tese o autor deduz que o capitalismo

---

seguir. A presente opção se diferencia de duas escolhas anteriormente feitas por mim. Quando fui revisor de um trabalho de Dörre (2015a) ao português, achei melhor manter a expressão *Landnahme* no original em alemão. Em um texto de minha autoria anterior (Gonçalves, 2016), adotei a tradução *espoliação do espaço*. Tudo isso revela a dificuldade de expressar o sentido que o termo alemão contém. Uma dificuldade compartilhada pelos tradutores de Dörre em língua inglesa. Ver, nesse sentido, Dörre, Lessenich e Rosa (2015, p. 4). É importante ressaltar, ainda, que o conceito de *Landnahme* não pode ser reduzido à expressão inglesa *land grabbing* que, bastante difusa no debate contemporâneo, possui um sentido técnico muito preciso: aquisição ilegal de grandes porções de terras por companhias transnacionais, governos estrangeiros ou pessoas privadas para produzir alimentos ou biocombustíveis em alta escala. O leque e o objetivo teórico do termo *Landnahme* são muito maiores. Trata-se de um conceito macrossociológico, isto é, reflete diferentes processos de expropriação de um espaço social *lato sensu* (não se resumindo a um território geográfico, mas contendo também relações sociais) com fins de mercantilizá-lo.

funciona com base em uma "Dialética Dentro-Fora", segundo a qual os limites de sua capacidade interna de acumulação exigem a expropriação de um *Fora*.

Diferentemente de Harvey e Dörre, Fontes (2010, p. 62 ss.) formula sua concepção de expropriação a partir de uma crítica à noção de *lado de fora*. Para a autora, tal noção é problemática na medida em que ofusca a compreensão do funcionamento da dinâmica da expansão capitalista como processo interno a si mesmo, movido pelo agravamento das condições de sua própria base social. Esse problema teria, inclusive, se exacerbado no transcorrer do século XX, quando a expansão imperialista do capitalismo reduziu significativamente as chamadas fronteiras externas da acumulação.

Segundo Fontes (2010, p. 65 ss.), diante dessa transformação, a tese da externalidade, principalmente na maneira como Harvey a reformula, leva a um entendimento bipartido da acumulação capitalista. Esse entendimento, continua a autora, além de não apreender o capitalismo enquanto totalidade, carrega a dificuldade de distribuir selos de "qualidade" às duas (supostas) formas de acumulação, como se houvesse um capitalismo normalizado (baseado na coação econômica ampliada que, embora sujeita a crises, funda-se em trabalhadores "livres") e um capitalismo espoliativo (caracterizado pela violência aberta e arcaica da acumulação primitiva).

No lugar do dualismo, a autora sustenta que a expansão do capitalismo jamais se deu na forma de uma acumulação plenamente normalizada e sempre se apoiou na especulação, pilhagem, fraude e roubo aberto (Fontes, 2010, p. 64). Em outras palavras: a acumulação produtiva e estabilizada sob a forma do contrato (jurídico) entre capital e trabalho sempre foi acompanhada de expropriações. Estas últimas não são, todavia, a tomada ou mercantilização de um fora não capitalista, mas a "expansão das condições que exasperam a disponibilidade de trabalhadores para o capital" (Fontes, 2010, p. 44). Para Fontes, na linha de Marx, tal expansão, ou melhor, tal expropriação, acompanha a escala de concentração de capitais.

Expropriação capitalista e violência jurídica

No princípio da expropriação, o direito atua em diferentes processos de ocupação e precarização, movidos pela expansão da acumulação do capital. Esses processos são múltiplos e variam conforme sua escala de ação sobre as diversas territorialidades. Podem, portanto, se reproduzir em um plano macro, como os regimes de austeridade e privatização, em aquisições ilegais de terras (*land grabbing*) por companhias privadas para produzir *commodities* ou em intervenções locais, como as políticas de regularização fundiária, desocupação e especulação imobiliária em bairros operários ou favelas.

Em comum, todas essas medidas têm o fato de se desenvolverem por meio de ações diretas do Estado que efetuam a mudança das relações de propriedade então existentes e mercantilizam espaços até então pouco atrativos para a produção de valor (Dörre, 2012, p. 30-5; Harvey, 2007, p. 78). Tal mercantilização torna-se possível por dispositivos regulatórios que privatizam bens públicos e comuns, cortam gastos sociais, reduzem impostos sobre a renda, retiram as barreiras que limitam o livre fluxo do capital financeiro por meio de políticas de desregulamentação e restringem as garantias dos trabalhadores.

Como visto, em um processo de expropriação, há sempre a superação de um mecanismo bloqueador da acumulação e a ocupação capitalista de um território (*lato sensu*), no qual determinadas necessidades encontravam-se desmercantilizadas. Como essa dinâmica implica a reestruturação espacial, ela importa, ao mesmo tempo, expulsão ou precarização das populações locais, que, uma vez *retiradas* de seu espaço comum, são obrigadas a vender sua força laborativa no mercado de trabalho. Para isso, no entanto, precisam ser disciplinadas para seu novo papel na cadeia produtiva. Assim, além dos instrumentos de expropriação do espaço público e comum, o direito também participa das técnicas de controle dos expropriados.

Em termos gerais, a reprodução sociojurídica da expropriação capitalista implica desvalorização dos direitos sociais, desapropriação de terras coletivas, ampliação e forte proteção dos direitos de propriedade, incentivos jurídicos à privatização, arranjos institucionais facilitadores do livre-mercado, criminalização da pobreza e dos movimentos de resistência. Tem-se, assim, um modelo de direito que explicitamente prescreve a expropriação, a ocupação de domínios comuns e a colonização de diferentes formas de espaço e de modos de vida, relações e subjetividades existentes.

Esse modelo é resultado de reformas legislativas e constitucionais desencadeadas pelo Estado com base em procedimentos legais, *que alteram uma organização sociojurídica coletiva, pública ou comum, substituindo-a por um regime jurídico de direito privado*. Essa alteração de regime jurídico pode ser relida justamente como um processo de transição para o princípio da troca de equivalentes. Grupos sociais que experimentavam uma vida comum e coletiva ou espaços e serviços públicos são deslocados dos meios de subsistência e distanciados entre si através de um ato expropriador. A partir de então, se encontram dependentes do mercado.

Do ponto de vista do princípio da expropriação, a vida coletiva e comum, bem como os espaços e os serviços públicos, são contextos desmercantilizados, na medida em que os grupos que os compartilham não participam primariamente da produção de valor. A mercantilização implica a expropriação desses membros e, ao mesmo tempo, a mudança de seu enquadramento legal, do direito comum e coletivo ao direito civil privado. Assim, em razão dessa correlação entre a expropriação e a alteração de regime jurídico, ainda que a primeira possa incluir práticas de roubo, conquistas e guerras abertamente ilegais, ela sempre vai precisar de um momento de violência jurídica: uma reforma legal, uma nova regulação ou instituto que, ao transformar as condições jurídicas existentes, prescreve abertamente a estrutura de desigualdade do ato expropriador. Nessa disposição do direito, não há igualdade e liberdade abstratas, mas reconhecimento jurídico explícito da assimetria.

Othering jurídico: "Fora" como "Outro"

A desigualdade materialmente estabelecida pelo ato expropriador e legalmente prescrita precisa pressupor uma justificativa racional para a situação desigual que será estabelecida. Para tanto, a expropriação capitalista do espaço faz uso de sua dimensão linguístico-discursiva. Essa dimensão foi investigada recentemente por Backhouse (2015). Ao estudar a expropriação capitalista das áreas verdes (*grüne Landnahme*) no estado do Pará, a autora mostra que a introdução da figura retórica de áreas degradadas (*degradierte Flächen*) em legislações de proteção ambiental foi essencial para justificar a transferência da propriedade rural de pequenos proprietários para grandes empresas. Trata-se aqui de uma violência simbólica, em que o grupo e o espaço a serem expropriados são retórica e discursivamente estabelecidos como um *Outro* prejudicado, inferiorizado e atrasado. Nesse processo, o discurso jurídico não é o único, mas é fator fundamental na constituição desse *Outro*.

Os mecanismos que concorrem para tal concepção são semelhantes àqueles descritos no conceito de *othering*, de Spivak (1985). *Othering* é um instrumento utilizado para se construir imagens de "culturas diferentes" como representações invertidas de si. Isto é: cria-se a representação de um diferente pelo recurso a figuras estereotipadas com o fim de se estabelecer valores positivos para a própria identidade cultural. Spivak mostra que o *othering* foi utilizado para impor a primazia da Europa sobre suas colônias na escala civilizatória. De um lado, tem-se a identidade europeia, o *Eu*, que é apresentado como racional, moderno e individual; do outro lado, tem o *Outro*, a cultura do resto do mundo, que é construída como ancestral, tradicional, atrasada, pré-moderna ou comunitária (Costa e Gonçalves, 2011, p. 59).

A reprodução cultural do *Outro* não é, todavia, autorreferencial, como sugerem os Estudos Pós-Coloniais (Said, 2003, p. 2-4), mas está ancorada nas condições objetivas da expansão do capital. No momento em que uma expropriação capitalista é ativada, diversas estruturas discursivas concorrem para caracterizar como desviantes e atrasadas as condições e as relações existentes em um espaço não mercantilizado. Essa caracterização é sempre formada com base em uma comparação com o suposto grau de desenvolvimento alcançado pelo espaço mercantilizado. Isto pode ser visto nos discursos de direitos humanos que, ao caracterizarem os povos originários da África, da Ásia ou da América como irracionais e sua natureza como selvagem, viabilizaram as conquistas e colonizações da acumulação primitiva (Amin, 2009, p. 152 ff.). Mas também pode ser encontrado nas atuais recomendações neoliberais que tratam determinados territórios como atrasados, improdutivos e ineficientes, possibilitando sua ocupação pela lógica "racional" do mercado (Chimni, 2006). Como vetores da acumulação primitiva e de posteriores expropriações, projetos de modernização, desenvolvimento e missões civilizatórias carregam em si as condições discursivas da expropriação capitalista, isto é, concorrem para a caracterização do "Outro" a ser expropriado.

No princípio da expropriação, o *Fora* é, na verdade, um *Outro* não mercantilizado. Para criar condições para sua expansão, o capitalismo produz instrumentos retórico-discursivos que caracterizam o *Outro* como um *Fora* desviante e inferior, como uma *área degradada*. Ao aparecer como tal, o *Outro* se torna um território que não apenas pode, mas deve ser expropriado como condição de desenvolvimento. Essa dinâmica aparece de maneira muito clara nos discursos jurídicos sobre favelas. Geralmente associadas de forma estereotipada a um lugar onde se corporificam a criminalidade e o tráfico de drogas, as favelas se tornam uma área "incivilizada" que pode ser, a qualquer momento, tomada (inclusive militarmente) para reestruturações urbanas ou especulação imobiliária (Berenguer, 2014, p. 110 ff.; Rothfuß, 2014; Wacquant, 2005).

Instrumentos jurídicos da privatização

Note-se, portanto, que a caracterização do *Outro* como *Fora* é condição para a expropriação e, com isso, para a mercantilização. Neste último plano, os arranjos jurídicos não são mais os mecanismos de *othering*. O direito, ao contrário, desenvolve instrumentos que possibilitam a transferência da propriedade e da prestação de serviços públicos, coletivos ou comuns a atores privados do mercado. Esses instrumentos realizam a desregulamentação, a privatização e a abertura de um determinado setor aos negócios transnacionais e à concorrência. Aparecem sob a forma de diferentes desenhos institucionais: leilões e vendas de bens, vias, empresas ou áreas públicas; concessões; parecerias entre atores públicos e privados; transmissões da propriedade, da administração ou da gestão de um serviço público ou meio coletivo para empresas particulares etc. (Picciotto, 2002). Em comum, esses desenhos institucionais operam o deslocamento da capacidade de alocação de recursos de um ente coletivo ou público (o Estado, por exemplo) para empreendimentos privados, que passam a estabelecer novas instâncias produtivas e padrões de integração dos setores econômicos, de tecnologias e de relações trabalhistas.

A ação de privatização do espaço (antigos cercamentos) é um ato característico do momento da mercantilização em uma expropriação capitalista. Tal ação viabiliza a abertura de um mercado até então inexistente, que será capaz de absorver os fluxos do capital. Isso, por sua vez, pode se dar por desapropriações legais, nas quais o Estado, sob a justificativa que vai promover uma utilidade pública, ironicamente retira as pessoas de suas casas ou terras e reestrutura o território para a criação de valor. Ainda que legais, essas medidas têm a mesma forma do roubo, pois pressupõem uma prerrogativa unilateral do Estado que não depende da concordância do afetado. Recentemente, as imagens das remoções de favelas no Rio de Janeiro em função das reformas urbanas destinadas a receber os Jogos Olímpicos de 2016 (que, sob o argumento de "atender a fins de interesse geral", viabilizaram a incorporação de comunidades e terrenos populares ao mercado imobiliário e à exploração do turismo) mostram o caráter violento dessas medidas jurídicas. O contingente de policiais e o poderio militar mobilizados confirmam que as desapropriações legais não são nem um processo idílico nem igualitário (Cummings, 2015; Freeman, 2012; Sánchez e Broudehoux, 2013).

Uma outra prática comum de privatização do espaço é a distribuição por parte do Estado de títulos de propriedade às populações que ocupam áreas comunitárias (Dowall e Clark, 1996). Nesse caso, o membro de uma comunidade ou de uma terra coletiva é transformado em proprietário da parcela em que morava ou trabalhava. Após a titulação, o indivíduo se torna "livre" para alienar, arrendar, hipotecar, alugar etc. A literatura dominante tem identificado nessas práticas um potencial de empoderamento (*empowerment*) dessas populações (Atuahene, 2006). Não seriam, no entanto, mais um tipo de violência jurídica?

Entre uma historiografia pessimista e otimista sobre as condições da massa popular inglesa na acumulação primitiva, Thompson (1966, p. 212) formulou uma tese que pode ser útil para responder a essa pergunta. Segundo o autor, a ligeira melhora proporcionada por algumas legislações protetoras da classe trabalhadora na virada do século XVIII para o XIX foi, na verdade, sentida como uma experiência catastrófica. Assim, mesmo que a transformação de servo em trabalhador "livre" possa ter representado algum ganho imediato, também significou participar das condições capitalistas de exploração. Isto é: significou redefinir o reino da necessidade já existente como obrigação de vender a força de trabalho. Transportada essa tese para a atualidade, é possível afirmar que programas de distribuição de títulos de propriedade são caminhos possíveis para se sentir a experiência catastrófica do precariado.[6]

Uso massivo do direito penal

Sob condições de precarização, criam-se oportunidades para o surgimento de legislações punitivas destinadas a preparar a massa "livre" para suas novas condições de trabalho e reprimir suas formas

---

6. A literatura sobre o precariado é ampla. Ver, entre outros, Dörre (2013 e 2015b); Standing (2011).

de resistência (Wacquant, 2014). Existem experiências recentes que mostram como o direito penal é o principal instrumento de adequação dessa massa às condições produtivas capitalistas. A reforma constitucional do direito à terra no México é um exemplo esclarecedor desse processo.[7]

A Constituição Mexicana de 1917 inaugurou no mundo o reconhecimento da propriedade social, assegurando os *ejidos* e as *comunidades* (terras coletivas e áreas comuns) para camponeses e indígenas. No final dos anos 1980 e início dos anos 1990, as negociações sobre a participação do México no Tratado Norte-Americano de Livre Comércio (NAFTA) e as recomendações do Banco Mundial exigiram ajustes estruturais, dentre eles, a substituição do modelo agrário da Revolução pela liberalização financeira da terra. Com isso, a Constituição foi reformada e permitiu expressamente que os *ejidos* pudessem ser vendidos, alugados e hipotecados. Em outras palavras: a reforma constitucional transformou trabalhadores comunitários em livres proprietários. As condições desiguais e assimétricas (de poder, de informação, de capital, de distribuição de riscos etc.), presentes no mercado agrário transnacional, obrigaram esses camponeses a vender suas terras em situações altamente desfavoráveis (de endividamento, desconhecimento do valor real etc.) e a se tornar empregados dos novos proprietários (conglomerados empresariais que compraram e concentraram as terras na forma de grandes latifúndios, voltados para a produção de biocombustível e alimentos em alto escala).

Evidentemente que houve uma intensa mobilização contra essas medidas. A mais importante foi o levante do *Ejército Zapatista de Liberación Nacional* em 1994 em Chiapas. Simultaneamente a essa mobilização, o Estado mexicano desenvolveu políticas de criminalização e repressão dos camponeses e indígenas. Este aparelho repressivo desencadeou diversas prisões sob a acusação de diferentes crimes,

---

7. Esse caso foi amplamente analisado em outra oportunidade: ver Schacherreiter e Gonçalves (2016).

dentre eles, ataque à paz pública, porte de armas de uso exclusivo do exército, insultos à autoridade, violação da ordem, motim, terrorismo, sedição, rebelião e conspiração (Comité Cerezo México, 2016a). Entre 1995 e 2010, existiram em torno de 900 presos políticos condenados em todo o país (Comité Cerezo México, 2016b).

Além disso, como mostra Bayo (2013), jurisprudências da Suprema Corte de Justiça e reformas da lei criminal estabeleceram diversos regimes de exceção. Segundo a autora, a principal dessas reformas foi a modificação da *Ley contra la Delincuencia Organizada* (Bayo, 2013, p. 199). A nova redação da respectiva lei fez uso de termos ambíguos e abstratos para identificar a participação de um indivíduo em uma rede criminosa. Isso possibilitou a ampliação da repressão a mobilizações políticas e sociais, que, por envolverem a reunião de várias pessoas, poderiam agora ser classificadas como ações de uma organização criminosa. Além disso, como essa lei se refere à prática de qualquer crime, seus termos abstratos permitiram que qualquer indivíduo indiretamente relacionado pudesse ser visto como parte de uma organização. Isso tem levado à criminalização em massa da população pobre. Se considerarmos que essa massa é formada por camponeses e indígenas expulsos de seus *ejidos* e *comunidades*, fica ainda mais claro o caráter disciplinador da respectiva legislação.

O exemplo mexicano ilustra bem a última etapa da reprodução sociojurídica da expropriação capitalista, qual seja, o uso massivo do direito penal. Essa etapa foi descrita por Marx (MEW 23, p. 761 ss.), quando analisou a "legislação sanguinária" amplamente usada na Inglaterra durante a passagem do feudalismo para o capitalismo, paralelamente à expropriação dos camponeses de suas terras. À medida que eram expulsos, eles se tornavam "livres" para vender sua força de trabalho ao capitalista, mas não conseguiam ser automaticamente absorvidos pela economia industrial. De um lado, as manufaturas não cresciam na mesma proporção do número elevado de camponeses expropriados; de outro, esses camponeses, socializados em outras práticas, não correspondiam aos novos padrões de trabalho e modos de vida exigidos. Formava-se, assim, uma massa ainda não economicamente absorvida, que necessitava ser ajustada à "disciplina da nova situação" (MEW 23, p. 762). É dessa perspectiva que Marx explicou o surgimento na Inglaterra de diversas legislações contra a vagabundagem e a pauperização desde o século XV.

Esse padrão de funcionamento do direito penal se repete nos processos de expropriação. O emprego de técnicas jurídicas destinadas à privatização do espaço pressiona grupos sociais e populações locais a se desvincularem de suas comunidades ou coletividades, tornando-os "livres" para vender sua força de trabalho. A partir desse momento, o direito penal é utilizado para fins de disciplinamento. No contexto atual, trata-se de um ajustamento da força de trabalho às relações laborativas precarizadas e flexíveis. Isto se dá por diferentes formas de repressão e criminalização de grupos expropriados, tornando-os suficientemente preparados para ingressar no princípio de troca de equivalentes.

Conclusão

Com base nos elementos discutidos, é possível sistematizar a posição e o papel do direito na acumulação do capital, ou melhor, em cada um dos lados da respectiva acumulação. No âmbito governado pelo princípio da equivalência, o direito funciona como a forma da igualdade e liberdade abstratas, que se encontra vinculada ao fetichismo da mercadoria para ocultar a apropriação do tempo de trabalho que não foi pago (tal como descrito por Pachukanis). No âmbito governado pelo princípio da expropriação, o direito aparece como violência jurídica explícita e prescrição expressa da desigualdade, na medida em que reflete o caráter expansionista espoliativo do capitalismo sobre espaços e grupos que não são prevalentemente regidos pela criação primária de valor.

O primeiro ato de expropriação se dá com a caracterização do *Outro* como *Fora* (não capitalista) inferiorizado e atrasado. Uma vez assim qualificado, é possível ativar ações de mercantilização por meio de técnicas jurídicas destinadas à privatização do espaço coletivo, comum ou público. O emprego dessas técnicas pressiona grupos sociais e populações locais a se desvincularem de suas comunidades, coletividades ou de serviços públicos. Com isso, retiram-se entraves que impedem tais grupos ou populações de vender sua força de trabalho, submetendo-os, ao mesmo tempo, ao reino da necessidade. A partir desse momento, o direito penal é utilizado para fins de disciplinamento.

Quando o processo de repressão e criminalização dos grupos expropriados se completa, os indivíduos que pertenciam a esses grupos se acham suficientemente preparados para ingressar no sistema de troca de equivalentes. Em outras palavras: somente após o disciplinamento por meio do direito penal, o lado da acumulação D-M-D' pode ser normalizado. Uma vez normalizado, o direito passa a funcionar de maneira diversa daquela manifestada na expropriação capitalista. Ele deixa de prescrever expressamente violência e desigualdade, e adquire a forma jurídica da equivalência.

Como, todavia, o sistema da troca de equivalentes tende à formação de sobreacumulação, ele sempre atinge um ponto nevrálgico, que exige a ativação de novos atos de expropriação de espaços ainda não mercantilizados. A tomada desses espaços aciona a fase explicitamente violenta do direito, criando condições para o capital fluir e, com isso, possibilitar um novo contexto de troca de equivalentes.

Assim, é possível lançar uma hipótese final. Se a acumulação do capital é a relação de contradição entre o princípio da equivalência e o princípio da expropriação, a reprodução sociojurídica da respectiva acumulação é a relação de contradição entre a forma jurídica da equivalência e a violência jurídica explícita. O desenvolvimento dessa hipótese depende, no entanto, de uma apresentação dialética a ser desenvolvida (e testada) em pesquisas futuras.

Referências

AMIN, S. *Eurocentrism:* modernity, religion and democracy. *A critique of eurocentrism and culturalism.* New York: Monthly Review Press, 2009.

ATUAHENE, B. Land titling: a mode of privatization with the potential to deepen democracy. *Saint Louis University Law Journal,* 50, p. 761-81, 2006.

BACKHOUSE, M. *Grüne Landnahme:* Palmölexpansion und Landkonflikte in Amazonien. Münster: Westfälisches Dampfboot, 2015.

BADALONI, N. *Per il comunismo.* Torino: Einaudi, 1972.

BAYO, M. M. La criminalización de la pobreza y los efectos estatales de la seguridad neoliberal: Reflexiones desde la Montaña, Guerrero. *Revista de Estudos e Pesquisas sobre as Américas,* 7(2), p. 174-208, 2013.

BARCELLONA, P. *La repubblica in trasformazione. Problemi istituzionali del caso italiano.* Bari: De Donato, 1978.

Berenguer, L. O. The Favelas of Rio de Janeiro: A study of socio-spatial segregation and racial discrimination. *Iberoamerican Journal of Development Studies,* v. 3, n. 1, p. 104-134, 2014.

BUCKEL, S. *Subjektivierung und Kohäsion:* Zur Rekonstruktion einer materialistischen Theorie des Rechts. Weilerswist: Velbrück Wissenschaft, 2007.

_____. La forme dans laquelle peuvent se mouvoir les contradictions — "pour une reconstruction de la théorie materialiste du droit". *Actuel Marx,* 47, p. 135-49, 2010.

CERRONI, U. *Marx und das moderne Recht.* Frankfurt a. M.: Fischer, 1974.

CHIMNI, B. S. Third world approaches to international law: a manifesto. *International Community Law Review,* 8, p. 3-27, 2006.

COMITÉ CEREZO MÉXICO. *Consulta 5° Informe VDH*: Defender los derechos humanos en México: la normalización de la represión política. Jun. 2015 a mayo 2016a. Disponível em: <https://www.comitecerezo.org/spip.php?article2557&lang=es>. Acesso em: 18 maio 2018.

_____. *2011-2012 Informe de violaciones a los derechos humanos en México. Las víctimas del proceso de configuración de un Estado terrorista.* 2016b. Disponível em: <https://www.comitecerezo.org/IMG/pdf/informe_2012.pdf>. Acesso em: 18 maio 2018.

COSTA, S.; GONÇALVES, G. L. Human rights as collective entitlement? Afrodescendants in Latin America and the Caribbean. *Zeitschrift für Menschenrechte*, 2, p. 52-70, 2011.

CUMMINGS, J. Confronting favela chic: the gentrification of informal settlements in Rio de Janeiro, Brazil. In: LEES, L. et al. (Eds.). *Global gentrifications. Uneven development and displacement*. Bristol: Policy Press, 2015. p. 81-100.

DE GIORGI, R. *Wahrheit und Legitimation im Recht. Ein Beitrag zur Neubegründung der Rechtstheorie*. Berlin: Duncker & Humblot, 1980.

DÖRRE, K. Die neue Landnahme. Dynamiken und Grenzen des Finanzmarktkapitalismus. In: _____ et al. (Hg.). *Soziologie — Kapitalismus — Kritik:* eine Debatte. Frankfurt: Suhrkamp, 2012. p. 21-86.

_____. Prekarität — ein System ständiger Bewährungsproben. In: BURCHARDT, H.-J. et al. (Hg.). *Arbeit in globaler Perspektive. Facetten informeller Beschäftigung*. Frankfurt a. M.: Campus, 2013. p. 29-54.

_____ A nova Landnahme: dinâmicas e limites do capitalismo financeiro. *Revista Direito e Práxis*, 6(12), p. 536-603, 2015a.

_____. Prekarität — die neue soziale Frage?. In: BÖHME, G.; GAHLINGS, U. (Hg.). *Wie lebt es sich in unserer Gesellschaft?* Bielefeld: Aisthesis, 2015b. p. 89-121.

_____; LESSENICH, S.; ROSA, H. (Eds.). *Sociology — Capitalism — Critique*. London: Verso, 2015.

DOWALL, D. E.; CLARK, G. A framework for reforming urban land policies in developing countries. *Urban Management Program Report*, 7, Washington, DC: IBRD, 1996.

ELBE, I. Warenform, Rechtsform, Staatsform. Paschukanis" Explikation rechts- und staatstheoretischer Gehalte der Marxschen Ökonomiekritik. *Grundrisse. Zeitschrift für linke Theorie und Debatte*, 9, p. 44-53, 2004.

_____. Rechtsform und Produktionsverhältnisse. Anmerkungen zu einem blinden Fleck in der Gesellschaftstheorie von Nicos Poulantzas. In: LINDNER, U. et al. (Hg.). *Philosophieren unter anderen. Beiträge zum Palaver der Menschheit*. Münster: Westfälisches Dampfboot, 2008. p. 225-37.

FAUSTO, R. *Marx:* lógica e política. Investigação para uma reconstituição do sentido da dialética. São Paulo: Brasiliense, 1987. v. 2.

FONTES, V. *O Brasil e o capital-imperialismo:* teoria e história. Rio de Janeiro: Editora UFRJ, 2010.

FREEMAN, J. Neoliberal accumulation strategies and the visible hand of police pacification in Rio de Janeiro. *Revista de Estudos Universitários,* 38(1), p. 95-126, 2012.

GONÇALVES, G. L. Acumulação primitiva, direitos humanos e movimentos sociais: esboço de uma provocação ao giro antiprodutivista. In: CUNHA, J. R. (Org.). *Epistemologias críticas do direito.* Rio de Janeiro: Lumen Juris, 2016. p. 61-74.

_____. Acumulação primitiva, expropriação e violência jurídica: expandindo as fronteiras da sociologia crítica do direito. *Revista Direito e Práxis,* 8(2), p. 1028-82, 2017.

HARVEY, D. The "new" imperialism: accumulation by dispossession. *Socialist Register,* v. 40, n. 40, p. 63-87, 2009.

_____. *A Brief History of Neoliberalism.* Oxford/New York: Oxford University Press, 2007.

HEINRICH, M. *Die Wissenschaft vom Wert. Die Marxsche Kritik der politischen Ökonomie zwischen wissenschaftlicher Revolution und klassischer Tradition.* Münster: Westfälisches Dampfboot, 1999.

LUXEMBURG, R. Die Akkumulation des Kapitals. In: _____. *Gesammelte Werke.* Berlin: Institut für Marxismus-Leninismus, 1975[1913]. v. 5.

MARX, K. *Grundrisse der Kritik der politischen Ökonomie.* Berlin: Dietz, 1857/1858 (= MEW 42).

_____. *Das Kapital:* Kritik der politischen Ökonomie. Band 1. Berlin: Dietz, 1867 (= MEW 23).

_____. *Das Kapital:* Kritik der politischen Ökonomie. Band 3. Berlin: Dietz, 1867 (= MEW 25).

_____; ENGELS, F. *Manifest der Kommunistischen Partei.* Berlin: Dietz, 1872 (= MEW 4, p. 459-93).

NAVES, M. B. *Marxismo e direito:* um estudo sobre Pachukanis. São Paulo: Boitempo, 2000.

PACHUKANIS, E. *Allgemeine Rechtslehre und Marxismus.* Freiburg: ça ira Verlag, 2003[1924].

PICCIOTTO, S. Introduction: reconceptualizing regulation in the era of globalization. *Journal of Law and Society*, 29(1), p. 1-11, 2002.

ROTHFUß, E. *Exklusion im Zentrum:* Die brasilianische Favela zwischen Stigmatisierung und Widerständigkeit. Bielefeld: Transcript, 2014.

SAID, E. W. *Orientalism.* London: Penguin Books, 2003.

SÁNCHEZ, F.; BROUDEHOUX, A.-M. Mega-events and urban regeneration in Rio de Janeiro: planning in a state of emergency. *International Journal of Urban Sustainable Development*, 5(2), p. 132-53, 2013.

SCHACHERREITER, J.; GONÇALVES, G. L. The zapatista struggle for the right to land: background, context and strategies. In: FISCHER-LESCANO, A.; MOELLER, K. (Eds.). *Transnationalisation of social rights.* Cambridge: Intersentia, 2016. p. 265-303.

SPIVAK, G. C. The Rani of Sirmur: an essay in reading the archives. *History and Theory*, 24(3), p. 247-72, 1985.

STANDING, G. *The precariat. The new dangerous class.* London. Bloomsbury, 2011.

THOMPSON, E. P. *The making of the english working class.* New York: Vintage Books, 1966.

WACQUANT, L. Zur Militarisierung städtischer Marginalität. Lehrstücke aus Brasilien. *Das Argument*, 263, p. 131-47, 2005.

_____. Marginality, ethnicity, and penality: a bourdieusian perspectiva on criminalization. In: DUFF, R. A. et al. (Eds.). *Criminalization. The political morality of the criminal law.* Oxford: Oxford University Press, 2014. p. 270-90.

4

Expropriação de direitos e reprodução da força de trabalho*

Ivanete Boschetti

Introdução

Os últimos decênios marcam transformações profundas na composição do Estado Social no capitalismo, desde que se erigiu como importante estratégia anticíclica no capitalismo tardio, após a crise de 1929 (Mandel, 1990). Se compreendido no campo da tradição marxista sob a perspectiva de totalidade e historicidade, é inegável que o Estado Social teve suas funções ampliadas de modo a assegurar importantes condições para a reprodução do capital. Tanto no campo da produção quanto no da distribuição de bens e serviços públicos, assumiu papel decisivo na socialização dos custos da reprodução da força de trabalho e na garantia de acesso ao consumo. O adensamento de suas ações materializadas nas políticas sociais, até a década de 1990, provocou uma espécie de miragem de que o Estado Social teria possibilitado ao

---

* Este texto aprofunda e expande reflexões sobre a relação entre expropriação, Estado Social, reprodução do capital, iniciadas no livro *Assistência social e trabalho no capitalismo* (2016), apresentadas sinteticamente em mesas coordenadas no ENPESS (2016) e NIEPP/MARX (2017), e parcialmente incluídas em artigo na *Revista Advir* (2017).

capitalismo encontrar a fórmula mágica capaz de equilibrar acumulação e concentração de capital, desigualdade e equidade, por meio da expansão dos direitos sociais (Marshall, 1967).

Mas, uma análise mais acurada e crítica, orientada pela bússola do método marxiano (Marx, 2011a[1857]; Netto, 2009), desmistifica essa idealização do Estado Social, recorrentemente designado e qualificado de Estado de Bem-Estar Social. Mesmo no auge de sua expansão ampla no capitalismo central, entre os anos 1950-1980, ou no capitalismo periférico e dependente em sua versão restrita, entre os anos 1970-2000, o Estado Social capitalista jamais conseguiu (e nunca teve a intencionalidade) assegurar o bem-estar ou o "bem comum", nos termos defendidos por perspectivas regulacionistas de cariz social-democrata.

A história já desmontou a ilusão de que o Estado Social seria um vetor de garantia de igualdade social ou de superação da "questão social" (Castel, 1995) no capitalismo. Se os anos 1940-1980 são reiteradamente lembrados como o período de maiores conquistas e ampliação de direitos sociais que estruturam o Estado Social capitalista, os anos subsequentes têm sido marcados por processos de desmantelamento dos direitos sociais. Se o Estado Social foi uma importante estratégia anticrise e teve um papel determinante na reprodução ampliada do capital, qual o significado e as implicações de sua derruição para a acumulação e para a reprodução da força de trabalho? Em contexto de agudização das crises do capital que, em termos marxianos, expressam as contradições inerentes ao modo de produção capitalista, na sua busca implacável por superlucros (Marx, 2009[1862]), pretende-se discutir aqui a hipótese de que a destruição de direitos sociais constitui um avassalador processo contemporâneo de expropriação social que restringe a participação do Estado Social na socialização dos custos de reprodução da força de trabalho e contribui para a ampliação da acumulação.

Em trabalhos anteriores (2016, 2017), buscamos mostrar como a assistência social vem se constituindo como uma das principais políticas sociais do Estado Social capitalista recente, sobretudo em sua forma de benefício monetário (chamado usualmente de renda mínima) destinado a assegurar a reprodução da superpopulação relativa estagnada em condições mínimas de sobrevivência. Nesses termos, a assistência social participa de forma cada vez mais intensa das bases materiais para a acumulação do capital e favorece os processos de expropriação social de direitos do trabalho e da previdência, criando condições para a superexploração da força de trabalho em todos os países capitalistas (Boschetti, 2016, p. 175). Neste texto, partimos dessa afirmação para avançar no debate sobre a relação entre a expropriação de direitos e a reconfiguração do Estado Social capitalista na reprodução ampliada do capital.

Direitos, Estado Social e reprodução da força de trabalho

Não pretendemos retomar aqui a explicitação do sentido que atribuímos à categoria "Estado Social Capitalista", já discutida em trabalhos anteriores (Boschetti, 2016, 2018), mas cabe sinalizar que seu uso designa o processo de regulação social ampliada efetivada pelo Estado no capitalismo tardio (Mandel, 1982). Ou seja, designa o Estado Social que se institucionaliza após a crise de 1929 e se expande após a década de 1940 nos países do capitalismo central, bem como nos países de capitalismo periférico e dependente (Fernandes, 2009), sob condições particulares e específicas determinadas pelo desenvolvimento desigual e combinado (Ianni, 1992; Behring e Boschetti, 2006).

Qualificar o conjunto das políticas sociais e os direitos por elas materializados como "Estado Social" intenciona decifrar sua constituição e funções sob condições histórico-sociais específicas. Dito de outra forma, significa reconhecer que a relação entre Estado, direitos e política social é uma relação social, conforme se refere Pachukanis (2017[1929], p. 92) ao discutir o direito como "uma relação social que, em maior ou menor medida, pinta com suas cores ou transmite sua forma para outra relação social". Nesses termos, é possível afirmar que o reconhecimento jurídico dos direitos sociais no capitalismo e sua materialização e expansão pelo Estado Social regulam formas específicas de reprodução da força de trabalho (empregada ou não), da futura força de trabalho (caso de crianças e jovens), da força de trabalho já exaurida pelo tempo e pela exploração (caso de idosos/as) ou daqueles impossibilitados de trabalhar por diversos fatores, como doenças ou deficiências. Os tipos, formas e alcance dos direitos realizados pelo Estado Social, portanto, estruturam determinadas relações e formas de reprodução social.

Ainda que sejam mistificados e fetichizados como direitos igualitários, o capitalismo forjou o que Pachukanis (2017[1929], p. 65) considera como a "mais desenvolvida, universal e acabada mediação jurídica", que garante a reprodução do capital como relação social, sendo a cidadania burguesa uma expressão dessa forma jurídica. Ainda que o autor se refira aos direitos de modo geral, é possível estender essa reflexão para os direitos sociais, uma vez que o Estado Social no capitalismo tardio foi a mais avançada forma de regulação social pelo Estado no capitalismo, capaz de criar a falsa ilusão de garantia de igualdade aos "sujeitos de direito". Ao se referir ao tema, Mascaro (2018, p. 23, grifos do original) é assertivo: "insisto sempre em propor que *sujeito de direito* é tão somente e apenas outro modo de dizer *sujeito pelo direito*". O autor critica a idealização do direito pela própria esquerda, como se fosse possível no capitalismo instituir o "bom" direito, e sugere a estrutural relação entre o direito e a reprodução do capital: "Democracia, republicanismo, institucionalismo, cidadania: em todas essas bandeiras há o direito sustentando uma lógica que é a da própria reprodução do capital" (Mascaro, 2018, p. 23). A noção abstrata de "direitos iguais" e a ilusão de que todos os cidadãos são "sujeitos de direitos" falseiam a verdadeira dinâmica e determinação do Estado Social, que se apresenta como expressão da vontade geral e capaz de assegurar o bem comum e a cidadania, como defendeu Marshall (1967) em sua "teoria da cidadania" (Boschetti, 2016). Desconectados das relações sociais de produção que os forjam, os direitos e o Estado Social que os garante, só podem assumir um sentido abstrato de igualdade, conforme sinaliza Pachukanis (2017[1929], p. 127): "todo homem torna-se um homem em geral, todo trabalho torna-se um trabalho social útil em geral, todo indivíduo torna-se um sujeito de direito abstrato".

Marx já havia demonstrado o caráter de classe do Estado burguês nas Glosas críticas marginais ao artigo "O rei da Prússia e a reforma social" de um prussiano, de 1844, ao criticar de forma contundente as "reformas sociais" baseadas na assistência administrativa, ou o que chamou de "beneficência legal" como forma de enfrentamento do pauperismo. O que Marx questionava era a capacidade de o Estado se constituir como possibilidade de extinção do pauperismo, uma vez que o Estado é a própria expressão das relações capitalistas. Em suas palavras:

> Todos os Estados procuram a causa [do pauperismo] em deficiências acidentais ou intencionais da administração e, por isso, o remédio para os seus males em medidas administrativas. Por quê? Exatamente porque a administração é a atividade organizadora do Estado. O Estado não pode eliminar a contradição entre a função e a boa vontade da administração, de um lado, e os seus meios e possibilidades, de outro, sem eliminar a si mesmo, uma vez que repousa sobre essa contradição (Marx, 2010[1844], p. 59-60).

As críticas de Marx em 1844 às "leis dos pobres" inglesas, que duraram "três séculos" e não intencionavam acabar com o pauperismo, mas sim "discipliná-lo e eternizá-lo" por meio da assistência social, revelam sua compreensão sobre a participação da assistência social na reprodução da pobreza: "Aquilo que, no começo, fazia-se derivar de uma falta de assistência, agora se faz derivar de um excesso de assistência (*Id., ibid.*, p. 54).

Mas as críticas de Marx não se referem somente às primeiras legislações assistenciais inglesas. Elas serão reafirmadas na análise das reivindicações de direitos presentes no Programa do Partido Operário Socialista da Alemanha, publicadas em sua *Crítica do Programa de Gotha* (2012[1875]). Ao questionar de modo contundente as reivindicações do Programa, Marx critica sua "credulidade servil no Estado" e sua crença na possibilidade de alcançar um "Estado livre" nos marcos da sociedade capitalista. Em sua crítica ao estatismo onipresente no Programa do Partido, Marx (2012[1875], p. 42) afirma: "Tornar o "Estado livre" não é de modo algum o objetivo de trabalhadores já libertos da estreita consciência do súdito. [...] A liberdade consiste em converter o Estado, de órgão que subordina a sociedade, em um órgão totalmente subordinado a ela [...]". Marx (2012[1875], p. 43, grifo do original) segue sua crítica às reivindicações políticas e sociais apresentadas no Programa, que "não contém mais do que a velha cantilena democrática, conhecida de todos: sufrágio universal, legislação direta, direito do povo, milícia popular etc. [...] Não passam de reivindicações que, quando não são exageros fantasiosos da imaginação, já estão *realizadas*". O que Marx critica é exatamente o fato de o Partido Operário Alemão limitar suas reivindicações a uma programática que mais fortalece o Estado capitalista do que se opõe a ele. À proposição de "um imposto único e progressivo sobre a renda", Marx (2012[1875], p. 45) rebate: "os impostos são a base econômica da maquinaria governamental e nada mais. [...] O imposto sobre a renda pressupõe as diferentes fontes de renda das diferentes classes sociais, logo pressupõe a sociedade capitalista". À reivindicação de "Educação popular universal e igual sob incumbência do Estado. Escolarização universal obrigatória. Instrução gratuita", Marx (2012[1875], p. 45-6, grifo do original) não é menos crítico e denuncia a impossibilidade de assegurar igualdade substantiva por meio da educação pública no capitalismo:

> Crê-se que na sociedade atual (e apenas ela está em questão aqui) a educação possa ser *igual* para todas as classes? [...] Que em alguns estados deste último[1] também sejam "gratuitas" as instituições de ensino "superior", significa apenas, na verdade, que nesses lugares os custos da educação das classes altas são cobertos pelo fundo geral dos impostos.

---

1. Marx se refere aos países da Alemanha, Suíça e Estados Unidos, que já viviam experiências de escolas gratuitas (cf. p. 45).

As críticas desfilam a cada item do Programa de Gotha: "liberdade da ciência; liberdade de consciência; jornada normal de trabalho; limitação do trabalho das mulheres e proibição do trabalho infantil; supervisão estatal da indústria fabril, oficinal e doméstica; regulamentação do trabalho prisional; lei de responsabilidade civil eficaz" (*Id., ibid.*, p. 46-8). Para Marx, as reivindicações do Programa de Gotha abandonavam as lutas revolucionárias e se subordinavam à reivindicação de direitos no âmbito do Estado capitalista.

As críticas às reivindicações de "direitos" no Programa de 1857 foram dirigidas exatamente à programática que, posteriormente, será apresentada ao parlamento alemão pelo governo de Bismarck e se constituirá na base do modelo bismarckiano de Estado Social alemão (*Sozialstaat*) a partir da década de 1880. O que queremos chamar atenção é que, tanto as primeiras legislações assistenciais inglesas, quanto os primeiros direitos sociais bismarckianos, que se expandirão no século XX sob o capitalismo tardio, compõem o Estado Social capitalista. Ainda que possa parecer como um poder público acima das classes sociais, é uma dimensão constitutiva e determinante da sociedade burguesa e participa direta e indiretamente da reprodução ampliada do capital. Por isso, temos desmistificado que as políticas sociais tenham instituído sistemas de *Welfare State* ou Estados de Bem-Estar sustentados na garantia de amplos e universais direitos sociais para todos os "sujeitos de direitos" (Boschetti, 2016).

Essa interpretação não indica uma posição determinista, ou a negação da luta de classes como possibilidade de constituir esferas de resistência e de imposição de limites, ainda que restritos, à acumulação do capital. Entendemos que o Estado Social erigido no capitalismo tardio, ao ampliar suas funções na sociedade capitalista, no contexto da democracia burguesa, o faz não exclusivamente como instrumento da burguesia. A ampliação de direitos sociais nos marcos do Estado Social é resultado de longo e secular conflito de classes, crivado por perspectivas revolucionárias e reformistas, nos termos sinalizados por Marx ao se referir à luta pela regulação da jornada de trabalho na Inglaterra: "a criação de uma jornada normal de trabalho é, por isso, o produto de uma longa e mais ou menos oculta guerra civil entre as classes capitalista e trabalhadora" (Marx, 2013[1867], p. 370). Também não deixa dúvidas de que o reconhecimento legal dos direitos no capitalismo só é possível pela luta e pressão da sociedade: "O capital não tem, por isso, mínima consideração pela saúde e duração da vida do trabalhador, a menos que seja forçado pela sociedade a ter essa consideração" (*Id., ibid.*, p. 342). Ou ainda, "Para se "proteger" contra a serpente de suas aflições, os trabalhadores têm de se unir e, como classe, forçar a aprovação de uma lei, uma barreira social intransponível que os impeça a si mesmos de, por meio de um contrato voluntário com o capital, vender a si e a suas famílias à morte e à escravidão" (*Id., ibid.*, p. 373-4). Também Pachukanis (2017[1929], p. 99), ao se referir à sua compreensão do significado do direito no capitalismo, reitera que seu ponto de vista não

> [...] significa de modo nenhum a negação da vontade de classe como fator de desenvolvimento, a renúncia em interferir de maneira sistemática no curso do desenvolvimento social, o "economicismo", o fatalismo e outras coisas terríveis. A ação política revolucionária pode fazer muito; ela pode pôr em prática depois de amanhã aquilo que ainda não existe hoje [...].

Reconhecer que a luta de classes foi e é decisiva nos processos de conquistas de direitos regulados pelo Estado Social, como forma de "proteção" às investidas do capital, contudo, não significa desconhecer seu significado como fenômeno próprio da sociedade capitalista, nem tampouco mistificar suas funções na reprodução das relações sociais, idealizando-o como propulsor do bem-estar e da igualdade. Significa reconhecer que sem a luta da classe trabalhadora por direitos, o capital não faria nenhum movimento voluntário na direção de instituição de um Estado Social. Conforme sentencia Pachukanis (2017[1929] p. 151),

> [...] a sociedade de classes não é apenas um mercado, no qual se encontram os possuidores de mercadorias, mas é, ao mesmo tempo, a

arena de uma feroz guerra de classes, na qual o Estado é uma arma poderosa. [...] Quanto mais a dominação burguesa for ameaçada, [...] mais rapidamente o "Estado de direito" se converterá em sombra incorpórea, até que, por fim, o agravamento excepcional da luta de classes force a burguesia a deixar completamente de lado a máscara do Estado de direito e revelar a essência do poder como violência organizada de uma classe sobre outra.

Desse modo, mesmo resultante da luta da classe trabalhadora por melhores condições de vida e de trabalho, a instituição e a expansão do Estado Social não podem ser descoladas de sua funcionalidade à reprodução do capital, como também demostram as análises de Mandel (1982, p. 338), para quem a ampliação das legislações sociais foi

> [...] uma concessão à crescente luta de classe do proletariado, destinando-se a salvaguardar a dominação do capital de ataques mais radicais por parte dos trabalhadores. Mas, ao mesmo tempo, correspondeu também aos interesses gerais da reprodução ampliada do modo de produção capitalista, ao assegurar a reconstituição física da força de trabalho onde ela estava ameaçada pela superexploração.[2]

As condições gerais de produção são asseguradas pelo Estado essencialmente por meio da garantia dos pré-requisitos *gerais e técnicos* do processo de produção efetivo (meios de transporte ou comunicação, serviço postal, entre outros); da garantia dos pré-requisitos *gerais e sociais* do processo de produção, a exemplo da lei e ordem estáveis, mercado nacional e Estado territorial, sistema monetário; e da reprodução contínua das formas de *trabalho intelectual* indispensáveis à produção econômica, ainda que não constituam o processo de trabalho imediato, a exemplo da educação, astronomia, geometria e outras (*Id., ibid.*, p. 334). Mas o Estado burguês, sinaliza o autor, se

---

[2]. As interpretações de Mandel foram discutidas em trabalhos anteriores e são retomadas aqui complementarmente.

distingue de todas as formas anteriores de dominação de classe, pela separação entre as esferas pública e privada da sociedade (*Id., ibid.*, p. 336), e a concorrência capitalista determina uma tendência à autonomização do Estado, para que possa funcionar como um "capitalista total ideal", de modo a servir aos interesses de "proteção, consolidação, e expansão do modo de produção capitalista como um todo" (*Id., ibid.*, p. 336). Essa "preservação da existência social do capital" pelo Estado inclui a manutenção de relações legais universalmente válidas, daí o sentido dos direitos como direitos de todos. Se, por um lado, a autonomização do poder do Estado na sociedade burguesa é decorrência da propriedade privada e da concorrência capitalista, por outro, essa mesma predominância impede que essa "autonomia" deixe de ser relativa, ou dito de outro modo, todas as ações estatais favorecem um ou outro grupo de capitalistas, como sintetiza Mandel (1982, p. 337): "Toda decisão estatal relativa a tarifas, impostos, ferrovias ou distribuição do orçamento afeta a concorrência e influencia a redistribuição social global da mais-valia, com vantagens para um ou outro grupo de capitalistas".

A ampliação da legislação social na virada do século XIX para o século XX, na interpretação de Mandel (1982), precisa ser entendida na transição do capitalismo concorrencial para o imperialismo e para o capitalismo monopolista. Seguindo a tradição marxiana, ao lado das funções repressivas/coercitivas e das funções integradoras do Estado, Mandel (1982, p. 334) analisa a expansão do Estado Social[3] no conjunto da garantia dos pré-requisitos *gerais e sociais* destinados a "providenciar as condições gerais de produção". Para o autor, essa função difere das duas anteriores por "relacionar-se diretamente com a esfera da produção e, assim, assegurar uma mediação entre a infra e a superestrutura" (*Id., ibid.*, p. 334). No âmbito econômico, o surgimento dos monopólios gerou uma tendência à superacumulação "envolvendo um desvio maior de rendimentos sociais para o Estado"

---

3. Mandel usa o termo Estado Social entre aspas, criticando a ilusão social-democrata de que este poderia evoluir em direção a um Estado Socialista.

(*Id., ibid.*, p. 338), o que provocou um crescimento maior do Estado. No âmbito político, Mandel (1982, p. 338) reconhece que o "surgimento de poderosos partidos da classe trabalhadora aumentou a urgência e o grau do papel integrador do Estado".

A ampliação do Estado Social no capitalismo tardio determinou uma significativa redistribuição do valor socialmente criado em favor do orçamento público, distribuído parcialmente em políticas sociais materializadoras de direitos. Essa expansão do Estado Social por meio da garantia de direitos e implantação de bens e serviços públicos, sobretudo após a Crise de 1929, conforme já indicado, idealizou o desenvolvimento dos chamados *Welfare States* como o reino da cidadania e da igualdade. Também forjou uma perspectiva redistributivista, alimentada por uma "falsa crença em uma redistribuição crescente da renda nacional, que tiraria do capital para dar ao trabalho", o que levaria a uma possibilidade de "socialização através da redistribuição" (Mandel, 1982, p. 339). O autor contesta enfaticamente essa ilusão reformista social-democrata, demonstrando que o "fim lógico [desse reformismo] é um programa completo para a estabilização efetiva da economia capitalista e de seus níveis de lucro" (*Id., ibid.*, p. 339). Contestando as teses social-democratas que acreditaram (ou acreditam) na possibilidade de o Estado Social conduzir a um Estado Socialista, Mandel (1982, p. 346) é taxativo: "Imaginar que o aparelho de Estado burguês pode ser usado para uma transformação socialista da sociedade capitalista é tão ilusório quanto supor que seria possível dissolver um exército com a ajuda de "generais pacifistas"". O aumento das funções do Estado na "garantia das condições gerais de produção" é uma tendência inerente ao capital, diz o autor, citando Marx, pois sem "essa socialização dos custos, esses setores não seriam nem remotamente capazes de satisfazer as necessidades do processo capitalista de trabalho" (*Id., ibid.*, p. 339).

Esse Estado Social, que é estruturalmente determinante do capitalismo, é permeado por relações contraditórias. Por um lado, se mostrou historicamente imprescindível na criação de condições objetivas de reprodução e integração da força de trabalho e reprodução ampliada do capital, ou seja, como um elemento indispensável na manutenção das relações de produção capitalista. Por outro, a ampliação de direitos trabalhistas e sociais decorrente da luta da classe trabalhadora assegurou a esta o acesso a bens e serviços antes indisponíveis, como aposentadorias, seguro-saúde, seguro-desemprego, educação, moradia, transporte, assistência social. Em algumas situações específicas e temporalmente determinadas do capitalismo, especialmente nos países do capitalismo central, possibilitou alguma redução na desigualdade de rendimento e acesso a bens e serviços públicos, sem, contudo, superar a estrutural concentração de renda e da propriedade privada.

Nessa mesma direção analítica, Gough (1982) também compreende que a função precípua do Estado Social é garantir as condições necessárias à reprodução do capital e à exploração inerente da força de trabalho, o que significa ter que assegurar a acumulação contínua do capital. Mas, ao mesmo tempo, sugere que o Estado Social deve responder às demandas e necessidades sociais sob pressão da classe trabalhadora em sua luta contra a exploração e a dominação capitalista. Ao incorporar demandas da classe trabalhadora e estender direitos sociais amplos, o Estado Social contradiz as requisições diretas do sistema de acumulação, daí sua natureza contraditória.

O reconhecimento legal e a expansão de direitos, como saúde, educação, trabalho, seguro social e assistência social, diz o autor, possuem a capacidade de ampliar certo bem-estar, mas também asseguram as condições para preservar as relações capitalistas. De acordo com o autor, a ampliação do Estado Social após a Segunda Guerra Mundial também revela outra contradição: o aumento do gasto social público pode se traduzir como um "peso" para o processo de acumulação do capital, especialmente nos ciclos regressivos, ou seja, quanto mais expandido o Estado Social, maior a necessidade de extração da mais-valia socialmente produzida para sustentar os bens e serviços sociais, daí o ferrenho ataque burguês de cariz neoliberal aos direitos sociais. O capitalismo precisa do Estado Social para participar do processo de garantia das condições gerais de sua reprodução, mas não consegue conviver (sem crise) com a crescente intervenção estatal, e o processo de acumulação de capital busca incessantes formas de impor limites a esse processo, o que se revela uma contradição insolúvel na sociabilidade capitalista. Nos termos do autor, as duas contradições essenciais do Estado Social no capitalismo central são o insuperável conflito entre as classes (ou entre trabalho e capital), sobre os objetivos e formas da política social, e o processo pelo qual o crescimento do Estado Social contribui para criar novas formas de crises (econômica, política e ideológica), já que tenciona, ao mesmo tempo que participa, do processo de acumulação (Gough, 1982, p. 67).

Nessa acepção de cariz marxiana, o Estado Social não pode ser dissociado do modo de produção capitalista e de sua essência: o processo de constituição do valor e do mais-valor (mais-valia) determinado pela exploração da força de trabalho, como condição para a acumulação. O Estado Social no capitalismo tardio participa de forma cada vez mais crescente desse processo, pois age direta e indiretamente na regulação, centralização e distribuição de parcelas do excedente e do trabalho necessário, que passa a compor a substância financeira de sua sustentação, ou o fundo público, como explica Behring (2010, p. 22 e 31):

> [...] o fundo público é parte do trabalho excedente que se metamorfoseou em lucro, juro ou renda da terra e que é apropriado pelo Estado para o desempenho de múltiplas funções de reprodução do capital e da força de trabalho [...] o Estado se apropria também do trabalho necessário, diga-se, dos salários, via tributação, com o que o fundo público é um compósito de tempo de trabalho excedente e tempo de trabalho necessário.[4]

Assim, quanto menos dispêndio público houver na reprodução da força de trabalho, esta, para se reproduzir, obriga-se a vender

---

4. Para aprofundar o debate e as polêmicas em torno do fundo público, consultar Behring (2008; 2010; 2012); Salvador (2010a; 2010b; 2012); Oliveira (1998). A *Revista Advir* n. 36, editada pela ASDUERJ em 2017, publicou um importante dossiê sobre Dívida e Fundo Público.

sua força de trabalho a qualquer custo, sujeitando-se às mais brutais formas de exploração e, portanto, gerando mais excedente, ou seja, mais acumulação.

A função estatal de reprodução da força de trabalho e de manutenção da população não trabalhadora se materializa por diversos meios, sendo os principais a garantia direta de benefícios e serviços, a criação do sistema de extração de impostos e a regulação estatal das atividades privadas. Na análise de Gough (1982), o Estado Social desempenha duas funções principais. A primeira é a reprodução da força de trabalho, ou seja, o estabelecimento de condições para assegurar a capacidade de homens e mulheres de trabalhar "livremente", o que é uma condição no processo de geração de mais-valor. Para garantir essa capacidade, o autor distingue duas formas de reprodução da força de trabalho, às quais designa como aspectos quantitativos e qualitativos. Entre os aspectos quantitativos (reprodução material), o autor localiza as atividades sociais que possibilitam à classe trabalhadora consumir valores de uso necessários à manutenção de sua capacidade de trabalho, como alimentação, vestimenta, moradia, transporte, lazer e outros. Para garantir essa capacidade, o Estado Social assegura diretamente a remuneração de salários, regula os salários pagos pelo mercado e garante benefícios monetários (essencialmente os seguros vinculados ao trabalho), chamados pelo autor de "salários sociais". Para garantir o consumo dos bens adquiridos, se produz outro conjunto de valores de uso na família, em forma de serviços, como a aquisição e preparação da comida, a limpeza da casa, das roupas, sem o que o consumo dos bens adquiridos seria impossível. O consumo dessas duas formas de valores de uso continuamente é, portanto, essencial para manter e repor a capacidade de trabalho.

Gough (1982, p. 113) sinaliza que o Estado Social age nesse processo de reprodução da força de trabalho de várias formas: 1) interfere na quantidade de dinheiro disponível para o consumo de indivíduos e famílias através da regulação dos salários, definição do sistema de impostos e estabelecimento dos valores dos benefícios sociais da seguridade social; 2) regula ou mesmo determina o montante e a natureza dos valores de uso que serão adquiridos no mercado; 3) subvenciona, em parte ou totalmente, o custo de muitos valores de uso, como moradia ou alimento; e 4) proporciona diretamente valores de uso em forma de serviços como saúde (sistema público ou subsidiado) e outros serviços sociais. Sintetiza afirmando: "Em todas estas formas, o Estado de Bem-Estar[5] controla cada vez mais o nível de distribuição e o modelo de consumo na sociedade capitalista atual" (*Id., ibid.* p. 113).

Ao lado dessas formas de reprodução da força de trabalho, designadas como "quantitativas" (reprodução material), outras são apontadas pelo autor como atividades de reprodução "qualitativas" (reprodução espiritual ou ideológica), que incidem sobre padrões de socialização, conduta, capacidades específicas e estruturas de personalidade. Entre essas, Gough (1982, p. 114) inclui serviços sociais como educação, assistência social e programas de qualificação de mão de obra, destinados a assegurar capacidades relativas à motivação, disciplina e integração social. Para o autor, ainda que essas duas "atividades" tenham funções específicas, elas não são dicotômicas nem se excluem.

Além da função de reprodução da força de trabalho, a segunda função do Estado Social discutida por Gough (1982) é garantir diretamente a reprodução de indivíduos e grupos sociais que não trabalham ou estão incapacitados para o trabalho: crianças, idosos, doentes, pessoas com deficiência, pessoas com transtornos mentais. As funções primordiais do Estado Social são, portanto, tanto a reprodução da força de trabalho em condições de realizar um trabalho (ainda que não trabalhe), da futura força de trabalho (no caso de crianças e jovens), quanto a manutenção dos incapacitados ao trabalho temporária ou permanentemente.

Reconhecer que o Estado Social possui essas funções não significa que elas se concretizem igualmente em todos os países capitalistas. Elas são inerentes ao Estado Social Capitalista, mas a particularidade das experiências concretas é determinada por diversos fatores, sobretudo

---

5. *Welfare State* na edição original inglesa.

o grau de desenvolvimento das forças produtivas, a luta de classe e o desenvolvimento do Estado, que conformam as formações sociais nacionais. Um traço comum do Estado Social nos países capitalistas centrais e periféricos após a Segunda Guerra Mundial foi a existência de tendências similares em todos os países, apesar da enorme diversidade de suas estruturas e abrangência. A primeira convergência é o aumento do gasto estatal com políticas sociais; a segunda é a ampliação da seguridade social assentada nas lógicas bismarckiana (seguro) e beveridgiana (assistência); e a terceira é a ampliação da regulação estatal. Ainda que nos países do capitalismo periférico, como no caso da América Latina e Caribe, não tenha se instituído um Estado Social ampliado, esses três elementos de convergência estão presentes no seu desenvolvimento, mediados pelas particularidades nacionais (Boschetti, 2012a).

A expansão e a autonomização crescente do Estado Social no capitalismo tardio, com suas particularidades nacionais, se caracterizam por dificuldades crescentes na valorização do capital, e o "capital estatal funciona, portanto, como um esteio do capital privado (e, em particular do capital monopolista)" (Mandel, 1982, p. 340). A suscetibilidade do capitalismo tardio à irrupção de crises econômicas e políticas impõe a intensificação da ação do Estado na "administração das crises", por meio de políticas "anticrises", que incluem as políticas sociais, a fim de evitar a queda brusca das taxas de lucro. Para Mandel (1982, p. 341),

> [...] socialmente falando, ela envolve esforço permanente para impedir a crise cada vez mais grave das relações de produção capitalistas por meio de um ataque sistemático à consciência de classe do proletariado. Assim, o Estado desenvolve uma vasta maquinaria de manipulação ideológica para "integrar" o trabalhador à sociedade capitalista tardia como consumidor, "parceiro social" ou "cidadão" (e, *ipso facto,* sustentáculo da ordem social vigente).

A expansão desse Estado Social, portanto, está associada a elementos indissociáveis e inerentes ao capitalismo: por um lado, à necessidade de o Estado garantir as condições ferais de produção e responder às dificuldades crescentes de valorização do capital e realização da mais-valia de maneira regular; e por outro, à intensificação da luta de classe entre capital e trabalho, ou, nos termos do autor, "à emancipação crescente da classe operária da subordinação completa e passiva à ideologia da burguesia, e à sua emergência periódica enquanto força independente em conflitos políticos" (*Id., ibid.*, p. 341).

Essa expansão, embora seja inevitável e necessária ao capital, participando decisivamente na socialização dos custos e na reprodução da força de trabalho e de não trabalhadores, cria novas contradições, expressas por Mandel (1982, p. 343) na seguinte questão: "dado que as condições são formalmente "desvantajosas" — visto que a classe operária organizada faz largo uso das liberdades democráticas burguesas — até que ponto o aparelho de Estado burguês é um instrumento adequado de execução dos programas de ação econômicos e sociopolíticos da classe capitalista?". Para a classe trabalhadora, a luta e a conquista de direitos sociais têm o sentido de possibilitar o acesso a uma parte do valor socialmente criado sob a forma de bens e serviços públicos, o que requer ampliar a "parcela do capital total que o Estado redistribui, gasta e investe" (*Id., ibid.*, p. 342). Para o capital, o crescimento do Estado Social só faz sentido se não provocar a queda ou redução das taxas de lucro, ao contrário, se possibilitar a expansão ou estabilização dos lucros e assegurar a valorização do capital, como explica Mandel (1982, p. 342): "a redistribuição dos rendimentos sociais para o orçamento nacional não pode levar a uma redução a longo prazo da taxa de mais-valia, ou ameaçar a valorização do capital; do ponto de vista da classe burguesa, o orçamento ideal é aquele que gera um aumento da taxa de mais-valia e da taxa de lucros". Trata-se de uma equação impossível de ser assegurada sem crises, pois o crescimento da "redistribuição" horizontal de rendimentos sociais por meio do Estado Social impõe a necessidade de maior apropriação pelo Estado de frações da mais-valia e dos salários, para a composição do fundo público.

Em contexto de crise do capitalismo e de uma "onda longa dominada pela estagnação" a partir dos anos 1970, a disputa de classe em torno das taxas de mais-valia se torna mais explosiva (*Id., ibid.*, p. 349) e o caráter estruturalmente conservador do Estado Social capitalista se revela com toda a sua força. Por um lado, se desmascara a imagem mistificadora do Estado árbitro, representante dos interesses nacionais, juiz neutro, ou produtor de bem-estar, pois suas ações revelam seu caráter de mantenedor e reprodutor das relações de produção. Por outro, a sua exigente função de garantir as condições gerais de produção remodelam sua forma de gerir e participar da reprodução da força de trabalho e de não trabalhadores, por meio da restrição de sua participação na socialização dos custos e redução da "redistribuição" horizontal de frações do trabalho excedente e do trabalho necessário por meio das políticas sociais. A destruição dos direitos, portanto, constitui um verdadeiro processo de expropriação de parcela do fundo público antes acessado pelos trabalhadores, em benefício do capital e da manutenção das taxas de lucro.

As transformações do Estado Social capitalista desde os anos 1970 têm como marca um nítido processo de derruição de suas tendências universalistas (Boschetti, 2012b), o que indica mudanças no processo de reprodução ampliada do capital. No capitalismo periférico e dependente, especialmente na América Latina e Caribe, onde sua participação na reprodução da força de trabalho sempre foi mais restrita, os ataques recentes recolocam bárbaras formas de superexploração da força de trabalho. A ofensiva burguesa em sua luta pela recomposição das taxas de lucro provoca um verdadeiro processo de expropriação dos direitos, que recoloca sob novas bases a reprodução da força de trabalho.

Expropriação de direitos e reconfiguração do Estado Social na reprodução ampliada do capital

O tema das expropriações foi tratado por Marx (1984[1867], p. 262) ao discutir a acumulação primitiva, compreendida como a "separação entre os trabalhadores e a propriedade das condições de realização do trabalho". Dizia Marx (1984[1867], p. 262): "A assim chamada acumulação primitiva é, portanto, nada mais que o processo histórico de separação entre produtor e meios de produção". Mas continua: "a expropriação rouba dos trabalhadores seus meios de produção e todas as garantias de sua existência" (*Id. Ibid.*, p. 262). Ao descrever os processos de expropriação[6] que se iniciam em fins do século XV e primeiras décadas do século XVI, Marx aponta que se estendem até o século XIX.

O primeiro grande processo de expropriação, chamado por Marx de "prelúdio do revolucionamento" (*Id., ibid.*, p. 264), ocorreu no último terço do século XV e primeiras décadas do século XVI com a dissolução dos séquitos feudais, expulsão violenta do campesinato da base fundiária e usurpação de sua terra comunal. Outro "novo e terrível" impulso da expropriação ocorreu no século XVI com o roubo dos bens da Igreja Católica pela Reforma, e a dissolução dos conventos lançou seus moradores na proletarização. Marx (1984[1867], p. 266) considera como expropriação a supressão da "propriedade legalmente garantida a camponeses empobrecidos de uma parte dos dízimos da Igreja". Sobre essa forma de expropriação, que Marx considerava como "direito consuetudinário" em seu debate sobre a Lei referente ao furto da madeira,[7] Marx (2017[1842], p. 87) afirmará em 1842 na, *Gazeta Renana*, que

> Os conventos foram abolidos, sua propriedade foi secularizada, e isso foi justo. Porém, o apoio contingente que os pobres recebiam dos conventos de modo nenhum foi transformado em outra fonte positiva de posse. Quando a propriedade dos conventos foi convertida em propriedade privada e os conventos foram de certo modos indenizados, não houve qualquer compensação para os pobres que viviam dos conventos. Pelo

---

6. Marx sinaliza que, apesar das diferenças entre a expropriação "clássica" ocorrida na Inglaterra e em outros países como França e Itália, todos os países vivenciaram esse processo e instituíram legislações nos moldes das Leis dos Pobres Inglesas. Cf. p. 263, nota de rodapé 189, e p. 267, nota de rodapé 196.

7. Cf. Marx (2017[1842]).

contrário, um novo limite lhes foi traçado e eles foram privados de um antigo direito. Isso aconteceu em todas as transformações de privilégios em direitos.

Entre os séculos XVII e XVIII, Marx cita a destruição da classe de camponeses independentes (*yeomanry*). No século XVII, Marx também aponta como processo de expropriação o "roubo dos domínios do Estado" pela Revolução Gloriosa.[8] No século XIX, Marx (1984[1867], p. 271) aponta que "o último grande processo de expropriação dos lavradores da base fundiária é finalmente a assim chamada *Clearing the Estates* (clarear propriedades, de fato, limpá-las de seres humanos)".

Ao explicar cada um desses processos, Marx aponta uma distinção crucial quando demonstra que a expropriação nos séculos XVI e XVII efetivava-se como ato individual de violência, contra a qual a legislação lutou 150 anos. Mas, diz Marx (1984[1867], p. 269), o progresso dos séculos XVIII e XIX tornou a própria lei um veículo do "roubo das terras do povo". Ao sintetizar os processos de expropriação que constituem a base da acumulação primitiva, Marx (1984[1867], p. 275) sinaliza que

> O roubo dos bens da Igreja, a fraudulenta alienação dos domínios do Estado, o furto da propriedade comunal, a transformação usurpadora e executada com terrorismo da propriedade feudal e clânica em propriedade privada moderna foram outros tantos métodos idílicos da acumulação primitiva. Eles conquistaram o campo para a agricultura capitalista, incorporaram a base fundiária ao capital e criaram para a indústria urbana a oferta necessária de um proletariado livre como os pássaros.

A expropriação, portanto, não se limita à supressão direta dos meios de produção de camponeses e trabalhadores do campo, mas inclui os processos (incluindo o chamado direito consuetudinário) que

---

8. A Revolução Gloriosa ocorreu no Reino Unido entre 1688 e 1689.

provocam a submissão dos trabalhadores à lei geral da acumulação e criam a oferta necessária para a indústria urbana em desenvolvimento à época. E não se materializam somente pela violência, mas também por meio das leis capitalistas que constituem um veículo necessário à instituição das bases sociais para assegurar a acumulação. A supressão, por meio da lei, dos primeiros direitos consuetudinários e também de outros já reconhecidos em lei no século XIX, a exemplo da assistência aos pobres estabelecida na Lei de Speenhamland, é reconhecida por Marx como uma forma de expropriação. Essa interpretação é corroborada por Bensaïd (2017, p. 24), que afirma: a "própria lei se tornou o instrumento da espoliação."[9]

O sentido de expropriação em Marx era retirar dos trabalhadores o único meio de subsistência de que dispunham a fim de obrigá-los a vender sua força de trabalho e participar "livremente" do processo de acumulação. A acumulação primitiva é o processo histórico que transforma os produtores em trabalhadores "livres", obrigados a venderem sua força de trabalho, ou seja, se submeterem ao assalariamento capitalista para assegurar sua subsistência. Se, por um lado, os liberta da servidão e da coação corporativa, por outro, rouba dos trabalhadores "seus meios de produção e todas as garantias de sua existência, oferecidas pelas instituições feudais" (Marx, 1984[1867], p. 262). Sentencia Marx (1984[1867], p. 262): "E a história dessa expropriação está inscrita nos anais da humanidade com traços de sangue e fogo". A expropriação não só dos "meios de produção", mas também "de todas as garantias de sua existência" é, para Marx, o ponto de partida do desenvolvimento que permitiu tanto o estabelecimento do assalariamento, quanto do capitalista.

---

9. Cf. Daniel Bensaïd, "Os despossuídos: Karl Marx, os ladrões de madeira e o direito dos pobres", apresentação ao texto de Marx sobre a lei referente ao furto de madeira, publicado pela Boitempo em 2017. A Lei de Speenhamland instituiu o primeiro direito a um benefício monetário (no valor do preço do pão) à classe trabalhadora na Inglaterra em 1795 e foi revogada pela Nova Lei dos Pobres em 1834. Sobre o tema, ver Polanyi (2000) e Boschetti (2003 e 2016). David Harvey (2004) utiliza o termo espoliação para se referir aos processos de expropriação. Para um debate crítico sobre sua perspectiva, ver Fontes (2010).

Esses processos de expropriação tornaram os trabalhadores errantes, sem destino e sem condição mínima de subsistência. O reconhecimento oficial do pauperismo pelo reinado de Elizabeth na Inglaterra não se traduziu em medidas protetivas, ao contrário, tido como ameaça à ordem social, provocou reações violentas na direção do encarceramento dos pobres e sua sujeição a trabalhos forçados nas *workhouses*. Os trabalhadores, arrancados do seu modo de vida, não eram absorvidos pela manufatura nascente e pelas novas condições e organização do trabalho. Passaram a constituir o que Marx (1984[1867], p. 275) designou como uma "massa de esmoleiros, assaltantes, vagabundos, em parte por predisposição e na maioria dos casos por força das circunstâncias".

As primeiras "legislações sociais" inglesas (Leis dos Pobres e Legislações Fabris) contra os trabalhadores expropriados, que foram instituídas desde o século XV, são consideradas por Marx (1984[1867], p. 275) "uma legislação sanguinária contra a vagabundagem [...]. A legislação os tratava como criminosos "voluntários" e supunha que dependia de sua boa vontade seguir trabalhando nas antigas condições que já não existiam". Essas legislações atuam na intersecção entre assistência social para os pobres inválidos e punição e trabalho forçado para os capacitados ao trabalho, conforme aponta Marx (1984[1867], p. 275-6), ao arrolar essas primeiras medidas "sociais": "1530: esmoleiros velhos e incapacitados para o trabalho recebem licença para mendigar. Em contraposição, açoitamento e encarceramento para vagabundos válidos" [...]; "1547, estabelece que, se alguém se recusa a trabalhar, deverá ser condenado a se tornar escravo da pessoa que o denunciou como vadio"; "1572: esmoleiros sem licença e com mais de 14 anos de idade devem ser duramente açoitados e terão a orelha esquerda marcada a ferro, caso ninguém os queira tomar a serviço por 2 anos".

Os trabalhadores sem trabalho expulsos do campo são responsabilizados pela sua condição, transformados em vagabundos e submetidos a legislações dolorosamente punitivas, utilizadas para "regular" o assalariamento nascente, ou como afirma Marx (1984[1867], p. 277), para enquadrá-los "numa disciplina necessária ao sistema de trabalho assalariado, por meio do açoite, do ferro em brasa e da tortura". Às "sanguinárias" leis dos pobres que se sucedem entre 1531 e 1601, deve-se acrescentar a Lei de Domicílio (*Settlement Act*) de 1662, o *Speenhamland Act* de 1795[10] e a Lei Revisora das Leis dos Pobres (*Poor Law Amendment Act*) de 1834, que também constituíram uma forma de mediar a reprodução da superpopulação relativa, especialmente a estagnada, constituída pelos "aptos ao trabalho"; pelos "órfãos e crianças indigentes", candidatos ao exército industrial de reserva; e pelos "degradados, maltrapilhos, incapacitados para o trabalho", conforme Marx (1984[1867], p. 277).

Tais medidas extremas de subjugação do trabalho ao capital foram determinantes para a constituição do assalariamento, ainda que nesse período o modo de produção não possuísse um caráter especificamente capitalista já que a "demanda de trabalho assalariado crescia, portanto, rapidamente com toda a acumulação do capital, enquanto a oferta de trabalho assalariado seguia apenas lentamente" (*Id., ibid.*, p. 277). Essas legislações, contudo, não deixam dúvida sobre a relação entre trabalho e as primeiras medidas de assistência social na reprodução da força de trabalho e de não trabalhadores, e no uso da "força do Estado para "regular" o salário, isto é, para prolongar jornada de trabalho e manter o próprio trabalhador num grau normal de dependência" (*Id., ibid.*, p. 277).

Alguns processos contemporâneos de expropriação social agem nessa intersecção entre trabalho e direitos sociais, de forma a instituir "novos" e "modernos" processos de disponibilização da força de trabalho para a acumulação do capital. A partir da análise marxiana, Fontes (2010, p. 88) considera que a expropriação não pode ser entendida como fenômeno meramente econômico, já que possui um sentido propriamente social:

---

10. Essa legislação difere das anteriores e de sua sucessora que a revoga (Nova Lei dos Pobres de 1834) porque atribuía aos trabalhadores pobres válidos o direito de receber um mísero valor monetário que correspondia ao preço diário de um pão (Cf. Polanyi, 2000). Ver nota 11.

Trata-se da imposição — mais ou menos violenta — de uma lógica da vida social pautada pela supressão de meios de existência ao lado da mercantilização crescente dos elementos necessários à vida, dentre os quais figura centralmente a nova necessidade, sentida objetiva e subjetivamente, de venda da força de trabalho.

A autora considera que, no capitalismo contemporâneo,

[...] a expansão da expropriação dos recursos sociais de produção não diz respeito apenas à expropriação da terra, de forma absoluta, mas à supressão das condições dadas de existência dos trabalhadores, e sua consequente inserção, direta e mediada pela tradição, nas relações mercantis (e no mercado de força de trabalho) (Fontes, 2010, p. 89).

Nesses termos, concordando com a análise de Fontes (2010), assume-se aqui que os processos que suprimem as condições de subsistência asseguradas pelos direitos conquistados e ampliados no capitalismo tardio pelo Estado Social, e que subtraem as condições materiais que possibilitam à classe trabalhadora deixar de vender sua força de trabalho em situações determinadas (como é caso das aposentadorias, seguro-desemprego, seguro-saúde), ou que a obrigam a vendê-la por meio de contratos diretos com o capitalista, sem a mediação de Estado (a exemplo do trabalho sem regulação), constituem processos contemporâneos de expropriação social. Os processos de alienação dos bens públicos transformando-os em mercadorias, a exemplo das privatizações da saúde e educação, também podem ser entendidos como processos de expropriação, já que constituem renovadas formas de garantia da acumulação de capital.

Ao comentar a interpretação de Marx sobre a dívida pública como alienação do Estado, Éric Toussaint (2011)[11] ressalta que a dívida

---

11. No livro *La dette ou la vie* (Bruxelles: Éditions Aden, 2011), organizado por Éric Toussaint e Damien Millet, o capítulo 17, intitulado "La dette publique: cette aliénation de l"État", escrito por Toussaint, comenta extratos d'*O capital* sobre a dívida pública reproduzidos

pública constitui um elemento fundamental da acumulação capitalista, já sinalizada por Marx (2011b[1867], p. 245): "A dívida pública age como um dos agentes mais enérgicos da acumulação primitiva". Para Toussaint (2011), com a supressão de direitos, bens e serviços públicos, os poderes públicos renunciam ao exercício de sua responsabilidade com os cidadãos, em favor da transferência de imensa parcela do fundo público para o sistema financeiro. Ocorre uma dialética interdependente entre as expropriações e a dívida pública, pois como a dívida pública se assenta no fundo público, e os governos contraem empréstimos para suas despesas ordinárias e extraordinárias, o pagamento dos juros, das amortizações e do próprio capital da dívida gera um aumento crescente de impostos. Por outro lado, sinaliza Marx, a sobrecarga de impostos requerida pela acumulação de dívidas contraídas pelos governantes obriga os governos a recorrer a novos empréstimos e assim sucessivamente. O compromisso com o pagamento de juros e amortizações leva os governos a aumentar impostos sobre a classe trabalhadora, mas também a reduzir investimentos em direitos e serviços públicos, provocando uma expropriação forçada da classe trabalhadora.

Ao se referir às implicações da dívida pública, Marx (2011b[1867], p. 247) sentencia: "A influência deletéria que ela exerce sobre a situação da classe trabalhadora deve nos ocupar menos aqui do que a expropriação forçada que ela provoca para o camponês, o artesão e outros integrantes da pequena classe média". Ao lado das expropriações dos meios de produção, Marx relaciona aquelas relativas à alienação do Estado e aos "direitos" da população pobre, conforme apontado anteriormente: "Esta dolorosa, esta terrível expropriação dos trabalhadores, eis a origem, eis a gênese do capital. Ela abrange uma série de procedimentos violentos, dos quais nós analisamos somente os mais significativos métodos da acumulação primitiva" (*Id., ibid.*, p. 249).

---

nesse capítulo. As referências e citações de Marx com data de 2011 correspondem aos textos publicados nesse capítulo.

Nessa mesma direção analítica, Fontes (2010, p. 42) considera que a elevada concentração de capitais sob a forma monetária impulsiona maneiras variadas e perversas de expropriações como condição fundamental para "transformar o conjunto da existência social numa forma subordinada ao capital". A ampliação da base social do capital, explica a autora, pressupõe a subsunção real do trabalho ao capital, o que significa

[...] que o capital tende a subordinar, definir, circunscrever a atividade mais propriamente humana — o trabalho — sob qualquer modalidade concreta que este se apresente, alterando incessantemente a maneira específica de seu exercício, modificando suas características, em prol da acumulação ampliada do capital (Fontes, 2010, p. 43).

A autora ressalta que o capitalismo não pode ser reduzido ao movimento das expropriações e estas, tampouco, devem ser relacionadas exclusivamente à acumulação primitiva como um momento ou período anterior ao capitalismo. Também afirma que as expropriações são processos permanentes e condição da constituição e expansão da base social do capital, ou seja, não há aqui qualquer dualidade, mas uma relação dialética intrinsecamente determinada entre expropriação e base social, leia-se unidade entre todos os momentos do processo de produção e reprodução do capital. Para qualificar e particularizar esse processo, Fontes (2010, p. 44) afirma que a "expropriação primária original" das massas campesinas ou agrárias da posse da terra não se limita a um "momento" pré-capitalista (acumulação primitiva), mas permanece e se aprofunda no capitalismo contemporâneo.[12] A disponibilização de trabalhadores expropriados de suas condições de subsistência não só agudiza a desigualdade de classe, como também favorece a exploração da força de trabalho pelo capital, que tem à sua

---

12. Fontes (2010, p. 45-53) indica diversos fenômenos contemporâneos de expropriação primária em todo o mundo.

disposição uma imensa massa de trabalhadores que têm no trabalho a única forma de sobrevivência.

Para diferenciar alguns processos contemporâneos de subsunção do trabalho ao capital da chamada *expropriação primária*, a autora forja a expressão *expropriações secundárias* para se referir aos processos contemporâneos que constituem uma "nova — e fundamental — forma de exasperação da disponibilidade dos trabalhadores para o mercado, impondo novas condições e abrindo novos setores para extração de mais-valor" (*Id., ibid.*, p. 54). O que a autora designa como *expropriações secundárias* não corresponde à perda da propriedade dos meios de produção, mas caracteriza os processos econômicos e sociais que intensificam a disponibilização do trabalhador para o mercado e, ainda, cria novas formas de acumulação e extração de mais-valor, a exemplo da mercantilização que se processa em campos anteriormente instituídos como de prestação de serviços e bens públicos.

Algumas dessas formas de *expropriação secundária* indicadas pela autora correspondem à destruição de direitos historicamente conquistados pela classe trabalhadora e concretizados no Estado Social Capitalista. Fontes (2010) aponta vários "exemplos" de *expropriações secundárias* contemporâneas relacionadas à subtração de direitos sociais. Uma das mais significativas é a supressão ou a redução de direitos de aposentadorias e pensões, com vista a eliminar um anteparo histórico à plena disponibilização de trabalhadores para o mercado, já que as aposentadorias permitiam ao trabalhador "cessar" a venda de sua força de trabalho em determinadas circunstâncias (*Id., ibid.*, p. 56). Outra forma de expropriação igualmente avassaladora para os trabalhadores são as sistemáticas supressões ou reduções de direitos do trabalho associados diretamente à produção de valor: a precarização, a terceirização, a realização de trabalhos desprovidos de direitos, por meio de "bolsas" de estágio, os contratos intermitentes de curta duração, as atividades sem nenhum tipo de direitos vinculados (*Id., ibid.*, p. 6). A autora cita ainda expropriações no campo da saúde, que submetem ao controle privado as próprias condições de existência biológica (*Id., ibid.*, p. 62).

O que nos parece fecundo nesta análise é compreender a expropriação como processo de subtração de condições históricas de reprodução da força de trabalho mediadas pelo Estado Social, por meio da reapropriação, pelo capital, de parte do fundo público antes destinado aos direitos conquistados pela classe trabalhadora. Como sintetiza a autora: "as expropriações são a contraface necessária da concentração exacerbada de capitais e que, menos do que a produção de externalidades, são a forma mais selvagem da expansão (e não do recuo) do capitalismo" (Id., ibid., p. 93). Não se trata, evidentemente, de considerar os direitos, sobretudo os seguros sociais, como "propriedade social" nos termos de Castel (1995), ou como antivalor nos termos de Oliveira (1998). Trata-se de qualificar a bárbara subtração de direitos sociais por meio de sucessivas e avassaladoras contrarreformas nas políticas sociais e qualificação do Estado no tempo presente (Behring, 2012; 2018), que obriga a classe trabalhadora a oferecer sua força de trabalho no mercado a qualquer custo e a se submeter às mais perversas e precarizadas relações de trabalho, que exacerbam a extração da mais-valia relativa e absoluta.

É possível considerar vários processos de expropriação contemporâneos que extinguem ou minimizam a participação do Estado Social na socialização dos custos de reprodução da força de trabalho e de suas famílias e fornecem as condições para a ampliação da acumulação, em decorrência dos processos de redução dos direitos sociais:

A redução dos sistemas públicos (em geral, estruturados em sistemas de seguridade social) e a expansão dos sistemas privados de saúde e previdência social a partir dos anos 1990, em praticamente todos os países capitalistas,[13] concretizam formas de expropriação social, por meio da "alienação dos domínios do Estado", por diversos mecanismos: a) ao restringir o uso do fundo público para as políticas sociais e sistemas de seguridade social, restringem a participação do

---

13. Sobre as mudanças nos sistemas de seguridade social europeus, consultar Boschetti (2012b). Para as contrarreformas impostas ao Brasil desde os anos 1990 há vasta bibliografia. Uma excelente abordagem está disponível nos vários artigos da *Revista Advir* n. 36 (2017).

Estado no processo de distribuição de parcelas do excedente e do trabalho necessário, e deslocam importante fração para a acumulação, por meio de pagamento de juros e amortizações da dívida pública, ou por meio de subvenções aos fundos de pensões públicos (regimes fechados de seguros administrados por Fundos de Pensões) e privados (regimes abertos de seguros instituídos majoritariamente por bancos ou seguradoras privadas), que já constituem as principais agências de financeirização, além do estímulo aos planos privados de saúde, favorecendo a redistribuição social global da mais-valia com vantagens para um grupo específico de capitalistas; b) ao suprimir ou diminuir os direitos sociais de saúde e previdência, obrigam a classe trabalhadora a despender parte de seu salário com a compra desses bens e serviços no mercado, operando a transformação dos direitos em mercadorias. Realiza-se aqui uma dupla subsunção do trabalho ao capital: subtração de direitos sociais de subsistência que obriga os trabalhadores a disponibilizar sua força de trabalho no mercado; e a mercantilização de direitos que passam a ser mercadorias disponíveis no mercado; c) ao reduzir os direitos de aposentadoria, seguro-desemprego, seguro-saúde, reduzem a participação do Estado Social na reconstituição física da força de trabalho e obrigam a classe trabalhadora a oferecê-la no mercado a qualquer custo e em qualquer condição, "livres como os pássaros". O objetivo não é "proteger" a classe trabalhadora e atender às necessidades sociais, mas limitar o aumento das despesas públicas pela via da restrição/redução dos direitos, estimular a oferta mercantil destes serviços e assegurar a subsunção do trabalho nesse contexto de ofensiva do capital. O que determina estas formas contemporâneas de expropriação é a garantia da reprodução ampliada do capital em larga escala, já que o desenvolvimento de sistemas privados de aposentadorias se presta largamente à acumulação capitalista, ou, conforme sinaliza Chesnais (2011, p. 38):

> Os assalariados aposentados deixam de ser apenas "contribuintes" ou "poupadores". Eles se tornam, na maioria das vezes sem ter consciência, parte de uma engrenagem que comporta a apropriação de rendimentos

originados na exploração do trabalho dos assalariados, tanto nos países onde o sistema de pensão por capitalização foi criado, quanto naqueles onde os investimentos e especulações serão realizados.

Mesmo sem ter consciência, os trabalhadores (com ou sem trabalho) participam ativamente do processo de acumulação, ou como afirma Marx (1984[1867], p. 193): "[...] num modo de produção em que o trabalhador existe para as necessidades de valorização de valores existentes, ao invés de a riqueza objetiva existir para as necessidades de desenvolvimento do trabalhador".

As mudanças recentes nas legislações trabalhistas em diversos países,[14] apesar das lutas e resistências da classe trabalhadora, também constituem avassaladores processos de expropriação. A supressão dos direitos regulamentados pelo Estado destrói as "barreiras sociais a contrato voluntário com o capital", como sinalizou Marx (2013[1867], p. 373-4), e obriga a classe trabalhadora a "vender a si e a suas famílias" sem nenhuma mediação protetiva pública. Sem dispêndio público em sua reprodução, a força de trabalho obriga-se a vender sua força de trabalho a qualquer custo, sujeitando-se às mais brutais formas de exploração e, portanto, gerando mais excedente, mais acumulação.

A expropriação de direitos do trabalho, previdência e saúde, além de obrigar a classe trabalhadora a se submeter às formas mais aviltantes de exploração, ainda a obriga a se submeter às regras vexatórias para acessar os ínfimos benefícios da assistência social, quando estes estão disponíveis,[15] já que esta constitui uma forma de mediar a reprodução

---

14. No Brasil, a "reforma trabalhista" (Lei n. 13.467, de 13/7/2007), que alterou a CLT, e a chamada Lei da Terceirização (Lei n. 13.429, de 31/3/2017), que institucionaliza a precarização nas relações de trabalho, são verdadeiros exemplos de expropriação social e disponibilização da classe trabalhadora ao jugo do capital.

15. Praticamente todos os países capitalistas implementaram programas assistenciais de "renda mínima" a partir dos anos 1990, em nítida relação com os processos de redução dos direitos trabalhistas e previdenciários e aumento do desemprego. No Brasil, até a instituição do Programa Bolsa Família (2003), os benefícios monetários da assistência social previstos na Lei Orgânica da Assistência Social (LOAS) se destinavam tão somente aos incapacitados ao trabalho (idosos e pessoas com deficiência).

da superpopulação relativa, especialmente a estagnada, constituída, nos termos marxianos, pelos "aptos ao trabalho" sem trabalho; pelos "órfãos e crianças indigentes", candidatos ao exército industrial de reserva; e pelos "degradados, maltrapilhos, incapacitados para o trabalho" (Marx, 1984[1867], p. 277). Ao assegurar a reprodução da superpopulação relativa estagnada nos limites da sobrevivência e do consumo, a assistência social participa de forma cada vez mais ampliada das bases materiais para a acumulação do capital e favorece os processos de expropriação social de direitos do trabalho e da previdência, criando condições para a superexploração da força de trabalho em todos os países capitalistas. Isso ocorre de forma ainda mais acentuada e violenta nos países do capitalismo periférico, onde a assistência social constitui, muitas vezes, a única possibilidade de acesso a recursos de sobrevivência, como acontece no Brasil, às 12 milhões de famílias que contam somente com o Bolsa Família para assegurar o mínimo necessário à sua reprodução.

Considerações finais

Os processos privatizantes, diretos e indiretos, da previdência e saúde públicas, somados à supressão dos direitos do trabalho, se submetem ao imperativo da acumulação e, ao expropriar direitos conquistados, suprimem da classe trabalhadora a possibilidade de acessar parte da riqueza socialmente produzida apropriada pelo Estado sob forma de fundo público, constituído por impostos e tributos para financiar os serviços públicos. A supressão ou restrição de direitos existentes reduz a participação social do Estado Social na reprodução ampliada da força de trabalho e, em novo contexto e condições históricas, deixa os trabalhadores "livres como pássaros", o que os impele a se submeter a não importa que tipo de trabalho ou atividade para assegurar sua subsistência e de sua família, ou seja, os lança ao jugo das relações de mercado sem nenhum tipo de proteção.

A redução do dispêndio do fundo público na realização de direitos do trabalho, previdência, saúde e educação, especialmente, produz uma dupla operação na constituição da base social da acumulação. Por um lado, obriga a classe trabalhadora a buscar meios de reprodução de sua força de trabalho no mercado, por meio da compra de serviços e benefícios que deixam de ser públicos e se tornam mercadoria, o que implica criação de mais excedente, portanto, mais acumulação. Por outro, muda o papel do Estado Social na reprodução ampliada do capital, sem retirar sua importante função de partícipe desse processo, mas agora sob novas configurações. Por um lado, suas funções se limitam cada vez mais à regulação e à normatização das políticas sociais que são potencialmente capazes de se constituir em nichos de acumulação por meio de sua privatização e redução, como é o caso da saúde, previdência, mas também educação, habitação, transporte e outras. Por outro, suas funções se agigantam na interposição da assistência social, que ganha relevância em contexto de crise.

O Estado Social mantém sua função de regulação e distribuição de parte da riqueza socialmente produzida apropriada como fundo público, e não deixa de participar da reprodução ampliada do capital, mas realiza as funções de reprodução da força de trabalho e da população não trabalhadora nos limites da sobrevivência. No âmbito da previdência e saúde, a ação estatal se limita cada vez mais à manutenção de sistemas públicos mínimos ou básicos (os chamados planos de base) e regula a instituição de planos privados abertos e/ou fechados que se constituem em novos nichos de acumulação. No âmbito do trabalho, flexibiliza as normas, submete o trabalhador a regras ditadas pelo capital, o que favorece mais intensamente a extração de mais-valor. Na assistência social, reedita sua antiga e insolúvel tensão com o trabalho, mas agora com novas nomenclaturas e configurações chamadas políticas de ativação para o trabalho (Boschetti, 2016; Teixeira e Neves, 2018). Estabelece benefícios assistenciais monetários que podem ser ingenuamente compreendidos como mecanismos de redução da superexploração, quando, na verdade, participam dos processos de expropriação e submetem a classe trabalhadora à servidão sem proteção.

Referências

BEHRING, Elaine. *Brasil em contrarreforma*: desestruturação do Estado e perda de direitos. São Paulo: Cortez, 2008.

_____. Crise do capital, fundo público e valor. In: BOSCHETTI, I.; BEHRING, E.; SANTOS, M.; SANTOS, S. M. M. (Orgs.). *Capitalismo em crise*: política social e direitos. São Paulo: Cortez, 2010.

_____. Rotação do capital e crise: fundamentos para compreender o fundo público e a política social. In: SALVADOR, Evilásio et al. (Org.). *Financeirização, fundo público e política social*. São Paulo: Cortez, 2012.

_____. Estado no capitalismo: notas para uma leitura crítica do Brasil recente. In: BOSCHETTI, I.; BEHRING, E. R.; LIMA, R. L. L. *Marxismos, política social e direitos*. São Paulo: Cortez, 2018.

_____; BOSCHETTI, Ivanete. *Política social. Fundamentos e história*. São Paulo: Cortez, 2006.

BENSAÏD, Daniel. Os despossuídos: Karl Marx, os ladrões de madeira e o direito dos pobres. Apresentação. In: MARX, K. *Os despossuídos*: debates sobre a lei referente ao furto da madeira. São Paulo: Boitempo, 2017.

BOSCHETTI, Ivanete. *Assistência social no Brasil*: um direito entre originalidade e conservadorismo. 2. ed. Brasília, 2003.

_____. América Latina, política social e pobreza: novo modelo de desenvolvimento? In: SALVADOR, Evilásio et al. (Orgs.). *Financeirização, fundo público e política social*. São Paulo: Cortez, 2012a.

_____. A insidiosa corrosão dos sistemas de proteção social europeus. *Serviço Social & Sociedade*. São Paulo: Cortez, n. 112, out./dez. 2012b. Disponível em: <http://www.scielo.br/pdf/sssoc/n112/08.pdf>. Acesso em: 20 jul. 2018.

_____. *Assistência social e trabalho no capitalismo*. São Paulo: Cortez, 2016.

_____. Dívida pública e expropriação social. *Revista Advir*, Rio de Janeiro: Asduerj, Associação dos Docentes da Universidade do Estado do Rio de Janeiro, n. 36, p. 37-49, jul. 2017. Disponível em: <https://www.asduerj.org.br/images/advir/pdf_revista/ADVIR36comp2.pdf>. Acesso em: 20 jul. 2018.

BOSCHETTI, Ivanete. Crítica marxista do estado social e dos direitos no capitalismo contemporâneo. In: _____; BEHRING, E. R.; LIMA, R. L. L. *Marxismos, política social e direitos*. São Paulo: Cortez, 2018.

CASTEL, Robert. *Les métamorphoses de la question sociale. Une chronique du salariat*. Paris: Fayard, 1995.

CHESNAIS, François. *Les dettes illégitimes. Quand les banques font main basse sur les politiques publiques*. Paris: Raisons d'Agir, 2011.

FERNANDES, Florestan. *Capitalismo dependente e classes sociais na América Latina*. 4. ed. São Paulo: Global, 2009.

FONTES, Virgínia. *O Brasil e o capital-imperialismo:* teoria e história. Rio de Janeiro: Editora UFRJ, 2010.

GOUGH, Ian. *Economia política del Estado del bienestar*. Tradução de Gregorio Rodriguez Cabrero. Madrid: H. Blume Ediciones, 1982.

HARVEY, David. *A condição pós-moderna*. São Paulo: Loyola, 2004.

IANNI, Otávio. *A ideia de Brasil moderno*. São Paulo: Brasiliense, 1992.

MANDEL, Ernest. *O capitalismo tardio*. São Paulo: Nova Cultural, 1982.

_____. *A crise do capital*: os fatos e sua interpretação marxista. São Paulo: Ensaio, 1990.

MARSHALL, Thomas Humprey. *Política social*. Rio de Janeiro: Zahar Editores, 1967.

MARX, Karl. A assim chamada acumulação primitiva. In: _____. *O capital*. São Paulo: Ed. Victor Civita, 1984[1867]. v. 1, Livro Primeiro, t. 2, Capítulo XXIV. (Coleção Os Economistas.)

_____. *Les crises du capitalisme*. Preface de Daniel Bensaïd. [Text inédit.] Paris: Éditions Demopolis, 2009[1862].

_____. *Glosas críticas marginais ao artigo "O rei da Prússia e a reforma social" de um prussiano*. São Paulo: Expressão Popular, 2010[1844].

_____. O método da economia política. In: _____. *Grundrisse*: manuscritos econômicos e filosóficos de 1857-1858. São Paulo: Boitempo, 2011a[1857].

_____. La dette publique: cette aliénation de l'État. In: TOUSSAINT, Éric; MILLET, Damien. *La dette ou la vie*. Bruxelles: Éditions Aden, 2011b[1867].

MARX, Karl. *Crítica do programa de Gotha*. São Paulo: Boitempo, 2012[1875].

_____. A jornada de trabalho. In: _____. *O capital*. São Paulo: Boitempo, 2013[1867]. Livro 1, Capítulo 8.

_____. *Os despossuídos*: debates sobre a lei referente ao furto da madeira. São Paulo: Boitempo, 2017[1842].

MASCARO, Alysson Leandro. Apresentação ao dossiê marxismo e direito. *Revista Margem Esquerda*, São Paulo: Boitempo, n. 30, 2018.

MOTA, Ana Elizabete. Questão social e Serviço Social: um debate necessário. In: _____. (Org.). *O mito da assistência social:* ensaios sobre Estado, política e sociedade. 3. ed. São Paulo: Cortez, 2008.

NETTO, José Paulo. Introdução ao método na teoria social. In: CFESS; ABEPSS. *Serviço social*: direitos sociais e competências profissionais. Brasília: CFESS, ABEPSS, 2009.

OLIVEIRA, Francisco de. *Os direitos do antivalor*: a economia política da hegemonia imperfeita. Petrópolis: Vozes, 1998.

PACHUKANIS, Evguiéni B. *Teoria geral do direito e marxismo*. São Paulo: Boitempo, 2017[1929].

POLANYI, Karl. *A grande transformação. As origens da nossa época*. Rio de Janeiro: Campus, 2000.

SALVADOR, E. *Fundo Público e Seguridade Social no Brasil*. São Paulo: Cortez, 2010a.

_____. Fundo público e políticas sociais na crise do capitalismo. *Serviço Social & Sociedade*. São Paulo, n. 104, p. 605-631, dez. 2010b. Disponível em: <http://www.scielo.br/pdf/sssoc/n104/02.pdf>. Acesso em: 20 maio 2018.

_____. Financiamento tributário da política social no pós-real. In: SALVADOR, Evilásio et al. (Orgs.). *Financeirização, fundo público e política social*. São Paulo: Cortez, 2012.

TEIXEIRA, Sandra Oliveira; NEVES, Daniela. Trabalho e assistência social no capitalismo dependente: uma análise marxista das chamadas políticas ativas de mercado de trabalho. In: BOSCHETTI, I.; BEHRING, E. R.; LIMA, R. L. L. *Marxismos, política social e direitos*. São Paulo: Cortez, 2018.

TOUSSAINT, Éric; MILLET, Damien (Orgs.). *La dette ou la vie*. Bruxelles: Éditions Aden, 2011.

5

Expropriações contemporâneas:
hipóteses e reflexões

Ana Elizabete Mota

Introdução

O suposto que orienta esta reflexão é o de que os mecanismos utilizados no processo de enfrentamento da crise capitalista têm incidência direta sobre o mundo do trabalho e dos trabalhadores, cujas dimensões objetivas e subjetivas determinam modos de ser e viver de homens e mulheres nessa quadra histórica. Esses mecanismos revelam a sanha do capital em busca de novas fontes de valorização do valor, numa processualidade marcada pela hipertrofia do capital financeiro, pela ampliação e diversificação de negócios, inclusive na esfera dos serviços, ademais da implementação de meios ultraprecários de exploração do trabalho.

O desenvolvimento dessa processualidade encerra uma unidade orgânica entre os mecanismos econômicos e os de domínio político-ideológicos levados a efeito pelas classes dominantes através dos seus aparelhos privados de hegemonia e da ação dos seus intelectuais e do Estado capitalista. Considero que os novos nichos de acumulação, dentre outras dimensões, confluem na estratégia da *supercapitalização*, segundo a perspectiva mandeliana,[1] cuja massa de valores superacumulados fareja e encontra novos meios e espaços para se valorizar; dentre eles, os dos serviços sociais e de infraestrutura.

Sem utilizar a categoria *supercapitalização*, argumenta Harvey (2004, p. 124) que "o capital sobreacumulado pode apossar-se desses ativos e dar-lhes imediatamente um uso lucrativo". O autor problematiza essa engenharia da acumulação capitalista com a categoria *"acumulação por espoliação"* (Harvey, 2004), considerando-a uma tendência prevalecente no capitalismo contemporâneo, sob influxo do novo imperialismo. Seguindo a tradição marxista e na trilha mandeliana da *superacumulação* de capitais, Harvey (2004, p. 135-6) argumenta que a reprodução ampliada gera excedentes de capital que necessitam de novos negócios para se valorizar, atualizando estratégias históricas de expropriação dos meios de vida dos que vivem do trabalho.

Ao discorrer sobre a *acumulação por espoliação*, Harvey (2004) faz uma remissão histórica e teórica aos processos da *"acumulação primitiva"* tratados por Marx no capítulo XXIV de *O capital* (1980, p. 828-82); contudo, segundo minha interpretação, não se trata de uma reiteração a-histórica do processo original, posto que a acumulação primitiva "abre caminho à reprodução expandida", enquanto a acumulação por espoliação "faz ruir e destruir um caminho já aberto" (Harvey, 2004, p. 135).

Ao teorizar sobre o capitalismo contemporâneo, Harvey (2004) afirma que, no curso do seu desenvolvimento, o capitalismo sela a

---

1. Em texto sobre as categorias centrais da obra de Mandel, dentre elas, *O capitalismo tardio* (Mandel, 1982), Elaine Behring (2015, p. 49) sistematiza a concepção de *supercapitalização* que estamos utilizando aqui, ao afirmar: "As dificuldades crescentes de valorização do capital alavancam a penetração deste em investimentos que não produzem necessariamente mais-valia de forma direta, mas fazem aumentar a massa de mais-valia em algumas circunstâncias. A supercapitalização, processo no qual uma forte liquidez de capital se faz acompanhar da sua penetração e/ou busca de nichos de valorização, é o fundamento dos processos atuais de "invenção" de novas necessidades, industrialização das esferas do lazer, da cultura e até da seguridade social, bem como dos processos de privatização de setores produtivos antes assumidos pelo Estado".

unidade entre a potenciação da *exploração do trabalho* e a da *espoliação material e social* (da terra, da natureza, do dinheiro e dos direitos e meios de vida da população trabalhadora e subalterna), concluindo que a espoliação social é a marca do "novo imperialismo". Igualmente Ruy Braga (2017, p. 384-6) pondera sobre a unidade entre *exploração e espoliação* na dinâmica da reprodução ampliada do capital ao afirmar que o desenvolvimento capitalista combina, de modo desigual, estratégias sociais de acumulação, porém aponta a hipótese de que a adoção de políticas espoliativas prevalece em momentos marcados pela crise de sobreacumulação, em face dos limites do reinvestimento lucrativo do capital.

Em grandes linhas, a materialidade desse processo se dá através de algumas iniciativas, cujas macrotendências já sintetizadas por Braz (2012, p. 475 e 2017, p. 95) são: 1) capitalização de setores ainda pouco explorados pelo mercado capitalista, transformando a oferta de serviços públicos e estatais — saúde, educação, previdência, saneamento etc. — em negócios; 2) exploração mercantil e Industrial de *recursos naturais* (biodiversidade, água, energia e minérios), levados a efeito pela pilhagem e estrangeirização de terras e dos recursos naturais dos países periféricos; 3) investimento nos setores rentistas, preferencialmente nos segmentos de renda fixa que melhor remuneram o capital, como os títulos das dívidas públicas de países como o Brasil, relacionando-se diretamente com a questão dos juros e amortizações da dívida pública.

Essas macrotendências, particularmente na realidade brasileira, adensadas pelo golpe parlamentar midiático de 2016, expõem o peso da dominação imperialista e a dimensão da acumulação por espoliação, organicamente articulada à exploração do trabalho, com o aumento da produtividade sem equivalência em relação aos salários, mediante a combinação da mais-valia absoluta e relativa, através do uso da ciência e tecnologia e de uma inaudita gestão dos processos e relações de trabalho que estão a prescindir da concentração espacial das unidades produtivas e de trabalhadores.

Mundialmente implementadas, essas iniciativas tornam-se factíveis na altura do presente século com as medidas de desregulação do trabalho e a expropriação de mecanismos públicos de proteção social que são imprescindíveis à reprodução dos trabalhadores e de suas famílias, sob a lógica das políticas de austeridade fiscal que penalizam as classes trabalhadoras e subalternas (Braz, 2018).

Em curtas palavras, as estratégias requeridas pela acumulação e pelo rentismo, no âmbito da expansão imperialista, estão assentadas nos eixos da *exploração do trabalho e da acumulação por espoliação* (Braga, 2016, p. 49),[2] determinando a persistência e atualidade da *superexploração*[3] do trabalho (Marini, 1973; Luce, 2018), mediados pela pilhagem do fundo público e da renda do trabalhador, seja através da tributação regressiva, seja mediante a mercantilização, ainda que parcial, de bens e serviços públicos. Direta ou indiretamente, se faz presente a mão do mercado nas condicionalidades e nos mecanismos que oneram

---

2. Referindo-se à realidade brasileira atual, mas reiterando a centralidade da exploração da força de trabalho *vis-à-vis* a acumulação por espoliação, Braga defende que a espoliação dos **direitos derivados do trabalho** (grifos meus), cujo sentido consiste em rebaixar o custo da força de trabalho por meio da degradação do acesso dos trabalhadores aos seus direitos trabalhistas, se transformou na principal estratégia de restauração econômica em períodos de crise, promovida pelo Governo brasileiro. Disponível em: <https://blog.esquerdaonline.com/?tag=financeirizacao&print=pdf-search>.

3. Na "Dialética da dependência", Ruy Mauro Marini afirma que o capitalismo desenvolve duas formas de exploração: **o aumento da força produtiva do trabalho e a exploração do trabalhador**. No primeiro caso, do aumento da produtividade do trabalho, mais mercadorias são produzidas no mesmo tempo de trabalho devido à racionalização da produção e ao uso de tecnologias. No caso da exploração do trabalhador, estão implicados o aumento da jornada, a maior intensidade do trabalho e a redução de consumo mínimo para a reprodução do trabalhador, através da usurpação do fundo de consumo do trabalhador, obrigando-o a se submeter a uma remuneração abaixo do seu *valor normal*. Esses três processos, associados, evidenciam o que Marini conceitua como superexploração: "[...] nos três mecanismos considerados, a característica essencial está dada pelo fato de que são negadas ao trabalhador as condições necessárias para repor o desgaste de sua força de trabalho: nos dois primeiros casos [aumento da jornada de trabalho e aumento da intensidade de trabalho], porque lhe é obrigado um dispêndio de força de trabalho superior ao que deveria proporcionar normalmente, provocando assim seu esgotamento prematuro; no último [salário abaixo do valor da força de trabalho], porque lhe é retirada inclusive a possibilidade de consumo do estritamente indispensável para conservar sua força de trabalho em estado normal" (Marini, 1973, p. 156).

os trabalhadores e reduzem as possibilidades de acesso destes e das suas famílias aos meios necessários à reprodução da sua própria vida.

No meu entendimento, a unidade dos eixos *exploração e espoliação* amplia a *superexploração do trabalho* nos países periféricos e dependentes, cujas *expropriações contemporâneas* (Fontes, 2011) são a expressão política e material do processo de usurpação do fundo público pelo capital (investido nos bens e serviços sociais outrora públicos, porém sem dele apartar-se) e da exploração dos trabalhadores, incidindo diretamente nas conquistas civilizatórias, tornadas incompatíveis com os modos de ser e viver dos assalariados na altura do capitalismo do século XXI, por mandato das classes dominantes.

O fato de mediar a unidade entre meios de exploração e mecanismos de espoliação, no âmbito mais geral da *superexploração da força de trabalho*, dota a categoria *expropriações contemporâneas* de nova potência: não se trataria (exclusivamente) de usurpar os meios de vida e trabalho dos produtores diretos — a terra — à moda da acumulação primitiva, mas de ampliar a exploração do trabalhador, quer direta, quer indiretamente. No primeiro caso, pela precarização do trabalho com aumento da produtividade, empobrecimento e desgaste físico dos trabalhadores; em segundo lugar, por desmontar qualquer ilusão da *cidadania fordista* quanto ao atendimento das necessidades sociais e de reprodução material, social e cultural do trabalhador e de suas famílias, revertendo a histórica participação do Estado, desde o capitalismo monopolista, na reprodução da força de trabalho, base do *Welfare State*[4] e operando uma verdadeira

---

4. Recordamos que o surgimento da grande indústria e da sociedade urbano-industrial compôs o ambiente no qual os trabalhadores se organizaram e politizaram suas necessidades e carências, transformando-as em questão pública e coletiva. Por força das suas lutas sociais, algumas de suas necessidades e de suas famílias passaram a ser socialmente reconhecidas pelo Estado, dando origem às denominadas *políticas de proteção social públicas*, ancoradas em direitos e garantias trabalhistas e sociais, vindo a constituir, nos países centrais, o chamado *Estado Social*. Evidente que o *Estado Social* naqueles países mostrou-se compatível com o capitalismo do pós-guerra, caracterizado, entre outros traços, pela generalização do fordismo/keynesianismo, posto que, além de uma resposta às reivindicações dos movimentos operários que se insurgiam na época, socializou os custos de reprodução da força de trabalho com o Estado e possibilitou

remercantilização da *já mercantilizada* força de trabalho. Vejamos: a apropriação do fundo público pelo capital já supõe a apropriação da renda do trabalhador, dentre outros meios, pela tributação regressiva; a essas se somam o aumento da produtividade sem equivalente aumento salarial, determinando a ampliação do déficit do consumo de bens-salários, e o avassalador endividamento dos trabalhadores para aquisição desses bens necessários às suas condições materiais, sociais e culturais de vida.

A problematização que faz Juliana Fiuza Cislaghi (2017, p. 1-2) sobre a particularidade dos serviços no capitalismo tardio, base da sua reflexão sobre o empresariamento da saúde, leva a autora a afirmar que a redução dos serviços sociais públicos permite a ampliação dos espaços de valorização do capital e exploração do trabalho; inclusive, muitas vezes subsidiados pelo fundo público, mas oferecidos diretamente pelo capital que extrai mais-valia dos trabalhadores.

Na sua formulação,

> O que temos é uma ampliação quantitativamente brutal da exploração do trabalho, tanto nos processos propriamente da produção, e aí incluem-se serviços privados, quanto por meios extraeconômicos na transferência de fundo público para o capital com a redução, ou mesmo a extinção, do salário indireto garantido por meio dos serviços sociais públicos, fornecidos pelo Estado como direito (Idem, 2017, p. 23).

Assim, a engenharia e as metamorfoses do capital para diversificar os meios de valorização do valor possuem orgânica articulação com os mecanismos de exploração do trabalho e de espoliação dos trabalhadores e da riqueza socialmente construída. Ao considerar essa dinâmica, identifico uma ressignificação e atualização histórica

---

a liberação de parte do salário dos trabalhadores para ser gasta com bens duráveis que asseguraram a dinâmica do industrialismo ao transformar cada trabalhador em um consumidor. Essa contextualidade, todavia, não encontra amparo na realidade do Brasil, quiçá alguns traços possam ser identificados nos territórios outrora considerados polos da indústria automobilística, como foi o caso do ABC paulista.

da categoria *expropriações* no capitalismo contemporâneo. Qualifico-a como uma mediação da superexploração da força de trabalho e dos processos de reprodução ampliada do capital. Menos, portanto, do que um retorno a formas arcaicas, as novas expropriações (somadas à permanência das expropriações primárias) demonstram que, para a existência do capital e sua reprodução, as expropriações são geneticamente necessárias, *pero* adotando meios, formas e estratégias que se atualizam, tornando-as consoantes e necessárias à dinâmica capitalista do século XXI.

Dados a amplitude do tema e o espaço deste capítulo, atenho-me a problematizar as expropriações contemporâneas como mediação da exploração do trabalho e da acumulação por espoliação que confluem na ampliação da superexploração da força de trabalho. Para qualificar esse processo, destaco a atuação dos mecanismos de proteção social públicos desde a emergência do capitalismo monopolista, no processo de reprodução do trabalhador e sua família, embora no caso brasileiro esse seja um caso à parte porque, além de se constituírem tardiamente, não se configuraram como um sistema de proteção que lhes permitam serem qualificadas como constitutivas de um Estado Social similar ao que deu substância à cidadania fordista no pós-Segunda Guerra, nos países centrais. No caso brasileiro, há que destacar uma singularidade[5] presente na relação entre trabalho assalariado e proteção social, como faremos no item seguinte.

---

5. Desde os anos iniciais da década de 1970 que os trabalhadores assalariados do setor monopolista multinacional e das chamadas empresas estatais puderam usufruir de *salários indiretos* através dos benefícios ocupacionais (salários indiretos) ofertados pelas empresas, inclusive como parte dos seus acordos coletivos de trabalho. A partir da Constituição de 1988, com a instituição de novos direitos sociais, houve expansão dos mecanismos de proteção social, rompendo, em certa medida, com a *cidadania fordista* privada dos trabalhadores das grandes corporações, em face da ampliação do acesso aos bens e serviços públicos. Refiro-me, particularmente, aos da saúde, da previdência e da assistência social, lado a lado da conquista de direitos civis e políticos que robusteceram a luta social. Esse assunto foi por mim trabalhado em 1995, na minha tese de doutorado em Serviço Social, como uma das determinações dos rumos que assumiram o sistema de Seguridade Social naquela década. Sobre o tema, sugiro consultar Mota (1995, p. 165-80).

Expropriações contemporâneas e potenciação da superexploração

Na atual fase de subsunção formal e real do trabalho ao capital, a potenciação da exploração do trabalho responde aos imperativos do aumento da produtividade do trabalho através de processos combinados de produção da mais-valia absoluta e relativa, sob generalizada precarização das condições e relações de trabalho. Embora a avidez pelo trabalho excedente seja inerente à acumulação capitalista, a criação de novos espaços de valorização do valor amplia a exploração do trabalhador para além da intensificação do trabalho e da redução do trabalho vivo, imprimindo uma dimensão social inaudita à precarização que se espraia para toda a sociedade, com a generalizada perda de direitos sociais, do trabalho e de proteção social. É nessa dimensão que se dá a relação orgânica entre os processos de exploração do trabalho e da acumulação por espoliação na vasta miríade de novos negócios, sejam eles resultantes de privatizações e capitalizações de serviços, bens e ativos públicos; sejam pela criação de novas mercadorias. No caso da supressão e/ou mercantilização de serviços sociais necessários à reprodução e à proteção social dos trabalhadores, é possível identificar nesse movimento uma espécie de *remercantilização* e *desvalorização da força de trabalho* como expressão da superexploração dessa força de trabalho e precarização social dos que vivem do trabalho.[6]

Por isso mesmo, a questão das expropriações se ressignificam e se atualizam, vinculando-se organicamente com os mecanismos de exploração direta e indireta da força de trabalho e com a expansão

---

6. Em seu livro *O Brasil e o capital imperialista*, Virgínia Fontes (2010, p. 355) afirma: "malgrado a crítica de que este não é um processo específico da periferia, o conceito de *superexploração* conserva importância diante da possibilidade efetiva de que as classes dominantes, por razões políticas e econômicas, se apropriem de parcela do salário dos trabalhadores, de parte do trabalho necessário (portanto, dos recursos do fundo de reposição do trabalho) dos trabalhadores, para convertê-lo em capital".

da supercapitalização via contrarreformas do Estado. Como não se separam as esferas da economia e da política, esse processo se faz afetando a sociabilidade das classes trabalhadoras (cultura e ideologias), posto que a burguesia tenta subordiná-la aos seus interesses, determinando novos e precários modos de ser e de viver das classes subalternas, consonantes com o seu projeto de sociedade.

Evidente que no Brasil não podemos falar de um Estado Social como os que vigeram nos países centrais. Pondero que, dentre outros aspectos do capitalismo brasileiro (presente as ideologias da sua burguesia) e da trajetória da proteção social brasileira, vale destacar a mediação política e prática que apontei na nota 4; ou seja, a clivagem social entre os *salários indiretos* das empresas privadas e estatais, ou de economia mista, e os estruturados na esfera pública responsável pela oferta de bens e serviços públicos necessários à proteção social de todos os segmentos da sociedade brasileira como um *direito social* e não como um *direito contratual*, como é o caso dos benefícios oferecidos e capitaneados pelas empresas empregadoras.

Nesse ponto, cabe um destaque sobre a referência aos salários indiretos do setor privado e estatal dos trabalhadores das empresas monopolistas transnacionais e das estatais na vigência do milagre econômico,[7] nos anos 1970, em plena ditadura militar, quando foram legalmente instituídos os fundos de pensão e a chamada "medicina de grupo", em *substituição e complementação* à nova política de previdência e saúde que a ditadura criou, no caso o INPS, ao extinguir os então vigentes Institutos de Aposentadoria e Pensões (IAP) de

---

7. Os serviços oferecidos pelas empresas são considerados salários indiretos ou benefícios ocupacionais, cuja finalidade histórica (refiro-me à década de 1970 do passado século) desse *"mecanismo de apropriação de parte do salário dos trabalhadores"* era ampliar o acesso da emergente classe operária e de funcionários das estatais (operários ou não) aos bens e serviços que não poderiam ser adquiridos no mercado com os seus salários e em face da "extinção" dos serviços operados pelos antigos Institutos de Aposentadoria e Pensões (IAP), com a criação do INPS que aglutinaria as aposentadorias, pensões, benefícios ocupacionais e serviços de saúde. Iniciada naquele período, essa estratégia persiste e se expande na atualidade, como são exemplares os planos privados de saúde e da previdência complementar, mas não somente.

diversas categorias. À época foram conceituados como complementares aos serviços públicos de saúde e previdência, mas já exercitando a estratégia de capitalização dos ativos no mercado, para garantir os benefícios e serviços. Segundo meu ponto de vista, essa foi a principal estratégia de estímulo à produtividade do trabalho e meio de fixação do trabalhador às empresas, num período em que a constituição do operariado urbano-industrial era um requisito para o modelo de desenvolvimento da ditadura militar e expansão do capitalismo no Brasil. Naquela conjuntura, estabeleceu-se, de fato, um sistema de proteção social mais abrangente, acabando "formalmente" com os serviços de saúde voltados para *os indigentes* (população pauperizada, trabalhadores informais etc.) e os restritos às categorias profissionais, criados a partir da década de 1940. Reside nesse período o ponto de inflexão do que designei há mais de 20 anos como sendo as tendências de proteção social e da cidadania brasileira: o cidadão-trabalhador do grande capital, o cidadão consumidor dos serviços privados e cidadão-pobre da assistência social.

Foi somente com o exaurimento da ditadura militar, com o processo de redemocratização no novo cenário político e macroeconômico, em termos nacionais e mundiais, a partir dos anos 1980, particularmente com a Constituição de 1988, que o quadro anteriormente descrito sofre profundas mudanças, dentre elas a criação de um sistema público de seguridade social, integrado pelas políticas de Saúde, Previdência e Assistência Social. Os trabalhadores em geral e os segmentos pauperizados passam a ter acesso às políticas de proteção social públicas como direitos sociais, objeto da luta de classe. Diga-se de passagem: que é esse sistema, dentre outros, o objeto das supercapitalizações e das expropriações em curso. É exatamente essa condição — de acesso à proteção social pública — que está sendo expropriada e que, dado o quadro do desemprego e da expansão generalizada do trabalho desprotegido, parecem só restar aos trabalhadores a vivência da desresponsabilização social do Estado e o aumento da dependência em relação ao mercado, para atender a suas necessidades sociais e materiais.

Nessa direção, as contrarreformas em curso — com as devidas ponderações históricas — tentam reeditar, com maior açodamento e sanha pela acumulação da riqueza, o que fez a ditadura nos anos 1970: destruir o sistema público de proteção social vigente sob o argumento da equidade e incapacidade financeira do Estado. E o fazem não mais pela expansão dos salários indiretos de trabalhadores do setor privado e público, mas criando serviços mercantis e/ou contrapartidas que surrupiam deslavadamente a renda do trabalho, remetendo, assim, em grande medida, o atendimento das necessidades sociais contemporâneas dos trabalhadores a uma nova e perversa dependência/mediação do mercado, subtraindo direitos e obrigando-os a comprarem, com seu parcos salários e renda, bens e serviços, dentre eles os de saúde e previdência complementar, submetendo-os a novas *expropriações*[8] que alargam, ainda mais, os termos e as condições da superexploração da força de trabalho.

Se o fundo de consumo dos trabalhadores — base do cálculo do trabalho socialmente necessário —, nas sociedades periféricas, se fez historicamente com a translação para o fundo de acumulação do capital (Matias, 2018, p. 135-96), na atualidade, ela é potencializada. Além dos baixos salários não garantirem o atendimento das necessidades (sociais, biológicas, civilizatórias e culturais) dos trabalhadores, eles passam a ser responsáveis pelo custo das condicionalidades de acesso (compra) dos bens e serviços sociais (que são/eram públicos). Isso sem falar na questão da tributação regressiva, cuja participação da renda dos trabalhadores na constituição do fundo público sempre foi majoritária.

Por isso mesmo, a questão das expropriações se ressignifica, vinculando-se organicamente com os mecanismos de exploração da

---

8. Com referência à ressignificação do processo de expropriação (abordado por Marx em "A chamada acumulação primitiva"), destaco que tanto no processo original como na atualidade permanece a separação dos trabalhadores da propriedade dos meios de produção e de vida como determinação primeira da emergência do trabalho livre e, consequentemente, do atendimento das suas necessidades de sobrevivência no mercado, através da compra de mercadorias com recursos dos seus ganhos salariais.

força de trabalho, com a expansão da supercapitalização, com a contrarreforma do Estado e, de forma deslavada, na formação da sociabilidade das classes trabalhadores (cultura e ideologias), determinando modos de ser e de viver necessários ao projeto de classe dominante.

A esfera da exploração, em unidade com a da acumulação por espoliação, está voltada para o aumento da produtividade do trabalho e opera redefinições na dinâmica do trabalho coletivo, atingindo a divisão sociotécnica do trabalho, o emprego, as jornadas e as condições de trabalho. Passam a ser geridas com a adoção de novos métodos e pedagogias que, na atualidade, não mais dependem da concentração de trabalhadores no mesmo local de trabalho, mas da capacidade de coordenação da gestão capitalista. Elas revelam novas e engenhosas estratégias de produção da mais-valia, através da desregulamentação do trabalho e da formação de novos consensos, tais como o trabalho por conta própria e o estímulo ao *empreendedorismo* dos trabalhadores, transformando-os em vendedores de mercadorias e parte das cadeias produtivas de diversos setores (Mota e Tavares, 2016, p. 232).

Assim, entendemos que as expropriações não se restringem a uma fase histórica do capitalismo, como se poderia pensar nos termos dos processos de acumulação primitiva (Marx, 1980),[9] marcados pela expropriação original da terra e dos meios de produção dos trabalhadores nos primórdios do capitalismo (Harvey, 2006). Como Fontes (2011, p. 45), consideramos que "as expropriações contemporâneas se tornaram agressivas e potencialmente ilimitadas, ao converter características humanas, sociais ou elementos da natureza em potenciais

---

9. No capítulo XXIV de *O capital* — A assim chamada acumulação primitiva —, Marx (1984) demonstra que a transformação de trabalhadores independentes em trabalhadores assalariados pressupôs dinheiro acumulado e, principalmente, o processo histórico de separação dos meios de produção dos produtores. Essa separação, que pode aparentar ser um processo datado, é, a nosso ver, bastante atual, muito embora, hoje, algumas relações de produção estejam sendo desenvolvidas por trabalhadores que são possuidores dos meios de produção. Se originalmente as expropriações diziam respeito, diretamente, à propriedade da terra e aos instrumentos de trabalho, no século XXI elas têm outras características, dentre elas a mercantilização de serviços públicos, transformando-os em mercadorias a serem adquiridas no mercado, pelos trabalhadores.

mercadorias", cujo acesso somente é possível através da compra, por meio do mercado.

Essas expropriações, em geral, além de serem objeto de violências as mais diversas, ao subtrair conquistas históricas dos trabalhadores, são também "a matéria-prima" de manipulações ideológicas, assumindo características de práticas modernas com o objetivo de naturalizar os meios de precarização do trabalho e da vida dos trabalhadores. Os direitos à educação, à renda na inatividade e à saúde, por exemplo, transitam da esfera dos direitos para a da oferta de serviços privados e mercantis, por vezes considerados complementares ou suplementares aos serviços públicos, como expressão dessas modernas expropriações que afetam a vida material e social das classes trabalhadoras e subalternas. Sob auspícios do Estado, o capital — com o aporte do capital financeiro — expande a capitalização para a esfera dos serviços sociais, transformando-os em negócios lucrativos que criam novas condicionalidades para o acesso de homens e mulheres nessa quadra histórica, mediante a compra dos mesmos com parte dos seus salários e/ou renda.

Vale salientar que a emergência do capitalismo se fez à base da expropriação do trabalhador da terra e dos instrumentos e meios de suprir sua subsistência, tornando-os *livres* para a exploração capitalista. Transformados em trabalhadores assalariados, os seus meios de subsistência passaram a ser adquiridos no mercado, com os rendimentos do trabalho. Com a liberação dos trabalhadores do campo, também foram liberados os alimentos que eles consumiam. O camponês expropriado dos seus meios de produção tinha de adquiri-los mediante o salário ganho do capitalista industrial, seu novo senhor (Mota e Tavares, 2016, p. 237).

Essas expropriações, como já lembrado, tendem a ampliar a dependência do trabalhador em relação ao mercado, para o atendimento das suas necessidades, transformando-o num *consumidor de serviços e mercadorias* pela expropriação de direitos, bens e serviços que eram pertinentes à sua condição de cidadão e trabalhador. Seguindo essa formulação, a chave analítica de Ruy Mauro Marini mantém atualidade no que diz respeito à questão da violação do valor (equivalente) do trabalho necessário, mas outros aspectos podem ser considerados mediadores da superexploração do trabalho, como já argumentamos.

O elemento novo e particular dessa usurpação é a dimensão social que adquire e, por analogia, digo eu que ela atinge não apenas os trabalhadores da fábrica, mas todos os espaços de trabalho, assalariado ou não, extrapolando a questão das trocas desiguais e da remessa de excedentes entre centro e periferia. O que de particular se assiste é à supercapitalização dos meios de reprodução e proteção social ao trabalhador, numa regressão, ainda que na ordem capitalista, dos pressupostos da reprodução do trabalhador desde a emergência do capitalismo monopolista.

Defendo, portanto, a tese de que as expropriações de direitos, paralelamente à oferta de serviços mercantis antes acessados como políticas públicas, podem ser consideradas mecanismos de *superexploração* da força de trabalho.

Em pesquisa empírica que realizamos no Nordeste do Brasil, em Pernambuco, numa área onde predomina a indústria de confecções, especificamente a do vestuário, pudemos observar, com clareza, a existência dessa superexploração. Embora empregada e com renda do trabalho, a população vive em condições de pobreza, em decorrência das baixas remunerações e da inexistência de infraestrutura e serviços sociais públicos. Isso obriga os trabalhadores e trabalhadoras a adquiri-los no mercado, subtraindo do seu salário os recursos destinados a atender às suas necessidades básicas de subsistência. Para compensar esse dispêndio, os trabalhadores na região têm jornadas de trabalho de 14 horas diárias, o seu trabalho é por peça e em domicílio, sem assalariamento, mas subordinado formal e realmente ao capital. Não sendo beneficiários do sistema de previdência, não possuem serviço algum voltado para a sua saúde, a despeito das atividades insalubres e dos acidentes de trabalho, inclusive no ambiente doméstico.

Nesse sentido, as supressões do acesso a bens e serviços sociais — que desde o capitalismo monopolista requeriam o financiamento de fundos públicos como partícipes da reprodução do trabalhador

— convertem-se atualmente em negócios privados e lucrativos, adquiridos pelos trabalhadores e suas famílias mediante contrapartidas com parte dos seus miseráveis salários. O resultado é um crescente aumento da superexploração dos trabalhadores pela combinação da exploração e espoliação capitalista. Assim, o trabalhador passa a ser *quase que* o único responsável pela sua reprodução, sendo a sua superexploração mediada tanto pela compra dessas mercadorias, como pela desresponsabilização dos que contratam ou subcontratam sua força de trabalho, numa explícita organicidade entre capital privado e Estado. Isso vem sendo tratado como uma condição do trabalhador sem patrão, por conta própria, e como expressão da dimensão social da precarização do trabalho. Em suma, sob a privatização e a mercantilização de serviços sociais, subjaz a potenciação da superexploração da força de trabalho, numa trajetória que é o avesso do Estado Social.[10]

Por outro lado, para compensar a incidência da precarização do trabalho (nos termos aqui referidos) e a expropriação da segurança social, o Estado recorre "paradoxalmente" às políticas de *exceção* através dos programas de transferência de renda, que grassam por todo o mundo, ou às iniciativas voluntárias da sociedade civil (associações caritativas, fundações empresariais, organizações não governamentais), qualificando-as de políticas de assistência aos pobres.[11]

---

10. Guedes e Pereira (2012, p. 25), ao discutirem sobre as reformas do Estado Social português, denunciam: *"Se o Estado reduzir os serviços sociais ou as contribuições entregues pelas entidades patronais a esses serviços, estará a subtrair indiretamente o salário dos trabalhadores. Ora, uma redução de salário, seja ela direta ou indireta, por mais voltas que se lhe dê, por mais nomes alternativos que se lhe chame, é sempre um roubo, uma traição a um contrato acordado; produz sempre os mesmos efeitos nefastos sobre a vida e as expectativas de vida das pessoas; sofre sempre da mesma ilegitimidade política, jurídica e ética"*.

11. Referimo-nos aos programas de transferência de renda de maneira geral; todavia, é mister assinalar a existência de diferenças entre os Programas de Renda Mínima de Inserção, considerados como um direito assistencial, inscritos no rol dos benefícios da seguridade social, e os programas assistenciais, como programas de governo de que são exemplos os vigentes em todos os países da América Latina. Contudo, filosófica e objetivamente, qualquer que seja sua natureza jurídico-política, esses programas são focais e destinados a "combater" a pobreza, ainda que inclua o *precariado* no conjunto dos impossibilitados de produzir seus meios de vida. No que tange às iniciativas da sociedade civil, além das de caráter associativista ou religioso de

Desse modo, a precariedade de vida dos trabalhadores apresenta-se como indicadores de pobreza e, nessa condição, passam a se constituir objeto de programas na esfera da Assistência Social; e não de outras políticas sociais que atendam a trabalhadores e trabalhadoras *ultraprecarizados* e desempregados. Essas observações, contudo, não elidem o reconhecimento de necessidades imediatas dos seguimentos pauperizados, nem tampouco o significado que têm no enfrentamento da pauperização das classes subalternas; mas, na atual conjuntura, inegavelmente, subsumem o trabalho precário e o desemprego ao genérico fenômeno da pobreza, deslizando para o campo da assistência social o que diz respeito a outras políticas, como as de trabalho, saúde, previdência, habitação, educação etc.

Reflexões finais

Retomando o argumento que abriu este ensaio, invoco a síntese de Antunes (2013, p. 338) para afirmar que as mudanças nos processos, relações e condições de trabalho predominantes no século XXI são marcadas pelas novas formas "de valorização do valor que trazem embutidas novos mecanismos geradores de trabalho excedente e, ao mesmo tempo, expulsam da produção uma infinidade de trabalhadores que se tornam sobrantes". Essa cadência, que explora e expropria, integra e exclui os trabalhadores da produção capitalista, seja pelo desemprego, seja pelo rebaixamento salarial ou pelas novas formas de assalariamento, uma vez que reduz ainda mais as remunerações da força de trabalho à escala global e continental, é adensada pela supressão de políticas públicas, operando uma regressão assombrosa nas conquistas dos trabalhadores dos países periféricos que desconhecem historicamente a existência do Estado Social. Assim, as novas

---

caráter secular, apresenta-se outra tendência mundial, inclusive defendida pelo setor privado lucrativo, que são as iniciativas de responsabilidade social empresarial.

modalidades de valorização do valor respondem pela centralidade do trabalho precário e pela negação do direito ao trabalho protegido e à proteção social universal.

Essas expressões singulares do trabalho no século XXI, quando tratadas genericamente como precarização e desproteção do trabalho, podem velar a superexploração do trabalho (Marini, 1973). Por isso mesmo, na trilha do pensamento de Marini, podemos afirmar que, na atual fase de subsunção formal e real do trabalho ao capital, a potenciação da exploração do trabalho, através da sua precarização e das expropriações, pode ser compreendida como um processo que, além de restringir a reprodução dos trabalhadores e da sua família aos mínimos de sobrevivência, obriga-os a se endividarem para ter acesso a habitação, serviços de iluminação e abastecimento ou abrirem mão de bens essenciais para consumir produtos sem os quais, na sociedade de uma vida dedicada ao trabalho e à industrialização da vida doméstica, é impossível estabelecer laços de socialidade (TV, refrigerador, máquina de lavar, celular etc.) (Luce, 2018, p. 195).

A redução da qualidade e do tempo real de vida do trabalhador pela intensidade e extensividade das jornadas de trabalho, pela penosidade e multifuncionalidade, adoecimento no trabalho, além do trabalho em domicílio e da mobilidade urbana determinam o sitiamento de qualquer projeto de vida do trabalhador e de sua família (ético-político, pessoal, social), empobrecendo suas objetivações e ideários, dada a centralidade da luta pela sobrevivência, o medo do desemprego, o desalento, a insegurança, as incertezas e os riscos do trabalho. Igualmente fraturam a organização e a solidariedade coletiva das classes trabalhadoras, determinadas pelo esgarçamento da vivência coletiva do trabalho, pela concorrência entre os trabalhadores etc.

A supressão de políticas, benefícios e direitos — que sob a privatização são tornados mercadorias — repercute diretamente sobre o modo de vida das famílias trabalhadoras. Destacamos, pois, a supercapitalização da esfera dos serviços, mediada pelo capital financeiro (fundos de pensão, como previdência complementar, seguros de saúde, como saúde complementar/suplementar, financiamento bancário aos alunos universitários, somente para citar três casos), como expressão da crescente dependência do trabalhador em relação ao mercado. Nesse sentido, as mediações da superexploração tanto se referem à intensificação e ampliação da exploração do trabalho como à mercantilização de bens e serviços públicos, fazendo emergir uma nova *persona* da reforma do Estado Social: o trabalhador-consumidor--expropriado. Sua exploração — produto histórico das relações entre capital e trabalho — transforma-se em superexploração, posto que se amplia o trabalho excedente e subtrai-se parte dos seus salários para comprar, no mercado, aquilo que o Estado está a lhe negar.

Por isso mesmo, nessa conjuntura de ofensividade das classes dominantes, os que vivem a superexploração como expressão, dentre outras, das expropriações materiais e sociais, não podem abrir mão de lutar pelos seus direitos trabalhistas e por uma seguridade social universal, visto que, em tal conjuntura regressiva, essa luta contém uma direção anticapitalista e insurgente, ainda que não revolucionária. Seus desdobramentos dependerão da correlação de forças entre as classes sociais.

Referências

ANTUNES, Ricardo. A nova morfologia do trabalho e suas principais tendências. In: _____. (Org.). *Riqueza e miséria do trabalho no Brasil II*. São Paulo: Boitempo, 2013.

BEHRING, Elaine R. *Ernest Mandel*: imprescindível. 2015, p. 49. Disponível em: <http://www.epublicacoes.uerj.br/index.php/revistaempauta/article/view/18621/13591>. Acesso em: 6 jul. 2018.

BRAGA, Ruy. *A política do precariado*. São Paulo: Boitempo, 2012.

_____. A era da pilhagem. In: DEMIER, Felipe; HOEVELER, Rejane (Orgs.). *A onda conservadora*: ensaios sobre os atuais tempos sombrios no Brasil. 1. ed. Rio de Janeiro: Mauad, 2016.

BRAGA, Ruy. *A rebeldia do precariado*: trabalho e neoliberalismo no Sul global. 1. ed. São Paulo: Boitempo, 2017.

BRAZ, Marcelo. Capitalismo, crise e lutas de classes contemporâneas: questões e polêmicas. *Serviço Social & Sociedade [on-line]*, n. 111, p. 468-92, 2012. Disponível em: <http://dx.doi.org/10.1590/S0101-66282012000300005.>. Acesso em: 3 jul. 2018.

_____. O golpe nas ilusões democráticas e a ascensão do conservadorismo reacionário. *Serviço Social & Sociedade [on-line]*, n. 128, p. 85-103, 2017. Disponível em: <http://www.scielo.br/scielo.php?script=sci_arttext&pid=S0101662820170001 00085&lng=en&nrm=iso&tlng=pt>. Acesso em: 3 jul. 2018.

_____. *Brasil, 2016-2018*: las ilusiones perdidas, el ascenso de la derecha y las dificultades de la izquierda. Disponível em: <https://www.hemisferioizquierdo.uy/single-post/2018/05/26/Brasil-2016-2018-las-ilusiones-perdidas-el-ascenso-de-la-derecha-y-las-dificultades-de-la-izquierda>. Acesso em: 7 jun. 2018

CISLAGHI, Juliana Fiúza. *A retirada de direitos no capitalismo contemporâneo*: aumento da exploração dos trabalhadores e a subsunção do trabalho ao capital. Disponível em: <http://www.niepmarx.blog.br/MM2017/anais2017/MC44/mc442.pdf.> Acesso em: 11 jun. 2018.

FONTES, Virginia. *O Brasil e o capital imperialismo*: teoria e história. 2. ed. Rio de Janeiro: EPSJV/Editora, 2010.

_____. Expropriações contemporâneas: um primeiro debate teórico. In: ALIAGA, Luciana; AMORIM, Henrique; MARCELINO, Paula (Orgs.). *Marxismo*: teoria, história e política. São Paulo: Alameda, 2011.

_____. *Marx, expropriações e o capital monetário*: notas para o estudo do imperialismo tardio, 2003. Disponível em: <http://www.odiario.info/b2-img/critmarx.pdf>. Acesso em: 3 ago. 2015.

GRANEMANN, Sara. *Para uma interpretação marxista da "previdência privada"*. 2005. Tese (Doutorado) — Universidade Federal do Rio de Janeiro, Programa de Pós-Graduação em Serviço Social, Rio de Janeiro, 2005.

GUEDES, R.; PEREIRA, R. Quem paga o Estado Social em Portugal. In: VARELA, R. (Org.). *Quem paga o Estado Social em Portugal?* Lisboa: Bertrand, 2012.

HARVEY, David. *A produção capitalista do espaço*. São Paulo: Annablume, 2006.

_____. *O novo imperialismo*. São Paulo: Loyola, 2004.

HUSSON, Michel. *Miséria do capital:* uma crítica do neoliberalismo. Lisboa: Terramar, 1999.

LUCE, Mathias S. *Teoria Marxista da Dependência:* problemas e categorias — uma visão histórica. São Paulo: Expressão Popular, 2018.

LUXEMBURGO, Rosa. *A acumulação de capital*: contribuição ao estudo econômico do imperialismo. São Paulo: Nova Cultural, 1985.

MANDEL, Ernest. *O capitalismo tardio.* 2. ed. São Paulo: Nova Cultural, 1982.

MARINI, Ruy Mauro. *Dialética da dependência.* 1973. Disponível em: <https://www.marxists.org/portugues/marini/1973/mes/dialetica.htm>. Acesso em: 3 jul. 2015.

_____. Dialética da dependência. In: TRASPADINI, R.; STEDILE, J. P. (Orgs.). *Ruy Mauro Marini:* vida e obra. São Paulo: Expressão Popular, 2005. p. 181-94.

MARX, Karl. A chamada acumulação primitiva. In: _____. *O capital:* crítica da economia política. O processo de produção do capital. Rio de Janeiro: Civilização Brasileira, 1980. v. 2, Livro I, Capítulo XXIV, p. 828-82.

_____. *O capital:* crítica da economia política. Tradução de Régis Barbosa e Flávio R. Kothe. São Paulo: Abril Cultural, 1984. v. 1, t. 2.

MOTA, Ana Elizabete. *Cultura da crise e seguridade social:* um estudo sobre as tendências da previdência e da assistência social brasileira nos anos 80 e 90. São Paulo: Cortez, 1995.

_____; TAVARES, M. A. Trabalho e expropriações contemporâneas. In: MOTA, A. E.; AMARAL, A. (Orgs.). *Cenários, contradições e pelejas do Serviço Social brasileiro.* São Paulo: Cortez, 2016. p. 229-51.

6

Fundo público, exploração e expropriações no capitalismo em crise

Elaine Rossetti Behring

Introdução

O presente capítulo[1] é a sistematização de algumas reflexões que vimos realizando, a partir das provocações dos trabalhos de David Harvey (2004), Virgínia Fontes (2010) e Ivanete Boschetti (2016), bem como do diálogo profícuo com os estudantes de doutorado da UERJ na disciplina de Política Social e Serviço Social do PPGSS-UERJ, e no âmbito do Grupo de Estudos e Pesquisas do Orçamento Público e da Seguridade Social (GOPSS-UERJ) nos últimos anos. Penso que o debate atual da categoria expropriação, e de seus correlatos, tais como despossessão ou espoliação, como aponta Harvey, ou expropriações primárias e secundárias, como arrisca Fontes, faz parte de uma busca importante de caracterização daquilo que constitui a ofensiva

---

1. Este texto é parcialmente uma versão da comunicação apresentada ao NIEP-MARX 2017, em mesa coordenada sobre o tema das expropriações, ao lado de Ivanete Boschetti, Ana Elizabete Mota e Juliana Fiuza Cislaghi. Ali realizamos um interessante debate e que levou a inserções e vários esclarecimentos no conteúdo.

atual e brutal do capital sobre os trabalhadores. Trata-se de delinear coletivamente aquilo que é permanente e constitutivo do modo de produção capitalista ao longo da sua história, como totalidade concreta desigual e combinada. E, no mesmo passo, trazer à tona o que o tempo presente engendra de novo, na busca incessante e cada vez mais destrutiva do capital pelo valor, no contexto da sua reprodução ampliada. Nossa contribuição ao debate relaciona expropriação e exploração, a partir da lógica de ajuste fiscal que orienta a formação e alocação do fundo público no Brasil recente, como se verá nas linhas que seguem, concretizando a análise e nos posicionando no debate que percorre o conjunto desta publicação.

1. Expropriação e exploração no capitalismo atual

O tempo presente é de decadência e crise do capitalismo monopolista e imperialista em sua maturidade, que adentra numa onda longa com tonalidade de estagnação (Mandel, 1982) desde fins dos anos 60 do século XX. Mesmo com a imensa reação burguesa a sua própria crise, com o advento do neoliberalismo, da mundialização financeira e da reestruturação produtiva nos últimos quatro decênios, ao que se agrega o impulso chinês e a expansão do capitalismo a leste, a tonalidade recessiva global não foi superada, ainda que tenha ocorrido certa retomada da taxa de lucros em curtos ciclos dentro do longo período. A forte débacle de 2008/2009 é a expressão disso. Outrossim, tal reação burguesa é acompanhada de vastas sinalizações de barbarização da vida. Esta se expressa no descolamento de enormes icebergs e grandes incêndios e enchentes, em função do aquecimento global produzido pelo metabolismo destrutivo do capital, engendrado pelas decisões microeconômicas "racionais" das classes dominantes, com o apoio de seus Estados, e que geram uma irracionalidade total. Passa pelo belicismo e a ameaça de confrontos nucleares, especialmente após a eleição de Trump nos EUA, vociferando ameaças em todas as direções, o que mostra uma preocupante tendência de saída imperialista clássica da crise pelo belicismo localizado já em curso e produzindo imensos deslocamentos humanos, mas também generalizado. E se expressa muito especialmente na agressiva ofensiva sobre as maiorias — a classe trabalhadora — tendo em vista a apropriação do tempo de trabalho a baixo custo, explorando o diferencial de produtividade do trabalho na hierarquia da economia capitalista mundial (Mandel, 1982). Isso fica evidente com as contrarreformas dos Estados (Behring, 2003), com destaque para as transformações no campo das legislações trabalhistas e de políticas e direitos sociais. Na França, um país de capitalismo central, e no Brasil, heterônomo e dependente, vimos recentemente o avanço de draconianas contrarreformas trabalhistas. No primeiro caso, tratou-se de quebrar ainda mais profundamente o que se chamou de relação salarial (Castel, 1998), instaurando o reino da precariedade e da insegurança do trabalho numa sociedade que conheceu o pleno emprego keynesiano. No Brasil, é mais um capítulo da superexploração da força de trabalho (Marini, 2005), num capitalismo marcado pela inexistência do pleno emprego keynesiano e de um Estado Social (Boschetti, 2018) com coberturas amplas, diga-se, pelo trabalho desprotegido para as maiorias, expandindo essa forma para aquela parte da população economicamente ativa que contava com alguma proteção[2]. Não basta apenas a expansão contínua do desemprego estrutural e de longa duração que se assiste desde a viragem dos "Anos de Ouro" para a o ambiente da crise, que alguns apontam como estrutural (Mandel, 1982 e 1990; Mèszáros, 2002), com a consequente ampliação do exército industrial de reserva. Trata-se de espremer o tempo de trabalho necessário até o limite físico, até a

---

2. No Brasil, após a contrarreforma trabalhista que se fez em nome do emprego (SIC!), a mais recente pesquisa do IBGE, a PNAD Contínua referente a dezembro de 2017, revela a existência de cerca de 32 milhões de desempregados, sendo cerca de 4 milhões em desalento, ou seja, que desistiram de buscar emprego, dada a imensa dificuldade de inserção no mercado de trabalho formal, ainda maior que nos períodos anteriores.

última gota, sob a pressão de um imenso exército de reserva, no qual grandes maiorias irão permanecer de forma perene, a não se reverter esse estado de coisas.

Nessa direção, a captura direta do fundo público — como operam o capital portador de juros pela chantagem das dívidas dos Estados, e também os capitalistas funcionantes (o capital industrial e comercial) por meio dos gastos tributários (renúncia fiscal) e da complacência com a dívida ativa empresarial — tornou-se visceral à reprodução ampliada do capital, tanto quanto a criação das condições, ótimas para o mercado, de oferta da força de trabalho a baixo custo, pressionando os trabalhadores a aceitarem qualquer trabalho e qualquer salário. Daí decorre a necessidade de desregulamentar as relações de trabalho e de atacar os salários indiretos, na forma das políticas sociais, que seriam o retorno aos trabalhadores da parte do trabalho necessário e excedente que se tornou fundo público, na nova repartição operada pelo Estado (Behring, 2010). Trata-se de expropriar os trabalhadores como pré-condição para a maior extração de mais valor (exploração), o que passa pela fragilização de suas condições de oferta, remetendo à pressão dos trabalhadores na reserva, e, também, à desproteção social generalizada. As condições de oferta eram antes, em maior ou menor medida, mediadas pelas políticas sociais, além de constar na planilha de custos dos empregadores, num ambiente de pacto social fordista-keynesiano ou fordista periférico em alguns espaços nacionais da periferia (Lipietz, 1988). Precisando ainda mais nossa compreensão dos termos deste debate, se as políticas sociais públicas operam na reprodução da força de trabalho, *conditio sine qua non* para sua oferta no mercado de trabalho, a fragilização das mesmas pressiona pela oferta em quaisquer condições. A redução de direitos e de políticas sociais configura-se como expropriação — após as conquistas históricas de direitos nos séculos XIX e XX — para que se tenha trabalhadores "livres com os pássaros" nas atuais condições de reprodução ampliada do capital, além de diminuir os custos empresariais com o capital variável.

É evidente que onde o Estado Social foi mais consistente, a visibilidade deste processo como expropriação é maior, dado o impacto das perdas de direitos sociais dos trabalhadores, ampliando a insegurança da existência. Nas sociedades capitalistas marcadas pela dependência, pela superexploração da força de trabalho, pela imensa rotatividade do trabalho e informalidade, e por um Estado Social com coberturas frágeis, tais processos parecem ser o recrudescimento da condição geral dos trabalhadores. No entanto, ainda aqui as políticas sociais cumprem papel importante na reprodução da força de trabalho e implicam nas suas condições de oferta. Portanto, sua obstaculização, desfinanciamento e contenção contrarreformista, como expropriação, viabiliza uma ofensiva ainda mais dura sobre os trabalhadores, tendo em vista a extração de mais-valor, mesmo que ao custo geral de dificuldades de realização do mesmo à medida que os trabalhadores são também consumidores. Isso tem implicado na produção de bens suntuosos, num mercado que explora muitos e se retroalimenta a partir do consumo conspícuo e, também, do desperdício (Baran e Sweezy, 1978 e Mèszáros, 2002).

Mas há mais novidades nesse terreno das expropriações contemporâneas. As políticas sociais também são pressionadas pelo que Mandel (1982) nomeou como *supercapitalização*, já que na crise os capitais superacumulados buscam nichos de valorização, transformando serviços públicos em mercadorias, o que termina por compor também o menu de expropriações na sua forma atual (Fontes, 2010 e Boschetti, 2016), já que os trabalhadores são obrigados a buscar os serviços no mercado, a partir dos seus salários. A esses processos de transformação de serviços públicos — com destaque para a previdência, saúde e educação — em mercadorias, e consequente implosão de direitos, agrega-se a realização de contrarreformas tributárias regressivas, ampliando a tributação indireta (Salvador, 2010), fazendo recair a carga tributária cada vez mais sobre o trabalho necessário. Em muitos países, e destacadamente no Brasil, a maior parte da composição do fundo público se dá pela tributação indireta, numa espécie de segundo momento da exploração[3], agora na forma tributária, já que parcela ampla desses recursos não retornam para os trabalhadores na forma de serviços e benefícios das políticas públicas, num movimento em que expropriação e exploração se encontram no mesmo passo, concomitantes.

Tais dinâmicas e lógicas parecem corroborar, portanto, os processos de *expropriação* em formas renovadas no capitalismo contemporâneo, tal como debatem Fontes (2010) e Boschetti (2016), como *conditio sine qua non* para o aprofundamento da *exploração* da força de trabalho, em sua busca — desesperada e destrutiva — de valor. Pensamos que as expropriações no sentido clássico marxiano (Marx, 1988, Capítulo XXIV) são um processo permanente no capitalismo, em especial nos poucos territórios ainda disponíveis para as incursões violentas do capital. No entanto, as perdas de conquistas importantes da força de trabalho, desde a limitação da jornada de trabalho no século XIX, podem ser vistas como movimentos contemporâneos de expropriação tendo em vista as condições para a exploração em escala exponenciada. Assim, esses são processos que se requisitam na reprodução ampliada do capitalismo em ambiente de crise estrutural, ainda que isso implique num recrudescimento das contradições do modo de produção capitalista no seu conjunto, donde decorre a caracterização da crise como estrutural e endêmica.

Vamos explorar melhor essas hipóteses nas linhas que seguem, pelo veio da lógica que preside a formação e alocação do fundo público neste Brasil sob ajuste fiscal permanente, hoje agudizado pelo golpe de Estado de novo tipo, de 2016, e seu Novo Regime Fiscal, expresso pela Emenda Constitucional n. 95, que praticamente congela os gastos primários do governo federal por vinte anos, com forte incidência sobre o financiamento das políticas sociais e se combina a outras medidas. Mas, antes, revisitemos nossa compreensão sobre o fundo público, como um pressuposto para o debate.

---

3. James O'Connor (1977) sugere essa chave da "exploração tributária" em seu conhecido texto sobre a Crise Fiscal nos Estados Unidos.

2. Sobre o Fundo Público[4]

Vimos nos últimos anos realizando um esforço teórico e de pesquisa tendo em vista a compreensão do fundo público a partir da crítica da economia política, ou seja, de sua relação com o valor e o processo de acumulação de capital. Alguns resultados dessa pesquisa estão socializados em publicações já disponíveis (Behring, 2008, 2010, 2012, 2016 e 2017). Aqui, sintetizamos os termos deste debate, tendo em vista caracterizar o movimento que preside a alocação e formação do fundo público e que alimenta uma lógica de expropriação conjugada com a intensificação da exploração dos trabalhadores.

Nosso primeiro contato com o tema do fundo público se deu, na verdade, a partir da categoria mandeliana de *capital estatal* (Mandel, 1982), que parece a princípio ter o mesmo sentido geral que fundo público no texto seminal de Francisco de Oliveira (1998), qual seja, o conjunto de recursos que o Estado mobiliza, que extrai da sociedade, na forma de taxas, contribuições, impostos etc., para o desempenho de suas funções. Recente trabalho de Salvador (2015, p. 9) é bastante preciso quanto a essa visão mais geral. Segundo ele: "O fundo público envolve toda a capacidade de mobilização que o Estado tem para intervir na economia, seja por meio das empresas públicas ou pelo uso de suas políticas monetária e fiscal, assim como pelo orçamento público". Salvador destaca quatro funções do fundo público na economia: o financiamento do investimento capitalista, das políticas sociais, da infraestrutura, e a remuneração do rentismo. Mas essa é ainda uma aproximação genérica. Se ultrapassamos este patamar, vamos desvelar importantes diferenças entre Mandel e Oliveira, e mais, mediações e contradições que tornam o fundo público um tema palpitante para quem busca compreender, sob a lupa da crítica da economia política, a totalidade concreta, a sociedade burguesa contemporânea, madura e decadente, sustentada sobre o castelo de cartas do endividamento

---

[4]. Resgatamos a síntese que consta em Behring 2016 e 2017, articulando-a com o tema das expropriações.

público e privado, que tem como garantia e "rede de proteção às avessas" o fundo público, ou seja, ao custo da desproteção de milhões de trabalhadores expropriados.

Vimos adotando as teses de Francisco de Oliveira sobre o fundo público em dois sentidos. Primeiro, de que houve uma mudança de qualidade da presença do fundo público no capitalismo após a Segunda Guerra Mundial, que é a expressão da maturidade do capitalismo e das formas que assumem suas contradições entre o desenvolvimento das forças produtivas e as relações sociais de produção, implicando em um novo padrão de financiamento público, no contexto da onda longa com tonalidade expansiva e da produção de superlucros (Mandel, 1982). Segundo, e daí decorrente, a caracterização de que o fundo público passa a ser um componente estruturante, *ex ante* e *ex post*, segundo Oliveira (1998), ou *in flux* do capitalismo, em nossa formulação (Behring, 2010 e 2012). Esse entendimento é fundamental para compreender o quanto se tornou estratégica a direção do Estado burguês pelos vários capitais para operar uma nova *repartição do butim* em favor dos segmentos hegemônicos e expropriando os direitos dos trabalhadores. Partindo dos termos marxianos, o butim quando se transforma em fundo público é mais-valia socialmente produzida (trabalho excedente), mas é também parte do trabalho necessário (Behring, 2010). No tempo presente, o capital portador de juros com sua hegemonia, realiza a punção de grande parte do fundo público por meio da dívida dos Estados nacionais, de entes subnacionais, e de empresas estatais. Porém, o fundo público é também central para os trabalhadores, tendo em vista se apropriarem do que deles foi extraído, no sentido de sua reprodução social imediata. Ou seja, estamos com Oliveira (1998) quando mostra que a luta de classes e seus segmentos incide sobre a dinâmica do fundo público, seja de sua formação — com o conflito tributário —, seja de sua alocação, com o conflito distributivo, a exemplo das disputas de vida e morte em torno dos orçamentos públicos. No entanto, nossa concordância aí se encerra, pois os desdobramentos que vêm em seguida na obra de Oliveira são bastante controversos, se partimos da crítica marxista da economia política, a exemplo de sua discussão sobre o "antivalor" e o "modo de produção social-democrata", sobre o que não trataremos neste texto[5].

Temos, portanto, a compreensão de que o fundo público se forma a partir da mais-valia socialmente produzida, diga-se do trabalho excedente, que se reparte em juros, lucro e renda da terra, sobre os quais incidirá a capacidade extrativa do Estado, a carga tributária, envolvendo todos os participantes do butim: o capital portador de juros, o capitalista funcionante/industrial, o capital comercial, os proprietários de terras. Mas o fundo público também se compõe do trabalho necessário — e diríamos, cada vez mais, com o advento do neoliberalismo e a ofensiva tributária por meio da expansão da tributação indireta, aquela que se faz sobre o consumo (Salvador, 2010 e 2015). Isso ocorre na medida em que, após o processo de exploração do trabalho que operou a valorização do valor, realiza-se uma nova punção dos salários a partir da carga tributária. Nessa direção, o fundo público é mais-valor (trabalho excedente), mas com ele não se confunde, e é trabalho necessário. Esse caminho, ao nosso ver, permite observar, por exemplo, que não necessariamente a existência de salários indiretos na forma das políticas sociais, com seus benefícios e serviços, tem impactos redistributivos, pois há que considerar que a força de trabalho paga a conta efetivamente: produzindo mais-valia, sofrendo a "exploração tributária" (O'Connor, 1977 e Behring, 2010), a partir da incidência regressiva da carga tributária; e sendo expropriada quando, na nova repartição, o fundo público a ela não retorna para sua reprodução. Estamos diante de um processo que tem fortes implicações para a condição da política social como alocação do fundo público para a reprodução da força de trabalho.

Num contexto de ampliação das expropriações (Fontes, 2010 e Boschetti, 2016) e de ofensiva sobre o trabalho no sentido de assegurar a oferta nas "melhores" condições de sua subsunção real ao capital

---

5. Sobre nossa crítica a Oliveira e a algumas formulações que se desdobram de seu texto, bem como sobre certa confusão entre fundo público e excedente, conferir Behring, 2016.

para o processo intensivo e/ou extensivo de valorização, a política social não retrai a base social da exploração por seus supostos efeitos redistributivos, mesmo porque essa jamais foi sua função no mundo do capital. A política social não é um lado de fora da reprodução ampliada do capital, limitando-a, humanizando-a ou qualquer outro verbo nesse sentido, em que pese seu caráter contraditório, e de produto das lutas sociais. Ela se expandiu na forma do Estado Social em suas diversas abrangências e formas históricas, num ambiente de extração de superlucros — ou seja, de expansão da exploração, em especial na sua forma intensiva, relacionada à terceira revolução tecnológica e à automação —, de imperialismo, de guerra fria e disputa de projetos com a então URSS e o Bloco Socialista, e de produção em massa para um consumo de massa. A política social surge como mediação e condição material desse processo, e não como uma suposta retração da exploração, ainda que demandada pelos trabalhadores, o que combinado a outros elementos gerou melhorias nas condições de vida dos mesmos. É necessário desfazer esse mito redistributivista que eventualmente se repõe no debate da política social (Behring, 1998), lançando mão do recurso heurístico da contradição e da totalidade. Nessa direção, é fundamental considerar que a política social (e os direitos que por ela se viabilizam) tem uma importância real para a reprodução da força de trabalho e suas condições de oferta e certa compensação dos impactos do processo de exploração, razão pela qual devemos defender a política social e os direitos, hoje expropriados. Mas não tem o efeito de retrair a exploração, base da taxa de lucros dos capitalistas, ainda que sua fragilização permita ampliar a exploração. Ou seja, quando as taxas de lucro iam bem, foi possível em condições históricas específicas (Behring, 1998; Behring e Boschetti, 2006), articular a extração dos superlucros no mesmo passo que a expansão da política social. Quando o ciclo reverte, tal convivência se torna contraproducente para o capital. Nessa direção, tais políticas vêm sendo cada vez mais financiadas horizontalmente pelos trabalhadores, o que implica em que podem produzir alguma redistribuição de renda *entre* os mesmos, mas sem qualquer incidência vertical significativa ou efeito Robin Hood.

Na verdade, as políticas sociais em tempos de neoliberalismo, com sua ofensiva sobre o trabalho por meio da precarização, terceirização e quebra dos direitos trabalhistas, vêm sendo formuladas para compensar de forma minimalista a intensificação da exploração, a qual implica em processos de pauperização absoluta e relativa, na maioria das vezes combinadas, a depender da luta de classes nos espaços nacionais, e considerando o desenvolvimento desigual e combinado do capitalismo em sua incessante busca pelo diferencial de produtividade do trabalho (Mandel, 1982). Nesse sentido é que, por exemplo, crescem as dimensões assistenciais das políticas sociais e a própria assistência social como política pública. Mas tais políticas vêm sendo também uma importante alavanca para a rotação do capital em contexto de crise estrutural, impulsionando o consumo a partir da ênfase na transferência de renda, desde que não se "desestimule" ao trabalho, de acordo com o discurso liberal, por vezes reposto sob novas formas, a exemplo do estímulo das capacidades por Amartya Sen (2000). Ou seja, a política social é concebida à imagem e semelhança do neoliberalismo, sendo atacado seu formato universalista do período anterior pelos processos de expropriação, via apropriação do fundo público pelas políticas de ajuste fiscal, em nome da "austeridade econômica". Deparamo-nos de forma nua e crua com a natureza contraditória da política social e dos direitos como mediação na totalidade histórica em movimento, tensionados pelas tendências de expropriação, exploração, e pela dinâmica da luta de classes.

Há que se registrar, fundamentalmente, finalizando esta breve caracterização, que a parte do fundo público que se destina às políticas sociais — o "patinho feio" mais vulnerável do keynesianismo-fordismo (Behring, 1998), donde decorre seu minimalismo e os constantes cortes de recursos no contexto da crise — tem sido cada vez menor diante dos suportes ao capital, especialmente para o capital portador de juros, com o calvário produzido pela dívida pública e pela hegemonia da finança (Behring, 2017), que operam uma punção gigantesca do fundo público, que tem relação direta com processos de dominação de classe e entre países, na hierarquia desigual e combinada da economia mundial capitalista.

3. Fundo Público no Brasil: exploração tributária e expropriação

Neste item, vamos adentrar na lógica que preside a formação e alocação do fundo público no Brasil, tendo em vista caracterizar melhor o processo de exploração tributária, que é acompanhado pela expropriação nas suas duas formas: o desfinanciamento das políticas sociais, que implica em menos suportes para a reprodução da força de trabalho; e a supercapitalização, que se trata da mercantilização direta de serviços antes públicos, e que passam a ser adquiridos no mercado. Esses são processos inteiramente conectados e por vezes concomitantes, o que dificulta sua distinção. Por exemplo, a contrarreforma da previdência estimula fortemente a oferta da previdência complementar aberta (pelos bancos) e fechada (pelos fundos de pensão), e o argumento repetido à exaustão é do peso da previdência no orçamento público e a necessidade de diminuir o gasto público diante da crise, cuja responsabilidade recai sobre o setor público. Este é o mantra, a cultura da crise, como nos ensina Mota (1995), ao qual subjaz a mercantilização generalizada.

O primeiro processo a ser desvelado é o de exploração pela via tributária. A rigor, todos os recursos que compõem o fundo público advêm do trabalho, fonte de toda a riqueza: da parte necessária de sua jornada, onde o trabalhador repõe suas forças e que equivale ao salário; e da parte excedente de sua jornada, que na relação de exploração que sustenta o modo de produção capitalista, será apropriada na forma do juro, do lucro e da renda da terra, que serão também tributados pelo Estado. No entanto, estes últimos, os donos dos meios de produção, da terra e do dinheiro, não são impedidos de lançar no preço do produto, que vai para os consumidores (parte significativa desses, os trabalhadores), os "custos" da tributação. Isso significa que tais "custos" são assumidos pela população em geral ao comprar qualquer produto no mercado, de automóveis de luxo ao saco de arroz. Por outro lado, enquanto em geral os trabalhadores são tributados na fonte, os donos dos meios de produção e das propriedades não o são, o que gera a sonegação fiscal tratada com leniência pelo Estado. Basta observar o montante da dívida ativa federal brasileira, boa parte dela empresarial, e em particular a dívida previdenciária, em torno de R$ 426,27 bilhões em 2018, segundo a Procuradoria-Geral da Fazenda. Assim, se a carga tributária representa o esforço de toda a sociedade para a sustentação das atividades do Estado, ela é sobretudo uma questão de luta de classes, já que essa carga recai de forma desigual sobre as classes e seus segmentos, e pode expressar também desigualdades regionais, no ambiente da heterogeneidade estrutural brasileira, o que implica em tensões no pacto federativo.

A carga tributária brasileira estava em 32,36% sobre o PIB em 2017. Na verdade, ela vem oscilando na faixa dos 30% sobre o PIB desde o início do Plano Real, o que não significa uma alta carga tributária em comparação com outros países. A carga norte-americana é mais baixa, em torno de 28% sobre o PIB, o que corresponde às suas fortes tradições liberais. Mas os países da Europa têm carga tributária acima de 40%, chegando a acima de 50% como é o caso da Suécia e Dinamarca, carga essa que corresponde a uma oferta de serviços públicos bem mais ampla e qualificada, coerente com a densidade que adquiriu o Estado Social nessa região. Em países estruturalmente mais semelhantes ao Brasil, como a Argentina, a carga tributária é muito próxima, oscilando entre 30 e 35%. O que se quer sublinhar, na contracorrente do senso comum e do oportunismo dos "impostômetros"[6], é que o Brasil não tem uma carga tributária alta. No entanto, ela é regressiva e não retorna para os trabalhadores que a suportam majoritariamente na forma de serviços consistentes. Pelo contrário, as maiorias no Brasil são expropriadas de serviços públicos a que deveriam ter acesso, dada sua portentosa contribuição para a carga tributária, bem maior que a dos ricos. Retomaremos este argumento

---

6. A exemplo do painel da Associação Comercial de São Paulo, instalado no centro da grande megalópole brasileira, e que atualiza a carga tributária brasileira, destinando-se a dizer que pagamos muitos impostos.

adiante, pois há que registrar com base nos dados do Tesouro Nacional (2018), outra característica da CTN, que é sua concentração no Governo Federal. Esse recolhe 21,20%, enquanto os Estados ficam com 8,91% e os Municípios, com 2,25%. Isso produz uma forte dependência dos demais entes federativos em relação ao governo federal, que mesmo após as transferências constitucionais fica com a maior parte da CTN, com impactos econômicos e políticos.

Evilásio Salvador (2017a e 2017b), pesquisador da UnB, tem realizado estudos densos sobre a questão da tributação brasileira. Vejamos alguns de seus achados mais expressivos e que mostram nitidamente que os trabalhadores brasileiros, além da exploração capitalista na produção, vivem a incidência da exploração tributária. No Brasil, os 10% mais pobres comprometem 32% de sua renda disponível com tributos, já os 10% mais ricos contribuem com apenas 21% da sua renda disponível (POF 2008/2009). Em período anterior e com base na POF (IBGE 2002/2003), estimava-se que famílias com até 2 SM arcavam com cerca de 46% dos tributos indiretos e famílias com renda superior a 30 SM respondiam com apenas 16% da sua renda (Salvador, 2010). Mas temos mais elementos para sublinhar que a sustentação da carga tributária brasileira repousa nas costas dos trabalhadores. Do montante de R$ 5,8 trilhões de bens e direitos declarados a Receita Federal, em 2013, 41,56% eram de propriedade de apenas 726.725 pessoas. Esses indivíduos têm rendimentos acima de 40 Salários-Mínimos e são, praticamente, isentos de imposto de renda e impostos sobre patrimônio. Há no Brasil uma brutal concentração de riqueza em apenas 0,36% da população brasileira, o que correspondia a 45,54% do PIB do Brasil, em 2014. Os declarantes hiper-ricos, com rendimentos acima de 160 Salários Mínimos (SM) anuais (R$ 1,3 milhão/ano), representavam 0,27% das declarações entregues em 2013, ou seja, 71.440 declarantes. Esses declarantes, que tinham rendas acima de 160 SM em 2013, praticamente não possuíam rendimentos tributáveis, pois 65,80% de sua renda tinha origem em rendimentos isentos e não tributáveis, isto é, viviam de lucros e dividendos recebidos, sendo, portanto, sócios capitalistas. Salvador (2010) mostra que no Brasil houve uma contrarreforma tributária silenciosa ao longo de todos esses anos, aumentando a tributação indireta e compulsória sobre a renda dos trabalhadores, em detrimento da propriedade, do patrimônio, nitidamente sub-tributados.

Quanto à alocação do fundo público via orçamento público[7], os mecanismos de ajuste fiscal — perenes no Brasil após o Plano Real (1994), o Plano Diretor da Reforma do Estado (1995) e o acordo com o FMI de 1998 — e hoje recrudescidos no Novo Regime Fiscal instituído pelo golpe de Estado de novo tipo de 2016 (Demier, 2017), são nitidamente engrenagens expropriadoras de direitos e políticas sociais públicas. E, ao fim e ao cabo, destinam-se a remunerar banqueiros, empresários, grandes executivos, CEOs e acionistas, credores dos títulos de dívida pública e rentistas (Behring, 2017). O superávit primário, instituído como parâmetro de saúde fiscal após o acordo com o FMI de 1998, é um mecanismo contábil que consiste na relação superavitária entre receitas e despesas, sem levar em conta o pagamento dos juros, encargos e amortizações da dívida pública. Estudo de Brettas (2017) mostra a permanência desta engrenagem que pressiona pela redução dos gastos primários em todos os níveis federativos e especialmente do governo federal, e protege a remuneração dos credores dos títulos da dívida pública. Em todos os governos pós-Real, o superávit primário médio do governo federal não baixou de 1,9%, sendo que alcançou seu maior patamar no primeiro governo Lula, de 2,4%, dando consequência aos seus compromissos na famosa Carta ao Povo Brasileiro, onde assumia tais parâmetros em nome da estabilidade econômica.

Para assegurar o superávit primário, cujo objetivo central é mostrar aos credores a capacidade de formação de reservas e de honrar os

---

7. O fundo público é mais amplo que o orçamento, embora este seja seu principal mecanismo de alocação. Os bancos públicos também alocam fundo público, a exemplo da Caixa Econômica Federal, do Banco do Brasil e especialmente do Banco Nacional de Desenvolvimento Econômico e Social, o BNDES. Sobre este último, consultar os trabalhos de Giselle Souza da Silva, em especial sua Tese de Doutorado defendida no PPGSS-UERJ, intitulada *BNDES e Fundo Público no Brasil:* o papel estratégico do Banco no novo padrão de reprodução do capital (2016).

compromissos da dívida, foi criado um mecanismo de desvinculação de receitas, inicialmente chamado de Fundo Social de Emergência (FSE), depois de Fundo de Estabilização Fiscal (FEF) e hoje Desvinculação de Receitas da União (DRU), o qual desvinculava, até 2015, 20% de impostos e contribuições, que poderiam ser contingenciados para formação de superávit primário ou alocados para o pagamento de encargos e amortizações da dívida, retornando parcela ínfima para sua destinação inicial. Hoje, no Novo Regime Fiscal de Meirelles e Temer, tal engrenagem de captura de recursos foi ampliada para 30% (EC 93) e estendida para Estados e Municípios, tudo para assegurar a contenção de gastos primários e salvaguardar os credores da dívida pública. Entre 2008 e 2016, por exemplo, apenas o mecanismo da DRU produziu a extorsão de R$ 1.124,17 trilhão do Orçamento da Seguridade Social, onde estão políticas sociais fundamentais, como a previdência social, a saúde, a assistência social e trabalho (Salvador, 2017a). São esses recursos majoritariamente advindos das contribuições sociais, fontes da seguridade social, que em parte formam o superávit primário e de outro lado remuneram os credores — os grandes beneficiários e condutores deste processo — que em 2017, por exemplo, abocanharam 26,7% do Orçamento Geral da União (OGU). Tal estado de coisas é legalmente suportado pela incensada Lei de Responsabilidade Fiscal (Lei n. 101/2000), criada exatamente para defender as despesas financeiras, tornadas obrigatórias e indiscutíveis, mesmo que ao custo da vida da maioria da população brasileira.

Como vimos sinalizando, o ajuste fiscal permanente brasileiro ganhou um novo capítulo com o golpe de Estado de 2016 e seu Novo Regime Fiscal, agudizando o processo de punção do fundo público em detrimento das políticas sociais e direitos que vimos apontando como tendência de período. A medida carro-chefe desse profundo ataque às condições de vida e trabalho das maiorias foi a Emenda Constitucional n. 95, mais conhecida entre nós como "do fim do mundo", "da morte". Tivemos a oportunidade de comentar a EC n. 95 em outra publicação (Behring, 2018). Aqui queremos registrar seus impactos já visíveis como expropriação de direitos dos trabalhadores.

A Nota Técnica n. 27, do IPEA (Paiva *et al.*, 2016), apontava uma tendência de perda de recursos da Assistência Social de 199 bilhões em 10 anos e de 868,5 bilhões em 20 anos para a política onde se situam os programas de transferência de renda (BPC e PBF). O BPC se tornaria insustentável a partir de 2026 com o teto de gastos para o MDSA. Já na passagem de 2016 para 2017, após anos de crescimento significativo — de 334% entre 2002 e 2015 (ainda que insuficiente e concentrado na transferência de renda), o orçamento da assistência social caiu em 2,8%. O orçamento da saúde teve a maior queda no âmbito da seguridade social entre 2016 e 2017, de 7,0%. E mesmo a previdência teve uma queda de 0,2% (Boschetti e Teixeira, 2018). O Programa Minha Casa Minha Vida sofreu um corte brutal, de R$ 20,7 bilhões em 2015, para R$ 7,9 bilhões em 2016 e R$ 1,8 bilhões até o início do segundo semestre de 2017. Tais tendências de queda da alocação de recursos nas políticas sociais são acompanhadas do aumento da alocação de recursos para o pagamento de juros, encargos e amortizações da dívida pública, que passam de 23,7% do OGU em 2015, para 26,7% em 2017, com tendência de crescimento em 2018 (Siga Brasil, agosto de 2018).

Políticas estruturantes de seguridade social, de educação e de ciência e tecnologia estão sendo nitidamente desfinanciadas por essa hipoteca do futuro ou "ponte para o abismo"[8] engendrada pelo golpe de Estado de 2016. Na educação houve uma queda vertiginosa da autorização de alocação de recursos que passa de R$ 140 bilhões, em 2015 para R$ 116 bilhões em 2018. Foram efetivamente pagos, em 2015, R$ 103 bilhões e em 2017, R$ 106 bilhões de reais nesta função, ou seja, menos que o autorizado, o que significa que parte dos recursos foram contingenciados. Vale ressaltar que até julho de 2018, apenas R$ 56 bilhões foram pagos para a educação, e poderemos chegar ao final do ano com cortes significativos para cumprir a meta da

---

8. Em referência ao documento Ponte para o Futuro, apresentado em 2015 pelo PMDB e por Michel Temer, como credencial para a condução do golpe de Estado de novo tipo.

EC n. 95. Em ciência e tecnologia, no ano de 2015, foram autorizados investimentos em torno de R$ 12,8 bilhões, dos quais foram pagos R$ 7,1 bilhões de reais. Em 2017, o autorizado cai para R$ 8,5 bilhões e o pago, para R$ 6,4 bilhões. Em 2018, o autorizado cai novamente para R$ 7,7 bilhões, e até julho foram pagos apenas R$ 2,8 bilhões. Nesta rubrica está toda a política de pesquisa e pagamento de bolsas da CAPES e do CNPq, instituições que vivem hoje sob a ameaça permanente de corte de recursos[9].

A EC 95 foi acompanhada da EC 93, que ampliou a punção de recursos pela DRU, de 20% para 30%, prorrogando-a para 2023 e estendendo-a para Estados e Municípios. Esses impactos começam a se evidenciar em 2016. Na seguridade social, por exemplo, em 2015, foram usurpados R$ 61 bilhões. Já em 2016, sob a égide desta EC 93, foram usurpados R$ 99,4 bilhões.

É evidente que a análise da política social vai além de seu financiamento, mas numa sociedade capitalista, monetizada, o que materializa a política social é a alocação de recursos. Recursos que, como vimos são dos trabalhadores e a eles deveriam retornar. O Novo Regime Fiscal, portanto, aprofunda os mecanismos anteriores do ajuste fiscal, tendendo a agudizar os processos de expropriação.

Considerações finais

Esperamos ter deixado claros dois argumentos centrais ao longo desta contribuição ao debate, a ser submetida ao crivo da crítica. O

---

9. O anúncio de que as bolsas de pós-graduação seriam cortadas levou a um amplo movimento de resistência em poucas horas após o anúncio da medida, o que obrigou a um recuo do governo em julho/agosto. Mas tem sido repetido à exaustão ameaças de privatização do ensino superior público (que hoje constitui uma ínfima parte da oferta brasileira, mas onde está concentrada a pesquisa).

primeiro é o de que expropriação e exploração são processos que se requisitam, sendo o ambiente de ajuste fiscal permanente propício para o incremento de ambas as dimensões, destinadas a favorecer a caça apaixonada do valor nas melhores condições para o capital em crise e decadência. Portanto, o ambiente de contrarreformas traz consigo expropriações não clássicas, em que pese a permanência de formas clássicas tal como Marx as caracterizou em inúmeras passagens de sua obra, e que são referidas pelo conjunto dos autores nesta publicação. Estamos, pois, diante de expropriações pois operam nas condições de oferta da força de trabalho. Esse processo incrementa também a mercantilização, a penetração da lógica da mercadoria e do valor em esferas nas quais estava presente apenas de forma indireta, no sentido da reprodução ampliada do capital. Pois a expropriação de direitos que se materializam em serviços, leva à oferta dos mesmos pelo mercado, subsumidos ao processo de valorização do capital (Cislaghi, 2015). Trata-se do capital superacumulado na crise, buscando nichos de valorização, via supercapitalização.

Outro aspecto central e que salta aos olhos nesse processo é sua condução/direção pela esfera financeira. Neste passo, vale lembrar Marx (1988) quando em *O Capital* denuncia que a alienação do Estado, seja por via despótica, constitucional ou republicana, marca a era capitalista. Ele já apontava que a dívida pública operou como um dos agentes mais enérgicos da acumulação primitiva, a partir do comércio de toda sorte de papéis negociáveis no jogo da bolsa e da *bancocracia* moderna. Marx observava desde seu tempo que a renda pública (ou fundo público) e o sistema moderno de impostos eram o corolário dos empréstimos nacionais sobre os quais se assenta a dívida pública. E tal processo é posto por Marx como expropriação sobre os camponeses, artesãos e pequena classe média, ou seja, a dívida pública assenta-se sobre a odiosa e infame expropriação das massas. Sua reflexão, como se viu, está mais atual e viva que nunca, neste ano em que comemoramos seus 200 anos de nascimento, e nos colocamos diante do movimento de expropriações do século XXI.

Referências

BARAN, Paul A.; SWEEZY, Paul M. *Capitalismo monopolista.* Ensaio sobre a ordem econômica e social americana. 3. ed. Rio de Janeiro: Zahar, 1978.

BEHRING, Elaine R. *Política social no capitalismo tardio.* São Paulo: Cortez, 1998.

_____. *Brasil em contra-reforma* — desestruturação do Estado e perda de direitos. São Paulo: Cortez, 2003.

_____; BOSCHETTI, Ivanete. *Política Social* — fundamentos e história. São Paulo: Cortez, 2006.

_____. Acumulação capitalista, fundo público e política social. In: BOSCHETTI, Ivanete; BEHRING, Elaine R.; SANTOS, Silvana Mara M.; MIOTO, Regina T. (Orgs.). *Política social no capitalismo* — tendências contemporâneas. São Paulo: Cortez, 2008.

_____. Crise do capital, fundo público e valor. In: BOSCHETTI, Ivanete; BEHRING, Elaine R.; SANTOS, Silvana Mara M.; MIOTO, Regina T. (Orgs.). *Capitalismo em crise, política social e direitos.* São Paulo: Cortez, 2010.

_____. Rotação do capital e crise: fundamentos para compreender o fundo público e a política social. In: SALVADOR, Evilásio; BOSCHETTI, Ivanete; BEHRING, Elaine; GRANEMAN, Sara (Orgs.). *Financeirização, fundo público e política social.* São Paulo: Cortez, 2012.

_____. Fundo Público: um debate teórico estratégico e necessário. 15º Encontro Nacional de Pesquisadores de Serviço Social. Ribeirão Preto: ABEPSS, 2016.

_____. A dívida e o calvário do fundo público. Rio de Janeiro, *Revista Advir,* n. 36, ASDUERJ, 2017.

_____. Estado no capitalismo: notas para uma leitura crítica do Brasil recente. In: BOSCHETTI, Ivanete; BEHRING, Elaine R.; LIMA, Rita Lourdes de (Orgs.). *Marxismo, política social e direitos.* São Paulo: Cortez, 2018.

BENSAID, Daniel. In: MARX, Karl. *Les crises du capitalisme.* Texte inédit. Preface de Daniel Bensaid. Paris: Éditions Demopolis, 2009.

BOSCHETTI, Ivanete. *Assistência social e trabalho no capitalismo.* São Paulo: Cortez, 2016.

BOSCHETTI, Ivanete. Crise do capital e política social. In: BOSCHETTI, Ivanete; BEHRING, Elaine R.; SANTOS, Silvana Mara M.; MIOTO, Regina T. (Orgs.). *Capitalismo em crise, política social e direitos*. São Paulo: Cortez, 2010.

_____. Crítica marxista do Estado Social e dos direitos no capitalismo contemporâneo. In: BOSCHETTI, Ivanete; BEHRING, Elaine R.; LIMA, Rita Lourdes de (Orgs.). *Marxismo, política social e direitos*. São Paulo: Cortez, 2018.

_____; TEIXEIRA, Sandra. *O fardo do radical ajuste fiscal para a classe trabalhadora sob a ótica das despesas do orçamento da seguridade social*, 2018. Mimeo.

BRETTAS, Tatiana. Dívida pública, interesses privados. Rio de Janeiro, *Revista Advir*. n. 36, ASDUERJ, 2017.

CASTEL, Robert. *As metamorfoses da questão social*. Uma crônica do salário. Petrópolis: Vozes, 1998.

CHESNAIS, François. *A mundialização do capital*. São Paulo: Xamã, 1996.

_____. *Les Dettes Illégitimes:* quand lês banques font main basse sur lês politiques publiques. Paris: Ed. Raisons D'Agir, 2011.

CISLAGHI, Juliana Fiuza. *Elementos para a crítica da economia política da saúde no Brasil:* parcerias público privadas e valorização do capital. Tese (Doutorado) — Programa de Pós-graduação em Serviço Social da UERJ, Rio de Janeiro, 2015.

DEMIER, Felipe. *Depois do golpe:* a dialética da democracia blindada no Brasil. Rio de Janeiro: Mauad, 2017.

FONTES, Virgínia. *O Brasil e o capital imperialismo* — teoria e história. Rio de Janeiro: Fiocruz-EPSJV e UFRJ, 2010.

HARVEY, David. *O novo imperialismo*. São Paulo: Loyola, 2004.

IANNI, Octavio. *Estado e capitalismo*. Rio de Janeiro: Civilização Brasileira, 1984.

LIPIETZ, Alain. *Miragens e milagres*: problemas da industrialização no Terceiro Mundo. São Paulo: Nobel, 1988.

MANDEL, Ernest. *O capitalismo tardio*. São Paulo: Abril Cultural, 1982.

_____. *A crise do capital*. São Paulo: Ensaio, 1990.

MARINI, Rui Mauro. *Dialética da dependência*. São Paulo: Expressão Popular, 2005.

MARX, Karl. *O capital:* crítica da economia política. 3. ed. São Paulo: Abril Cultural, v. I, Tomo I e II, 1988.

_____. *Les crises du capitalisme.* Texte inédit. Preface de Daniel Bensaid. Paris: Éditions Demopolis, 2009.

MÉSZÁROS, István. *Para além do capital.* São Paulo/Campinas: Boitempo/Unicamp, 2002.

MOTA, Ana Elizabete. *Cultura da crise e seguridade social.* Um estudo sobre as tendências da previdência e da assistência social brasileira nos anos 80 e 90. São Paulo: Cortez, 1995.

NETTO, José Paulo. Introdução ao método na teoria social. In: *Serviço Social:* direitos sociais e competências profissionais. Brasília: CFESS/ABEPSS, 2009.

_____. *Capitalismo monopolista e Serviço Social.* 4. ed. São Paulo: Cortez, 2005.

O'CONNOR, James. *USA:* A crise do Estado capitalista. Rio de Janeiro: Paz e Terra, 1977.

OLIVEIRA, Francisco. *Os direitos do antivalor.* A economia política da hegemonia imperfeita. Petrópolis: Vozes, 1998. (Parte I Do Mercado aos Direitos)

PAIVA, Andrea Barreto de; MESQUITA, Ana Cleusa Serra; JACCOUD, Luciana; PASSOS, Luciana. *O novo regime fiscal e suas implicações para a política de assistência social no Brasil.* Nota Técnica 27. Brasília: IPEA, 2016.

SALVADOR, Evilásio. *Fundo público e seguridade social no Brasil.* São Paulo: Cortez, 2010.

_____. *Renúncias tributárias* — os impactos no financiamento das políticas sociais no Brasil. Brasília: INESC, 2015.

_____. O desmonte do financiamento da seguridade social em contexto de ajuste fiscal. *Revista Serviço Social e Sociedade,* n. 130, 2017b.

_____; TEIXEIRA, Sandra O. Orçamento e políticas sociais: metodologia de análise na perspectiva crítica. *Revista de Políticas Públicas,* São Luís, EDUFMA, v. 18, n. 1, jan./jun. 2014.

_____. Crise do capital e o socorro do fundo público. In: BOSCHETTI, Ivanete; BEHRING, Elaine R.; SANTOS, Silvana Mara M.; MIOTO, Regina T. (Orgs.). *Capitalismo em crise, política social e direitos.* São Paulo: Cortez, 2010b.

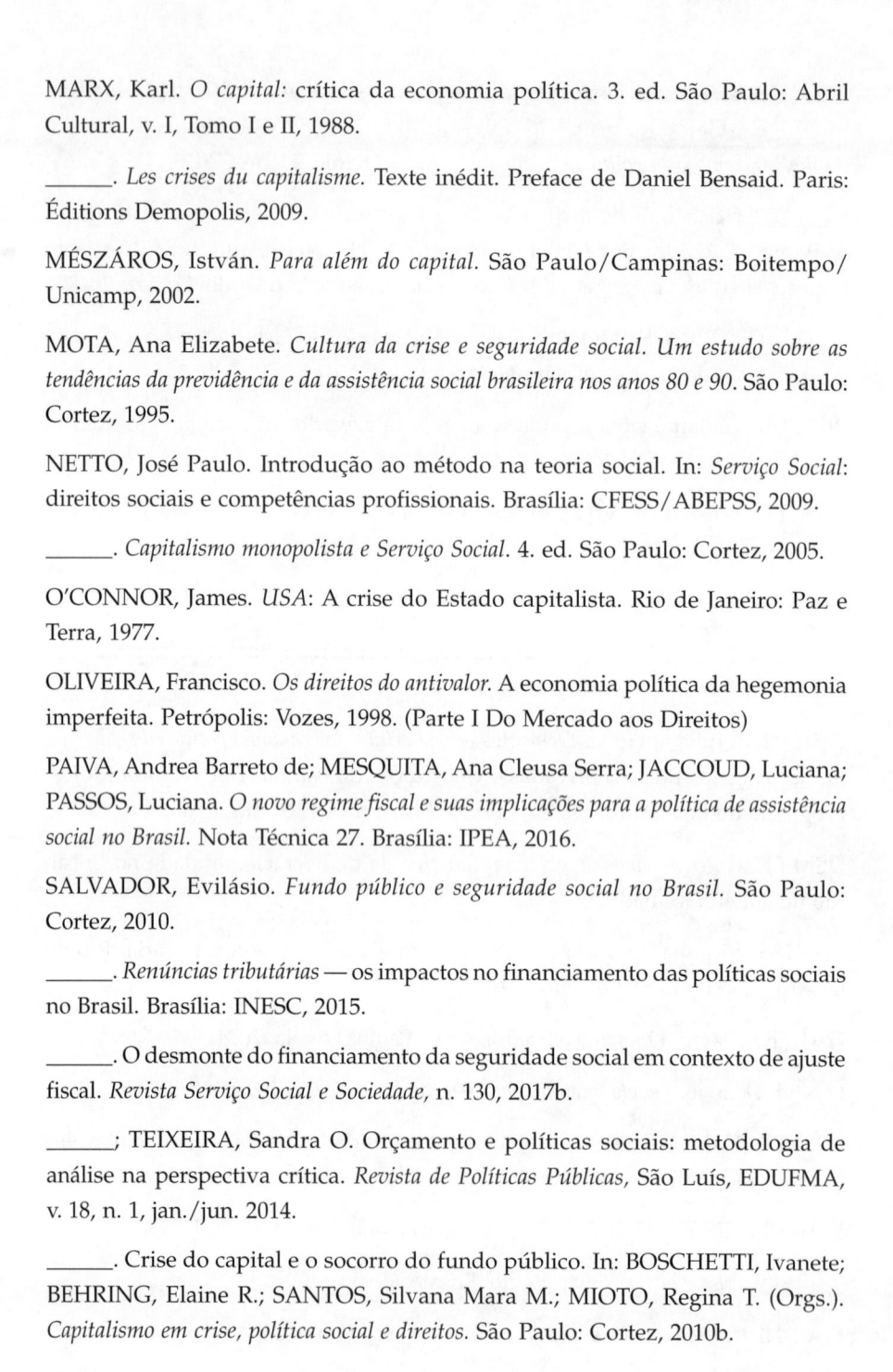

SALVADOR, Evilásio. A desvinculação de recursos orçamentários em tempos de ajuste fiscal. Rio de Janeiro, *Revista Advir,* n. 36, ASDUERJ, 2017a.

SEN, Amartya. *Desenvolvimento como liberdade.* São Paulo: Companhia das Letras, 2000.

SILVA, Giselle Souza da. *BNDES e fundo público no Brasil*: o papel estratégico do Banco no novo padrão de reprodução do capital. Tese (Doutorado) — Programa de Pós-graduação em Serviço Social da UERJ, Rio de Janeiro, 2016.

TOUSSAINT, Éric; MILLET, Damien. *La Dette ou la Vie.* Liège: CADTM et ADEN, 2011.

7

Sobretrabalho em Marx, expropriação e superexploração no capitalismo dependente

Carla Cecilia Campos Ferreira

"A utilização de minha força de trabalho e sua espoliação são duas coisas totalmente diferentes", advertia Marx em *O capital*, inspirado nas consignas agitadas pelos operários ingleses (Marx, 2017a, p. 348). A radicalidade da obra magna de Marx consistiu precisamente em comprovar, na fase de ascensão histórica do capitalismo, o caráter explorador e opressor, alienante, da relação capital mesmo quando fosse respeitado o intercâmbio de equivalentes, quer dizer, quando se remunerasse a força de trabalho em uma órbita próxima ao seu valor — ou até acima dele. Daí a necessidade de ultrapassar os limites do capital mesmo quando a classe trabalhadora logre obter uma remuneração próxima ao valor de sua força de trabalho. E, evidentemente, tanto mais quando essa remuneração estiver abaixo do valor de sua reprodução em condições normais. Nesse pressuposto, construído com base na abstração de múltiplas determinações, baseia-se o caráter radical e científico do socialismo em Marx.

Evidentemente, porém, Marx não desconhecia que, em níveis de maior determinação, ao capital era facultado prolongar o tempo de trabalho para além do normal a partir da violação do tempo de trabalho necessário até o limite da destruição do valor de uso da mercadoria força de trabalho. Por isso, reconheceu, no âmbito da formulação sobre a extração de mais-valia, a possibilidade de ocorrer a "[...] compressão do salário do trabalhador abaixo do valor de sua força de trabalho", agregando: "nesse caso, o mais-trabalho só seria prolongado se ultrapassasse seus limites normais, seus domínios só seriam expandidos mediante a invasão usurpatória do domínio do tempo de trabalho necessário" (Marx, 2017a, p. 388).

A decisão de Marx por abstrair a realidade de que o capital viola o valor — no âmbito da lei do valor, como dimensão negativa da dialética[1]—, pagando salários abaixo do necessário à reprodução da força de trabalho ou usurpando suas condições de reprodução histórico-morais, é eminentemente teórico-metodológica. E foi justificada na seguinte passagem: "Apesar do importante papel que [este rebaixamento] desempenha no movimento real do salário, esse método é aqui excluído pelo pressuposto de que as mercadorias, portanto também a força de trabalho, sejam compradas e vendidas por seu valor integral" (*Id., ibid.*, p. 388-9).

Tal realidade é distinta de uma suposta não vigência da lei do valor. É somente com a leitura do Livro III que o leitor de Marx vai se deparar com o que Carcanholo aponta como um movimento dialético que integra os três livros e é possível compreender plenamente que "as mercadorias não são vendidas pelos seus valores nem poderiam sê-lo... ainda que o sejam!" (cf. Carcanholo, 2017, p. 15). Isso quer dizer que, no amplo processo de reprodução do capital, há momentos intermediários e em que se verifica uma suspensão temporária ou parcial do intercâmbio de equivalentes. E que esse intercâmbio de equivalentes se repõe apenas como resultado da totalidade do movimento dialético de reprodução do capital, o que implica o não intercâmbio de equivalentes em momentos parciais, onde se expressam, por exemplos, diferenças entre o *quantum* de valor produzido e o *quantum* de valor apropriado por diferentes capitais.

---

1. Sobre a determinação negativa da dialética, conf. Dal Pra (1971).

Dada a compreensão desse importante pressuposto e partindo da distinção que Marx estabelece entre utilização e espoliação da força de trabalho, pretendemos analisar no presente capítulo as distinções entre sobretrabalho e trabalho excedente, em *O capital*. Nosso objetivo é refletir sobre a articulação da obra magna de Karl Marx com as formulações sobre superexploração, elaboradas no âmbito da Teoria Marxista da Dependência (TMD) — ocupada em contribuir com o avanço do marxismo com categorias que apreendem a relação-capital no nível de abstração do mercado mundial, a partir da introdução de determinações que foram abstraídas por Marx ao estudar as leis gerais na esfera do capital social total.[2] Nessa primeira aproximação ao tema, provocada pela proposta de pensar as expropriações no âmbito da mercadoria força de trabalho, oferecemos algumas conclusões provisórias ao debate, acreditando ser esse o melhor caminho para o avanço do pensamento crítico.

Nesse sentido, procuraremos demonstrar que, em *O capital*, Marx recorre ao conceito de *überarbeit, overwork* ou sobretrabalho para designar trabalho excessivo, aquele trabalho que é expropriado ou espoliado; *meharbeit* ou *surplus labor* para referir-se a trabalho excedente como aquela segunda parte do processo de trabalho em que o trabalhador não cria valor para si, mas para outrém, gerando mais-valia (*mehrwert* ou *surplus value*). Isso implica que esses dois conceitos não coincidam e sejam utilizados para descrever fenômenos diversos, embora aproximados e muitas vezes combinados, em *O capital*.

Por outro lado, e dialogando com as formulações da Teoria Marxista da Dependência, particularmente com sua obra fundadora, *Dialética da dependência,* de Ruy Mauro Marini, mas também com as contribuições de Jaime Osorio e Mathias Luce, procuraremos demonstrar como a superexploração do trabalho articula, dialeticamente,

---

2. Tomando as passagens de Marx sobre o conceito de capital global da sociedade, em *O capital*, Rolsdosky (2001, p. 55 e 60) afirma que esse conceito deve ser concebido como uma totalidade, "como uma existência real e distinta dos capitais particulares reais". Estamos de acordo com Rolsdosky neste particular.

relações de sobretrabalho e trabalho excedente, resultando em uma contribuição relevante para pensar as expropriações quando se trata de analisar esse fenômeno em uma mercadoria especial: a mercadoria força de trabalho e suas determinações mais concretas no âmbito da divisão internacional do trabalho.

Com isso, pretendemos sustentar que os fundamentos da categoria da superexploração foram lançados por Marx, sem que, porém, tenham resultado na elaboração definitiva dessa categoria. A principal razão para isso é histórica, mas também teórica. A superexploração consiste em um fenômeno mais determinado do que o conceito de sobretrabalho, o qual se faz presente em toda e qualquer sociedade de classes. A superexploração, por sua vez, expressa relações de exploração e expropriação que adquirem forma mais definida e estrutural somente quando o capitalismo alcança a fase dos monopólios e do capital financeiro, no último quarto do século XIX, em formações sociais subordinadas às relações imperialistas. Por isso, embora o sobretrabalho compartilhe o núcleo teórico da superexploração, como violação do fundo de vida ou do fundo de consumo do trabalhador, e compareça nos albores da primeira Revolução Industrial, e em diversos capítulos de *O capital*, inclusive para designar esse fenômeno em sociedades anteriores ao capitalismo, a superexploração tem uma vigência mais específica como regularidade histórica, nas formações sociais do capitalismo dependente, quando o eixo da acumulação em escala mundial transita para a mais-valia relativa. Isso implica que a superexploração do trabalho se revelou como categoria mediadora das relações imperialismo-dependência, como explicação teoricamente rigorosa para compreender a natureza histórica e teórica dessas relações. A superexploração expressa o fundamento da reprodução das hierarquias no mercado mundial e consiste em uma realidade que não foi objeto da investigação de Marx nos Livros I, II e III de *O capital*. Dessa forma, compreendemos que o ensaio original de Marini consiste em uma contribuição ortodoxa do ponto de vista do método marxiano ao pensamento crítico e que vem sendo aprimorado pelo esforço de aproximações sucessivas de diversos autores.

Antes de avançar sobre a análise dessas relações de exploração e expropriação no âmbito da capacidade de trabalho e da mercadoria força de trabalho, cabe apenas registrar que todo o debate que segue tem por pressuposto a expropriação originária dos produtores em relação aos meios de produção e, portanto, dos bens necessários à reprodução de sua vida e da coletividade imediata, bem como a necessidade de repor essas condições de expropriação de forma reiterada para que as relações a seguir possam manter sua vigência.

Sobretrabalho como lobisomem em *O capital*

Marx dedicou extensas passagens de *O capital* para a análise do sobretrabalho ou trabalho excessivo, expropriado. O sobretrabalho comparece na obra como uma categoria trans-histórica a sociedades anteriores ao capitalismo e obedece a lógicas específicas quando se observam relações de caráter mercantil, ainda que restritas, como assevera nosso autor:

> É claro, entretanto, que se numa formação socioeconômica predomina não o valor de troca, mas o valor de uso do produto, o mais-trabalho é limitado por um círculo mais estreito ou mais amplo de necessidades, ao passo que não se origina nenhuma necessidade ilimitada por mais--trabalho do próprio caráter da produção.
> O sobretrabalho mostra-se tenebrosamente na Antiguidade, por conseguinte, onde se trata de ganhar o valor de troca em sua figura autônoma de dinheiro, na produção de ouro e prata.
> Trabalho forçado até a morte é aqui a forma oficial de sobretrabalho. Basta ler Diodorus Siculus. Entretanto, estas constituem exceções no mundo antigo (Marx, 2017a, p 349-50).

Assim, de modo geral, o sobretrabalho expressa relações de usurpação que provocam a violação do fundo de vida do trabalhador em atividades mercantis em geral e no capitalismo em particular. E, quando Marx analisa o Modo de Produção Capitalista, em seus diferentes momentos históricos, o sobretrabalho comparece em diversas situações, agora não mais como o caráter excessivo de trabalho usurpado em condições de escassez, *mas como um impulso cego e desmedido do capital mesmo em situação de abundância material*. Ao refletir sobre os limites da jornada de trabalho, Marx insistiu que a natureza da própria troca não impõe barreira alguma à jornada de trabalho.

No capitalismo, o sobretrabalho (*überarbeit*) é uma forma de extração de um volume maior de *mais-trabalho*, de *mais mais-trabalho*, que corresponde à violação do valor da força de trabalho no âmbito da lei do valor, como horror civilizado. Em *O capital*, Marx recorre à figura do lobisomem para marcar a negatividade dessa relação (Marx, 2017a, p. 337-38).[3] Diferentemente da figura do capital como vampiro, símile das relações de exploração por meio do trabalho excedente (*meharbeit*) destinadas a gerar mais-valor absoluto ou relativo, respeitando a troca de equivalentes, com o trabalho morto reavivado pelo trabalho vivo, o lobisomem aparece na cena dramática de *O capital* como símile das relações de espoliação ou expropriação do sobretrabalho (*überarbeit*). Trata-se aqui da redução do trabalhador à condição da própria máquina alimentada por óleo e graxa. Retirado da boca de Martinho Lutero, o lobisomem do sobretrabalho é comparado à usura, como aquele que "tudo rouba, furta e devora" (Marx, 2017a, p. 668, nota 34).

É relevante remarcar que esse personagem compareça, em *O capital*, no contexto da Revolução Industrial na Europa, quando relações de servidão são aprofundadas nos principados do Danúbio, com a corveia assumindo uma forma mais independente e usurpadora de trabalho do que se havia visto antes, ao mesmo tempo que a América

---

3. Conferir também Marx (2017a, Capítulo XXII, nota 34). A figura do *lobisomem* assombra os capítulos VIII, XXII e XXIV do Livro I, na tradução de Rubens Enderle. Na edição em espanhol, do Fundo de Cultura Econômica, o tradutor, Wenceslao Roces, optou pela expressão "hambre canina devoradora" para traduzir esta mesma passagem (Marx, FCE, 1999, p. 207). Na edição inglesa, Ben Fowkes optou por falar em "insatiable appetite" (Penguin Books in association with New Left Review, 1976, p. 375).

recém-independente politicamente vivia sua particular transição do escravismo para o trabalho assalariado, a partir da independência dos Estados Unidos (Marx, 2017a, p. 310, grifos da autora):

> Assim que os povos, cuja produção ainda se move nas formas inferiores do trabalho escravo e da corveia etc., *são arrastados pela produção capitalista e pelo mercado mundial*, que faz da venda de seus produtos no exterior, o seu principal interesse, *os horrores bárbaros da escravidão, da servidão etc. são coroados com o horror civilizado do sobretrabalho*. Isso explica por que o trabalho dos negros nos estados sulitas da União Americana conservou certo caráter patriarcal, enquanto a produção ainda se voltava sobretudo às necessidades locais imediatas. Mas à medida que a exportação de algodão tornou-se o interesse vital daqueles estados, o *sobretrabalho* dos negros, e por vezes, o consumo de suas vidas em sete anos de trabalho, converteu-se em fator de um sistema calculado e calculista. *O objetivo já não era extrair deles uma certa quantidade de produtos úteis. O que importava, agora, era a produção do próprio mais-valor.* Algo semelhante ocorreu com a corveia nos Principados do Danúbio.

Marx apenas insinua as condições de usurpação do tempo de trabalho no nível de abstração do mercado mundial, lançando indícios para as relações de desenvolvimento desigual e de uma divisão internacional do trabalho diversa daquela observada pelas relações coloniais. No capitalismo, o sobretrabalho não coincide com sua forma pregressa. Comparece em diversos ramos da indústria inglesa durante a Revolução Industrial, particularmente no trabalho de mulheres e crianças. Marx aponta, em primeiro lugar, a fabricação de rendas e as olarias. As mulheres, sobretudo as viúvas, e as crianças comparecem como as mais expostas ao sobretrabalho. Ele evidencia, com isso, que as franjas do Exército Industrial de Reserva são as que alimentam essa sede de sobretrabalho com seu sangue, suor e lágrimas (cf. Marx, 2017a, p. 362).

À produção de superpopulação relativa correspondente a redução proporcional da parte variável do capital em relação à parte constante. Assim, segundo Marx (2017a, p. 711), se os meios de produção, crescendo em volume e eficiência, tornam-se meios de ocupação dos trabalhadores em menor grau, essa mesma relação é novamente modificada pelo fato de que, à medida que cresce a força produtiva do trabalho, o capital eleva mais rapidamente sua oferta de trabalho do que sua demanda por trabalhadores:

> O sobretrabalho da parte ocupada da classe trabalhadora engrossa as fileiras de sua reserva, enquanto, inversamente, esta última exerce, mediante sua concorrência, uma pressão aumentada sobre a primeira, forçando-a ao sobretrabalho e à submissão aos ditames do capital. A condenação de uma parcela da classe trabalhadora à ociosidade forçada em virtude do sobretrabalho da outra parte, e vice-versa, torna-se um meio de enriquecimento do capitalista individual, ao mesmo tempo que acelera a produção do exército industrial de reserva num grau correspondente ao progresso da acumulação social (Marx, 2017a, p. 711-2).

Analisando as manufaturas de fósforos e o trabalho de ferreiros, costureiras e ferroviários, Marx assevera que mesmo o intelecto burguês entende que "eles só têm sucesso fraudando o público e extraindo 18 horas de seus oficiais por um salário de 12 horas". "Apropriar-se do trabalho 24 horas por dia é, assim, o impulso imanente da produção capitalista" (Marx, 2017a, p. 324, 329).

Nessa e em diversas outras passagens de *O capital*, Marx está refletindo sobre os albores da Revolução Industrial, quando a mercadoria força de trabalho passa a se generalizar. O sobretrabalho emerge, portanto, como uma dimensão expropriadora do trabalho humano, como forma de extração de excedentes, em todas as sociedades onde há a apropriação exclusiva de excedentes por uma parcela minoritária da sociedade e como tendência ao trabalho excessivo nas sociedades mercantis. Na conformação do modo de produção capitalista, por sua vez, essa relação usurpadora assume nova forma, correlacionada com a fome exploradora do capital, agudizada por sua própria dinâmica quando da expansão do mercado mundial e como decorrência do exército industrial de reserva.

Um outro momento em que o sobretrabalho tem existência como momento permanente no modo de produção capitalista é aquele das crises, nas quais, mesmo com falências em setores inteiros e desemprego, em vez de arrefecer as possibilidades de usurpação por uma teoricamente menor demanda pelo trabalho, provoca o efeito inverso:

> "Ao mesmo tempo", diz Leonard Horner, "que 122 fábricas em meu distrito encerraram suas atividades, 143 estão paradas e todas as outras trabalham com tempo reduzido, prossegue-se com o sobretrabalho além do tempo legalmente determinado". "Embora", diz o sr. Howell, "na maioria das fábricas, em virtude da má conjuntura dos negócios, só se trabalhe meio período, continuo a receber, depois como antes, o mesmo número de queixas de que 1/2 hora ou 3/4 de hora são furtados (*snatched*) diariamente aos trabalhadores por meio de incursões nos prazos que lhes são legalmente assegurados para as refeições e descanso" (Marx, 2017a, p. 315).

De qualquer forma, o importante a remarcar aqui é a distinção entre sobretrabalho e trabalho excedente no capitalismo. Nisso somos auxiliados por uma nota de rodapé do próprio Marx, na qual ele relata que os trabalhadores de uma fábrica de Manchester trabalhavam sem interrupção para as refeições, "de modo que o trabalho diário de 10 ½ horas está terminado às 4 ½ horas da tarde e tudo o que vem depois é sobretrabalho".[4] E alerta, em nota:

> *Isso não se deve compreender como tempo de mais-trabalho, segundo nosso conceito.* Esses senhores consideram as 10 ½ horas de trabalho como jornada normal de trabalho, a qual inclui também o mais-trabalho normal. Então começa "o tempo extra", que é algo mais bem pago. Ver-se-á em uma oportunidade mais adiante que a utilização da força

---

4. Aqui utilizamos a edição: Marx, Karl. *O capital*. São Paulo: Nova Cultural, 1996. v. I, t, I, p. 361. O tradutor Rubens Enderle traduziu, para a edição da Boitempo Editorial, sobretrabalho como "hora extra" e, então, acrescentou a nota referida: "Isso não deve se compreender como tempo de mais-trabalho, segundo nosso conceito...".

de trabalho durante a chamada jornada normal é paga abaixo do valor, de modo que o "tempo extra" é mera artimanha dos capitalistas para extrair *mais "mais-trabalho"*, o que continuaria sendo, mesmo se fosse paga plenamente a força de trabalho aplicada durante a "jornada normal de trabalho" (Marx, 2017a, p. 321, nota de rodapé 72, grifos da autora).

Eis aqui, claramente, a ideia de sobretrabalho como "mais mais--trabalho", quer dizer, trabalho excessivo que usurpa o valor de uso da força de trabalho, inclusive quando "fosse paga plenamente a força de trabalho aplicada durante a jornada normal de trabalho" — diversamente, portanto, do tempo de mais-trabalho ou trabalho excedente, calculado sobre a base da troca de equivalentes ou do respeito ao valor da força de trabalho. Um tempo "extra" ou "trabalho extraordinário"[5] arrancado do próprio tempo de trabalho socialmente necessário, e mesmo que a força de trabalho fosse paga plenamente pelo seu valor, haveria o desgaste prematuro e a violação do fundo de vida do trabalhador.

Essa condição de violação do fundo de vida do trabalhador, associada ou não à violação de seu fundo de consumo, atingiu um de seus momentos dramáticos no relato da morte da modista Mary Anne Walkley:

"por excesso de horas de trabalho numa oficina superlotada e por dormir num cubículo superestreito e mal ventilado".
Para dar ao médico uma lição de boas maneiras, declarou o Coroner's Jury: "A vítima morrera de apoplexia, havendo porém razão para temer que sua morte tenha sido apressada por *sobretrabalho* numa oficina superlotada etc." (Marx, 2017a, p. 368-9).

Assim, a leitura atenta de passagens de *O capital* nos sugere uma distinção entre sobretrabalho ou trabalho extraordinário (*überarbeit*) e trabalho excedente (*meharbeit*).

---

5. Na edição de *O capital* feita pela Nova Cultural, com tradução de Régis Barbosa e Flávio R. Khote, aparece *sobretrabalho* como *trabalho extraordinário*. Conferir: MARX, Karl. *O capital*. São Paulo: Nova Cultural, 1996. v. I, t. I, p. 372.

Trabalho excedente e o vampiro em *O capital*

Como já referido, o trabalho excedente é aquele entregue na parte da jornada de trabalho que está para além do tempo de trabalho socialmente necessário. É aquele tempo no qual é produzida a mais-valia. Marx explicita esse conceito claramente nos capítulos dedicados às questões da extração de *mais-valia absoluta* e *relativa* e da *taxa e massa de mais-valia*:

> O segundo período do processo de trabalho, em que o trabalhador labuta além dos limites do trabalho necessário, embora lhe custe trabalho, dispêndio de força de trabalho, não cria para ele nenhum valor. Ela gera a mais-valia, que sorri ao capitalista com todo o encanto de uma criação do nada. Essa parte da jornada de trabalho chamo de *tempo de trabalho excedente, e o trabalho despendido nela: mais-trabalho* (surplus labour) (Marx, 2017a, p. 331-2, grifos da autora).

É a partir dessa relação, no âmbito da produção, que Marx lança o símile do vampiro para designar a relação entre trabalho vivo e trabalho morto na geração do trabalho excedente: "O capital é trabalho morto, que, como um vampiro, vive apenas da sucção de trabalho vivo, e vive tanto mais quanto mais trabalho vivo ele suga" (Marx, 2017a, p. 307). Com esse símile, Marx reforça o fundamento da relação entre mais-valia e os conceitos de capital constante e capital variável.

Posteriormente aos capítulos mencionados, Marx retomará o conceito de trabalho excedente em outros momentos de *O capital*, com destaque para o Capítulo XXIV, Seção V, do Livro III, sobre a alienação da relação-capital na forma de capital portador de juros, apenas para referir-se à capacidade do capital portador de juros — dadas a concorrência e as leis tendenciais do modo de produção capitalista — de apropriar-se de todo o trabalho excedente que a humanidade possa fornecer (Marx, 2017b, p. 297).

Assim, em *O capital*, o trabalho excedente (*meharbeit*) equivale a trabalho criador de mais-valia absoluta e/ou relativa com base na ampliação do tempo de trabalho excedente, respeitando o valor da força de trabalho. Sob essa forma, é uma categoria própria do modo de produção capitalista.

Superexploração do trabalho no capitalismo dependente

A superexploração, tal como a compreendemos, no âmbito da TMD, consiste na violação do fundo de consumo e/ou do fundo de vida do trabalhador mediante a usurpação de parcela da primeira parte da jornada de trabalho, aquela destinada à reprodução da força de trabalho. Quer dizer, aquela parte da jornada correspondente ao tempo de trabalho socialmente necessário à produção e à reprodução da força de trabalho em condições normais, histórico-morais dadas.

Isto implica que a superexploração do trabalho pode ser explicada como uma forma de violação do valor da força de trabalho (o que, evidentemente, como já foi referido, não significa uma negação da lei do valor, mas o contrário, sua confirmação dialética). Equivale, portanto, a um trabalho simultaneamente explorado e expropriado, um trabalho não pago, diverso daquele do tempo de trabalho excedente que não é pago. A superexploração corresponde a um tempo de trabalho socialmente necessário que não é pago, usurpado do trabalhador. A expropriação do valor se verifica mediante diferentes formas, as quais correspondem aos mecanismos de superexploração do trabalho pelo capital:

> (i) o pagamento da força de trabalho abaixo do seu valor; (ii) o prolongamento da jornada de trabalho além dos limites normais; (iii) o aumento da intensidade além dos limites normais [... e] uma quarta forma, que na verdade é um desdobramento da primeira, que se expressa quando se exerce um hiato entre o elemento histórico-moral do valor da força de trabalho e a remuneração praticada. Em todas elas, o capital ou se

apropria do fundo de consumo do trabalhador, deslocando para o fundo de acumulação; ou arrebata anos futuros do trabalhador, apropriando-se de seu fundo de vida, o qual também é violado para alimentar a sanha da acumulação (Luce, 2018, p. 178).

Não nos deteremos aqui à análise de cada uma das expressões da superexploração.[6] Mais fundamental aos nossos objetivos é delimitar o escopo e a articulação geral da categoria. Nesse sentido, dois aspectos são relevantes. Porém, antes de apresentá-los, cabe uma ressalva. Marx, em *O capital*, quando analisa as formas de exploração, no Livro I, quer dizer as formas de extração de mais-valia, está operando seu esforço de apreensão das determinações concretas no âmbito do capital individual. Portanto, estão abstraídos a concorrência, o comércio exterior, as diferentes classes e frações que não sejam a burguesia e o proletariado, o crédito, o mercado mundial, as crises, enfim.

Dito isso, para pensar a dialética das relações de dependência, é necessário incorporar na análise determinações que foram abstraídas por Marx. Quer dizer: comércio e mercado mundial (e a concorrência nesse nível de abstração); classes e frações de classe (grande, média e pequena burguesia, por exemplo); distintas composições orgânicas nacionais, diferentes níveis de produtividades e intensidade nacional do trabalho,[7] a taxa de mais-valia (e suas modificações) no mercado mundial; as especializações produtivas em valores de uso específicos pela divisão internacional do trabalho (bens de capital, bens de consumo necessários e suntuários), entre outras. São necessárias, ainda, as categorias de preço de custo, taxa média de lucro e preço de produção e seu corolário: a mais-valia extra ou extraordinária. Nesse nível de abstração, as leis tendenciais gerais do capital sofrem modificações que, antes de negar a lei do valor, complexificam-na e a confirmam plenamente. Somente cumprindo adequadamente essa operação metodológica é possível avançar firmemente sobre a dialética da dependência.

---

6. As formas da superexploração foram detalhadas por Luce (2018).
7. Que é distinta do conceito de *intensidade* como medida do trabalho.

Dito isso, e perseguindo nosso objetivo de apenas situar aqui o escopo geral da categoria superexploração do trabalho, em primeiro lugar, é importante salientar que a superexploração adquire historicamente um caráter regular, estruturando o capitalismo dependente como lei tendencial própria às formações sociais subordinadas ao imperialismo. Sua recorrência se articula com o imperativo das *transferências de valor* das formações sociais dependentes aos centros dinâmicos da economia mundial. Ou seja, formações sociais que, no âmbito das trocas no mercado mundial, se apropriam de uma massa de mais-valia inferior àquela que sua classe trabalhadora produziu.[8]

Em segundo lugar, a superexploração, uma categoria que emana da esfera da produção, repercute sobre todo o ciclo do capital nas formações dependentes. Desde o ponto de vista da circulação de mercadorias, a América Latina se vincula ao mercado mundial atendendo a demandas dos centros industriais mais dinâmicos. Isso provoca *cisões no ciclo do capital* nas economias dependentes, quer dizer, fissuras difíceis de conciliar no percurso entre as fases de produção, distribuição e apropriação. Inicialmente, ocorre uma cisão entre esferas do mercado interno e do mercado externo, decorrente do que Marini (2005[1973]; 2012) chamou de economia exportadora.[9] Quer dizer, um divórcio nas relações produção e consumo no âmbito da formação social uma vez que, em um momento inicial do processo de industrialização, o trabalhador não cumpriu uma função decisiva na realização das mercadorias aqui produzidas. No capitalismo dependente, o eixo dinâmico da acumulação dependeu da exportação de mercadorias. Isso implica um processo histórico que provoca um esgarçamento

---

8. A categoria *transferência de valor,* tal como pensada por Ruy Mauro Marini em *Dialética da dependência,* recebeu um aporte de Reinaldo Carcanholo (1981). E também com Luce (2018), sistematizada em seu estudo sobre *transferência de valor enquanto intercâmbio desigual.*

9. Sobre as transformações históricas na estrutura produtiva latino-americana desde fins do século XIX, com o padrão agromineiro exportador, até o início do século XXI, com o atual padrão exportador de especialização produtiva, ver Osorio (2012a e 2012b). Mais detidamente sobre o processo de industrialização, a constituição do Estado e das classes na América Latina, ver também Bambirra (2012).

do ciclo do capital nas formações dependentes que reforça e repõe constantemente as condições para a reprodução da superexploração.

Em seguida, com a industrialização da América Latina e uma maior participação dos salários no consumo, ocorre uma segunda cisão. Agora entre esfera alta e esfera baixa da circulação. Se, nas economias centrais, existe uma tendência de conversão, mediante um certo tempo, dos bens suntuários em necessários (dinâmica que é consequência das transformações nas condições de produção), nas economias dependentes esse tempo de existência suntuária dos produtos é alargado ou alguns desses bens sequer chegam a transitar para compor a cesta de consumo da classe trabalhadora.[10] A esse processo Marini (2005[1973]) denominou segunda cisão nas fases do ciclo do capital ou divórcio entre a estrutura produtiva e as necessidades das massas.[11]

Assim, *sob o imperativo da obtenção da mais-valia extra no mercado mundial*, as transferências de valor e as cisões nas fases do ciclo do capital nas formações dependentes consistem em duas relações que contribuem para que a superexploração se verifique como um fenômeno regular, tal qual uma lei tendencial, do capitalismo dependente. É como expressão deste conjunto de relações que a superexploração do trabalho constitui-se como contrapartida do processo mediante o qual a América Latina contribuiu para incrementar a taxa de mais-valia e a taxa de lucro nos países industriais, implicando para ela mesma efeitos rigorosamente opostos (Marini, 2005[1973]).[12] A superexploração cumpre também função contra-arrestante à lei da queda tendencial

---

10. Luce (2018) desenvolveu o indicador da segunda cisão com o estudo sobre o *tempo de existência suntuária das mercadorias*. Complementarmente ao estudo do ciclo, recomendo ainda o artigo de Ruy Mauro Marini (1979).

11. Luce (2018) desenvolveu as bases da terceira cisão no ciclo do capital nas formações dependentes, na fase da mundialização do capital.

12. Esta conclusão, para os autores fundadores da Teoria Marxista da Dependência, Ruy Mauro Marini, Vania Bambirra e Theotonio dos Santos, não implica compartilhar teses estagnacionistas. Ao contrário, significa que o desenvolvimento do capitalismo em escala mundial imprime uma lógica desigual. Ainda sobre as diferenças de comportamento da relação entre *taxa de mais-valia* e *produtividade do trabalho* nas economias centrais e dependentes, ver artigo de Glória Martínez González (1999).

da taxa de lucro, operando ao mesmo tempo um aumento do grau de exploração do trabalho e uma compressão do salário abaixo do seu valor — entre outros elementos que as economias latino-americanas oferecem no mesmo sentido para contra-arrestar essa lei. Tal articulação começa a expressar-se em seguida ao momento histórico no qual as formações sociais latino-americanas passam a ser formalmente independentes, porém, logo em seguida, realmente subordinadas ao imperialismo.

Superexploração e a dialética da mercadoria força de trabalho

Dados os fundamentos históricos e teóricos da superexploração do trabalho, um problema relevante e que pode nos auxiliar na compreensão da categoria consiste em mover-nos para o interior da dialética valor *versus* valor de uso da mercadoria força de trabalho. Esse é um procedimento metodológico válido desde que não se perca de vista o escopo mais determinado da categoria tal como expresso anteriormente.

Aqui intervém a complexidade dialética do fenômeno. *No capitalismo, a violação do valor se dá por meio da violação do valor de uso da mercadoria força de trabalho*, quer dizer, mediante a usurpação do tempo de trabalho socialmente necessário, diário ou total. O tempo de trabalho socialmente necessário corresponde àqueles bens e condições sociais de vida que permitem ao trabalhador ou trabalhadora reproduzir a si mesmo(a) e a sua família em condições normais (Marx, 2017a, p. 279 *et seq*). Quando essas condições de reprodução normais são violadas, estamos diante da superexploração como uma forma diversa de exploração daquelas que estão baseadas na ampliação do tempo de trabalho excedente com base no respeito ao valor da força de trabalho, referente às formas da mais-valia absoluta e relativa, e mesmo extraordinária, tal como tratada por Marx no Livro

III, para referir-se às transferências interempresas do mesmo ramo e intersetorias de valor.[13] Evidentemente que a superexploração e as formas de mais-valia se entrecruzam. Mas, sem se confundirem. Vejamos as aproximações e distinções entre elas, fonte de inúmeras confusões teóricas.

Se a mais-valia absoluta se obtém por meio da extensão da jornada ou intensificação do trabalho (como mecanismo de extensão dela no mesmo tempo, fechando os poros da jornada de trabalho), a superexploração só se verifica na medida em que essa extensão e intensificação se deem de forma regular ou exacerbada, de modo a violar as condições de reprodução da força de trabalho. Quer dizer, violando o seu valor de uso, provocando o seu desgaste para além do normal ou esgotamento prematuro mediante consumo usurpador de sua vitalidade físico-psíquica, em processos que provoquem exaustão recorrente, adoecimento ou invalidez pela atividade do trabalho — encurtando sua jornada total, para compensar transferências de valor. Nessas situações, estamos diante da superexploração como expropriação do fundo de vida do trabalhador. Essa expropriação pode ocorrer com uma remuneração da força de trabalho por seu valor, abaixo do seu valor (e, nesse caso, adicionalmente, também viola o seu fundo de consumo) ou mesmo acima do valor, no caso de trabalhadores bem pagos[14] (o que é diferente de "trabalhadores" em funções de controle, quer dizer, assalariados que são personificações do capital).

De outra parte, se a mais-valia relativa se obtém ampliando o tempo de trabalho excedente sobre a base da desvalorização do valor, a superexploração, diversamente, consiste em uma ampliação do trabalho excedente baseado na violação do valor (inscrita no interior

---

13. Daí o conceito de *transferência de valor como intercâmbio desigual* constituir-se como uma forma de transferência de valor mais determinada do que as analisadas por Marx em *O capital*. Sobre essa distinção, conferir Luce (2018).

14. Sobre superexploração com salários próximos ao valor da força de trabalho, conferir a tese de Nilson Araújo de Souza (1980) sobre os metalúrgicos do ABC paulista durante o chamado "milagre brasileiro", quando a elevação da produtividade no setor automobilístico se verificou sem maiores inovações tecnológicas, mas fundamentalmente sobre a base da intensificação do trabalho.

da lei do valor como seu momento negativo predominante). Quer dizer, a mais-valia relativa se assenta sobre o barateamento dos bens de consumo necessários (elevando a produtividade do trabalho, seja mediante a intensificação e/ou por meio da elevação da capacidade produtiva com economia de força de trabalho no setor IIa ou no setor I que produz para IIa). A superexploração, por sua vez, implica uma usurpação do valor da força de trabalho mediante apropriação do fundo de consumo do trabalhador pelo fundo de acumulação do capital, o que repercute também sobre seu fundo de vida, na medida em que não obtém os bens necessários para a sua reprodução e de sua família em condições histórico-morais normais, de forma recorrente, estrutural, não apenas em tempos de crise.

A superexploração é, nesse sentido, uma exploração redobrada[15] *produzida como resultado da busca pela compensação das transferências de valor como intercâmbio desigual, no âmbito do mercado mundial.* Ela é produzida não somente como uma forma genérica de expropriação ou acidental, em momentos de crise, em qualquer formação social capitalista, como é o sobretrabalho em geral, mas como forma determinada que encerra uma dialética exploração-expropriação da mercadoria força de trabalho que adquiriu caráter estrutural e estruturante nas formações sociais subordinadas ao imperialismo e suas práticas usurpadoras. A superexploração é, nesse sentido, um dos fundamentos materiais do imperialismo, como alavanca das relações desiguais que caracterizam a divisão internacional do trabalho. É também uma categoria necessária, embora não suficiente, para pensar as formações econômico-sociais do capitalismo dependente, cuja compreensão mais completa deve incorporar também as relações de poder e opressão.

Como expropriação do fundo de consumo e/ou do fundo de vida do trabalhador, Marx denunciou a protoforma genérica da superexploração falando em sobretrabalho. O sobretrabalho é uma tendência ao trabalho excessivo, uma forma de expropriação do trabalho comum às relações mercantis. No modo de produção capitalista, esta

---

15. A expressão é de Osorio (2009).

relação de expropriação se subordina à própria lógica da exploração. No capitalismo dependente, o sobretrabalho converte-se em relação estrutural como compensação às transferências de valor como intercâmbio desigual, um imperativo para a acumulação dependente, e se articula com cisões nas fases do ciclo do capital. Como fenômeno estrutural e mais determinado, distinta do trabalho excessivo em geral, é denominada por Marini como superexploração. Assim, toda a superexploração é uma forma de sobretrabalho. Mas nem todo sobretrabalho é superexploração.

Atualmente, discute-se a possibilidade de uma generalização da superexploração (Sotelo Valencia, 2016; Martins, 2011, p. 303), tema que não há espaço para aprofundar no âmbito desta reflexão. De qualquer forma, se, sob a crise estrutural sugerida por István Mészáros, o trabalho excessivo dá sinais de generalização em escala mundial, à luz de uma tendência à equalização para baixo da taxa de exploração (Mészáros, 2002),[16] somente uma investigação comparada de crítica da economia política que acompanhe esse fenômeno ao longo dos próximos anos poderá responder. A incidência do sobretrabalho, como se vê na atualidade, em momentos de crise capitalista já havia sido indicada por Marx em *O capital*. Porém, as transformações nas relações imperialistas ocorridas nas últimas décadas são de tal magnitude e profundidade que não é possível descartar de pleno uma mudança substantiva na forma em que estas se estruturam, em particular frente à ampliação do fenômeno das migrações. Tais transformações nos desafiam a pensar suas implicações sobre as relações de superexploração.

A superexploração é uma categoria que contribui para enriquecer o debate sobre as expropriações ao conferir maior determinação à compreensão das formas de usurpação desta que é a mercadoria fundamental para a reprodução do capital. E, se Marx localizou a luta de classes justamente na disputa pelo tempo de trabalho, nucleando nessa questão o fundamento da emancipação humana, certamente

---

16. Mészáros apontou uma tendência ao *nivelamento por baixo do índice de exploração ou tendência ao nivelamento ao índice diferencial de exploração* (*downwards equalization*).

não é irrelevante apreender aspectos cada vez mais determinados do real no que tange a essa questão. Afinal, somente com a compreensão precisa do real é possível construir estratégias que permitam à classe trabalhadora e a todas e todos os oprimidos melhores condições de lutar pela apropriação do tempo livre, base da concepção de libertação em Marx.

Referências

BAMBIRRA, Vania. *Capitalismo dependente latino-americano*. Florianópolis: Insular, 2012.

CARCANHOLO, R. *Las transferencias de valor y el desarrollo del capitalismo en Costa Rica*. 1981. Tese (Doutorado) — Facultad de Economía, Universidad Nacional Autónoma de México, Cidade do México.

_____. Apresentação. In: MARX, K. *O capital*. São Paulo: Boitempo, 2017.

DAL PRA, Mario. *La dialéctica en Marx*. Barcelona: Ediciones Martínez Roca, 1971.

FERREIRA, C.; LUCE, M.; OSORIO, J. *Padrão de reprodução do capital*: contribuições da Teoria Marxista da Dependência. São Paulo: Boitempo, 2012.

GONZÁLEZ, Glória Martínez. Algumas evidências da superexploração nos países subdesenvolvidos: a atualidade do pensamento de Marini. *Revista da Sociedade Brasileira de Economia Política*, n. 4, p. 105-21, jun. 1999.

LUCE, M. S. *Teoria Marxista da Dependência, problemas e categorias*: uma visão histórica. São Paulo: Expressão Popular, 2018.

MARINI, R. M. Plusvalia extraordinaria y reproducción del capital. *Cuadernos Políticos*, México: Ediciones Era, 20, p. 18-39, abr./jun. 1979. Disponível em: <www.marini-escritos.unam.mx.> Acesso em: 22 abr. 2018.

_____. Dialética da dependência. In: TRASPADINI, R.; STÉDILE, J. P. *Ruy Mauro Marini*: vida e obra. São Paulo: Expressão Popular, 2005 [1973].

_____. O ciclo do capital na economia dependente. In: FERREIRA, C.; LUCE, M.; OSORIO, J. *Padrão de reprodução do capital*: contribuições da Teoria Marxista da Dependência. São Paulo: Boitempo, 2012.

MARTINS, Carlos Eduardo. *Globalização, dependência e neoliberalismo na América Latina*. São Paulo: Boitempo, 2011. p. 303.

MARX, K. *O capital*. São Paulo: Boitempo, 2014. Livro II.

_____. *O capital*. São Paulo: Boitempo, 2017a. Livro I.

_____. *O capital*. São Paulo: Boitempo, 2017b. Livro III.

MÉSZÁROS, I. *Para além do capital*. São Paulo: Boitempo, 2002.

NASCIMENTO, C. A.; DILLENBURG, F.; SOBRAL, F. Exploração e superexploração da força de trabalho em Marx e Marini. In: ALMEIDA FILHO, N. *Desenvolvimento e dependência*. Cátedra Ruy Mauro Marini. São Paulo: Ipea, 2013.

OSORIO, J. *Explotación redoblada y actualidad de la revolución*. México: Universidad Autónoma Metropolitana y Editorial Itaca, 2009.

_____. Padrão de reprodução do capital: uma proposta teórica. In: FERREIRA, C.; LUCE, M.; OSORIO, J. *Padrão de reprodução do capital*: contribuições da Teoria Marxista da Dependência. São Paulo: Boitempo, 2012a.

_____. América Latina: o novo padrão exportador de especialização produtiva. In: FERREIRA, C.; LUCE, M.; OSORIO, J. *Padrão de reprodução do capital*: contribuições da Teoria Marxista da Dependência. São Paulo: Boitempo, 2012b.

ROLSDOLSKY, Roman. *Gênese e estrutura de O Capital de Karl Marx*. Rio de Janeiro: Eduerj/Contraponto, 2001.

SOTELO VALENCIA, Adrián. Hipótese a respeito da extensão da superexploração do trabalho no capitalismo avançado desde a perspectiva da teoria marxista da dependência. *Cadernos Cemarx*, São Paulo, n. 9, 2016.

SOUZA, Nilson Araújo. *Crisis y lucha de clases no Brasil*: 1974/1979. 1980. Tese (Doutorado) — Facultad de Economía, Universidad Nacional Autónoma de México, Cidade do México. Orientador: Ruy Mauro Marini.

8

Estado e expropriações no capitalismo dependente

Ana Paula Mauriel

Introdução

Parece não haver dúvidas que estamos diante de um cenário de crise, especialmente após 2008. Contudo, ao contrário das análises que apostam na dimensão financeira, ficarei com as vertentes que afirmam ser esta mais uma manifestação da crise estrutural do capital (Carcanholo, 2011). Cabe inferir que o redimensionamento internacional do capital, por meio da concentração e centralização, promoveu um novo padrão de reprodução do capital por intermédio da reestruturação produtiva — conjunto de mudanças para ampliar as margens de extração de mais-valia —, da financeirização, por meio da desregulação das finanças, ou momento de proliferação do capital financeiro (Brettas, 2013), com severos impactos no mundo do trabalho, entrando numa fase verdadeiramente predatória sobre a reprodução da vida, as quais fazem alguns autores considerar a etapa atual como uma atualização das condições descritas e analisadas por Marx na acumulação primitiva. E ainda devemos considerar o incremento de mão de obra disponível pela tendência do aumento da superpopulação relativa, também com a finalidade de contra-arrestar a queda do lucro (Maranhão, 2009). Esses processos exigem maior subordinação do trabalho para o capital, bem como territórios, áreas e recursos naturais, sem precedentes em ambos os níveis de grandeza e intensidade.

A crise contemporânea de caráter estrutural denuncia o rentismo e a dominância financeira como frações hegemônicas do capital, e expõe a utilização de diversos mecanismos e processos violentos e predatórios, alguns inovadores, outros de uso permanente pelo capital.

Há uma literatura crítica que vem se desenvolvendo nas últimas décadas, partindo de Marx e da chamada acumulação primitiva, cuja produção científica tem buscado construir mediações entre a lógica de acumulação do capital (os mecanismos novos e perenes de exploração) e o exame da natureza e sentido de processos, mecanismos e instrumentos expropriatórios acionados ao longo da história do capitalismo, mostrando o caráter histórico das expropriações e, como tal, não seriam apenas um elemento de uma fase passada, inicial, excepcional, mas teriam um papel orgânico na dinâmica histórica do capitalismo.

O sentido desses debates está diretamente ligado à gravidade das perdas de direitos que vêm ocorrendo tanto no centro como na periferia capitalista, atualizando a relação exploração-expropriação à luz dos atuais movimentos históricos.

Todos estes processos societários afetaram a economia latino-americana e sua inserção no sistema mundial, reforçando processos que formam sua condição de dependência e subordinação, uma vez que um aspecto fundamental da dependência, a superexploração dos trabalhadores, permite aumentar a massa de valor apropriado pelo capital local e transnacional, pelo aumento da transferência de valor que compõe o fundo de consumo e de vida dos trabalhadores para o fundo de acumulação de capital (Osorio, 2015).

Os desdobramentos da crise para a política social têm sido deletérios no sentido da regressividade na garantia dos direitos e do apagamento do princípio da universalidade, ou seja, cada vez menos expansão e qualificação dos serviços coletivos públicos em políticas estruturantes como saúde, educação, habitação etc., transfigurando-se cada vez mais em um conjunto de ações focalizadas, imediatas e reduzidas de alívio da pobreza sob o mote da transferência de renda, conjugadas com esquemas de ativação para o trabalho precário ou ações que gerem algum tipo de renda pela via de formas de capacitação precária ou a partir do (micro)crédito. Mas também, e principalmente, a política social tem se tornado miríade de instrumentos úteis, senão necessários e estratégicos, ao padrão de reprodução das relações sociais de produção, por meio da regulação do valor da força de trabalho a baixo custo (Boschetti, 2016), seja funcionando diretamente como espaço de garantia da rentabilidade do grande capital ao facilitar a estratégia da dívida pública (Brettas, 2013), seja transferindo recursos para Bancos para gestão de programas de transferência de renda (Silva, 2012), ou participando do incremento da rotação do capital como aplicação do fundo público sob variadas formas (Behring, 2012), a exemplo dos fundos de pensão (Granemann, 2012).

Diante disso, o texto visa apresentar alguns elementos que particularizam as expropriações nos países de economia dependente no atual contexto, utilizando-se a noção de Estado dependente de Jaime Osorio (2014; 2017).

Acumulação de capital e a atualidade das expropriações

Nos termos da análise marxiana, o capitalismo é um sistema em que a produção mercantil se generalizou. Nesse sistema, o que move o capitalista é a busca permanente do lucro. Na Parte Segunda do Livro Primeiro de *O capital* ("A transformação do dinheiro em capital"), Marx, já tendo fundado os conceitos básicos para sua análise — mercadoria e dinheiro —, mostra a diferença entre a circulação simples das mercadorias e a circulação do capital.[1] Enquanto na primeira a finalidade

---

1. Não se pode esquecer que, para Marx, a forma mercadoria só pode tornar-se dominante na produção social quando a força de trabalho tenha-se tornado, ela mesma, uma mercadoria.

é o consumo.² na segunda é a acumulação,³ pois o movimento só faz sentido se aquele que o realiza retirar ao final mais valor do que nele lançou inicialmente. A "esse acréscimo ou o excedente sobre o valor primitivo", Marx denomina de "mais-valia (valor excedente)". E conclui: "O valor originalmente antecipado não só se mantém na circulação, mas nela altera a própria magnitude, acrescenta uma mais-valia, valoriza-se. E esse movimento transforma-o em capital" (Marx, 1994[1867], p. 170).

> Enquanto a apropriação crescente da riqueza abstrata for o único motivo que determina suas operações, funcionará ele como capitalista, ou como capital personificado, dotado de vontade e consciência. Nunca se deve considerar o valor-de-uso objetivo imediato do capitalista. *Tampouco o lucro isoladamente, mas o interminável processo de obter lucros* (Marx, 1994[1867], p. 170, grifos nossos).

Como o objetivo do capitalista é a apropriação de parcelas crescentes de mais-valia, ele só pode alcançá-lo prolongando a jornada de trabalho (mais-valia absoluta) ou reduzindo o tempo de trabalho necessário e, em consequência, aumentando o tempo de trabalho excedente (mais-valia relativa). Como o prolongamento da jornada de trabalho tem um limite absoluto, físico, o esforço para obter massas crescentes de mais-valia através da mais-valia relativa tende a ser dominante no capitalismo.

Nas palavras do autor, "[...] [as] condições históricas de existência [do capital] não se concretizam ainda por haver circulação de mercadorias e de dinheiro. Só aparece o capital quando o possuidor de meios de produção e de subsistência encontra o trabalhador livre no mercado vendendo sua força de trabalho, e esta única condição histórica determina um período da história da humanidade" (Marx, 1994[1867], p. 190). A generalização da forma mercadoria, que assumem "todos os produtos ou a maioria deles", só pode ocorrer "num modo especial de produção, a produção capitalista" (Marx, 1994[1867], p. 189-90).

2. "Seu objetivo final, portanto, é consumo, satisfação de necessidades, em uma palavra, valor-de-uso" (Marx, 1994[1867], p. 169).

3. "O circuito D — M — D, ao contrário, tem por ponto de partida o dinheiro e retorna ao mesmo ponto. Por isso, é o próprio valor-de-troca o motivo que o impulsiona, o objetivo que o determina" (Marx, 1994[1867], p. 169).

Diante disso, Marx expõe que reduzir o tempo de trabalho necessário implica diminuir o valor da força de trabalho, o que exige o aumento da produtividade nos "ramos industriais cujos produtos determinam o valor da força de trabalho" (Marx, 1994[1867], p. 170). A concorrência se incumbe de generalizar esse movimento para todos os capitalistas de um mesmo ramo e por todos os ramos da economia. Assim, o aumento da produtividade, que implica inovação técnica, aumenta a composição orgânica e técnica do capital, ou seja, o valor do capital constante em face do capital variável e o volume de meios de produção em face do número de trabalhadores.

No Capítulo XXIII, intitulado "A lei geral da acumulação capitalista", Marx mostra que, dentro de certos limites, o capital consegue obter a quantidade de trabalho adequada ao progresso da acumulação, independentemente da oferta de trabalhadores. Um dos elementos que permitem que isso ocorra consiste na formação de uma população trabalhadora supérflua ou excedente.[4] A combinação dos processos de concentração e centralização de capitais, com o aumento da composição do capital, técnica e orgânica, cria uma população trabalhadora supérflua que se constitui como exército industrial de reserva para o capital.

> O capital age ao mesmo tempo dos dois lados. Se sua acumulação aumenta a procura de trabalho, aumenta também a oferta de trabalhadores, "liberando-os", ao mesmo tempo que a pressão dos desempregados compele os empregados a fornecerem mais trabalho, tornando até certo ponto independente a oferta de trabalho da oferta de trabalhadores (Marx, 1989[1867], p. 742-3).

Uma população supérflua ou excedente é parte estrutural do desenvolvimento capitalista e da manutenção da obtenção crescente de lucros. Nesse sentido, os trabalhadores, separados das condições

---

4. A passagem de Marx é a seguinte: "[...] A população trabalhadora, ao produzir a acumulação do capital, produz, em proporções crescentes, os meios que fazem dela, relativamente, uma população supérflua" (Marx, 1989[1867b], p. 732).

de produção, têm sua inserção em processos de trabalho, cujas condições são determinadas, fundamentalmente, pelas necessidades e ritmo do capital.

As análises de Marx no capítulo XXIV do Livro I de *O capital* mostram a acumulação primitiva como ponto de partida da sociedade capitalista, como um processo histórico que dissocia "trabalhadores e a propriedade das condições de realização de seu trabalho". Por meio de subjugação, roubos e violência, tais processos tornam livres os trabalhadores em dois sentidos: estes deixam de integrar diretamente os meios de produção como escravos ou servos, e passam a ficar desvinculados dos meios de produção e de subsistência.

Para Marx, o segredo da acumulação primitiva está na expropriação, que se manifesta em diferentes processos, mas "acima de tudo, nos momentos em que grandes massas são despojadas súbita e violentamente de seus meios de subsistência". Tomando como referência a Inglaterra entre os séculos XIV e XIX, período de decomposição do modo de produção feudal concomitantemente ao erguimento da sociedade capitalista, quando ocorreu uma brutal expropriação de terras: "A expropriação da terra que antes pertencia ao produtor rural, ao camponês, constitui a base de todo o processo" (Marx, 2017[1867], p. 787).

Os movimentos de expropriação das terras foram detalhadamente descritos e analisados por Marx, que atentou para formas de expropriação características daquele momento histórico. O primeiro movimento de expropriação teve início na metade do século XIV, mas ganhou maior intensidade no século XV com a dissolução dos séquitos dos senhores feudais, cuja intenção era transformar as terras de lavouras em pastagens de ovelhas para produção de lã. Como resultado, ocorreu uma centralização do poder político devido à perda de terras de muitos senhores; as habitações dos camponeses foram violentamente destruídas, retirando-lhes a capacidade de cultivo autônomo, lançando uma massa de expropriados ao mercado sem nenhuma garantia (configurando aqueles a quem Marx chamou de "indivíduos sem direitos"). Outro movimento expropriatório ocorreu a partir do século XVI com a Reforma Protestante quando se realiza a usurpação de terras da Igreja, expulsando os camponeses que viviam em conventos, monastérios e arredores, conformando mais um grupamento liberado dos vínculos com a terra, seu meio de vida. Com a ascensão de Guilherme de Orange ao poder, os proprietários e nobres inauguraram os roubos em grande escala às terras do Estado, configurando mais um grande movimento de expropriação. Mas foi a partir do século XVIII que a expropriação ganha novas amplificações, quando "o roubo assume a forma parlamentar que lhe dão as leis relativas ao cercamento das terras comuns" (Marx, 2017[1867], p. 787), os chamados "decretos de expropriação do povo", ou seja, ocasião em que a expropriação ganha legalidade jurídica. E o último grande movimento de expropriação que privou os lavradores da terra foi o *clearing of states* (clareamento das terras), prática de extermínio de povos nativos.

Marx mostra ainda como o Estado atua na acumulação capitalista tendo papel central nesses processos, seja na criação da força de trabalho livre (participando dos processos de expropriação de terras), seja na manutenção dessa massa de trabalhadores, que não é totalmente absorvida pela manufatura ainda insipiente ou que ainda não se acostumou à nova sociabilidade do trabalho imposta pela relação com o capital.

> Expulsos pela dissolução dos séquitos feudais e pela expropriação violenta e intermitente de suas terras, esse proletariado inteiramente livre não podia ser absorvido pela manufatura emergente com a mesma rapidez com que fora trazido ao mundo. Por outro lado, os que foram repentinamente arrancados de seu modo de vida costumeiro tampouco conseguiram se ajustar à disciplina da nova situação (Marx, 2017[1867], p. 805).

Para Marx, diferentes métodos se somam às expropriações como uma totalidade sistemática de ações que se combinam para manter expropriados os trabalhadores e concentrar riquezas, e em todos eles o Estado tem papel central: "esses momentos [da acumulação primitiva] foram combinados de modo sistêmico dando origem ao sistema colonial, ao sistema de dívida pública, ao moderno sistema tributário e ao sistema protecionista" (Marx, 2017[1867], p. 821).

Marx ressalta que mesmo dadas essas condições fundamentais da produção capitalista, ou seja, a separação do produtor e meio de produção, "ela não apenas conserva essa separação, mas a reproduz em escala cada vez maior" (Marx, 2017[1867], p. 786). Tal apreciação indicaria a perenidade dessa dimensão violenta ao longo da acumulação especificamente capitalista, ou que não existe uma acumulação em estado puro, pois os métodos de acumulação primitiva nada têm de idílicos.

Se partirmos dessa assertiva, tais métodos que se baseiam na dominação e no predomínio da força bruta, atrocidades, predação, artimanhas ilícitas, apropriação, manobras especulativas, expropriações, entre outros mecanismos, podem ser considerados instrumentos ordinários e não excepcionais. Ou seja, tomar terras e domínios de bens públicos, apoderar-se de patrimônios privados e públicos devem ser vistos como práticas regulares das relações capitalistas e não só parte de um momento fundacional.

Muitos dos processos analisados por Marx permanecem presentes, algumas vezes apresentando aprofundamentos, outras vezes novas manifestações. Diante disso, alguns autores da tradição marxista vêm colocando em evidência a continuidade e a atualização desses processos no percurso histórico do movimento de acumulação de capital, especialmente no que se refere ao sentido das expropriações no contexto contemporâneo.

Para Rosdolsky (2001) nada é mais falso do que situar a acumulação primitiva de Marx fora da análise propriamente econômica, considerando-a apenas uma digressão histórica. Para ele, a acumulação primitiva não é uma fase passada, mas constitutiva da relação capitalista "e está contida no conceito de capital" (Rosdolsky, 2001, p. 234).

Remetendo-se aos *Grundrisse*, Rosdolsky correlaciona acumulação primitiva e acumulação de capital, e procura mostrar que os processos de separação que se inauguram com a acumulação primitiva aparecem posteriormente como processos permanentes de acumulação e concentração e, por fim, como centralização dos capitais em poucos capitalistas. "Um processo que só chegará ao fim com a eliminação do próprio capitalismo, ou seja, a restauração da unidade original entre os produtores e as condições de produção" (Rosdolsky, 2001, p. 235).

Partindo do entendimento de que não se pode falar em relação capitalista enquanto a disponibilidade de realizar trabalho vivo não estiver separada dos elementos de sua realização objetiva (meios de existência e meios de conservar viva a força de trabalho), Rosdolsky afirma, com base em Marx, que o capital não se constitui pelo simples intercâmbio de trabalho vivo como trabalho assalariado, mas sim pelo intercâmbio do trabalho objetivado como valor, que se conserva e se amplia. A dissolução do vínculo com a terra, a expropriação dos meios de produção e dos meios de consumo e subsistência são, para Rosdolsky, pressupostos históricos para o trabalhador se encontrar livre, como não proprietário para produzir valor e o conservar.

Nas condições sociais atuais, essa condição de despossessão absoluta parece ser algo que compõe parte do mecanismo do capital, porém, nem sempre foi assim. O modo de produção de formações sociais anteriores se baseava "na unidade original do produtor e das condições de produção", logo essa unidade foi resultante de um longo processo histórico da relação ontológica homem-natureza. Já a separação entre trabalho e meios de vida é algo inédito e forçosamente produzido, por isso, não pode ser naturalmente mantido. Sob essa perspectiva, a "acumulação transforma em um processo contínuo o que na acumulação primitiva aparece como um processo histórico particular, processo de gênese do capital e transição de um modo de produção a outro" (Rosdolsky, 2001, p. 234).

No que se refere à atualidade das formas de expropriação e sua relação com a acumulação de capital, dois autores têm se destacado nos debates acerca desse tema: David Harvey e Virgínia Fontes.

Para David Harvey (2005), a chamada acumulação primitiva, baseada em atos predatórios e violentos, aparece vigente no período atual, haja vista que os mecanismos ou expedientes utilizados, como a usurpação e a apropriação da propriedade social por uma classe minoritária, compõem parte da atual etapa histórica do capitalismo, não fazendo parte apenas dos tempos passados ou "originários" desse modo de produção.

> A expulsão de populações camponesas e a formação de um proletariado sem terra têm se acelerado em países como México e a Índia nas últimas três décadas; muitos recursos antes partilhados, como a água, têm sido privatizados (com frequência por insistência do Banco Mundial) e inseridos na lógica capitalista de acumulação; formas alternativas (autóctones e mesmo, no caso dos Estados Unidos, mercadorias de fabricação caseira) de produção e consumo têm sido suprimidas (Harvey, 2005, p. 121).

Harvey, tomando como base obras de Rosa Luxemburgo e Hanna Arendt, defende que os processos de expropriação e de violência são elementos estruturantes da sociedade capitalista contemporânea. Em seu livro *O novo imperialismo*, Harvey vai propor uma inovação conceitual — a noção de acumulação por espoliação ou despossessão — para enfatizar que o amplo universo de processos reunidos sob a chamada acumulação primitiva, na verdade, tem caráter de estratégias que se fazem presentes na atualidade. Nessa obra, Harvey procura diferenciar a acumulação primitiva como aquela que abriu caminho à reprodução ampliada do capital, cujo papel foi de descortinar novas fronteiras e arenas para a acumulação, desbravando novos locais de rentabilidade, disponibilizando novos terrenos para o processo de valorização do capital, daquela que ele classifica como acumulação por espoliação, "que faz ruir e destrói um caminho já aberto" (Harvey, 2005, p. 135), ou seja, de expropriar espaços já existentes, predando-os, para engendrar oportunidades lucrativas para absorver excedentes de capitais não empregados, considerando o atual contexto de financeirização e de neoliberalismo: "Ativos de propriedade do Estado ou destinados ao uso partilhado da população em geral foram entregues ao mercado para que o capital sobre- acumulado pudesse investir neles, valorizá-los e especular com eles" (Harvey, 2005, p. 131).

Apesar das polêmicas que a análise desenvolvida por Harvey reune,[5] uma contribuição-chave trazida pelo autor é perceber a inovação dos movimentos retratados por Marx que atualmente aparecem exponenciados e com características inéditas. Ou seja, além das expropriações originárias, segundo Harvey (2005, p. 122), "alguns mecanismos da acumulação primitiva foram aprimorados para desempenhar hoje um papel bem mais forte do que no passado". O uso do território e de seus recursos naturais (água, energia, minerais etc.) até exauri-los, a apropriação do espaço urbano, a mercadorização das formas culturais, históricas e da criatividade intelectual (por meio de patentes e ênfase nos direitos de propriedade intelectual), a expropriação do patrimônio público por meio das privatizações, a regressão dos estatutos de proteção ao trabalho e a degradação dos direitos de bem-estar são mecanismos de expropriação presentes hoje, sustentados pelos Estados e apoiados por organismos internacionais.

Outra autora que vem investindo na análise das expropriações é Virgínia Fontes (2010), que ao apresentar o atual estágio do imperialismo, o classifica como capital-imperialismo, o qual se caracteriza pela ampliação da concentração do capital portador de juros, cuja marca é a propriedade dos recursos sociais de produção sob a forma monetária.

Fontes demonstra como nessa fase imperialista o capital utiliza, nos processos contraditórios de sua expansão, as expropriações e o agravamento das condições sociais como condição fundamental de sua existência. Sob essa perspectiva, a tendência à expansão do capital nessa quadra histórica se apresenta a partir de dois movimentos articulados que, segundo a autora, seriam incontroláveis: "a concentração

---

5. Virgínia Fontes (2010, p. 62 ss.) aponta alguns limites à abordagem de Harvey. Para a autora, Harvey introduz uma dicotomização na compreensão do processo de expansão do imperialismo contemporâneo, ao distinguir uma "acumulação produtiva" ou expandida de uma "acumulação predatória" ou por espoliação, embora ele observe que as duas se encontram estreitamente imbricadas: "A acumulação do capital tem de fato caráter dual". A contraposição entre as formas de acumulação leva Harvey a não correlacionar as múltiplas expropriações ao gigantesco crescimento da disponibilização de trabalhadores para o capital e a avaliar uma descontinuidade histórica das expropriações durante a fase expandida de acumulação.

de recursos sociais e a recriação permanente das expropriações sociais" (Fontes, 2010, p. 21).

Em textos anteriores, a autora já vinha afirmando uma necessária e perene conjugação entre exploração e expropriação para pensar o capitalismo. De acordo com Fontes (2005), a produção da riqueza social, que é realizada por meio da exploração dos trabalhadores sob a forma da livre venda da força de trabalho, traz uma liberdade que oculta a necessidade socialmente produzida (a expropriação aparece como subjacente à exploração) que impele tais trabalhadores ao mercado e que obscurece a extração do mais-valor sob a aparência de uma relação de troca mercantil entre equivalentes. Para Fontes, na obra de Marx esses pressupostos se mantêm sempre presentes quando ele analisa a tendência a uma concentração crescente de capitais, aliada à sua reprodução ampliada; as tensões e conflitos internos entre os diversos capitalistas, bem como a ameaça constante de uma redução das taxas de lucro, e, sobretudo, as contradições entre a socialização geral da força de trabalho e a concentração da propriedade das condições de produção.

Fontes (2010) aprofunda suas análises ao afirmar que a continuidade das características da acumulação primitiva não estaria apenas na persistência das expropriações na atual quadra histórica, mas na necessidade de perpetuação e amplificação das condições que fundam "*a condição social* na qual se baseia o capital *para a atividade* predominante da qual depende sua própria reprodução enquanto forma de vida social" (Fontes, 2010, p. 21, grifos no original), ou seja, a existência de trabalhadores livres (expropriados das condições de existência). Diante disso, Fontes aposta que estaríamos diante de um movimento de expansão dessa relação social capitalista, em que as expropriações das condições de existência de massas cada vez maiores seriam realizadas como forma de reconstituir novos equilíbrios intercapitalistas diante das crises recorrentes constitutivas da acumulação nessa quadra histórica.[6]

---

6. Partindo das análises de Marx no Livro III de *O capital*, Fontes (2010) analisa a acumulação baseada no capital portador de juros e sua derivação, o capital fictício, a qual

Arriscamos deixar na sombra o fato de que o capital baseia-se na permanente ampliação e exasperação de uma *certa base social* — a disponibilização massiva, tendencialmente atingindo toda a população, dos seres singulares convertidos em necessidade, em disposição única para a venda de força de trabalho sob quaisquer condições, base social para que um mercado "econômico" supostamente livre possa se generalizar. *A expropriação massiva é, portanto, condição social inicial, meio e resultado da exploração capitalista* (Fontes, 2010, p. 22, grifos no original).

Ao apresentar a expropriação como base social do capital no atual contexto de acumulação, Fontes (2010) afirma que estaríamos diante de um movimento de ampliação e generalização da relação social especificamente capitalista pela via das expropriações, o que leva a autora a analisar a extensão das expropriações e suas manifestações contemporâneas.

Segundo Fontes (2008), Marx indica três modalidades de expropriação: uma que incide sobre os pequenos proprietários que fugiam da proletarização, outra que atinge os próprios capitalistas pela concentração de capitais, e o momento final da propriedade privada, quando os "expropriadores são expropriados". Isso também seria revelador de um processo de continuidade das expropriações no processo histórico, assumindo que a expropriação se modifica e se expande.

Para sinalizar esse movimento de complexificação histórica das expropriações, Fontes (2010) classifica de *expropriação primária* aquelas ações que tiveram origem na chamada acumulação primitiva — quando "grandes massas campesinas ou agrárias, convertidas de boa vontade (atraídas pelas cidades) ou não (expulsas, por razões diversas, de suas terras, ou incapacitadas de manter sua reprodução plena através de procedimentos tradicionais, em geral agrários)" (Fontes,

---

impõe um aprofundamento alucinado das exigências tirânicas da extração de sobretrabalho, a toda velocidade e sob quaisquer meios. Mesmo considerando que a forma de remuneração do capital portador de juros e do capital fictício é diferenciada, seu efeito social é similar: impor violentamente a mercantilização de todas as relações sociais para gerar mais possibilidades de exploração da força de trabalho, o que traz como consequência crises econômicas mais recorrentes.

2010, p. 44)[7] —, mas que permanecem vigentes e se aprofundam, organicamente articuladas às novas manifestações expropriatórias impulsionadas pelo imperialismo contemporâneo que a autora classifica de *expropriações secundárias*.

O contexto de expropriações primárias — da terra — massivas e de concentração internacionalizada do capital em gigantescas proporções, ao alterar sua escala atua da mesma maneira que a concentração de capitais, alterando a própria qualidade do capital-imperialismo: as expropriações passaram a ter uma qualidade diversa e incidem também sobre trabalhadores já de longa data urbanizados, revelando-se incontroláveis e perigosamente ameaçadoras (Fontes, 2010, p. 54).

Partindo da ideia de que "a propriedade capitalista não se limita a *coisas* específicas, mas significa o monopólio do controle das condições (ou recursos) sociais de produção" (Fontes, 2008, p. 13, grifo no original), as novas expropriações, ao lado das formas originais atualizadas, vêm destruindo diversos anteparos que limitavam a disponibilidade de massas de trabalhadores para a venda da força de trabalho de forma integral ou necessitando integrar-se ao mercado, total ou parcialmente, para subsistir.

Construindo uma visão ampliada de expropriação, ligada à totalidade social, Fontes (2010, p. 47) indica que os movimentos expropriatórios atuais não configuram um retorno ao passado e também

> [...] não se trata apenas de uma extensão linear do mercado, mas de um processo variado que redunda na transformação da capacidade de

---

7. Fontes (2010) descreve a continuidade das expropriações em alguns marcos históricos fundamentais: "A expropriação primária histórica ocorrida nos países centrais foi um processo longo, secular e violentamente intenso que percorre até o fim da primeira metade do século XIX; já na segunda metade deste século, podem ser assistidas, sob diferentes processos, as expropriações primárias de trabalhadores nos países considerados "periféricos". Para fugir da pobreza expropriada, massas emigram da Europa, movimento esse permanente até a II Guerra Mundial. A partir do fim da II Guerra, uma massa de trabalhadores disponíveis foi sendo generalizada, contudo, em ritmo bem menos intenso que o contemporâneo. Atualmente, mais de 50% da população mundial depende do mercado para subsistir".

trabalho em mercadoria, impulsionada pela necessidade econômica (a subsistência) e que reatualiza e converte permanentemente essa necessidade em disponibilidade voluntariamente assumida para o mercado.

Por isso, recupera elementos perenes que, atualizados, exacerbam a subordinação do trabalho ao capital na atual quadra histórica, mostrando que a expropriação abrange hoje todas as dimensões da vida, incidindo "sobre direitos tradicionais, como uso de terras comunais, direitos consuetudinários, relação familiar mais extensa e entre ajuda local, conhecimento sobre plantas e ervas locais, dentre outros aspectos, e envolve profundas transformações culturais, ideológicas e políticas" (Fontes, 2010, p. 51).

As expropriações secundárias não seriam, no sentido original dado por Marx, uma perda de propriedade de meios de produção, pois as massas já não mais dispunham dela, mas uma forma de nova onda de disponibilização dos trabalhadores para o mercado, impondo novas condições e abrindo novos setores para a extração de mais-valor.

As expropriações contemporâneas incidem sobre as matérias-primas estratégicas geridas por Estados que possuem o controle direto do petróleo, por exemplo, alcançando não só o meio ambiente (recursos naturais, como a água e o ar) e a biodiversidade, mas chegam aos conhecimentos sobre técnicas diversas, desde formas de cultivo até formas de tratamento de saúde utilizadas por povos tradicionais, por meio do patenteamento de códigos genéticos ou pela mercadorização do patrimônio histórico e cultural para fins turísticos, por exemplo.

Porém, uma das formas secundárias de expropriação que ganha destaque nas análises de Fontes é a expropriação contratual, aquela que ocorre pela destituição ou desmantelamento de direitos sociais e trabalhistas, modalidade que modifica o vínculo jurídico entre grandes massas de trabalhadores e o capital, particularmente por meio de políticas públicas regressivas e repressivas, criando novas condições para extração de sobretrabalho a partir da retirada de anteparos de proteção que, em sua maioria, foram conquistas realizadas pelos trabalhadores ao longo do próprio capitalismo.

Desde o último quartel do século XX, a destituição de direitos sociais e trabalhistas, sob mecanismos legalmente estruturados, vem configurando uma expropriação de direitos no sentido de eliminar barreiras de proteção social-historicamente construídas à plena disponibilização dos trabalhadores à exploração desenfreada.

Segundo Fontes, cabe ressaltar ainda que nessa escalada expansionista do capital, nem todos os expropriados serão convocados a produzir mais-valor diretamente para o capital, mas mesmo assim, *"para que seja possível a produção de valor, a expropriação necessita ser incessante e ampliada"* (Fontes, 2008, p.14, grifos no original). Considerando essa assertiva, essa nova onda contemporânea de disponibilização de trabalhadores modificou o conjunto do processo de trabalho no mundo, e o fez de maneira profundamente desigual, porém sob a égide concertada e combinada da grande propriedade concentrada (Fontes, 2010, p. 47).

Tais assertivas nos ajudam a compreender a relação entre crise, acumulação via financeirização e a tendência do aumento da superpopulação relativa, cujas compensações para o capital vêm tendo forte apoio do Estado no desmonte dos mecanismos de proteção via expropriações dos direitos e transfiguração das políticas sociais em nichos rentáveis para o capital e de configuração de uma precarização estrutural do trabalho para extrair maior valor e remunerar as finanças. Essa relação tem particularidades quando tratamos das economias dependentes, proposta a ser apresentada no próximo item.

Estado, capitalismo dependente e as expropriações

Desde os seus primórdios, a relação entre Estado e capital se deu no sentido de facilitar aos capitalistas usar de sua propriedade para explorar quem não a detinha (Mandel, 1978). Conforme nos alerta Wood (2014), o Estado foi requisitado para criar e manter o sistema de propriedade e o de não propriedade, tendo seu poder sido utilizado para apoiar todo o processo de expropriação, mas também para garantir que os expropriados, uma vez liberados de seus meios de produção e sustento, se mantivessem nessa condição a serviço do capital quando necessários.

Ou seja, não basta criar a força de trabalho, é necessário reproduzi-la socialmente. Como essa reprodução dos trabalhadores expropriados é contínua e sua reprodução é crescente, desde o momento em que se formava essa superpopulação relativa, durante a chamada acumulação primitiva, o Estado entra para disciplinar a força de trabalho, forjando a classe trabalhadora pela coerção, com leis sanguinárias contra o não trabalho (criminalização da vagabundagem e mendicância) e contra a organização política dos trabalhadores.

Segundo Brunhoff (1985), o Estado intervém antes de os expropriados existirem, cuja violência faz surgir tanto o proletário como o detentor de capital, e intervém depois da existência do proletariado, na generalização de regras, principalmente na regulação dos salários (preço da força de trabalho). A autora sinaliza que ambas as ações começam a se configurar ainda na fase da acumulação primitiva. Posteriormente, já com a existência da superpopulação relativa e a manufatura mais plenamente desenvolvida, uma nova etapa de subordinação do trabalho ao capital se configura, com o Estado mantendo a gestão da força de trabalho como função precípua.

Brunhoff (1985) infere que a combinação entre a atuação econômica do Estado, manifesta como política econômica, e a estatal da gestão da força de trabalho, expressa pelas ações de proteção social-historicamente constituídas, é interdependente, haja vista que se trata da gestão do força de trabalho como mercadoria particular, que responde às necessidades do capital, mas que não podem ser respondidas pelo próprio capital diretamente.

Diante dessas contradições, a proteção social sob o capitalismo tem como seu fundamento a relação de exploração entre capital e trabalho, na qual o empregador lhes paga sob a forma de salário pelo trabalho executado. Com isso, não é fácil visualizar como os trabalhadores criam a riqueza do capital por meio de uma parte do trabalho pela qual eles não recebem. De acordo com Wood (2014), essa coerção econômica que impele o trabalhador a vender sua força de trabalho continuamente por um salário tem uma base real, que é dada pela inserção no modo de produção, e é muito distinta daquele arranjo jurídico-político que permitia aos senhores feudais extorquir renda.

Sob o capitalismo, essa compulsão que impele os trabalhadores ao trabalho não se apresenta de forma direta, aparece como impessoal, ou seja, não parece ser exercida por sujeitos reais, mas por "mercados". Essa venda da força de trabalho, que até hoje parece ser uma questão de "livre escolha", advém de um contrato formalmente reconhecido, pois é fundamentado numa transação jurídica entre indivíduos considerados "livres" e "iguais". E é justamente neste processo de "livre" troca que ocorre o obscurecimento dos processos políticos coercitivos e violentos que tornam possível a exploração, deixando apenas expressa a ficção da liberdade. Dessa forma, o que se apresenta como um conjunto de operações econômicas traz também operações políticas de submissão, violência e coerção encobertas (Osorio, 2013).

No capitalismo dependente a relação entre Estado e capital ganha tons particulares, pois considerar o capitalismo dependente é considerar a existência de economias que participam de forma subordinada da dinâmica do desenvolvimento capitalista no sistema mundial.

Para Marini (2011[1973]), a dependência se conforma porque as relações de produção são desiguais, haja vista que são baseadas no controle do mercado por parte das nações centrais, conduzindo à transferência de excedente gerada nos países dependentes na forma de lucros, juros, patentes, *royalties*, deterioração dos termos de troca, dentre outros, ocasionando a perda de seus próprios recursos por parte de quem transfere valor. Segundo Carcanholo (2008), essa apropriação de valor por parte dos países centrais não pode ser compensada por uma produção de mais-valia interna baseada na inovação tecnológica, ou um desenvolvimento da capacidade produtiva dessas economias dependentes. Daí a necessidade do aumento da exploração do trabalho.

Frente a esses mecanismos de transferência de valor, baseados seja na produtividade, seja no monopólio de produção, podemos identificar — sempre no nível das relações internacionais de mercado — um mecanismo de compensação (Marini, 2011[1973], p.145-6).

Esse mecanismo de compensação a que alude Marini, para aumentar a massa de valor produzida, é a superexploração da força de trabalho, pois o efeito da troca desigual é o aguçamento dos métodos de extração de trabalho excedente, como reação da economia dependente no plano da economia interna à punção realizada pela mais-valia apropriada pelo centro imperialista no mercado mundial.

Segundo Osorio (2014), o Estado nessas economias reproduz as condições subordinadas de dependência, favorecendo processos econômicos e políticos que permitem a perda de valor em processos de intercâmbio desigual.[8]

A forma dependente de Estado possui as características presentes nos Estados capitalistas somadas a elementos particulares da formação dependente, seja considerando a integração da América Latina na economia mundial, seja considerando a construção das formações sociais dos países latino-americanos em suas dimensões política, social, étnico-racial, do patriarcado, da estruturação das relações de trabalho, entre outros aspectos que configuram tais sociedades.

Para que os Estados latino-americanos respondam de forma compatível à manutenção dessa dependência, duas características lhe são próprias, de acordo com Osorio (2014): a primeira é a dimensão subsoberana desses Estados, que se caracteriza pelo peso que as classes estrangeiras assumem na sua dinâmica política, ou seja, se estabelece uma relação de subordinação das classes dominantes locais frente ao capital estrangeiro e às classes dominantes imperialistas. Isso ocorre devido ao exercício desigual de soberania no sistema mundial, o que traz como consequência política ausência de projetos políticos

---

8. Ver Capítulo 1 (Transferência de valor como intercâmbio desigual) de Luce (2018).

autônomos nacionais, operando sempre com base em associação aos capitais imperialistas em diversos momentos históricos.

Contudo, Osorio (2014) chama atenção para o fato de que embora os Estados dependentes tenham uma soberania fraca, possuem poder político forte, isto é, as classes dominantes locais concentram o poder político local e o utilizam em seus respectivos territórios nacionais a partir dos aparatos do Estado (poderes executivo, legislativo e judiciário, burocracia estatal, poder militar e de polícia), para manter as condições fundamentais de superexploração da força de trabalho.

Para Osorio (2014), a segunda característica dos Estados dependentes está justamente ao realizar a manutenção do fundamento da dependência, que é a superexploração da força de trabalho, forma particular de exploração do trabalho nas economias dependentes que tende a ignorar as necessidades das maiorias trabalhadoras e, com isso, continuar a atender aos interesses pactuados com o capital e as classes dominantes imperialistas.

O predomínio da superexploração agudiza a "questão social" e os conflitos, lutas sociais e resistências, o que explicaria para Osorio (2017) a tendência a formas mais autoritárias dos Estados latino-americanos, assim como a dificuldade de manterem de forma mais duradoura padrões políticos mais democráticos. Para o autor, "não é falta de desenvolvimento político a explicação para isso, mas a expressão das formas particulares de reprodução do capitalismo dependente" (Osorio, 2017, p. 48).

A partir dessas características que Osorio (2015) destaca historicamente os golpes militares e o estabelecimento de governos autoritários na América Latina, que aplicaram políticas de contrainsurgência.[9] A noção de Estado contrainsurgente parte do fato de que os

---

9. A contrainsurgência é uma característica das políticas repressivas estatais que, utilizando diversas medidas legais e ilegais, têm como objetivo detectar e destruir os membros e as bases de apoio dos grupos insurgentes. Tais medidas vão desde táticas militares até trabalho social do exército para obter informações sobre guerrilheiros etc. Ver Osorio (2014, p. 215 ss.).

Estados latino-americanos adotaram a doutrina das escolas militares estadunidenses, baseadas na ideologia de que os Estados ocidentais e democráticos sofreriam ofensivas do comunismo a partir de uma marcha ascendente de insurgência interna a cada país. Essa ideologia estava estreitamente associada às necessidades do capital estrangeiro, que tratava de romper com amplos setores populares e utilizar a via do disciplinamento das classes trabalhadoras para as novas condições de vida e de trabalho compatíveis com o padrão de reprodução do capital na região (Osorio, 2014).

Os mecanismos identificados por Marini (2011[1973]) que caracterizam a superexploração do trabalho são: (i) a intensificação ou aumento da intensidade do trabalho, o que não significa aumento da sua capacidade produtiva, implicando o desgaste prematuro da corporeidade físico-psíquica do trabalhador; (ii) prolongamento da jornada de trabalho, que corresponde ao aumento da mais-valia absoluta na forma clássica (ampliando-se o tempo de trabalho excedente); (iii) redução do consumo do trabalhador além do limite necessário ou expropriação de parte do trabalho necessário, o que significa uma remuneração da força de trabalho por baixo do seu valor ou conversão do fundo de consumo do trabalhador em fundo de acumulação do capital.

Seguindo Marini, Luce (2013) e Osorio (2013) afirmam que a superexploração pode ser entendida como uma violação do valor da força de trabalho porque ela é consumida pelo capital além das condições normais, usurpando do fundo de consumo e do fundo de vida do trabalhador no dia a dia (considerando o valor diário da força de trabalho) e com a apropriação de anos futuros de vida e trabalho do trabalhador (considerando o valor total da força de trabalho).[10]

---

10. Na análise de Marx sobre o valor da força de trabalho, existem duas dimensões: o valor diário, que considera o desgaste médio de acordo com as condições de vida médias historicamente determinadas; e o valor total, que significa o tempo total de vida útil do trabalhador ou o total de dias em que o possuidor da força de trabalho vende sua mercadoria em boas condições, considerando também os anos de vida em que não participará da produção (aposentadoria). (Osorio, 2012).

Um salário insuficiente ou um processo com sobredesgaste (seja pelo prolongamento da jornada laboral, seja pela intensificação do trabalho), que encurtem o tempo de vida útil e de vida total, constituem casos em que o capital está se apropriando hoje de anos futuros de trabalho e de vida. Definitivamente, estamos diante de processos de exploração redobrada, na medida em que se viola o valor da força de trabalho (Osorio, 2012, p. 51).

Em síntese, a violação do fundo de consumo do trabalhador corresponde à apropriação, por parte do capitalista, de uma parcela do capital variável na forma de mais-valor, privando o trabalhador de comprar os valores de uso necessários para sustentar a si e sua família em condições social e historicamente médias. Os quatro mecanismos de forjar a superexploração estão interligados na medida em que a elevação do desgaste do físico e psíquico do trabalhador eleva o valor da força de trabalho, o que torna necessário o consumo de novos valores de uso para compensar os novos patamares de reprodução da vida diária do trabalhador. Porém, como esse desgaste e as novas condições de consumo do trabalhador não são compensados pela elevação do consumo, já que sua remuneração não corresponde ao valor socialmente necessário moral e historicamente definido, suas condições gerais de vida vão sendo crescentemente violadas.

Ao garantir as condições de manutenção da superexploração, o Estado dependente assegura determinações em que o capital dependente, para se reproduzir, se apropria de parte do fundo de consumo e de vida dos trabalhadores para transferir ao fundo de acumulação do capital.

É diante dessa forma particular de exploração nas economias dependentes — a superexploração — que vêm se somando processos de expropriação das condições básicas de vida das maiorias. Tais processos compõem parte de um movimento totalizante em que "os Estados imperialistas continuam a cumprir com zelo o seu papel de dominação e extração da riqueza dos países dependentes, sejam eles semiperiféricos ou periféricos, reeditando, sob nova roupagem, métodos da acumulação primitiva" (Castelo, 2017, p. 63).

Osorio (2015), ao explicar o papel da América Latina no atual circuito mundial de valorização do capital, considera que vem ocorrendo uma nova fase da "acumulação originária", em que milhões de vendedores da força de trabalho vêm sendo expropriados de seus meios de vida, seja pela perda dos meios de produção estatais, como no caso dos trabalhadores da antiga União Soviética após a queda do socialismo real, quando a propriedade comum dos meios de produção (controlada pelo Estado) passa a ser controlada pela burocracia partidária com a apropriação das empresas grandes e rentáveis, gerando um movimento de concentração e centralização de capitais, ou mesmo com a plena inserção da China no mercado mundial, que foi alimentada pela escassez de meios de vida e desprovimento de meios de produção no campo que antes permitiam uma vida digna, para proporcionar mão de obra a preços aviltantes nos centros urbanos.

Essa enorme onda contemporânea de expropriações compõe parte de um movimento do capital que hoje mostra sua vocação planetária por meio da mundialização[11] do valor, com capacidade de controle de processos produtivos de alcance mundial, porém flexíveis, conjugados, aliados ao capital financeiro que parece não ter assento, cujos fluxos fornecem uma imagem de que não têm fronteiras, de que se move planetariamente sem limites. Com a existência de uma economia mundial, criam-se condições para que emerja uma nova etapa daquilo que Lênin já delimitava como imperialismo — noção que se situa como uma periodização particular dentro do processo de acumulação e reprodução do capital em que se chegou ao predomínio do capital financeiro. A mundialização atua como um processo que

---

11. Trata-se mundialização aqui tomando por referência Chesnais (1996), considerando-se que a mundialização integra uma séria diversa de processos produtivos, que corresponderam à abertura das economias nacionais às trocas de bens e serviços e à mobilidade internacional de capitais conhecida como mundialização financeira.

potencializa a vocação imperialista do capitalismo, agudiza as bases da lutas de classes, da luta interimperialista e das relações desiguais entre economias imperialistas e regiões e economias dependentes (Osorio, 2014).

Por meio da crescente interconexão entre as dimensões produtivas e financeiras do processo de mundialização, os mercados financeiros transformaram-se em uma poderosa força a pressionar os Estados e os setores não monopolistas a se subordinarem aos imperativos da valorização financeira, ressalvando-se que a autonomia da dimensão financeira é sempre relativa. Nesse sentido, para Osorio (2014), essa dinâmica de acumulação precisa garantir a propriedade de forma centralizada e concentrada, por isso, os Estados nacionais se mantêm como uma importante fonte de referência para a reprodução do capital no contexto de mundialização, que operam o sistema mundial com centros de poder em que determinados Estados estão numa situação de subordinação, de dependência em relação a esses centros.

Na atual fase de reprodução do capital mundializado, criam-se novas modalidades de dependência, com núcleos espaciais privilegiados de acumulação frente a vários territórios em que predomina a desacumulação, numa espécie de "desterritorialização" do ciclo do capital e "deslocalização" dos fluxos de capital, porém conduzidas devidamente pelos Estados nacionais.

> A existência de amplas regiões — as periféricas — onde o capital pode remunerar os trabalhadores abaixo do valor da força de trabalho, constitui um dos fatores que favorece a atual segmentação dos processos produtivos e investimentos imperialistas, que buscam aproveitar baixos salários e baixos valores das matérias-primas (Osorio, 2014, p. 171).

A esses fatores somam-se os ajustes neoliberais realizados nas economias dependentes, caracterizados pelas reformas estruturais nacionais vinculadas ideologicamente ao Consenso de Washington, que preconizava basicamente abertura comercial, desregulamentação dos mercados, privatização de estatais e serviços públicos, eliminação da maior parte dos subsídios, como forma de liberalizar os preços, e a liberalização financeira interna e externa, o que formaria um tipo de política econômica capaz de garantir a inserção dos países periféricos no novo processo de mundialização (Amaral, 2005). Depreende-se que a implementação das políticas neoliberais aprofundou a dependência, a qual pode ser entendida como fruto de uma conformação entre os interesses da classe dominante dos países da região e os imperativos político-ideológicos do centro da economia mundial.

Particularmente nas economias dependentes, esse movimento de integração recente à economia mundial é parte de um projeto de restauração de poder das classes dominantes no contexto neoliberal, como nos alerta Harvey (2008), considerando ainda que houve uma reconfiguração das classes dominantes, uma recomposição intraburguesa — uma fração rentista financeirizada de alcance mundial com novas estruturas nas relações comerciais transnacionais —, que vai tensionar o Estado no sentido do aumento de sua dimensão coercitiva (violenta), como um aumento correspondente da exigência da formação de consensos para levar adiante as contrarreformas necessárias à socialização dos custos da crise (Harvey, 2008).

Estas políticas neoliberais implicaram expropriações de bens públicos e comuns, com a venda de empresas rentáveis a preços baixos com condições benéficas ao capital privado e, em muitos casos, estrangeiro, além do desmonte de prestações sociais de várias naturezas, o que para Osorio (2015, p. 38) significa uma "brutal desapropriação do salário real para milhões de trabalhadores".

> A expropriação das prestações sociais em matéria de habitação, saúde, educação, aposentadorias, dias de descanso, subsídios pagos pelo número de filhos, etc. tem implicado em apropriações do salário real indireto e de violações ao valor total da força de trabalho e de seu fundo de vida (Osorio, 2015, p. 46, tradução própria).[12]

---

12. "La expropriación de prestaciones sociales en materia de vivienda, salud, educación, jubilaciones, días de descanso, pagos por número de hijos, etc., han implicado apropriaciones,

Sob a mundialização, os territórios da região também se tornam alvo da apropriação do capital e consequente expropriação e expulsão de povos e comunidades tradicionais, exacerbando a separação entre produtores locais e os seus respectivos meios de vida (Osorio, 2015). A expropriação de terras e a apropriação de grandes contingentes territoriais vêm sendo destinadas à produção de alimentos e matérias-primas (soja, frutas, madeiras, minerais, petróleo ou constituem reservas de águas) para as economias centrais, num processo de "acumulação primitiva permanente" (Brandão, 2010), constituindo uma relação perniciosa entre a dinâmica do capital financeiro mundializado e os recursos territoriais.

Considerando que o processo de financeirização nas economias dependentes é fortemente marcado pela centralidade da dívida pública (Brettas, 2013), configura-se um círculo vicioso de endividamento interno e externo, conservado por elevadas taxas de juros, aumento de superávits primários para pagar os juros e amortizações das dívidas, gerando mais endividamento, e de uma consequente e intensa transferência de recursos para o exterior — seja na forma de juros e amortizações, seja na forma de dividendos por parte das multinacionais que aqui se instalam, seja na forma de *royalties* por conta da dependência tecnológica —, numa dinâmica incessante e extremamente nociva (Amaral, 2005).

Carcanholo (2008) também afirma que com o aprofundamento da desregulamentação e abertura financeira, outro mecanismo de transferência de valor, além daquele próprio do comércio internacional de mercadorias alertado por Marini, também passa a valer no atual contexto neoliberal, a transferência de valor por meio de juros e amortizações de dívidas.

> o capital externo, na forma de investimento direto, tende a repatriar lucros e dividendos, e, portanto, remete valor criado na periferia para

---

a su vez, del salario real indirecto y de violaciones al valor total da fuerza de trabajo y a su fondo de vida" (Osorio, 2015, p. 46).

o centro. Por outro lado, na sua forma de endividamento, implica a transferência de valor a partir do pagamento de juros e amortizações de dívida. Por fim, a dependência tecnológica também coloca a transferência de valor produzido na periferia para o centro na forma de pagamento de *royalties* (Carcanholo, 2008, p. 255).

Estas novas determinações têm um fundamento econômico, ao se dar início a um novo padrão de reprodução do capital na América Latina, o exportador de especialização produtiva, dando fim ao padrão industrial que prevaleceu na região entre as décadas de 1940 e meados de 1970 (Osorio, 2012).[13] Esse novo padrão de reprodução do capital na região participa de uma nova divisão internacional do trabalho em que o peso da América Latina tem a ver com o seu regresso, sob novas condições, ao que foi sua inserção no mercado capitalista mundial em suas origens, como região produtora de matérias-primas e alimentos. Isso significou que os segmentos produtivos de maior peso sobre o trabalho vivo, e que exigem menor tecnologia e conhecimentos, se instalaram nas economias dependentes. Em algumas economias, como a mexicana e a brasileira, alguma parcela industrial relevante foi preservada, no que se refere à produção de partes de bens de consumo duráveis, às *maquilas* e à montagem de bens de consumo não duráveis, mas como partes de cadeias produtivas globais.[14] Em todos os casos pressupôs abandono dos projetos de industrialização.

---

13. Na história dos padrões de reprodução do capital na região, o primeiro é qualificado como agromineiro exportador, que prevaleceu no início da vida independente da região, atingiu sua plenitude no século XIX, tendo seu ocaso nas primeiras décadas do século XX. O segundo padrão, o industrial, que teve início nos anos 1940 e diversas etapas (internalizada e autônoma; diversificada), prevaleceu até meados da década de 1970 nas principais economias latino-americanas (Osorio, 2012).

14. As cadeias globais de produção e comercialização são dirigidas por grandes capitais e marcas, as quais organizam e distribuem pelo sistema mundial os segmentos de produção, desde as grandes fábricas até as pequenas oficinas, devido ao seu poder de controle do mercado e da tecnologia, produzindo cadeias de subcontratação. Quanto mais abaixo uma empresa se encontra nas cadeias de subcontratação, mais reduzidos são seus ganhos de capital e mais precárias são as condições de trabalho em que são submetidos os trabalhadores aí localizados (Osorio, 2015).

Ora, no século XIX a América Latina foi fundamental para que a acumulação dos países centrais passasse do eixo da mais-valia absoluta para a mais-valia relativa, devido às massivas exportações de alimentos, além de postergar a tendência à queda da taxa de lucro no sistema mundial devido à sua produção de matérias-primas, ao limitar o crescimento da composição orgânica do capital. Tudo isso teve como consequência o aprofundamento das condições da dependência.

Atualmente, sob o novo padrão de reprodução, a massiva produção de alimentos e matérias-primas tem acelerado os processos para que uma nova disposição interimperialista ocorra, com a China se instalando nos marcos do desenvolvimento capitalista de ponta, pois essas exportações têm propiciado um trânsito paulatino da mais-valia absoluta para a mais-valia relativa nas zonas urbanas chinesas, barateando alimentos, incrementando o mercado interno e a expansão da estrutura industrial (Osorio, 2015).

Como desdobramento desses processos, tem-se um aumento extraordinário da força de trabalho disponível, seja pelo ingresso de milhões de trabalhadores qualificados ao mercado de trabalho advindos dos países que antes compunham a antiga União Soviética, seja pelo ingresso da China no mercado mundial, seja pelos movimentos migratórios, proporcionando uma oferta de mão de obra mais qualificada e mais barata.

Tal ampliação da mão de obra disponível no mercado mundial acelerou o aumento da superpopulação relativa, favorecendo a queda dos salários, a redução das políticas sociais, dos serviços públicos e das prestações sociais, associadas à precarização estrutural do trabalho. Nas economias dependentes, esses processos estão associados às condições de superexploração, isto é, ao prolongamento da jornada de trabalho, à intensificação do trabalho e ao pagamento da força de trabalho abaixo do seu valor ou expropriação de parte do trabalho necessário do/a trabalhador/a para repor sua força de trabalho.

Ao lado da superexploração da força de trabalho que configura a dependência, processos de expropriação contemporâneos dirigidos pelos Estados dependentes impõem o recrudescimento da violência, ataques aos direitos humanos e condições de vida aviltantes às maiorias trabalhadoras.

Considerações finais

A intensificação da expropriação ocorre em tempos de reestruturação produtiva, juntamente com as novas formas de organização da sociedade pautada na lógica neoliberal. Esse processo sucateia os serviços públicos para tornar legítimo o complemento pela via privada, transformando direitos básicos e meios de sobrevivência em mercadorias, ao mesmo tempo que a transformação das relações de trabalho e o desemprego estrutural aumentam, cada vez mais, a parcela da superpopulação relativa estagnada.

Como resultado disso, cria-se uma relação contraditória entre políticas sociais e proteção social, configurando uma tendência à desproteção social, que vem sendo levada a cabo por um processo de expropriação de direitos por parte do Estado que, aliado ao capital, veio construindo um processo de divórcio entre política social e proteção social. Por meio de sucessivas contrarreformas nos esquemas de seguridade social na América Latina nas últimas décadas, veio forjando um padrão minimalista de políticas sociais, centralizando suas ações num imperativo ético de alívio da pobreza ou de gestão da pobreza.

Contudo, mesmo sem o caráter protetor contra as condições de exploração, as políticas sociais não perderam seu caráter regulador do trabalho. Estas continuam com a funcionalidade de regular material e subjetivamente os trabalhadores, compondo parte do papel do Estado na tarefa de manutenção da reprodução da não propriedade, da miséria, do pauperismo e da superpopulação relativa.

Tais processos não foram realizados sem resistência, por isso foram veiculados de forma crescentemente violenta e opressora por parte dos Estados nacionais, daí que Osorio (2015) sinaliza que as políticas neoliberais na América Latina significaram a continuação das políticas de contrainsurgência em sua dimensão política, pois implicaram ações de atomização e desintegração da organização da classe trabalhadora e de criminalização dos movimentos sociais, aprofundando o individualismo e o fortalecimento de valores empresariais no mundo do trabalho para incutir a desmobilização das lutas coletivas.

O debate aqui apresentado sinaliza que as expropriações fazem parte da dinâmica histórica expansiva do capital, compondo a relação exploração-expropriação na realização da acumulação capitalista e, na atual quadra histórica, as expropriações das condições de vida de contingentes cada vez maiores de pessoas seriam necessárias para reconstituir novos equilíbrios intercapitalistas como gestão da crise.

Sob essa perspectiva, as expropriações não são exclusividade do capitalismo dependente, mas nele ganham a particularidade de constituir o binômio superexploração-expropriação devido ao padrão de reprodução de capital historicamente constituído, o que para além das especificidades que lhe são perenes, traz atualizações com as características da inserção da América Latina no capital mundializado.

Referências

AMARAL, Marisa. Dependência e superexploração do trabalho na América Latina em tempos neoliberais. COLÓQUIO MARX E ENGELS/CEMARX, 4. Anais... Campinas: UNICAMP, 2005. Disponível em: <http://www.unicamp.br/cemarx/ANAIS%20IV%20COLOQUIO/comunica%E7%F5es/GT3/gt3m1c5.pdf>. Acesso em: 20 jul. 2018.

BEHRING, Elaine. Rotação do capital e crise: fundamentos para compreender o fundo público e a política social. In: SALVADOR, Evilásio et al. (Orgs.). Financeirização, fundo público e política social. São Paulo: Cortez, 2012.

BOSCHETTI, Ivanete. Assistência social e trabalho no capitalismo. São Paulo: Cortez, 2016.

BRANDÃO, Carlos. Acumulação primitiva permanente e desenvolvimento capitalista no Brasil contemporâneo. ALMEIDA, Alfredo Wagner Berno de et al. (Orgs.). *Capitalismo globalizado e recursos territoriais*: fronteiras da acumulação no Brasil contemporâneo. Rio de Janeiro: Lamparina, 2010.

BRETTAS, Tatiana. *Capital financeiro, fundo público e políticas sociais*: uma análise do lugar do gasto social no governo Lula. 2013. Tese (Doutorado) — Faculdade de Serviço Social, Universidade do Estado do Rio de Janeiro, Rio de Janeiro.

BRUNHOFF, Suzanne de. *Estado e capital*: uma análise da política econômica. Rio de Janeiro: Forense Universitária, 1985.

CARCANHOLO, Marcelo D. A dialética do desenvolvimento periférico: dependência, superexploração da força de trabalho e política econômica. *Revista de Economia Contemporânea*, Rio de Janeiro, v. 12, n. 2, p. 247-72, maio/ago. 2008.

_____. Conteúdo e forma da crise atual do capitalismo: lógica, contradições e possibilidades. *Crítica e Sociedade: Revista de Cultura Política*, v. 1, n. 3, Edição Especial — Dossiê: A crise atual do capitalismo, dez. 2011.

CASTELO, Rodrigo. Supremacia rentista no Brasil neoliberal e violência como potência econômica. *Universidade e Sociedade*, Brasília, ano XXVII, n. 60, p. 58-71, jul. 2017.

CHESNAIS, François. *A mundialização do capital*. São Paulo: Xamã, 1996.

FONTES, Virgínia. *Reflexões im-pertinentes*: história e capitalismo contemporâneo. Rio de Janeiro: Bom Texto, 2005.

_____. Marx, expropriações e capital monetário: notas para um estudo do imperialismo tardio. *Revista Crítica Marxista*, n. 26, p. 9-31, 2008.

_____. *O Brasil e o capital imperialismo*: teoria e história. 2. ed. Rio de Janeiro: EPSJV/Editora UFRJ, 2010.

GRANEMANN, Sara. Fundos de pensão e a metamorfose do "salário em capital". In: SALVADOR, Evilásio et al. (Orgs.). *Financeirização, fundo público e política social*. São Paulo: Cortez, 2012.

HARVEY, David. *O novo imperialismo*. 2. ed. São Paulo: Loyola, 2005.

_____. *O neoliberalismo. História e implicações*. São Paulo: Loyola, 2008.

LUCE, Mathias S. Brasil: nova classe média ou novas formas de superexploração da classe trabalhadora? *Trab. Educ. Saúde*, Rio de Janeiro, v. 11, n. 1, p. 169-90, jan./abr. 2013.

LUCE, Mathias S. *Teoria Marxista da Dependência*: problemas e categorias. Uma visão histórica. São Paulo: Expressão Popular, 2018.

MANDEL, E. O Estado, instrumento de dominação de classe. In: _____. *Introdução ao marxismo*. Porto Alegre: Movimento, 1978.

MARANHÃO, Cesar Henrique. Acumulação, trabalho e superpopulação: crítica ao conceito de exclusão social. In: MOTA, Ana Elizabete (Org.). *O mito da assistência social*. 3. ed. São Paulo: Cortez, 2009.

MARINI, Ruy Mauro. *Dialética da dependência* (1973). In: TRASPADINI, R.; STEDILE, J. P. (Orgs.). *Ruy Mauro Marini*: vida e obra. 2. ed. São Paulo: Expressão Popular, 2011.

MARX, Karl [1867]. *O capital*: crítica da economia política. 12. ed. Rio de Janeiro: Bertrand Brasil, 1989. v. II, Livro Primeiro.

_____. [1867]. *O capital*: crítica da economia política. 14. ed. Rio de Janeiro: Bertrand Brasil, 1994. v. I, Livro Primeiro.

_____. [1867]. *O capital*: crítica da economia política. 2. ed. São Paulo: Boitempo, 2017. Livro I: O processo de produção de capital.

OSORIO, Jaime. Padrão de reprodução do capital: uma proposta teórica. In: FERREIRA, Carla et al. (Orgs.). *Padrão de reprodução do capital*: contribuições da teoria marxista da dependência. São Paulo: Boitempo, 2012.

_____. Fundamentos da superexploração. In: ALMEIDA FILHO, Niemayer (Org.). *Desenvolvimento e dependência*. *Cátedra a Ruy Mauro Marini*. Brasília: IPEA, 2013.

_____. *O Estado no centro da mundialização*. São Paulo: Expressão Popular, 2014.

_____. América Latina en la valorización mundial del capital. *Revista Brasileira de Economia Política*, n. 41, p. 36-52, jun./set. 2015.

_____. Sobre o Estado, o poder político e o Estado dependente. *Temporalis*, Brasília, ano 17, n. 34, jul./dez. 2017.

ROSDOLSKY, Roman. *Gênese e estrutura de O capital de Karl Marx*. Rio de Janeiro: EDUERJ/Contraponto, 2001.

SILVA, Giselle Souza da. Transferência de renda e monetarização das políticas sociais: estratégia de captura do fundo público pelo capital portador de juros. In: SALVADOR, Evilásio et al. (Orgs.). *Financeirização, fundo público e política social*. São Paulo: Cortez; Brasília: CNPq, 2012.

WOOD, Ellen. *O império do capital*. São Paulo: Boitempo, 2014.

9

A violência como potência econômica:
da acumulação primitiva ao novo imperialismo

Rodrigo Castelo
Vinicius Ribeiro
Ricardo de Lima

Introdução

Expropriação fundiária, roubo e privatização de bens públicos, criminalização da pobreza, dominação colonial, pilhagem e saques imperialistas, dívida pública e tributação regressiva constituem formas de alienação e dominação das classes proprietárias sobre os trabalhadores na história do modo de produção capitalista.

Tais formas de violência são articuladas em uma unidade econômico-política na qual comparecem a coerção jurídico-legal, as extrações absoluta e relativa de mais-valor e a coação muda que subsume formal e realmente o trabalho ao capital. Estes são pontos em comum observados nas obras de Karl Marx, Rosa Luxemburgo, Octavio Ianni e David Harvey, resguardadas as polêmicas entre si e os diferentes níveis de abstração presentes nos seus livros, uns mais universais, outros mais particulares. Os autores são discutidos para elencarmos linhas gerais da atuação direta e indireta do Estado na produção de riquezas em distintos momentos históricos do capitalismo.

Neste capítulo, destacamos a problemática da acumulação primitiva de capital e, a partir dela, da categoria marxiana de *violência como potência econômica* como chave heurística da dinâmica de expropriações dos meios de produção e de subsistência dos produtores diretos e sua ligação com a exploração da força de trabalho, desde a gênese do capitalismo na Inglaterra até a fase contemporânea do imperialismo. Em poucas palavras, o nosso objetivo é trazer elementos teóricos da síntese entre expropriação-exploração-dominação estatal operada pelo capital na sua marcha bárbara de criação e expansão das relações sociais de produção e de reprodução necessárias a sua existência, síntese esta condensada nas determinações da categoria violência como potência econômica.

Karl Marx e a violência como potência econômica

A marcha do capitalismo rumo à dominação e à exploração da força social do trabalho consistiu em um processo de expropriação econômica, política e cultural comandado pela burguesia e seus aliados contra os produtores diretos. Foi uma marcha de longa duração que começou na Inglaterra do século XIV e prosseguiu até o XIX, tendo impactos mundiais até hoje. As formas antediluvianas do capital — comercial e usurária — adquiriram novo estatuto quando dotadas de conteúdo social original, cujo fator determinante foi a transformação de condições sociais de trabalho em capital.

No capítulo 24 do Livro 1 de *O capital*, Marx (2013[1867]) demonstra que o trabalho para ser alienado e subsumido ao capital requer a liberação dos entraves feudais — o vínculo do camponês com a gleba, a dependência servil a um ou mais senhores, os impostos rurais, os regulamentos das guildas etc. Por isso, a separação do trabalhador de suas condições de trabalho deve ser imposta coercitivamente, isto é, há de se expropriar os produtores diretos para que sejam lançados "livremente" ao mercado de trabalho.

Na ausência de meios de garantir a própria existência, estes expropriados vendem aquilo que lhes restou, a mercadoria *força de trabalho*. Tem-se, portanto, o quadro fundamental para a valorização do capital: de um lado, os donos dos meios de produção, de subsistência e do dinheiro; de outro, os detentores da força de trabalho. A liberdade do primeiro, o proprietário capitalista, consiste no usufruto da inalienável propriedade; a "liberdade" do segundo, o agora trabalhador assalariado, significa a liberdade/não propriedade dos meios de produção e a liberdade/propriedade de si mesmo.

A história da acumulação primitiva compreende uma série de revolucionamentos econômicos, políticos e sociais que consagram a propriedade privada burguesa baseada na exploração do trabalho alheio. O ponto de arranque deste processo é a dissolução dos séquitos feudais. Tal processo, entretanto, ganha enorme impulso com a expulsão violenta do campesinato das terras comunais em razão do cercamento dos campos. As terras de lavoura de subsistência não tardaram a desaparecer com as pastagens de ovelhas. A população camponesa é usurpada de seus meios de produção e de subsistência, e o empobrecimento absoluto e relativo em massa e a fome passam a marcar o proletariado, formado sob os escombros das expropriações e da antiga ordem social em decomposição.

Não obstante, em um novo movimento da expropriação do povo do campo, setores da aristocracia agrária e uma camada de capitalistas convertem várias formas de direito de propriedade (comum, coletiva, estatal) em direitos exclusivos de propriedade privada. Exemplo notório é o saque do patrimônio do Estado praticado pela oligarquia de Guilherme III de Orange após a Revolução Gloriosa (1688). Os objetivos eram incrementar a exploração agrícola e liberar força de trabalho para o mercado interno. No século XVIII, as leis para o cercamento das terras comuns constituem novas formas de supressão, predação e roubo das condições de vida dos camponeses. Desta vez, as expropriações são amparadas legalmente através da coerção estatal legislativa, algo distinto das usurpações da base fundiária nos séculos anteriores, nas quais os reis lutavam sem muito sucesso por uma compensação na proporção entre terras de lavoura e terras de pastagem.

Outro capítulo do enredo sangrento da expropriação dos camponeses é a prática da *clearing of estates*, extrusão e extermínio dos povos celtas e gaélicos com vista à dinamização da agricultura capitalista, método indispensável para acossar massas de despossuídos aos círculos das nascentes manufaturas têxteis. Neste ponto, a perspectiva de classe é enriquecida com determinações relativas à questão étnica, embora Marx não desenvolva esta articulação, o que viria a ser realizado mais tarde por José Carlos Mariátegui (2008[1928]) nas suas investigações sobre a sociedade peruana. Em resumo, diz Marx (2013[1867], p. 804) sobre os métodos nada idílicos da acumulação primitiva:

> O roubo dos bens da Igreja, a alienação fraudulenta dos domínios estatais, o furto da propriedade comunal, a transformação usurpatória, realizada com inescrupuloso terrorismo, da propriedade feudal e clânica em propriedade privada moderna, foram outros tantos métodos idílicos da acumulação primitiva. Tais métodos conquistaram o campo para a agricultura capitalista, incorporaram o solo ao capital e criaram para a indústria urbana a oferta necessária de um proletariado inteiramente livre.

O exército de expropriados da acumulação primitiva colocou um problema concreto à organização da vida social: como absorvê-los produtivamente? De fato, a incipiente manufatura moderna era incapaz de incorporar a totalidade dos expulsos do campo. Formava-se, então, uma superpopulação relativa desprovida do acesso aos meios de produção da vida humana. O modo de produção em gestação requeria, na perspectiva de classe burguesa, disciplina, regulação e controle dos trabalhadores, o que ficaria patente na relação entre cárcere e fábrica estabelecida desde a gênese do modo de produção capitalista na Europa e, posteriormente, nos Estados Unidos (Melossi e Pavarini, 2014).

A intervenção do Estado é evidente na repressão à mendicância, à pobreza e à ociosidade com as *Leis dos pobres*: nos reinados de

Henrique VII, Eduardo VI, Elisabeth e Jaime I são fartas as legislações que dispõem de condenações, prisões, execuções, torturas e assassinato ao contingente de expropriados. Em linhas gerais, o Estado instaura a disciplina necessária ao sistema de trabalho assalariado, explicitando a sua natureza de classe desde a gênese do capitalismo. Esta intervenção pode ser tomada como uma evidência de desconstrução de dois mitos: (1) o de que Estado liberal na fase concorrencial do capitalismo seria mínimo, supostamente restrito a funções limitadíssimas de manutenção das condições gerais de produção; e (2) o de que o Estado se tornaria intervencionista somente a partir da fase monopolista, conforme lembra Poulantzas (1980, p. 190).

Contribuir decisivamente na criação e no disciplinamento da mercadoria força de trabalho — tanto nos aspectos econômicos do seu valor e do seu preço, quanto nos aspectos políticos e culturais de dominação e opressão — põe o Estado como um elemento central para a dinâmica da acumulação capitalista, e não como um acessório acionado em tempos de crise. Conforme escreve Suzanne de Brunhoff (1985[1977], p. 7), "o primeiro eixo principal da intervenção econômica do Estado, seja ela política, econômica ou não, é a gestão da força de trabalho como mercadoria particular. Essa gestão responde a uma necessidade do capital, que não pode ser diretamente satisfeita pelo próprio capital".

A violência extraeconômica surge como componente central da gênese histórica da produção capitalista. Por evidente que seja a coação silenciosa da economia sobre a classe trabalhadora, ou melhor, a violência econômica interiorizada no processo capitalista de produção como "lei natural" (Marx, 2013[1867], p. 808-9), a dimensão coesiva e coercitiva do Estado para as condições gerais de produção é inelimável do modo de produção capitalista. Em outras palavras, o uso da força organizada e monopolizada pelo Estado foi essencial na transição do modo de produção feudal para o capitalismo, e continuou a sê-lo, direta e indiretamente, na garantia da reprodução ampliada do capital nas suas fases históricas subsequentes.

Além da expropriação dos meios de produção e de subsistência dos produtores do campo, Marx observa que a acumulação primitiva de capital possui outros mecanismos de violência, todos baseados na ação estatal. São eles: sistema colonial, sistema da dívida pública, sistema tributário e protecionismo. O sistema colonial cumpria uma função primordial na acumulação de capital: extorsão de valores de uso dos territórios conquistados e produção organizada de mercadorias para exportação das colônias para as metrópoles. A marca distintiva da violência nas colônias refluía sem constrangimentos morais à metrópole: registros de fabricação de epidemias de fome para majoração de preços e revenda a preços exorbitantes, constituição de monopólio comercial de altos funcionários, premiações para escalpelamentos em solo colonial, escravização, roubo de terras e bens naturais, destruição de línguas, culturas, religiões...

O sistema da dívida consistia em um serviço parasitário que remunerava detentores de títulos a expensas da riqueza produzida socialmente. Desta forma, credores do Estado se apropriam, por meio do fundo público, de parcelas substantivas da riqueza nacional, traço presente ainda hoje[1] — e em escala maior — no padrão financeirizado de reprodução do capital. O sistema tributário, por sua vez, tem o papel na acumulação de dar sustentação ao sistema de empréstimos nacionais, descarregando o ônus dos pagamentos nos impostos sobre meios de subsistência consumidos majoritariamente pelos trabalhadores. Por último, o protecionismo dá forma a outro mecanismo de usurpação de trabalho excedente, capitalizando meios de produção e subsistência para as classes proprietárias. Conforme expõe Marx (2013[1867], p. 821):

> Tais métodos, como, por exemplo, o sistema colonial, baseiam-se, em parte, na violência mais brutal. Todos eles, porém, lançaram mão do poder do Estado, da violência concentrada e organizada da sociedade, para impulsionar artificialmente o processo de transformação do modo de produção feudal em capitalista e abreviar a transição de um para o

---

1. Sobre a relação entre dívida pública e mecanismos contemporâneos da assim chamada acumulação primitiva, cf. Brettas (2012) e Bin (2017).

outro. A violência é a parteira de toda sociedade velha que está prenhe de uma sociedade nova. Ela mesma é uma potência econômica.

Em síntese, a acumulação primitiva engendra o emprego intermitente e renovado de expropriação do trabalho pelo capital, do qual a violência do Estado é parte essencial de todo o processo de constituição e reprodução da acumulação capitalista. Mediante a sua participação, a violência como potência econômica se expressa na ampliação das condições básicas da exploração e a conquista de novos espaços de acumulação capitalista, que se reproduzem no tempo e no espaço desde a formação do mercado mundial até o novo imperialismo, sempre com novas colorações e com particularidades históricas entre os centros imperialistas e os países dependentes.

Rosa Luxemburgo, violência colonial imperialista e acumulação do capital

Quase 50 anos após Marx escrever o Livro 1 de *O capital*, Rosa Luxemburgo lançou *A acumulação do capital* (1913), uma das mais importantes contribuições marxistas ao debate sobre a expansão do mercado mundial na fase clássica do imperialismo. Nas duas primeiras seções do livro, a revolucionária polonesa faz uma resenha crítica do debate sobre a reprodução ampliada do capital, desde a economia política clássica até o chamado populismo russo, passando pela economia vulgar do século XIX.

O objetivo de Rosa não é fazer um balanço teórico da ciência econômica sobre a acumulação capitalista, mas analisar as condições históricas da reprodução ampliada do capital no seu tempo histórico — o imperialista —, seus impactos sobre o proletariado e, daí, traçar táticas e estratégia revolucionárias. Para isto, Rosa não se furta a tecer críticas à teoria marxiana presente no Livro 3 de *O capital* e se debruça no estudo sobre como se realiza o mais-valor no processo global da produção capitalista e nos circuitos mundiais.

Rosa critica o pressuposto da análise marxiana da exclusividade histórica do modo de produção capitalista na produção e realização do mais-valor. Segundo ela, a chave teórica da solução dos problemas da acumulação capitalista e suas crises reside no estudo das relações integradas entre o capitalismo e os modos de produção pré-capitalistas, desde o comunismo primitivo até o feudal. A partir de 1907, Rosa Luxemburgo integrou o quadro docente da escola de formação de quadros e militantes do Partido Social-Democrata Alemão e, nela, foi responsável pelo curso de Economia Política, dentre outros. Suas notas de aula se transformaram num manuscrito que foi publicado postumamente no livro *Introdução à economia política*, em 1925. Nessa obra, Rosa escreve longamente sobre os modos de produção pré-capitalistas, com destaque para as sociedades comunistas primitivas. Poucas lideranças revolucionárias deram tanta atenção a estes períodos históricos como ela.

A dinâmica da acumulação capitalista não seria suficiente para absorver toda a riqueza produzida e, por isso, precisaria da existência de compradores não capitalistas para absorver o excedente econômico.

> Essa concepção [marxiana], que se estrutura dentro de uma visão de autosuficiência e de isolamento da produção capitalista, falha, como vimos, na realização da mais-valia. Se supusermos, no entanto, que a mais-valia se realiza fora da produção capitalista, poderemos deduzir daí que sua forma material não tem nada a ver com as necessidades da produção capitalista em si mesma. Sua forma material corresponderá às necessidades daqueles círculos não capitalistas, que auxiliam na realização desta (Luxemburgo, 1985[1913], p. 243).

Assim, a terceira seção do seu livro, intitulada "As condições históricas da acumulação", é dedicada ao estudo do imperialismo e seus impactos sobre os povos dos países dependentes e seus modos de produção, ressaltando o peso do militarismo na conquista e destruição de tais povos, os seus territórios e modos de vida, bem como na dinâmica da acumulação capitalista. Segundo Rosa, em mais uma polêmica com Marx, a conquista, a pilhagem e a escravização de povos e territórios da economia natural e camponesa não são fenômenos históricos que se esgotaram no passado — representado pela assim chamada acumulação primitiva —, mas estariam presentes na fase imperialista do capitalismo.

A persistência histórica da acumulação primitiva demandaria uma ampliação crítica das formulações marxianas. Rosa realiza esse movimento ao conceber a convivência simultânea de distintos modos de produção num mesmo espaço geográfico e num mesmo período histórico. Em verdade, a reprodução do capital estaria comprometida sem a integração às formas sociais não capitalistas e Rosa busca extrair todas as implicações teóricas e políticas desta inovação metodológica, que rompe com uma visão linear e eurocêntrica do progresso e da expansão capitalista (Löwy, 2015, p. 96). Logo no início do capítulo 27 de *A acumulação do capital*, Rosa Luxemburgo (1985[1913], p. 253) anota que

> [...] o capitalismo vem ao mundo e se desenvolve historicamente em meio social não capitalista. [...] Além desses limites imediatos vamos encontrar depois toda uma vasta área de culturas não europeias, área que envolve o capitalismo europeu e lhe oferece uma escala completa de estágios evolutivos vários, tanto abrangendo hordas comunistas das mais primitivas, de caçadores nômades e de simples coletores, quanto populações que se dedicam à produção mercantil artesanal e camponesa. É esse o meio em que prossegue a marcha do processo capitalista de acumulação.

Rosa vai além de apontar o amálgama do capitalismo com o comunismo primitivo e outros modos de produção em distintas formações econômico-sociais. Ela denuncia que a expansão capitalista mundial garante a criação de mercados consumidores não capitalistas e fontes de força de trabalho e matérias-primas sob o tacão de ferro da violência estatal das potências imperialistas, com efeitos devastadores sobre as populações americanas, africanas e asiáticas. A violência é intrínseca a todos estes processos de aniquilação das economias naturais, camponesas e mercantis simples, e não se esgota na pré-história da constituição capitalista. Os exemplos históricos da destruição das organizações sociais baseadas na propriedade coletiva da terra e a ruptura dos produtores diretos com os seus meios de produção e subsistência são abundantes, sendo quase todos de países dependentes (África do Sul, Argélia, China, Egito, Índia, Turquia). Mas ela indica que a violência é um método legítimo de resistência destes povos subjugados pelo imperialismo, distinguindo a violência opressora da violência emancipadora. Como diz Rosa (1985[1913, p. 255),

> O capital não conhece outra solução senão a da violência, um método constante da acumulação capitalista no processo histórico, não apenas por ocasião de sua gênese, mas até mesmo hoje. Para as sociedades primitivas, no entanto, trata-se, em qualquer caso, de uma luta pela sobrevivência; a resistência à agressão tem o caráter de luta de vida ou morte levada até o total esgotamento ou aniquilação. Isso explica a ocupação militar permanente das colônias, as rebeliões dos nativos e as expedições militares para sufocá-las; estes são fenômenos constantes e fazem parte do cotidiano do regime colonial. O método da violência é a consequência direta do choque que se estabelece entre o capitalismo e as formações que, na economia natural, interpõem barreiras a sua acumulação.

Costura-se, portanto, uma ligação orgânica entre acumulação capitalista, Estado e as expressões da "questão social", ressaltando a resistência dos povos dos países dependentes contra a violência organizada das burguesias imperialistas.

O Estado é tido como uma peça-chave não só na gênese e consolidação do modo de produção capitalista, mas no combate à queda tendencial da taxa de lucro, na manutenção da dinâmica da acumulação capitalista e no controle social da força de trabalho em distintas fases históricas. Assim, podemos dizer que o Estado tem uma intervenção ativa no seio da dinâmica da acumulação capitalista desde os seus primórdios, muito antes de a teoria keynesiana defender uma intervenção macroeconômica para a manutenção do *status quo* burguês. Há, de fato, uma mudança quantitativa e, substancialmente, qualitativa da intervenção estatal na época imperialista, mas é preciso ressaltar que o Estado, já desde a fase concorrencial do capitalismo (e até mesmo antes, no mercantilismo), tinha funções decisivas (e um aparato burocrático nada desprezível para exercer tais funções) na reprodução ampliada da riqueza econômica, conforme visto na seção anterior.

Octavio Ianni e a violência como potência econômica no capitalismo dependente brasileiro

A Escola de Sociologia da Universidade de São Paulo (USP), a partir da direção intelectual de Florestan Fernandes, destacou-se por produções acadêmicas sobre os processos históricos de formação do capitalismo dependente brasileiro. Suas principais polêmicas extravasaram os muros universitários e tiveram impacto político nos debates sobre a revolução brasileira nos anos 1950 e 1960, pois questionavam duas teses caras ao nacional-desenvolvimentismo: a de que o Brasil teria passado por uma etapa feudal no seu passado colonial e imperial, e a de que haveria uma burguesia nacional disposta a liderar processos reformistas de fundação de um desenvolvimento capitalista soberano, socialmente justo e politicamente democrático. Os principais expoentes desta crítica uspiana, todavia, não foram diretamente para a arena política fazer a disputa dos rumos da revolução brasileira, papel que coube a outros sujeitos históricos, por exemplo, os intelectuais orgânicos da Organização Revolucionária Marxista — Política Operária (Polop).

Florestan Fernandes foi a principal figura das Ciências Sociais da USP desde o retorno dos catedráticos europeus às suas terras natais até o golpe da ditadura empresarial-militar de 1964. Porém, o sucesso da Escola deve ser creditado a um trabalho coletivo, que envolveu a participação ativa dos seus assistentes, dos quais destacamos Octavio Ianni. Nas suas obras datadas do início da década de 1960, Ianni discorreu sobre escravidão, Estado e acumulação capitalista no Brasil.

Esta tríade pode ser apontada como a tônica desta etapa da sua vasta obra teórica, dos anos 1960 aos 1980.

Já nos seus primeiros escritos, a problemática da acumulação primitiva ganhou destaque. No Brasil, este processo de separação violenta entre trabalhadores e meios de produção e subsistência aparece, em termos de classes sociais, como a metamorfose do escravo em operário, passando pela transição do lavrador, que tem no colono das plantações de café no oeste paulista uma das suas figuras mais emblemáticas. A influência weberiana se faz presente neste período primevo, e o lavrador e o fazendeiro são retratados na trama social da ordem patrimonialista, na qual seu *ethos* impede a emergência da racionalidade moderna. A economia natural, em geral, e o mundo caipira, no caso paulista, nos quais os trabalhadores conseguem acessar meios de produção e subsistência, eram impeditivos ao pleno desenvolvimento capitalista e, por isso, foram duramente atacados. Era necessário liquidar as antigas formas de organização da produção e realizar o nascimento do novo, colocando em marcha a proletarização dos trabalhadores rurais.

É um longo parto do novo enquanto o velho não morre, num processo altamente conflitivo entre classes sociais dominantes e subalternas com interesses antagônicos, que vai desde meados do século XIX (leis Eusébio de Queiroz, Ventre Livre, Sexagenário, Áurea etc.) até o golpe de 1964. Ao final do processo de formação das classes sociais fundamentais (capitalistas e proletários urbanos e rurais), diz Ianni, temos a subsunção formal e real dos antigos modos de produção ao desenvolvimento capitalista e a consolidação da etapa monopolista do capitalismo dependente, sob comando do capital financeiro. Não devemos, todavia, nos esquecer de que a industrialização contou com valores expropriados da exploração da força de trabalho dos produtores rurais; e mais: a resultante do processo é uma articulação entre o campo e a cidade, a indústria e a agricultura, com ambas as esferas sofrendo profundas alterações. "Houve uma intensa mercantilização das formas de produção, subordinação das diferentes formas de trabalho à produção mercantil, ao capital. Nem sempre essas formas tradicionais, antigas de produção são destruídas; são frequentemente recriadas" (Ianni, 2004[1978], p. 148).

A agenda de estudos de Ianni sobre a formação econômico-social brasileira, a partir da problemática da acumulação primitiva de capital, ganha um forte impulso no final dos anos 1970, quando ele desenvolve pesquisas no Centro Brasileiro de Análise e Planejamento (Cebrap) sobre escravidão, racismo, agricultura e a ditadura de 1964. Neste período fica patente a influência do capítulo 24 do Livro 1 de *O capital* na sua obra, mas Ianni vai além de reprisar passagens marcantes da crítica da economia política. Entendendo o capítulo como parte do método marxiano, e não somente como uma exposição histórica da transição do feudalismo para o capitalismo na Inglaterra, ele consegue decifrar traços marcantes da transição para o capitalismo dependente no Brasil, buscando as nossas particularidades históricas à luz da universalidade capitalista.

As dores do longo parto são retratadas na forma da violência da expropriação realizada pelas classes dominantes dos meios de produção e de subsistência de indígenas, quilombolas, camponeses, ribeirinhos, seringueiros, parceiros, peões, vaqueiros, camaradas, volantes e outros, sempre em conluio — direto e/ou indireto — com o Estado. Ao mesmo tempo que ocorrem tais ataques das classes proprietárias, também há múltiplas formas de resistência dos povos do campo contra a expropriação, a exploração e a degradação da vida humana e da natureza, como as resistências indígenas e quilombolas, os conflitos messiânicos (Canudos, Contestado), o banditismo social (o Cangaço no Nordeste), as Ligas Camponesas, os sindicatos rurais e a luta armada (Porecatu, Trombas e Formoso, Araguaia). As lutas de classes têm múltiplos vetores e Ianni emprega-os todos em movimento, captando não só a contradição entre eles, mas apontando sua resultante.

Conforme indica Marx no capítulo 24, a violência é a parteira da história e abrevia a transição. Na Inglaterra, foram praticamente 500 anos de transição; no Brasil, de acordo com os textos de Ianni, foram "apenas" 100. Ou seja, o Brasil não apenas abreviou a transição, mas queimou etapas históricas de desenvolvimento das forças produtivas. Há, entretanto, uma outra particularidade histórica do nosso capitalismo dependente: aqui, apesar de toda a força concentrada e organizada no Estado a serviço das classes dominantes (latifundiárias e burguesas, nacionais e internacionais), as antigas formas de produção persistiram por longo tempo enquanto o novo nascia e se consolidava, tanto por interesse das classes dominantes quanto pela resistência popular. Daí o sociólogo paulista se valer da lei do desenvolvimento desigual e combinado de Leon Trotsky. Numa passagem sobre a questão regional no Brasil, anota Ianni (2004[1980], p. 170):

> O desenvolvimento desigual e combinado, que permeia o subsistema econômico brasileiro, produz e reproduz também as desigualdades regionais. Sob vários aspectos, o desenvolvimento capitalista que ocorre no Brasil, nas últimas décadas, e acelera-se bastante desde 1956, beneficia-se das desigualdades regionais herdadas de épocas anteriores. Mais que isso, o capitalismo cria e recria as desigualdades regionais. Há uma profunda articulação entre a acumulação capitalista, o Estado forte e os "espaços" econômicos, demográficos, sociais, políticos, geopolíticos e outros representados pela Amazônia e o Nordeste.

No final dos anos 1970, em pesquisas encomendadas ao Cebrap, Ianni escreve artigos e três livros — *A luta pela terra, Ditadura e agricultura* e *Colonização e contrarreforma agrária na Amazônia* — nos quais constatamos mais um salto teórico. Até então, a expropriação dos meios de produção e subsistência dos trabalhadores e a consequente proletarização eram tidas como marcas constitutivas da pré-história do capitalismo, processos encerrados num passado (nem tão distante assim no caso brasileiro). Com a publicação dos novos títulos, a acumulação primitiva é tratada como um processo estrutural, perene até o tempo presente (de meados do século XIX à ditadura do grande capital nos anos 1970) e no espaço rural, articulando-a com a categoria de capitalismo dependente e o aprofundamento dos estudos sobre a economia política da ditadura, em especial as políticas destinadas à transformação do território amazônico em fronteira de acumulação capitalista e dos povos da floresta em proletários. De acordo com Ianni (1979, p. 247),

> Em boa parte, o que está em curso na Amazônia é um processo de acumulação primitiva, compreendido como um processo estrutural. A terra devoluta, tribal e ocupada é transformada em monopólio de grandes latifúndios e empresas nacionais e estrangeiras. Expropriam-se índios, posseiros, caboclos, sitiantes e outros trabalhadores rurais, que se transformam em peões, vaqueiros, agricultores, mineradores, mineiros, operários ou mesmo *lumpen*. A violência privada, a jagunçagem, atua livremente, ou associada com a violência estatal. O aparelho de Estado é posto a serviço da formação e expansão do latifúndio e empresa, por meio de sua parafernália burocrática, as isenções de impostos, os favores creditícios, a proteção econômica e política [...]. Acentua-se e generaliza-se o divórcio, pacífico ou brutal, entre os produtores e a propriedade dos meios de produção, ao mesmo tempo que se desenvolvem as forças produtivas e as relações de produção. Assim, a "fronteira", "frente de expansão" ou "frente pioneira" aparecem como expressões mais visíveis, idealizadas, da acumulação primitiva.

Nessa fase, Ianni trabalha com a hipótese de que a incorporação das fronteiras amazônica e centro-oeste à acumulação capitalista, via as políticas econômicas ditatoriais sob a hegemonia do capital financeiro internacional, seria o fim da acumulação primitiva no país, a "etapa final de esgotamento da fronteira interna" (Ianni, 2004[1978], p. 147). Nada mais restaria, de forma substancial, a ser expropriado pelos capitalistas com a incorporação dos novos territórios e populações. Em suas palavras (Ianni, 2004[1978], p. 146-7),

> Está havendo no Centro-Oeste e na Amazônia um fenômeno singular: talvez seja a última etapa da acumulação primitiva no Brasil. As terras devolutas, tribais, ocupadas por posseiros, estão, pouco a pouco, sendo transformadas em terras griladas e tituladas. Está havendo uma crescente apropriação das terras disponíveis nas "periferias" da sociedade brasileira. A terra se transforma em mercadoria, em algo que tem preço.

[...] A acumulação primitiva está chegando ao fim no Brasil. Pouco a pouco expropriam-se os antigos proprietários, isto é, os índios, sitiantes ou posseiros, os que não têm títulos; e as terras se transformam em terras griladas ou tituladas.

A tese do fim da acumulação primitiva nos parece um paradoxo com a tese da acumulação primitiva como processo estrutural anunciada no mesmo período, mas Ianni nada aponta para desfazê-lo. Como veremos na seção a seguir sobre David Harvey, a acumulação primitiva prosseguiu a sua longa e contraditória marcha, ganhando novas cores e ritmos, num desenvolvimento desigual e combinado ao redor do planeta. No Brasil não foi diferente, como atestam a força do agronegócio no padrão de reprodução neoliberal do capital e das resistências às invasões de terras indígenas e quilombolas, à transposição do Rio São Francisco, à construção das grandes hidrelétricas, ao desmatamento do cerrado e da floresta amazônica, execuções de militantes dos movimentos sociais do campo etc.

Logo em seguida, em 1981, a fornada de Ianni produz uma obra-prima, *A ditadura do grande capital*. Este livro pode ser considerado o ápice desta fase da sua produção, na qual a história da acumulação primitiva no Brasil ganha uma síntese teórica inédita. Em primeiro lugar, incorpora-se à unidade diferenciada entre expropriação-exploração-dominação estatal o debate sobre a superexploração[2] da força de trabalho rural e urbana, embora não tenha o desenvolvimento teórico

---

2. No livro *A ditadura do grande capital* (Ianni, 1981), há duas passagens marcantes sobre a categoria de superexploração. Vale citá-las: (1) "A superexploração da classe operária surge no cotidiano da vida do trabalhador em termos de escassez ou precariedade, de recursos para alimentação, vestuário, habitação, saúde, educação, transporte e outros elementos que entram na composição das condições sociais de existência da classe. Ao lado do excesso de trabalho, e da baixa remuneração, surgem o cansaço, o esgotamento de energias, a doença. Na base de tudo, no entanto, na base das condições de existência da classe operária, estão a jornada de trabalho muito intensa ou muito extensa" (p. 81); (2) "Para a burguesia, a contrapartida da superexploração da força de trabalho operária foi o "aumento da produtividade", a transformação da mais-valia potencial em mais-valia extraordinária. Para a classe operária, a contrapartida da superexploração da força de trabalho foi a redução do salário real, a militarização da fábrica, a intervenção governamental nos sindicatos, a censura, a repressão policial generalizada" (p. 83).

havido na teoria marxista da dependência (em especial os escritos de Ruy Mauro Marini). Até então, antes das greves operárias fabris e urbanas do ABC, Ianni tinha suas lentes voltadas basicamente para o proletariado agrícola.

Em segundo, temos a presença do debate sobre a ditadura do grande capital como uma contrarrevolução burguesa de longa duração, tese de Florestan Fernandes que veio a lume nos anos 1970. Suas reflexões, contudo, exploram aspectos da ditadura que vão além das formulações clássicas de Florestan. Ianni analisa não somente o caráter classista da ditadura de 1964, aparentemente gerenciada pelos militares, mas, essencialmente, dirigida pelo grande capital financeiro internacional, em aliança com latifundiários e o empresariado industrial nacional e suas organizações da sociedade civil (Fiesp, Ibad, Ipes etc.).

A inovação de Ianni é destrinchar como a máquina estatal se ampliou em diversas esferas, desde a militarização até o controle da indústria cultural, com ênfase nas políticas econômicas e seus planos de desenvolvimento. Por trás da aparência brutal das mortes, torturas, exílios e cassações políticas, Ianni desvenda a trama do bloco de poder dominante operada por diferentes classes proprietárias a partir do aparelho estatal expandido, no sentido de reverter a situação revolucionária de 1961-64 e restabelecer, sob novo formato, a dominação burguesa. Daí surgiu um novo padrão de acumulação, monopolista e dirigido pelo capital financeiro internacional, e um novo Estado, tecnocrático e fascista.

O desenvolvimento, o planejamento e a tecnocracia estatais, tidos idilicamente até mesmo por setores da esquerda como instrumentos e agentes neutros do progresso econômico, são analisados como constituintes da acumulação capitalista da ditadura do grande capital, tornando-se potências econômicas de expropriação, superexploração e repressão dos trabalhadores urbanos e rurais. A concentração e a centralização do poder estatal foram produtos e, ao mesmo tempo, produtoras da centralização e concentração do capital em torno dos grandes grupos econômicos do capital financeiro, e o Estado assumiu o papel de capitalista coletivo (Ianni, 1981, p. 42) na transição do padrão concorrencial de acumulação para o monopolista, que ocorreu dos anos 1950 ao golpe de 1964.

> No âmbito das relações de produção, a violência estatal passa a ser uma potência econômica, ou força produtiva. A violência do poder estatal, como violência concentrada e organizada da sociedade burguesa, passa a atuar no sentido de garantir e reforçar a subordinação econômica e política da classe operária e do campesinato. Ao dinamizar as forças produtivas e as relações de produção, favorece a produção de mais-valia, a dinamização dos processos envolvidos na produção de capital. Assim, a combinação do sistema federal de planejamento com o sistema federal de violência passa a operar de forma decisiva na dinâmica da transformação do que poderia ser uma taxa potencial de mais-valia em mais-valia efetiva (Ianni, 1981, p. 44).

Em suma, são três elementos centrais da ditadura do grande capital, todos extraídos teoricamente do debate da acumulação primitiva, mas como expressão ideal da história do capitalismo dependente brasileiro: (1) a transformação do planejamento como força produtiva na acumulação capitalista; (2) a violência estatal como potência econômica a serviço do grande capital; e (3) a hegemonia do capital financeiro no bloco de poder, atuando tática e estrategicamente com latifundiários e empresários brasileiros e contra as classes proletarizadas, rurais e urbanas. A obra de Ianni consegue, desta maneira, se inserir na tradição marxista com o uso teórico-metodológico das teses marxianas sobre acumulação primitiva como um dos maiores aportes de "análise concreta de situação concreta" da expansão capitalista num país dependente, sendo um dos raros que destacou a importância da categoria de violência como potência econômica.[3]

---

3. Recentemente, na mesma linha teórico-metodológica de Ianni, Rodrigo Castelo (2017) emprega a categoria de violência como potência econômica para o entendimento da conjuntura brasileira de crise orgânica, aberta em 2013 com as Jornadas de Junho e aprofundada com a recessão econômica e o golpe jurídico-parlamentar-midiático de 2016, que atinge o seu ápice (até o momento — fevereiro de 2018) com a promulgação da Emenda Constitucional n. 95.

Nas nossas pesquisas preliminares, mapeamos outras duas produções na tradição marxista que fazem uso da categoria de violência como potência econômica.[4] Georg Lukács, em *História e consciência de classe* (1923), e Néstor Kohan, em *Marx em su (tercer) mundo* (1998), utilizaram-se da categoria para criticar posições reformistas que afirmavam ser possível uma transição do modo de produção capitalista para o socialista sem o uso revolucionário da violência, apenas pelo acúmulo de forças por parte do proletariado e a conquista sucessiva de reformas parlamentares e sindicais. Vale registrar que Octavio Ianni utiliza a categoria para analisar a transição de um padrão de acumulação (concorrencial) para outro (monopolista) numa formação econômico-social dependente, e não de transformações macroestruturais de um modo de produção para outro. São, portanto, níveis de abstração nas análises e usos diferenciados da categoria em Lukács, Kohan e Ianni, mas todos apontando para a pertinência e atualidade do uso da problemática da acumulação primitiva para entendimento e revolucionamento da realidade.

David Harvey e a acumulação por espoliação no novo imperialismo

Desde o final dos anos 1980 até os dias atuais, David Harvey publicou um conjunto de textos sobre as formas contemporâneas de dominação burguesa. De lá para cá, a sua produção intelectual sofreu mudanças significativas, abandonando a influência da Escola Francesa Regulacionista (com destaque para o conceito de regime de acumulação

---

4. Friedrich Engels escreveu, em 1890, uma carta a Konrad Schmidt na qual destaca e reafirma a importância da categoria de violência como potência econômica no método marxiano, na articulação dialética entre economia e política e na construção da transição revolucionária da ditadura do proletariado. "Porque [sic] lutaríamos nós pela ditadura política do proletariado se o poder político fosse economicamente impotente? A violência (ou seja, o poder do Estado) é também um poder econômico!" (Engels, 1977[1890], p. 41).

flexível no livro *Condição pós-moderna*, de 1989) em favor das teorias marxianas da acumulação primitiva e marxistas sobre o imperialismo. No livro *O novo imperialismo*, de 2004, escrito sob forte impacto das invasões estadunidenses no Iraque e no Afeganistão, Harvey mantém as bases da sua teoria da ordenação espaçotemporal, na qual discute como o cerne do problema das crises de superacumulação é descobrir alternativas lucrativas para a alocação de excedentes de capital. Todavia, as suas teses ganham novas determinações com a categoria de acumulação por espoliação,[5] que veremos a seguir.

Leitor arguto de Marx e Rosa, Harvey não se furtou a explicitar os seus pontos de contato com as obras destes revolucionários, bem como algumas das suas polêmicas.

> A desvantagem desses pressupostos [de Marx] é que relegam a acumulação baseada na atividade predatória e fraudulenta e na violência a uma "etapa original" tida nao mais como relevante ou, como no caso de Luxemburgo, como de alguma forma "exterior" ao capitalismo como sistema fechado. Uma reavaliação geral do papel contínuo e da persistência das práticas predatórias da acumulação "primitiva" ou "original" no âmbito da longa geografia histórica da acumulação do capital é por conseguinte muito necessária [...] (Harvey, 2004, p. 120).

Harvey comunga da tese de Rosa de que os processos da acumulação primitiva não se esgotam na transição do feudalismo (ou de qualquer outro modo de produção pré-capitalista) para o capitalismo, persistindo na nova fase do imperialismo com a atuação decisiva do Estado em mecanismos atualizados de saque e pilhagem dos povos e territórios dos países dependentes. A acumulação capitalista no novo imperialismo apresenta características inéditas ao lado das mesmas já evidenciadas em outros períodos históricos. Temos, assim, a reafirmação da expropriação de meios de produção

---

5. Algumas edições dos textos de Harvey no Brasil usam a tradução "acumulação por despossessão" ou "por desapossamento".

e de subsistência com novos métodos e alcances, que agora atingem direitos sociais duramente conquistados pelos movimentos sociais (operário, feminista, negro, LGBT etc.) nos últimos 150 anos.

A continuidade de processos violentos de acumulação de capital é tributária das transformações na dinâmica burguesa, que lhe impuseram necessidade de permanente ajuste de seus métodos de acumulação como forma de sobrevivência às crises que lhe são inerentes e se apresentam cada vez mais agudas. A sobreacumulação de capital, efeito direto da dinâmica da acumulação, exige constante expropriação de ativos como recursos naturais, terras, imóveis, empresas e serviços públicos, reservas fiscais de Estados nacionais, fundos públicos e privados oriundos do trabalho etc. Os mecanismos empregados para atingir esse fim são, ao mesmo tempo, novos e antigos.

Entre os mecanismos de expropriação e acumulação surgidos na crise capitalista do final dos anos 1960 e início dos 1970, destacam-se inúmeras ações da classe burguesa internacionalizada (mas representada pelos seus respectivos Estados nacionais): (1) novos acordos na área de propriedade intelectual; (2) processos de apropriação e mercantilização de terras, de recursos naturais (como a biopirataria) e de outros bens comuns (como as universidades); (3) mercantilização da cultura e dos bens históricos e intelectuais; (4) endividamento público das nações, especialmente aquelas dependentes, e os ataques especulativos dirigidos a estes países; (5) financeirização da economia e o sistema de crédito, a tributação regressiva da renda do trabalho; (6) processos de trabalho análogos à escravidão (com destaque para o tráfico sexual de mulheres); e (7) expulsão sanguinária de populações rurais (Harvey, 2004, p. 121-3).

A busca desenfreada por valorização do capital sobreacumulado inclui processos de mercantilização, monetarização e financeirização de direitos sociais fundamentais — com ênfase para a privatização de serviços públicos como abastecimento de água, saúde, saneamento, educação, transporte, moradia etc. —; ações predatórias sobre direitos trabalhistas e previdenciários; pilhagem, mediante manobras fraudulentas, de fundos públicos e privados; fabricação de crises financeiras periódicas, protecionismo econômico e outras formas de sabotagem contra nações e povos dependentes.

Conforma-se, desta maneira, a chamada *acumulação por espoliação*, o padrão de acumulação do capital no novo imperialismo, que saiu da clandestinidade nos anos 1970 para se tornar a forma hegemônica de acumulação (Harvey, 2004, p. 127). Há uma forte presença das características da acumulação primitiva no tempo presente, mas há também o surgimento de novas determinações históricas nas táticas burguesas de superação das crises capitalistas. Diz Harvey (2004, p. 120-1) que, "como parece estranho qualificar de 'primitivo' ou 'original' um processo em andamento, substituirei [...] esses termos pelo conceito de 'acumulação por espoliação'".

Para o marxista britânico, há uma nova conformação da acumulação sob o novo imperialismo, dotada, por excelência, de características especulativas e predatórias. A marca distintiva da acumulação por espoliação em relação à acumulação por reprodução expandida residiria na regressividade e na destruição de bens e direitos comuns, no chamado capitalismo de rapina (Harvey, 2004, p. 114). Virgínia Fontes (2010) indica que tal leitura supõe uma dualidade, a saber, uma acumulação capitalista baseada fundamentalmente em espoliações e pilhagens, típica do novo imperialismo, e outra forma de acumulação "normalizada", típica do pós-Segunda Guerra Mundial de 1945 a 1973 (na antiga denominação de Harvey, o padrão de acumulação rígida), na qual predominam os circuitos clássicos de acumulação, embora coexistam aspectos fraudulentos e especulativos. Conforme sublinha a autora, as formas desiguais de expansão do capitalismo sempre comportaram fraudes, roubos, expropriações fundiárias, assassinatos. Nesse sentido, a violência dos processos de expropriação e exploração enfeixa-se em conexões particulares em cada momento histórico do capitalismo. Nas palavras próprias de Harvey (2013, p. 292), indicadoras dessa dualidade,

> A longa história do capitalismo está centrada nessa relação dinâmica entre, de um lado, a contínua acumulação primitiva e, de outro, a dinâmica

da acumulação por meio do sistema de reprodução ampliada descrito n'*O capital*. Portanto, Marx estava errado, diz ela [Rosa Luxemburgo], em situar a acumulação primitiva num ponto antediluviano, numa pré-história do capitalismo. O capitalismo teria deixado de existir há muito tempo, se não tivesse se engajado em novos ciclos de acumulação primitiva, sobretudo por meio da violência do imperialismo.

De acordo com Harvey, não é possível analisarmos a persistência histórica da acumulação primitiva de capital de forma alijada da atuação do Estado burguês. Detentor de um fortalecido e ampliado aparato coercitivo e consensual (no sentido gramsciano da categoria *supremacia* como unidade dialética entre coerção e hegemonia) e baseado em um sistema jurídico que confere legalidade às suas ações, o Estado emprega sistematicamente a violência para defender os interesses privados das classes dominantes. O objetivo é expropriar e explorar mais intensamente a classe trabalhadora, em especial nos momentos de agudização das crises inerentes ao modo de produção capitalista. E o autor britânico reforça, mais uma vez, o papel constituinte do Estado na consolidação do neoliberalismo:

> Tal como no passado, o poder do Estado é com frequência usado para impor esses processos mesmo contrariando a vontade popular. A regressão dos estatutos regulatórios destinados a proteger o trabalho e o ambiente da degradação tem envolvido a perda de direitos. A devolução de direitos comuns de propriedade obtidos graças a anos de dura luta de classes (o direito a uma aposentadoria paga pelo Estado, ao bem-estar social, a um sistema nacional de cuidados médicos) ao domínio privado tem sido uma das mais flagrantes políticas de espoliação implantadas em nome da ortodoxia neoliberal (Harvey, 2004, p. 123).

A acumulação por espoliação ocorre mediante renovação e reiteração de mecanismos violentos de expropriação e de exploração, e mira recursos lastreados pelo trabalho vivo. Estes métodos se desenvolvem, predominantemente, sob amparo de sistemas jurídico-legais previamente constituídos para favorecer o alcance dos objetivos capitalistas. Os Estados nacionais imperialistas, junto com organismos multilaterais de desenvolvimento, atuam articulados para este fim. O Fundo Monetário Internacional, o Banco Mundial e a Organização Mundial do Comércio, por exemplo, atuam como agentes de criação e de fomento de condições políticas e econômicas que viabilizem a realização de mais-valor em face da crise, ou de extração de excedentes dos países dependentes via as políticas macroeconômicas de ajuste fiscal permanentes. Nos seus termos, "o poder econômico de dominar (como o embargo comercial ao Iraque e a Cuba, bem como os programas de austeridade do FMI implementados sob a égide do Tesouro Norte-americano) pode ser usado com um efeito tão destrutivo quanto o da força física" (Harvey, 2004, p. 40).

Entre os variados mecanismos de rapinagem, situa-se a interferência direta na organização política e econômica de Estados dependentes para produção de crises limitadas a setores ou a territórios específicos, ocultando essa ingerência sob a falácia da necessidade de adoção de "medidas de austeridades fiscal" por esses Estados dependentes. O propósito exclusivo dessas ações é criar ativos desvalorizados, ou mesmo subvalorizados, que serão posteriormente apropriados por esses detentores de capital sobreacumulado, numa cadeia de espoliação em que a dívida pública, o controle das taxas de câmbio e de juros, o protecionismo e a subordinação às "leis do mercado" têm papel determinante (Harvey, 2004, p. 124-5). É falacioso, portanto, pensarmos na existência concreta de um Estado mínimo neoliberal (ou mesmo liberal), que só existiu, quando muito, na retórica dos seus defensores mais fundamentalistas desde o amanhecer do capitalismo.

> [...] o neoliberalismo, ao contrário do que dizem alguns comentadores da direita e da esquerda, não torna irrelevante o Estado nem instituições particulares do Estado (como os tribunais e as funções de polícia). Tem havido no entanto uma radical reconfiguração das instituições e práticas do Estado (em especial com respeito ao equilíbrio entre coerção e consentimento, entre os poderes do capital e os dos movimentos populares, e entre o poder executivo e o poder judiciário, de um lado, e os poderes da democracia representativa, de outro) (Harvey, 2008, p. 88-9).

O desenvolvimento capitalista depende da presença ativa do Estado, e não apenas como produtor das condições gerais da produção, ou como última instância de resolução temporária das crises capitalistas, mas sim como potência econômica na acumulação capitalista, sem tirar, cabe salientarmos, a centralidade da extração do mais-valor via a exploração da força de trabalho. Na obra de Harvey, assim como na de Fontes,[6] acontece algo até então inédito: os múltiplos processos de expropriações capitalistas são analisados além das típicas separações brutais de mulheres e homens da propriedade e usufruto dos seus meios tradicionais de produção e de subsistência, alcançando teoricamente novas esferas do ser social, como os direitos civilizatórios conquistados nos últimos 100-150 anos, quando da emergência dos movimentos socialistas, anarquistas e comunistas.

Considerações finais

A continuidade de processos de expropriação de valores de uso, bens públicos e de apropriação do mais-valor produzido pela força de trabalho ao longo da história do capitalismo assume formas violentas variadas, e sempre esteve condicionada pela atuação classista do Estado. Conforme demonstrou Karl Marx, a violência estatal, empregada de forma sistemática e diversificada como uma potência econômica, foi um dos fatores determinantes tanto para o surgimento do modo de produção capitalista quanto para a sua expansão mundial.

Décadas após os escritos de Marx, Rosa Luxemburgo analisou o percurso seguido pelo capital ao longo de sua fase imperialista e como os proprietários capitalistas, tendo o Estado burguês como parceiro estratégico, buscam permanentemente a valorização de seu capital

---

6. Os primeiros escritos de Virgínia Fontes (2005) sobre as expropriações contemporâneas datam do início dos anos 2000, mesmo período dos textos de Harvey sobre o tema.

em circuitos não capitalistas, atuando sobre os países dependentes a partir de métodos típicos — porém atualizados — da assim chamada acumulação primitiva. Diante da voracidade do capital em tragar territórios, populações, etnias e seus modos de produção da vida, Rosa bradou a palavra de ordem "barbárie ou socialismo", atual até hoje.

Octavio Ianni tem uma das contribuições mais fecundas no uso da temática da acumulação primitiva na gênese, consolidação e expansão do capitalismo dependente no Brasil e suas classes fundamentais (burguesia e proletariado agrário e industrial), desde a transição escravista até a dominação do capital financeiro internacional nos anos 1970. A categoria de violência como potência econômica ganha vida nos seus escritos, sendo capaz de trazer novas determinações do Estado burguês no padrão de acumulação capitalista construído, a ferro e fogo, pela ditadura empresarial-militar de 1964.

David Harvey, por sua vez, apresenta a acumulação de capitais na contemporaneidade como um processo que tem se intensificado nos moldes de expropriações de toda sorte, à medida que as crises colocam limites cada vez mais estreitos para a valorização do capital. Os Estados imperialistas são, assim, compelidos a potencializar a transferência de valores dos países dependentes para os grandes conglomerados capitalistas e suas respectivas classes proprietárias sob variados métodos.

Podemos constatar, deste modo, a partir de ramos da tradição marxista (em especial, os que romperam com o positivismo da Segunda Internacional e do estalinismo), uma unidade econômico-política entre expropriação-exploração-dominação estatal ao longo da história do desenvolvimento desigual e combinado do capitalismo, com as devidas mediações espaçotemporais. Há uma persistência — com conservação e negação dos elementos pretéritos — do uso da violência como potência econômica, organizada pelo Estado e combatida pelos trabalhadores, nos distintos padrões de reprodução e de supremacia do capital, desde a gênese da acumulação primitiva até o novo imperialismo.

Referências

BIN, Daniel. *A superestrutura da dívida*: financeirização, classes e democracia no Brasil neoliberal. São Paulo: Alameda, 2017.

BRETTAS, Tatiana. Dívida pública: uma varinha de condão sobre os recursos do fundo público. In: SALVADOR, Evilásio et al. (Orgs.). *Financeirização, fundo público e política social*. São Paulo: Cortez, 2012. p. 93-120.

BRUNHOFF, Suzane de. *Estado e capital*: uma análise da política econômica. Rio de Janeiro: Forense Universitária, 1985 [1977].

CASTELO, Rodrigo. Supremacia rentista no Brasil neoliberal e violência como potência econômica. *Universidade e Sociedade*, Brasília, ano XXVII, n. 60, p. 58-71, jul. 2017.

ENGELS, Friedrich. Carta a Konrad Schmidt. In: MARX, K.; ENGELS, F. *Cartas filosóficas e outros escritos:* Karl Marx e Friedrich Engels. São Paulo: Grijalbo, 1977 [1890]. p. 37-41.

FONTES, Virgínia. *Reflexões im-pertinentes*: história e capitalismo contemporâneo. Rio de Janeiro: Bom Texto, 2005.

_____. *O Brasil e o capital-imperialismo*: teoria e história. Rio de Janeiro: EPSJV/Fiocruz; UFRJ, 2010.

HARVEY, David. *O novo imperialismo*. São Paulo: Loyola, 2004.

_____. *O neoliberalismo*: história e implicações. São Paulo: Loyola, 2008.

_____. *Para entender* O capital, *livro I*. São Paulo: Boitempo, 2013.

IANNI, Octavio. *Ditadura e agricultura*. Rio de Janeiro: Civilização Brasileira, 1979.

_____. *A ditadura do grande capital*. Rio de Janeiro: Civilização Brasileira, 1981.

IANNI, Octavio. Classes sociais rurais. In: _____. *Origens agrárias do Estado brasileiro*. São Paulo: Brasiliense, 2004 [1978]. p. 142-154.

IANNI, Octavio. A sociedade agrária. In: _____. *Origens agrárias do Estado brasileiro*. São Paulo: Brasiliense, 2004 [1980]. p. 160-172.

KOHAN, Néstor. *Marx en su (tercer) mundo*: hacia un socialismo no colonizado. Havana: Centro de Investigación y Desarrollo de la Cultura Cubana Juan Marinello, 2003 [1998].

LÖWY, Michael. Imperialismo ocidental *versus* comunismo primitivo. In: SCHÜTRUMPF, Jörn (Org.). *Rosa Luxemburgo ou o preço da liberdade*. 2. ed. rev. e ampl. São Paulo: Fundação Rosa Luxemburgo, 2015. p. 87-96.

LUKÁCS, Georg. *História e consciência de classe*: estudos sobre a dialética marxista. São Paulo: Martins Fontes, 2003 [1923].

LUXEMBURGO, Rosa. *A acumulação do capital*: contribuição ao estudo econômico do imperialismo. São Paulo: Nova Cultural, 1985 [1913].

_____. *Introdução à economia política*. São Paulo: Martins Fontes, s.d. [1925].

MARIÁTEGUI, José Carlos. *Sete ensaios de interpretação da realidade peruana*. São Paulo: Expressão Popular, 2008 [1928].

MARX, Karl. *O capital*: crítica da economia política. São Paulo: Boitempo, 2013 [1867]. Livro I.

MELOSSI, Dario; PAVARINI, Massimo. *Cárcere e fábrica*: as origens do sistema penitenciário (séculos XVI-XIX). 2. ed. Rio de Janeiro: Revan, 2014.

POULANTZAS, Nicos. *O Estado, o poder, o socialismo*. Rio de Janeiro: Graal, 1980.

TROTSKY, Leon. *A história da Revolução Russa*. 2. ed. Rio de Janeiro: Paz e Terra, 1977 [1930].

10

Empreendedorismo e expropriação da subjetividade

Maria Augusta Tavares

Para começo de conversa, discordamos de todas as teorias que apregoam uma sociedade pós-capitalista, seja ela pós-industrial, pós-fordista, pós-moderna ou congênere. Mas pensamos ser razoável admitir que a sociedade do fim do século XX e do início do século XXI expressa mudanças culturais, políticas e econômicas que estão a merecer a nossa atenção. Tais mudanças, evidentemente, não resultam, a nosso ver, num novo modo de produção, mas introduzem práticas que, sem romper com o fim capitalista, induzem a confusões teóricas, ao ponto de não serem poucos os seguidores de intelectuais[1] que, sob diferentes denominações e concepções, anunciam uma nova sociedade. Todas, no limite, tendem à negação do assalariamento como a sua base.

Ora, se o trabalho assalariado é a base da economia capitalista, a sua inexistência permite concluir pelo fim da relação capital/trabalho,

---

1. Entre outros, destacamos: Daniel Bell, *The coming of post-industrial society: a venture in social forecasting* (1973); Peter Drucker, *The age of discontinuity: guidelines to our changing society* (1969); Alvin Tofler, *O choque do futuro* (1970).

portanto, também pelo fim da sociedade capitalista. Lembremo-nos de que quando o capitalismo se transformou em capitalismo monopolista também se afirmou ter deixado de ser capitalista, ao que retrucou Lénine (2011, p. 77): "nós permanecemos, apesar de tudo, no *capitalismo*, embora numa sua nova fase, mas indubitavelmente no capitalismo".

Sobretudo a partir dos anos 1980, temos acompanhado a popularização de uma sociedade fundada na informação. Nessa sociedade, o trabalho e o capital, as variáveis básicas da sociedade industrial, seriam substituídos pela informação e pelo conhecimento, donde poderíamos concluir que, agora, o conhecimento, e não o trabalho, seria a origem do valor. Essa limitada perspectiva histórica dos teóricos da informação é criticada por Kumar (1997, p. 30), porque eles "atribuem a fenômenos atuais o que é a culminação de tendências enraizadas profundamente no passado". Por essa trilha, seus estudos indicam que, "para muitos trabalhadores, a nova tecnologia da informação implica redução e não aumento de conhecimento e controle" (*Id., ibid.*, p. 35).

Entretanto, Estado e mercado, unidos como jamais estiveram, tentam convencer os trabalhadores de que as relações de produção atuais lhes garantem uma suposta autonomia, quando na prática o comando capitalista assume não só o controle do trabalho, mas também da vida toda do trabalhador. Nesse contexto, é possível observar que as relações interpessoais são cada vez mais empobrecidas, dadas as poderosas alavancas de concorrência interindividual, fomentadas, principalmente, pelas novas formas de gestão do trabalho. Mas não só. O desemprego, a precariedade e a insegurança decorrentes dos planos de austeridade adotados pelos Estados, ao tempo que destroem a solidariedade e as ações coletivas, fomentam o mais brutal individualismo, mediante uma individualização radical que faz com que a crise social seja percebida como crise individual, pela qual cada sujeito é individualmente responsável.

Verifica-se que esse princípio liberal — agora orientado pelo neoliberalismo — define novos modos de subjetivação, uma vez que, "antes de ser uma ideologia ou uma política econômica, é em primeiro lugar e fundamentalmente, uma *racionalidade* e, como tal, tende a estruturar e organizar não apenas a ação dos governantes, mas até a própria conduta dos governados" (Dardot e Laval, 2016, p. 17).

No prefácio à edição brasileira da obra anteriormente referida, seus autores dizem sobre o neoliberalismo: "É um sistema normativo que ampliou sua influência ao mundo inteiro, estendendo *a lógica do capital* a todas as relações sociais e a todas as esferas da vida" (*Id., ibid.*, grifos meus). Note-se que, nesta passagem, a referência à lógica do capital permite deduzir que os autores não alinham suas análises aos que advogam uma sociedade pós-capitalista, o que não os impede de afirmar "outro regime de acumulação" e também "outra sociedade", cuja forma de governar (sem se identificar com um exercício ditatorial) não é mais democrática (*Id., ibid.*, p. 24). Pensamos que tal afirmação se assemelha ao que, em fase anterior, dissera Lénine (2011, p. 99): "na sociedade capitalista temos uma democracia truncada, miserável, falsa, democracia apenas para os ricos, para a minoria".

Na perspectiva assumida por Dardot e Laval (2016, p. 25), a atual forma do capitalismo e os mecanismos da crise "são efeito contingente de certas regras jurídicas, não consequência necessária das leis da acumulação capitalista".[2] Eles percebem "*um* reajuste *de conjunto* do

---

2. Para os autores referenciados, as lições de Marx são insuficientes "para desvelar o segredo dessa estranha faculdade do neoliberalismo de se estender por toda a parte apesar de suas crises e das revoltas que suscita em todo o mundo (Dardot e Laval, 2016, p. 21). Segundo eles: "O neoliberalismo emprega técnicas de poder inéditas sobre as condutas e as subjetividades. Ele não pode ser reduzido à expansão espontânea da esfera mercantil e do campo de acumulação do capital" (*Id., ibid.*, p. 21). Essa concepção não vê a dominação do capital sobre o trabalho na forma de uma "coerção muda"; "trata-se de compreender, mais especificamente, como a governamentalidade neoliberal escora-se num *quadro normativo global* que, em nome da liberdade e apoiando-se nas margens de manobra concedidas aos indivíduos, orienta de maneira nova as condutas, as escolhas e as práticas desses indivíduos" (*Id., ibid.*, p. 21). Entendemos que os autores se referem a um determinismo monocausal que condiz com o que eles mesmos denominam "marxismo estreito". Nas suas palavras, a análise feita por eles "vai ao encontro das intuições mais profundas de Marx, que compreendeu muito bem que um sistema econômico de produção era também um sistema antropológico de produção" (*Id., ibid.*, p. 27).

dispositivo Estado/mercado" (*Id., ibid.*, p. 386), mas não concordam com os economistas que percebem nesse reajuste a condução a um novo modo de produção. "É mais certo — afirmam — que estejamos entrando em uma nova fase do neoliberalismo" (*Id., ibid.*), cujo sucesso é explicado sob três aspectos: 1) político — "a conquista do poder pelas forças neoliberais"; 2) social — "a individualização das relações sociais às expensas das solidariedades coletivas, a polarização extrema entre ricos e pobres"; e 3) subjetivo — "o surgimento de um novo sujeito, o desenvolvimento de novas patologias psíquicas" (*Id., ibid.*, p. 16).

Sem ter como foco as novas patologias psíquicas, esse "novo sujeito" está no centro das nossas preocupações. Quem leu *Os fios (in) visíveis da produção capitalista*,[3] escrito por nós em 2002 e publicado em 2004, deve lembrar-se de que chamávamos a atenção para a estratégia capitalista adotada por muitas empresas, que se livraram dos seus empregados, incentivando-os a se transformar em empresa, sob a promessa de, posteriormente, estabelecerem novas relações em um patamar superior. Naquela nova organização, os trabalhadores seriam elevados à condição de donos do seu próprio negócio, e os patrões passariam a ser seus clientes. Assim, em lugar de os ex-patrões se relacionarem com os trabalhadores na esfera da produção, passariam a encontrá-los na esfera da circulação. Seriam agora — antigos patrões e antigos empregados — agentes econômicos que se enfrentariam no mercado em igual condição, porquanto a relação deixava de ser compra e venda de força de trabalho, para ser compra e venda de trabalho objetivado numa mercadoria. Desnecessário detalhar esse embuste, sobre o qual nos debruçamos naquele livro. Importa ressaltar apenas o que há de novo.

À época, víamos a adoção daquelas mudanças como artifício usado pelo capital para intensificar a exploração do trabalho, mediante formas de gestão que reduziriam os custos da produção, pelo cancelamento da proteção social e pela transferência dos riscos da produção

---

3. Ver Tavares (2004).

ao trabalhador. Tudo isso fora possibilitado pela troca do salário por tempo pelo salário por peça, mudança que se sustentara numa promessa aos trabalhadores de que, em tese, teriam mais liberdade e autonomia sobre a sua produção. Ora, havia algo de podre no reino da Dinamarca.[4] A possibilidade de uma relação comercial não retirava do trabalhador a obrigação de produzir, tampouco fazia desaparecer o assalariamento. "O salário por peça nada mais é que uma forma metamorfoseada do salário por tempo" (Marx, 1984, p. 139). Tal metamorfose continuava assegurando o trabalho produtivo e o trabalho improdutivo, nos termos marxistas. Apesar da aparente autonomia dos trabalhadores, o comando permanecia do capital.

A propriedade dos meios de produção, que devia cancelar a desigualdade entre quem produz e quem controla a produção, era, ao contrário, um instrumento pelo qual o trabalhador pagara para continuar sendo explorado, agora sem proteção social e com todos os riscos financeiros. Apesar de tudo isso, em face da nova divisão internacional do trabalho, do desemprego criado pelo desenvolvimento tecnológico e dos ajustes demandados pela flexibilidade nos processos produtivos e na gestão do trabalho, tornaram-se mais comuns as atitudes defensivas que as manifestações de rebeldia dos trabalhadores, o que não significava uma absoluta concordância.

Na última década, o que já era ruim ficou bem pior. A crise assume dimensões inimagináveis, agravada pela ausência do Estado social, que quase já não faz nenhuma concessão aos trabalhadores. A atuação do Estado é voltada predominantemente aos interesses do mercado, pondo em dúvida até mesmo a democracia, como sugerem Dardot e Laval (2016). Expandem-se as privatizações, aumentam-se os impostos, impõem-se reformas, como se fossem esses os últimos recursos do governo para garantir a sobrevivência dos trabalhadores, quando, na verdade, o objetivo é a preservação do capital.

---

4. A expressão foi cunhada por Shakespeare, para referir-se às traições e aos homicídios que ocorrem na tragédia *Hamlet*.

Nesta fase do desenvolvimento capitalista, todos os movimentos do Estado na sua forma de governar tendem a fortalecer o capital financeiro. Este amplia o seu domínio ao ponto de tirar proveito até de atividades cujo trabalho não é produtivo nem improdutivo ao capital. Referimo-nos aos microempresários individuais (MEI), cujas atividades são desenvolvidas no âmbito da circulação simples. Pode-se dizer que não são produtivos nem improdutivos ao capital, pois a sua produção é de mera sobrevivência. Quando o dinheiro é trocado por mercadoria, na qualidade de valor de uso, extingue-se no consumo dessa mercadoria. É o que acontece nas chamadas microempresas, nas quais o valor criado não se conserva. No entanto, graças ao artifício pelo qual o Estado transforma o trabalhador em empresa, até aquela atividade que funciona com um único sujeito é incentivada a relacionar-se com o capital financeiro, através do sistema de crédito.[5] A produção desse sujeito, agora empresa, em muitos casos, mal atende às suas necessidades básicas, mas ele é pomposamente chamado de empreendedor. Nessa condição, torna-se um contribuinte dos cofres públicos e paga juros ao sistema bancário. É esse sujeito o objeto deste capítulo.

---

5. Esse é o objeto da tese de doutoramento de Japson Gonçalves Santos Silva, defendida na UERJ, em março de 2017. Intitulada *Cenas alagoanas na informalidade de rua: um olhar sobre os vendedores ambulantes do semiárido alagoano*, a tese trata de atividades orientadas à sobrevivência, que foram conduzidas a assumir a lógica que convém ao fim capitalista. Os trabalhadores foram travestidos de empresários, embora eles sejam apenas gestores da sua força de trabalho. A suposta empresa é, na verdade, trabalho precarizado, que se expressa em longas jornadas, baixos rendimentos e muitas condições adversas. O trabalho continua a ser exercido informalmente, mas como empresa o sujeito foi integrado ao capital, via empréstimos no sistema bancário. O que de novo se observa é que essa integração ao capital não se dá, diretamente, pela exploração da mais-valia, mas pelos juros pagos ao banco. Evidentemente, o dinheiro com o qual os juros são pagos advém do trabalho, mas isso não caracteriza a exploração de mais-valia. Vê-se que a realidade mudou, ou como diria Dardot e Laval (2016), embora orientado à acumulação capitalista, o regime de acumulação não é exatamente o mesmo. Os meios não são extraeconômicos, como foram na acumulação primitiva, tampouco seguem a forma clássica da exploração capitalista. Trata-se de uma ação disciplinadora adotada pelo Estado, da aplicação de técnicas de conduta de um processo "autorrealizador", que conduz os indivíduos a se adaptarem a uma lógica de expropriação que eles mesmos produzem.

Estamos diante de uma relação capital/trabalho em que não há exploração, mas expropriação. A nós seria plausível uma reação, uma manifestação de protesto. Mas, salvo raras exceções, a ideia de produzir e de viver sob o capitalismo, sejam quais forem as estratégias de preservação do sistema, é cada vez menos questionada. No caso em análise, nem os próprios sujeitos nem a sociedade parecem perceber que o manto da bondade de que se cobrem os bancos e os programas do governo que incentivam o empreendedorismo é, na verdade, um assédio para vender dinheiro, do qual o sistema financeiro e o Estado tiram proveito. O primeiro pelos juros e, o segundo, por falsear os índices de desemprego.

Como bem dizem Dardot e Laval (2016), o neoliberalismo não se restringe a uma política econômica. É muito mais. É uma racionalidade da qual, nas suas palavras, é muito difícil fugir:

> [...] é mais fácil fugir de uma prisão do que sair de uma racionalidade, porque isso significa livrar-se de um sistema de normas instaurado por meio de todo um trabalho de interiorização. Isso vale em particular para a racionalidade neoliberal, na medida em que esta tende a trancar o sujeito na pequena "jaula de aço" que ele próprio construiu para si (*Id., ibid.*, p. 396).

Ante essa racionalidade, ousamos afirmar que o empreendedorismo expropria o coração e a mente dos trabalhadores. Já não basta ao capital ter o comando da produção de trabalhos informais e precários, sem garantir proteção social aos trabalhadores; é preciso comandar a alma do trabalhador. Ou seja, é necessário produzir nos trabalhadores uma subjetividade ainda mais alienada; é preciso operar uma espécie de hipnose que não lhes proporcione dúvida alguma quanto à responsabilidade que cada um tem consigo mesmo e apenas consigo, o que, por sua vez, libera o Estado de responsabilidades sociais que, formalmente, consubstanciam a sua função. O que estamos tratando, aqui e agora, como expropriação deve ser incorporado como uma lógica produzida pelo próprio sujeito. Sua vida são suas escolhas.

A expropriação da subjetividade ou "a empresa de si mesmo"

Quando atentamos para o empreendedorismo sob a ótica da expropriação da subjetividade, não sabíamos que a nossa observação ia ao encontro de uma das figuras mais emblemáticas da reestruturação produtiva do capital. "Foi Margaret Thatcher quem deu a formulação mais clara dessa racionalidade: *"Economics are the method. The object is to change the soul"* [A economia é o método. O objetivo é mudar a alma]"[6] (Dardot e Laval, 2016, p. 331). O que para nós era hipótese, revela-se proposta global de formação para os trabalhadores. Não é um mero discurso, mas conteúdo que deve ser intelectualizado e incorporado pela sociedade, tendo em vista a integral captura da subjetividade do trabalhador.

Das nossas observações evidenciam-se alguns fatores que contribuem para essa expropriação da subjetividade. Entre outros: o aporte legal de sustentação garantido pelo Estado; o quase total desaparecimento da discussão e das práticas que deviam nutrir a efervescência das classes subalternas; a brutal concorrência entre indivíduos; a polarização entre os poucos que são bem-sucedidos e os muitos que são obrigados a desistir; enfim, a destruição do coletivo e a celebração do individualismo, numa forma tão brutal que nos remete aos campos de concentração nazistas. Impossível não lembrar de Primo Levi, em *Os que sucumbem e os que se salvam*. Como numa guerra, estão sendo aplicadas técnicas para aniquilar a personalidade do trabalhador, para torná-lo colaborador do sistema que o aprisiona e aniquila. Talvez possamos até tirar lições daquela experiência extrema, o que indica a gravidade da atual fase do desenvolvimento capitalista.

Para Dardot e Laval (2016), por um lado, o sofrimento causado pela subjetivação neoliberal não exclui a possibilidade de uma revolta em muitos países; por outro, ao contrário, as mutações subjetivas

---

6. Em *The Sunday Times*, 7 maio 1988.

operam "no sentido do egoísmo social, da negação da solidariedade e da redistribuição, que podem desembocar em movimentos reacionários ou até mesmo neofascistas" (*Id., ibid.*, p. 9).

Contudo, as políticas neoliberais, em lugar de se enfraquecer, são fortalecidas. Para explicar esse sucesso, os autores anteriormente referidos se valem do conceito de racionalidade política elaborado por Michel Foucault, nas pesquisas que dedicou à questão da "governamentalidade".[7] Nessa perspectiva, a razão governamental "é um dos tipos de racionalidade que são empregados nos procedimentos pelos quais se dirige, através de uma administração de Estado, a conduta dos homens" (*Id., ibid.*, p. 17). Essa ideia de governo é tomada por Foucault como atividade e não como instituição, "entendida no sentido amplo de técnicas e procedimentos destinados a dirigir a conduta dos homens" (*Id., ibid.*, p. 18) e, portanto, visando remodelar a subjetividade.

> Essa norma impõe a cada um de nós que vivamos num universo de competição generalizada, intima os assalariados e as populações a entrar em luta econômica uns contra os outros, ordena as relações sociais segundo o modelo de mercado, obriga a justificar desigualdades cada vez mais profundas, muda até o indivíduo, que é instado a conceber a si mesmo e a comportar-se como uma empresa (*Id., ibid.*, p. 16).

O domínio, repetimos, não se dá pela coerção, mas "visa na verdade um *autogoverno* do indivíduo, isto é, produzir certo tipo de relação deste consigo mesmo" (*Id., ibid.*, p. 18). Nessa perspectiva, a liberdade é condição de possibilidade: "governar não é governar *contra* a liberdade ou a *despeito* da liberdade, mas governar pela liberdade" [...], para que os indivíduos "venham a conformar-se por si mesmos a certas normas" (*Id., ibid.*, p. 19). Evidentemente, mediante uma

---

7. "O termo "governamentalidade" foi introduzido precisamente para significar as múltiplas formas dessa atividade pela qual os homens, que podem ou não pertencer a um governo, buscam conduzir a conduta de outros homens, isto é, governá-los" (Dardot e Laval, 2016, p. 18).

"mercantilização sorrateira", expande-se "a racionalidade de mercado a toda existência por meio da generalização da forma-empresa" (*Id., ibid.*, p. 27). Essa lógica, para além do mercado, investe na produção de uma subjetividade contábil que já está sendo levada às escolas, demonstrando a função formadora a que nos referimos antes.

Essa concepção do indivíduo empreendedor interessa, inclusive, à Organização para a Cooperação e Desenvolvimento Econômico (OCDE) e à União Europeia, as quais, embora não explicitem os focos do discurso do indivíduo-empresa universal, "serão continuadoras poderosas deles, por exemplo, tornando a formação dentro do "espírito de empreendimento" uma prioridade dos sistemas educacionais nos países ocidentais[8] (*Id., ibid.*, p. 154).

> O que está em jogo nesses exemplos é a construção de uma nova subjetividade, o que chamamos de "subjetivação contábil e financeira", que nada mais é do que a forma mais bem acabada da subjetivação capitalista. Trata-se, na verdade, de produzir uma relação do sujeito individual com ele mesmo que seja homóloga à relação do capital com ele mesmo ou, mais precisamente, uma relação do sujeito com ele mesmo como um "capital humano" que deve crescer indefinidamente, isto é, um valor que deve valorizar-se cada vez mais (*Id., ibid.*, p. 31).

Pois bem, embora nosso foco seja, predominantemente, o empreendedorismo, impõe-se esclarecer que a racionalidade neoliberal não se restringe apenas ao *self-employed*. Empresa é o nome que se deve dar ao governo de si mesmo, e como tal o sujeito deve agir, seja ele alguém que trabalhe para si ou para outrem.

> [...] o efeito procurado pelas novas práticas de fabricação e gestão do novo sujeito é fazer com que o indivíduo trabalhe para a empresa como

---

8. Avança, no Brasil, a inclusão do empreendedorismo em currículo escolar. O projeto do senador José Agripino Maia propõe mudança na Lei de Diretrizes e Bases da Educação, para incluir o estudo do empreendedorismo nos currículos dos ensinos fundamental e médio e na educação superior.

se trabalhasse para si mesmo e, assim, eliminar qualquer sentimento de alienação e até mesmo qualquer distância entre o indivíduo e a empresa que o emprega. Ele deve trabalhar para sua própria eficácia, para a intensificação de seu esforço, como se essa conduta viesse dele próprio, como se esta lhe fosse comandada de dentro por uma ordem imperiosa de seu próprio desejo, à qual ele não pode resistir (*Id., ibid.*, p. 327).

Bob Aubrey[9] (*apud* Dardot e Laval, 2016) tomou de Foucault a expressão "empresa de si mesmo" e transformou-a num método de formação profissional, numa técnica de desenvolvimento para a vida. Por suposto, a vida dos trabalhadores. "No novo mundo da "sociedade em desenvolvimento", o indivíduo não deve mais se ver como um trabalhador, mas como uma empresa que vende um serviço em um mercado" (*Id., ibid.*, p. 335). Assim, empregado ou *self-employed*, o indivíduo vai exigir de si mesmo o máximo de produtividade, não para atender a objetivos externos, mas para que a "empresa de si mesmo" seja um sucesso no mercado e, por conseguinte, promova a sua realização pessoal.

Em tese, ganham o mercado e o indivíduo. Mas a que preço o indivíduo se torna empresa de si mesmo? De fato, ele é empresa de si? Ou essa ideia é apenas uma ilusão da qual o mercado tira vantagens? Ao se ver como "empresa de si mesmo", o indivíduo é conduzido a cobrar-se cada vez mais a dar respostas satisfatórias a alguém, ao mercado, aos concorrentes, a si mesmo. Concomitantemente, desaparece a proteção social ao trabalho e a subjetividade do trabalhador deve ser tão somente contábil, caso queira ele mesmo proteger-se, uma vez que é sua responsabilidade. Seus algozes tornaram-se seus clientes. Assim, ele já não reivindica direitos, não protesta, não vê o empregador ou o

---

9. Autor de *Le travail après la crise: ce que chacun doit savoir pour gagner sa vie au XXIe siécle* (Paris, Intereditions, 1994) e de *L'éntreprise de soi* (Paris, Flammarion, 2000), defende a ideia da empresa de si como uma formação necessária a esse novo homem. Nas palavras de Dardot e Laval (2016, p. 337), "O interesse do discurso de Aubrey é o fato de referir essa nova figura do homem a um conjunto de técnicas práticas que os indivíduos têm à disposição para chegar a essa nova forma de sabedoria que é o "desenvolvimento autogerado da empresa de si mesmo".

mercado como opositores, porque não há desigualdade, não há classe social, tampouco contradição.

O indivíduo — "empresa de si mesmo" — e a empresa capitalista são supostamente idênticos, pois ambos têm os mesmos objetivos, embora na prática a empresa capitalista, em alguns casos, enriqueça com o trabalho do primeiro. E, em outros, por vias abertas pelo Estado, a empresa mesmo sem participar da dinâmica da acumulação é incluída no circuito de reprodução do capital, que se encarrega de reduzir seus ínfimos rendimentos, ao tempo que empobrece o sujeito na sua humanidade. Sob essa lógica em que as classes parecem desaparecer, a empresa de si mesmo não tem pertencimento. "A "empresa de si mesmo" é uma "entidade psicológica e social e mesmo espiritual" ativa em todos os domínios e presente em todas as relações." O individualismo faz com que a chamada "empresa de si mesmo" exista solitária e individualmente, "e toda atividade do indivíduo é concebida como um *processo de valorização do eu*" (Aubrey *apud* Laval e Dardot, p. 335).

Evidentemente, *o processo de valorização do eu* é um eufemismo. É uma forma sutil de conduzir o trabalhador a doar-se inteiramente ao trabalho e a enfrentar todos os riscos da atividade econômica, em razão do fim capitalista. E como estamos na sociedade da informação, cabe aos poderes públicos apenas oferecer informações confiáveis, para que o sujeito, individual e solitariamente, faça suas "escolhas".

Sob essa lógica, a responsabilidade do indivíduo é ilimitada. De posse das informações, ele é responsável pelos riscos e pelas escolhas. Desde que sejam oferecidas informações confiáveis sobre o mercado de trabalho, o sistema educacional, o sistema de saúde, os direitos etc., a escolha fica a cargo de cada indivíduo, como se, por exemplo — para citar só o mais básico dos direitos —, o acesso à saúde fosse um direito universal. Pode-se chamar de escolha o ato que, na maioria dos casos, é mediado pelo dinheiro?

E no que tange ao empreendedorismo? O ingresso no mercado de trabalho não é uma mera questão de vontade, uma ideia, um projeto. A realização do projeto requer recursos, espaço econômico favorável, fatores que não caem do céu nem são ofertados pelos órgãos de apoio ao empreendedorismo. Como escolher em situações nas quais os critérios objetivos nem sequer permitem o ingresso do indivíduo? A escolha, sobretudo para os mais pobres, inscreve-se em critérios compatíveis com o seu nível de miserabilidade. Para ser coerente com a tal *valorização do eu*, só uma minoria pode escolher. Mas o discurso corrente quer fazer crer que todos podem, basta querer. Convenhamos, pelo menos na arte de prometer, o neoliberalismo revela continuidade com o liberalismo.

Considerações finais

Mais ou menos elaboradas as ideias, vamos pisar no chão do quotidiano, onde se movem os afetos, as emoções, as tristezas e as alegrias, sentimentos que decorrem das inúmeras objetivações, que respondem pela subjetividade no seu sentido mais amplo. Sobre a nossa subjetividade, uma afirmação podemos fazer: ela é, sem dúvida, burguesa, liberal. Assim, a noção de posse parece estar inscrita no nosso DNA, tanto que pode ser verificada desde a mais tenra infância. Antes do verbo, os gestos já a expressam. Seria isso confissão de culpa de uma marxista? Certamente, não. É só um preâmbulo para chegarmos ao que nos interessa.

Acreditamos poder afirmar que nenhum de nós teve a disciplina Empreendedorismo no ensino fundamental. Isso, no entanto, por mais que tenhamos lido Marx e marxistas, não produziu em nós uma subjetividade comunista, mesmo que o sejamos intelectualmente. De vez em quando, a realidade burguesa nos arranca o espírito revolucionário e nos faz agir como burgueses. Ora, a utopia revolucionária não nos torna imunes às determinações do capital. Pois bem, cá estamos nós — sem que fosse essa a intenção — a demonstrar que o conhecimento não é variável fundamental desta sociedade. "Não é a consciência que determina a vida, é a vida que determina a consciência" (Marx e Engels, 1984, p. 23).

Mas retomemos o fio da conversa. Se sem Empreendedorismo no currículo, do fundamental ao superior, como quer o Estado brasileiro, nós não escapamos à subjetividade burguesa, o que podemos prever das crianças que receberão essa formação e que prestarão exames, cuja aprovação vai premiar sobretudo o seu individualismo, a sua racionalidade financeira? O que esperar das crianças nas quais se quer produzir uma subjetividade contábil? Como será o mundo povoado por "empresas de si mesmos"? Com isso, não estamos ignorando a falta de solidariedade, os preconceitos de toda natureza, a hipocrisia e a mentira quase generalizadas que perpassam a sociedade que conhecemos. Ao contrário, é a partir dessas verdades que queremos atentar para o significado do Empreendedorismo como formação. A intenção é ressaltar o estímulo ao individualismo que está a expandir-se por todos os setores da sociedade, podendo gerar um egoísmo do tipo "quem-ficar-para-trás-que-pague-o-pato em toda a sociedade" (Kumar, 1997, p. 180). Conforme esse autor, "O individualismo tem muitas faces e uma delas é a da irresponsabilidade social inescrupulosa" (Id., ibid., p. 179). Nessa trilha, o Empreendedorismo como formação, a nosso ver, é gerador de um individualismo produtor de monstros.

No Brasil, imensas somas estão sendo gastas pelo Estado para que a ideia do empreendedorismo seja incorporada pela população. Quase todos os programas de televisão encontram uma forma de propagandear as vantagens do empreendedorismo. O modo como isso é tratado, nem de longe, faz as pessoas perceberem o quanto se investe na disseminação em altas doses de individualismo e de concorrência, em detrimento de projetos essenciais. Os trabalhadores, já gravemente atingidos pelo rigor das determinações capitalistas, são ainda mais fragilizados porque não encontram apoio no Estado', cuja função, principalmente na atual fase do neoliberalismo, é, predominantemente, "administrar os negócios coletivos de toda a classe burguesa", tal como Marx e Engels (1998, p. 7) asseveraram no *Manifesto*. Isso não significa que em qualquer tempo o Estado não tenha existido em função da classe dominante, contudo, alguns governos fizeram uma ou outra concessão aos pobres. Hoje, o que se constata é uma orquestração dos trabalhadores para, em seu próprio prejuízo, justificar a exploração e a expropriação, preferencialmente tornando seus os objetivos do mercado.

Como dissemos inicialmente, não foram poucas as mudanças. A produção material não é um aspecto isolado da totalidade social. Faz parte da constante incerteza desse sistema, que parece perfeito, mas cujo fim está sempre a requerer mudanças. Às vezes, como um passageiro cansado que muda de lado e depois volta ao mesmo lado em que estava antes. Certo é que: "Tudo o que era sólido e estável se dissolve no ar, tudo o que era sagrado é profanado, e os homens são enfim obrigados a encarar sem ilusões a sua posição social e as suas relações recíprocas" (Marx e Engels, 1998, p. 8). Mas, como a realidade permite constatar, as mudanças são apenas formais. "O desenvolvimento da mercadoria não suprime essas contradições, mas gera a forma dentro da qual elas podem mover-se. Esse é, em geral, o método com o qual as contradições reais se resolvem" (Marx, 1983, p. 93).

Diríamos, para concluir, que nesta fase do desenvolvimento capitalista os métodos extraeconômicos vêm à tona. Mas esses não apelam à violência, como ocorreu no período da acumulação primitiva. Agora, perscrutam-se as emoções dos sujeitos que se quer atingir. Sorteia-se, escolhe-se alguém a quem são aplicadas as mais diversas técnicas, para que se obtenha uma determinada reação e, desse modo, milhões de outros sujeitos sejam atingidos. Para isso, usam-se rostos bonitos, cenários perfeitos, iluminação adequada, palavras doces, abraços, lágrimas, enfim, um conjunto de fatores emocionais que resulta na maneira certa para imprimir a subjetividade que o capital precisa produzir.

Graças a essas estratégias, mais e mais sujeitos vão sendo engolidos pela ideia do empreendedorismo, que, para muitos, restringe-se a um trabalho informal de mera sobrevivência. Aliás, em uma fase anterior do capitalismo, essa forma de atividade era considerada absolutamente descartável, dado que não tinha nenhuma ligação com a chamada economia formal. Atualmente, a transfiguração do trabalhador em empresa obriga esse "novo sujeito" a se relacionar com o Estado e com bancos, donde deriva a sua importância. Nesse novo patamar, o Estado, na sua infinita bondade, incluiu os pobres trabalhadores informais no circuito da reprodução do capital.

A nós parece não haver dúvida de que, malgrado a novidade da "empresa de si mesmo", capital e trabalho continuam a ser as variáveis fundamentais desta sociedade, com um agravante: o enriquecimento resultante da relação entre capital e trabalho não precisa se dar, necessária e obrigatoriamente, na esfera da produção, pela exploração direta da mais-valia; tampouco a expropriação precisa aplicar métodos violentos. A "empresa de si mesmo", que já cumpre a função de expropriar até os trabalhadores mais pobres na esfera financeira, ainda se encarrega de suprimir as ideias que possam jogar contra o individualismo, princípio burguês da maior importância nesse momento histórico. "A empresa é promovida a modelo de subjetivação: cada indivíduo é uma empresa que deve se gerir e um capital que deve se fazer frutificar" (Dardot e Laval, 2016, p. 378). E tudo isso é conseguido levando os sujeitos a acreditar que estão a escolher, que nada lhes foi imposto. Pobres-diabos! Não sabem que "só vivem enquanto têm trabalho e só têm trabalho enquanto o seu trabalho aumenta o capital" (Marx e Engels, 1998, p. 12).

Referências

DARDOT, P.; LAVAL, C. *A nova razão do mundo*: ensaio sobre a sociedade neoliberal. São Paulo: Boitempo, 2016.

KUMAR, K. *Da sociedade pós-industrial à sociedade pós-moderna*: novas teorias sobre o mundo contemporâneo. Rio de Janeiro: Jorge Zahar Ed., 1997.

LÉNINE, V. I. *O Estado e a Revolução*. Lisboa: Edições Avante!, 2011.

MARX, K. *O capital*. São Paulo: Abril Cultural, 1983. v. I, t. 1.

_____. *O capital*. São Paulo: Abril Cultural, 1984. v. I. t. 2.

MARX, K.; ENGELS, F. *Manifesto do Partido Comunista*. São Paulo: Cortez, 1998.

_____. *A ideologia alemã*. São Paulo: Moraes, 1984.

SILVA, J. G. S. *Cenas alagoanas na informalidade de rua:* um olhar sobre os vendedores ambulantes do semiárido alagoano. 2017. Tese (Doutorado) — Universidade Estadual do Rio de Janeiro, Rio de Janeiro.

TAVARES, M. A. *Os fios (in)visíveis da produção capitalista:* informalidade e precariedade do trabalho. São Paulo: Cortez, 2004.

11

Expropriação pela violência contra as mulheres:
expressão da violência estrutural no capitalismo contemporâneo*

Milena Fernandes Barroso

Introdução

A categoria expropriação,[1] utilizada por Marx em *O capital*, permanece atual ao se manifestar na retirada violenta da propriedade da terra e dos instrumentos de trabalho, ao mesmo tempo que adquire novas expressões e significados, pela mercantilização dos direitos sociais, da natureza e da própria humanidade em mercadoria, como ocorre com a mercantilização do corpo das mulheres. Na direção do que aponta Fontes (2011, p. 45), entendemos que as "expropriações

---

* Este é parte de pesquisa realizada para minha tese de doutoramento em Serviço Social, concluída em 2018, na Universidade do Estado do Rio de Janeiro (UERJ), cuja temática tratou de analisar a violência estrutural contra mulheres no contexto da construção da Hidrelétrica de Belo Monte, localizada no Pará.

1. Por *expropriação* compreendemos a base da relação social que sustenta a dinâmica capitalista. Ela se dá pela extirpação ou separação das pessoas de suas condições (ou recursos) sociais para a produção e reprodução da vida social e "ocorre por inúmeras razões imediatas, que abrangem infindável leque de situações específicas, questões econômicas, culturais, religiosas, regionais e locais" (Fontes, 2010, p. 49). De forma concreta, refere-se à privação de alguém de algo, por meios ilícitos, ilegítimos ou violentos.

contemporâneas se tornaram agressivas e potencialmente ilimitadas, ao converter características humanas, sociais ou elementos da natureza em potenciais mercadorias". Neste capítulo, pretendemos demonstrar a atualidade da *expropriação* — aqui apreendida como uma expressão da violência estrutural — estruturada e estruturante das relações sociais — e a violência contra as mulheres como uma de suas expressões.

Não é novidade que o modo de produção capitalista atinge ao máximo "a contradição presente em todas as formações econômico-sociais anteriores assentadas na apropriação privada dos meios de produção e dos produtos do trabalho humano" (Saffioti, 2013, p. 53), e para tal, encontra na violência uma tática indispensável que garante a sua manutenção. Conforme destaca Harvey (2004, p. 111), "o capitalismo internaliza práticas canibais, predatórias e fraudulentas". Esse modo de produção tem na acumulação o seu motor por meio da produção de mais-valor via exploração do trabalho, e engendra relações sociais mediadas por mercadorias, em que as necessidades humanas são substituídas pela produção de "coisas" alheias a elas.[2] A saturação empírica da *mercadoria* como categoria, "além de fazer-se acompanhar por uma divisão social do trabalho extremamente desenvolvida, marca o divórcio entre o valor de uso e o valor de troca dos produtos do trabalho" (Saffioti, 2013, p. 53). Isso ocorre porque o *valor de troca* passa a presidir o processo social da produção, determinando, inclusive, a própria força de trabalho.[3]

---

2. Marx (2013, p. 262) elucida esse processo ao apreender os pressupostos da relação capital-trabalho: "Dinheiro e mercadoria, desde o princípio, são tão pouco capital quanto os meios de produção e de subsistência [...]. A relação-capital pressupõe a separação entre os trabalhadores e a propriedade das condições da realização do trabalho. Tão logo a produção capitalista se apoie sobre seus próprios pés, não apenas conserva aquela separação, mas a reproduz em escala sempre crescente. Portanto, o processo que cria a relação-capital não pode ser outra coisa que o processo de separação de trabalhador da propriedade das condições de seu trabalho".

3. Saffioti (2013, p. 57-8), ao referir-se à constituição do capitalismo, fundamentada em Marx, revela as condições para a oferta de força de trabalho, segundo a qual: "A elevação da produtividade do trabalho (alteração da relação trabalho necessário-trabalho excedente, aumentando-se este último) exige, ao lado do desenvolvimento da tecnologia, a igualdade jurídica entre os homens. A determinação da força de trabalho enquanto mercadoria pressupõe a condição de homem livre de seu proprietário; mas, de outro lado, pressupõe também a ilusão de que essa

A análise de Marx revela ainda que a força de trabalho (capital variável) — *mercadoria* — não é remunerada pelo que produz, "mas pelo cálculo social de suas necessidades de reprodução como tal, que variam historicamente com o desenvolvimento das forças produtivas, das necessidades sociais e da luta de classes" e, diga-se, não acompanham o que as forças de trabalho transferiram e acrescentaram de valor ao produto final (Behring, 2010, p. 17). Essa força de trabalho produzirá sempre trabalho necessário (que se refere às necessidades de sua reprodução sob a forma de salário) e trabalho excedente (mais-valor).

Entretanto, esse mais-valor não é explícito, assim como não o é a relação que medeia esse processo, qual seja a de que, nessa forma social, todos/as são compradores/as e vendedores/as de mercadorias. A extração do mais-valor é a forma concreta da existência do capital e o suposto pagamento pelo trabalho obscurece o sobretrabalho. Isso resulta no ocultamento da exploração sob "uma aparência puramente econômica, coisificada e quantificada abstratamente, fazendo com que as taxas de exploração sejam travestidas de lucratividade" (Fontes, 2010, p. 22).[4] Assim, é possível afirmar que a *mercadoria* não se refere a um objeto em si, mas é a forma pela qual os sujeitos estabelecem relações sociais no capitalismo. Nessa direção, podemos afirmar que o capitalismo não é apenas um padrão de produção (e a violência tampouco apenas uma tática que o serve). Conforme aponta Mariutti (2014, p. 2), "o capitalismo é, essencialmente, um sistema de exploração

---

liberdade extravasa os quadros de troca de capacidades e de produtos, determinados ambos, capacidades e produtos, enquanto mercadorias".

4. Ainda segundo Fontes (2010, p. 42), "embora o lucro de cada movimento singular do capital decorra da exploração do trabalhador livre pelo proprietário (de meios de produção e/ou de recursos sociais de produção), *a conversão de dinheiro em capital envolve toda a vida social* numa complexa relação que repousa sobre a produção generalizada e caótica de trabalhadores cada vez mais "livres", expropriados de todos os freios à sua subordinação mercantil. Somente em presença dessas condições sociais o processo produtor de mercadorias, no qual reside a extração do mais-valor, pode se realizar. É por obscurecer, por velar tal base social, que a produção capitalista, ou o momento da atividade produtiva de valorização do capital se apresenta como meramente "econômico", apesar de envolver toda a existência social".

e, como tal, não pode prescindir da violência para se manter em funcionamento", logo, é "*impossível* associar o capitalismo com qualquer forma de libertação ou atribuir a longevidade do sistema a sua capacidade de satisfazer necessidades humanas" (Federici, 2017a, p. 37-8).

A separação da economia das outras dimensões da realidade social ou o "desenraizamento da esfera econômica", modo pelo qual opera a sociabilidade do capital, como já exposto, "é capaz de *ocultar* as diversas formas de coerção [e violência] — políticas e simbólicas — que engendra para poder operar, criando a ilusão de que a violência é uma herança pré-capitalista", e como tal, poderá ser abolida pelo desenvolvimento e reprodução ampliada desse sistema (Mariutti, 2014, p. 23). Ou seja, para se reproduzir, o capitalismo "precisa justificar e mistificar as contradições incrustadas em suas relações sociais", tais como "a promessa de liberdade frente à realidade da coação generalizada e a promessa de prosperidade frente à realidade de penúria generalizada" — e ainda difama "a "natureza" daqueles a quem explora: mulheres, súditos coloniais, descendentes de escravos africanos, imigrantes deslocados pela globalização" (Federici, 2017a, p. 37). Contudo, a violência é institucionalizada no capitalismo e dela deriva a "institucionalização da miséria, do sofrimento, da dor, da indiferença pelos outros, da ignorância, do não saber sobre si e sobre sua sociedade" (Odalia, 2004, p. 35).

Ao recorrermos à história, é possível afirmar que a violência acompanha o capitalismo desde a acumulação primitiva, passando pelo mercantilismo, o colonialismo, o imperialismo até o seu processo de mundialização. Constitui-se como uma "poderosa força produtiva", sustento e resultado da organização e do funcionamento da "fábrica da sociedade", e por isso, é estrutural (condição) e funcional a esse *modus operandi* (Ianni, 2004). Não obstante alcançar toda a sociedade (sua abrangência também faz dela estrutural), é importante dizer que a violência não a atinge da mesma forma: ela é seletiva e traz implicações particulares a depender das classes sociais, do gênero/sexo, da "raça"/etnia e dos grupos em geral sobre os quais se pratica ou é destinada. Nessa direção, Federici (2017b, p. 37) afirma que o capitalismo está *necessariamente* ligado ao racismo e ao sexismo. Para a autora, não como legado, mas como necessidade própria do capitalismo, existe "não apenas uma relação simbiótica entre o trabalho assalariado contratual e a escravidão, mas também, e junto com ela, a dialética que existe entre acumulação e destruição da força de trabalho", situação a qual as mulheres vivenciam de forma particular através da expropriação, opressão, exploração de seus corpos, seu trabalho e suas vidas.

Posto isso, entendemos o capitalismo também como sistema de dominação masculina de opressão, expropriação e exploração[5] das mulheres que se mantém sob uma base material sólida e ancora-se numa *economia doméstica* e na *violência sexista*, a qual garante a produção diária e a reprodução da vida. A violência contra mulheres não é um fenômeno específico dessa forma social, mas, nessa sociabilidade, torna-se necessária ao capital naquilo que é imprescindível: transformar tudo o que existe em mercadoria para produção de mais-valor e, consequentemente, garantir a produção ampliada do capital.

O debate em torno da acumulação primitiva e a expropriação do corpo das mulheres

Com o intuito de apreender os fundamentos e expressões da violência estrutural na história do capitalismo, busca-se elucidar a *acumulação primitiva* para além de um episódio histórico pontual, com destaque para o significado da *expropriação* que, assim como a exploração e a opressão, é também *condição* e expressão dessa violência.

---

5. A *exploração* e a *opressão* se referem aos mecanismos que almejam a acumulação e a dominação, por meio do domínio da posse e da propriedade privada e das relações de sexo/gênero, étnico-raciais e de classe. Consideramos que não há separação entre a exploração/opressão, exclusivamente, para fins analíticos, torna-se possível distinguir entre o aspecto da opressão e o aspecto da exploração (Saffioti, 1984).

Além disso, empreende-se o esforço, mesmo que de forma rápida, de ilustrar o lugar e o papel das mulheres e da reprodução nesse processo, no sentido de explicitar a necessária e particular expropriação das mulheres, aspecto comumente negligenciado nos estudos sobre o tema. Acredita-se que a aproximação às mudanças produzidas pelo advento do capitalismo nas relações econômicas e sociais e às condições que o tornaram possível possibilita alcançar as continuidades no movimento de produção e reprodução social, e as reatualizadas e novas manifestações da violência, bem como as implicações delas para as mulheres nos dias atuais.

É, pois, no "longo e tenso período de mercantilização da força de trabalho e dos demais meios de produção que se seguiu à crise geral do feudalismo" (Mariutti, 2014, p. 2) que se encontram as bases da violência estrutural. Esse processo, que teve início na Inglaterra do século XV ao XIX e ficou "gravado nos anais da humanidade com traços de sangue e fogo" (Marx, 2013, p. 787), foi nomeado por Marx (2013) como sendo "a assim chamada acumulação primitiva". O ponto de partida desse processo sucedeu com o apartamento do trabalhador de suas condições de trabalho de forma coercitiva e violenta, ou seja, com a venda da força de trabalho como uma mercadoria. Conforme aponta Marx (2013, p. 787),

> Na história da acumulação primitiva, o que faz época são todos os revolucionamentos que servem de alavanca à classe capitalista em formação, mas, acima de tudo, os momentos em que grandes massas humanas são despojadas súbita e violentamente de seus meios de subsistência e lançadas no mercado de trabalho como proletários absolutamente livres. A expropriação da terra que antes pertencia ao produtor rural, ao camponês, constitui a base de todo o processo.

O cercamento das terras e a usurpação dos meios de produção e de subsistência foram fundamentais nessa história e resultaram na conquista do campo pela agricultura capitalista, na incorporação da terra pelo capital e na criação para a indústria urbana da oferta necessária de trabalhadores livres (Marx, 2013) — trabalhadores livres dos meios de produção, tal qual nos aponta Marx (2013, p. 786) ao referir-se à liberdade em "duplo sentido de quem *nem integra diretamente os meios de produção*, como os escravos, servos, etc., *nem lhes pertencem os meios de produção*, como no caso, por exemplo, do camponês". Diga-se, essa liberdade era real e ilusória, "[...] real, pois os seres sociais estão defrontados de maneira direta à sua própria necessidade, e ilusória, pois vela as condições determinadas que subordinam os seres sociais" às condições infligidas pelo sistema do capital ao trabalho (Fontes, 2010, p. 43). É a chamada *subsunção real do trabalho ao capital*, em que o capital subordina, define, circunscreve o trabalho "sob qualquer modalidade concreta que este se apresente, alterando incessantemente a maneira específica de seu exercício, modificando suas características, em prol da acumulação ampliada de capital". (Fontes, 2010). É certo que a nada idílica libertação dos trabalhadores da servidão e da coação corporativa, e a sua consequente transformação em trabalhadores assalariados ("livres"), só foi possível pelo saque dos seus meios de produção e garantias oferecidas pelas *instituições feudais*.

O Estado teve papel central para a garantia dessas condições atuando junto à burguesia emergente através do uso da força organizada e monopolizada e da regulação do salário, reduzindo-o "dentro dos limites favoráveis à produção de mais-valor, a fim de prolongar a jornada de trabalho e manter o próprio trabalhador num grau normal de dependência" (Marx, 2013, p. 809). Ao mesmo tempo, produziu o sistema colonial, o sistema da dívida pública, o sistema tributário e o protecionismo, mecanismos importantes de violência no processo de acumulação originária. Segundo Marx (2013, p. 821), todos esses mecanismos se serviram do "poder do Estado, da violência concentrada e organizada da sociedade, para impulsionar artificialmente o processo de transformação do modo de produção feudal em capitalista e abreviar a transição de um para o outro". Desse processo resulta a consagração do domínio do capitalista sobre o trabalhador e a dependência deste último ao modo capitalista de produção como "lei natural" (Marx,

2013, p. 808-9), e inaugura-se a violência constitutiva, primordial e permanente do capital, que é a "produção em massa da *expropriação*, sob formas variadas" (Fontes, 2010, p. 64). Aqui vale destacar que partimos de duas premissas: a primeira, de que esse trabalhador não é uma categoria homogênea;[6] e a segunda, de que esse processo não seria possível sem a exploração particular das mulheres, afinal, são elas as produtoras e reprodutoras da mercadoria capitalista mais essencial: *a força de trabalho* (Federici, 2017a).

A pré-história do capital e do modo de produção que lhe corresponde trouxe implicações particulares para a vida das mulheres camponesas e trabalhadoras. Federici (2017a) confirma essa tese na obra *Calibã e a bruxa*. Para a autora, Marx (2013), ao tratar da acumulação primitiva, analisou a acumulação primitiva a partir da perspectiva "do proletariado assalariado de sexo masculino e do desenvolvimento da produção de mercadorias" (Federici, 2017a, p. 26) e, assim, deixou de abarcar com profundidade fenômenos que são extremamente importantes para a acumulação capitalista. São eles: 1) *o desenvolvimento de uma nova divisão sexual do trabalho*; 2) *a construção de uma nova ordem patriarcal, baseada na exclusão das mulheres do trabalho assalariado e em sua subordinação aos homens*; 3) *a mecanização do corpo proletário e sua transformação, no caso das mulheres, em uma máquina de produção de novos trabalhadores*. Para Federici (2017a, p. 26), este último seria o mais central desses processos para a análise da acumulação primitiva, posto que a caça às bruxas dos séculos XVI e XVII, tanto na Europa quanto no Novo Mundo, foi tão importante para o desenvolvimento do capitalismo quanto a colonização e a expropriação do campesinato europeu de suas terras. Apesar disso, para a autora, esses fenômenos não atuam separadamente, afinal, "no capitalismo a reprodução geracional dos trabalhadores e a regeneração cotidiana de sua capacidade de trabalho se convertem em um trabalho de mulheres", embora disfarçado "pela

---

6. No Brasil, um dos marcos desse debate foi o estudo de Souza-Lobo intitulado "Masculino e feminino na linha de montagem", escrito em 1985 e posteriormente publicado como um capítulo do livro *A classe operária tem dois sexos*, em 1991.

sua condição de não assalariado, como serviço pessoal e até mesmo como recurso natural" (Federici, 2017a, p. 26).

Mas qual a relação da acumulação primitiva com a violência contra as mulheres no começo da Era Moderna? Por que a origem do capitalismo coincide com a guerra contra as bruxas (mulheres)? Há certo consenso nos estudos feministas sobre o tema ao relacionar a caça às bruxas à perda do controle que as mulheres tinham de seus corpos e sobre sua função reprodutiva. Igualmente, percebem como processo fundamental para o desenvolvimento de uma nova divisão sexual do trabalho em que as mulheres foram confinadas ao trabalho reprodutivo. Nessa direção, Federici (2017a, p. 30) assevera que a mudança das atividades "produtivas e reprodutivas e as relações homem-mulher nesse período, ambas realizadas com máxima violência e intervenção estatal, não deixam dúvidas quanto ao caráter construído dos papéis sexuais na sociedade capitalista".

Entretanto, esse consenso esbarra na análise que reconhece que o modo de produção capitalista se assentou, na acumulação capitalista, no trabalho doméstico (através das pequenas unidades de produção), mas defende a tese de que, com o advento da indústria em grande escala, essas famílias foram desaparecendo, porque suas funções produtivas foram transferidas para as fábricas, reduzindo-se a unidades de consumo. Relacionamos a essa tendência a perspectiva que considera que nas relações capitalistas o comando da família deixa de ser do pai e passa a ser do dono do capital e das fábricas. Conforme defende Toledo (2017, p. 95), "aos poucos o patriarcado foi sendo substituído pelo mercado capitalista, ao qual deviam obediência o próprio pai, a mulher e os filhos". Influenciada pelos estudos de Engels (1987), em *A origem da família, da propriedade privada e do Estado*, e de Marx, quando tratou da maquinaria e da grande indústria, a autora considera que as desigualdades entre homens e mulheres no capitalismo seriam superadas pela técnica. Nos termos de Toledo (2017, p. 95), "[...] as desigualdades físicas que por ventura existam entre homens e mulheres são superadas pela técnica quando se trata de explorar a mão de obra". Nessa direção, Marx (2013, p. 480-481) afirma:

A maquinaria, ao tornar inútil a força do músculo, permite empregar operários sem força muscular ou sem um desenvolvimento físico completo, mas que possuam uma grande flexibilidade em seus membros. O trabalho da mulher e da criança foi, portanto, o primeiro grito da aplicação capitalista da maquinaria. Assim, aquele instrumento gigantesco criado para eliminar trabalho e operários se converteu imediatamente em meio de multiplicação do número de assalariados, colocando todos os indivíduos da família trabalhadora, sem distinção de idade ou sexo, sob a dependência imediata do capital.

Análises marxistas feministas mais recentes questionam o argumento da "força física" como uma explicação da discriminação baseada em gênero. Para Federici (2017b, p. 2),

> [...] a própria descrição de Marx sobre as condições de emprego das fábricas para mulheres e crianças é um contra-argumento, e que os relatórios fabris que ele citou deixam claro que as mulheres eram empregadas para o trabalho industrial, não porque a automação reduzisse a carga de seu trabalho, mas porque se pagaria menos a elas, consideradas mais dóceis e mais inclinadas a deixar todas as suas energias em seu posto.

A autora também problematiza a concepção em torno do confinamento de mulheres às tarefas do lar antes do advento da industrialização e afirma que a "indústria doméstica da qual as mulheres se libertaram empregava uma pequena parte do proletariado feminino, e era em si mesma uma inovação relativamente recente que resultou do colapso dos grupos artesãos" (Federici, 2017b, p. 6). Destaca ainda que, antes mesmo da Revolução Industrial e durante ela, "as mulheres desempenharam diferentes trabalhos, desde agricultura até comércio, serviço e trabalho doméstico"; logo, não existe base histórica para a ideia de que o "desenvolvimento do capitalismo, com seu trabalho cada vez mais industrial ("produtivo") para as mulheres, libertou-as e as libera da idade dos reinos feudais do trabalho doméstico e da tutela dos homens" (Federici, 2017b, p. 6). Isso de fato não ocorreu: a exploração econômica se manteve e aprofundou desigualdades, atualizou e criou novas opressões.[7] Para Federici (2017a, p. 34), no capitalismo,

> [...] o corpo é para as mulheres o que a fábrica é para os homens trabalhadores assalariados: o principal terreno de sua exploração e resistência, na medida em que o corpo feminino foi apropriado pelo Estado e pelos homens, forçado a funcionar como um meio para a reprodução e a acumulação de trabalho.

Podemos constatar que a caça às bruxas, então, foi uma forma de insular das mulheres a autonomia de que desfrutavam e garantir as bases para o incipiente capitalismo, culminando com a separação da produção e da reprodução e a hierarquização da divisão sexual do trabalho (Federici, 2017).[8] Assim, apreendemos que a expropriação do corpo das mulheres (no sentido de uma autonomia mesmo que relativa) é uma mediação central entre a acumulação primitiva e a violência contra as mulheres. Da mesma forma que "os cercamentos expropriavam as terras comunais do campesinato, a caça às bruxas expropriou os corpos das mulheres" (Federici, 2017a, p. 330) — corpos que deveriam ser liberados de qualquer obstáculo que os impossibilitasse de funcionar como máquina para produzir mão de obra. Nos termos de Federici (2017a, p. 330), "a ameaça da fogueira ergueu barreiras mais formidáveis ao redor dos corpos das mulheres do que as cercas levantadas nas terras comunais". A autora faz referência ao efeito que teve nas mulheres o fato de ver outras mulheres (amigas, conhecidas, vizinhas) ardendo na fogueira, na medida em

---

7. Para aprofundar a discussão sobre o debate de gênero na obra marxiana, consultar Federici (2017b).

8. Conforme destaca Federici (2017), o problema é que a reprodução dentro do sistema capitalista não é apreendida como um trabalho, mas como um dom natural, biológico. Logo, as mulheres foram, pouco a pouco, afastadas do trabalho considerado produtivo e tornando-se dependentes dos homens, já que eram eles que ganhavam dinheiro. Por ter sido implantada de forma tão gradual, a opressão feminina e seu afastamento deste trabalho passaram a ser vistos como normais, quando, na verdade, eram bases criadas para o sistema capitalista, e que funcionam até os dias atuais.

que percebiam que qualquer iniciativa contraceptiva de sua parte poderia ser interpretada como produto de uma perversão demoníaca. Disso resulta a destruição dos métodos que as mulheres utilizavam para controlar a procriação e institucionalizou o controle do Estado sobre os seus corpos, "principal pré-requisito para a subordinação à reprodução da força de trabalho" (Federici, 2017a, p. 331).

Ademais, é inquestionável a contribuição da obra de Engels e Marx para a teoria feminista. Embora não se referencie em sua totalidade, o método histórico-materialista ajudou a demonstrar que as hierarquias e as identidades genéricas são construções, e suas análises sobre a acumulação capitalista e a criação de valor dotaram as feministas de instrumentos importantes para repensar tanto as formas específicas de exploração a que as mulheres foram submetidas no capitalismo quanto à relação entre sexo, raça e classe. É fato que o debate feminista não apenas aprofundou debates como também avançou em discussões, caminhando em direção distinta daquela das análises marxistas (Federici, 2017b), especialmente no debate sobre a reprodução da vida. Apesar de considerarem indissociáveis as esferas produtiva e reprodutiva,[9] a divisão sexual do trabalho e o trabalho doméstico — centrais na esfera reprodutiva — não foram reconhecidos como centrais para o circuito ampliado do capital, o que Saffioti (1984, p. 45-6), ao referir-se ao trabalho não pago exercido principalmente pelas mulheres, destaca:

> [...] na articulação entre as formas capitalistas e não-capitalistas de produção, as primeiras beneficiam-se não apenas de exploração de que são objeto os agentes do trabalho subordinado diretamente ao capital,

---

9. Conforme aponta Engels (1987), "o fato decisivo na história é, em última instância, a produção e a reprodução da vida imediata. Mas essa produção e essa reprodução são de dois tipos: de um lado, a produção de meios de existência, de produtos alimentícios, habitação e instrumentos necessários para tudo isso; de outro lado, a produção do homem mesmo, a continuação da espécie". Embora em sua obra não tenha utilizado a categoria relações de sexo ou gênero, a ideia do caráter antagônico da relação homem-mulher está presente em sua obra. É certo que ele não se ocupou desse recorte, mas forneceu os elementos para se empreenderem esforços no intento de se fazerem avançar os debates sobre a temática (Silva, 1992, p. 28).

como também da exploração de que são alvo os agentes do trabalho não remunerados ou remunerados com renda. Dentre estes, embora haja homens, as mulheres constituem os contingentes quantitativamente mais significativos.

Para Federici (2017b, p. 10), "Marx deveria ter percebido que o trabalho doméstico, apesar de ter aparecido como uma atividade do passado, que satisfazia puramente "necessidades naturais"", uma forma de trabalho historicamente específica, produto da separação entre produção e reprodução, trabalho remunerado e não remunerado nunca existiram em sociedades pré-capitalistas ou sociedades não reguladas pela lei do valor. A autora também destaca que, após ter chamado a atenção contra a mistificação produzida pela relação salarial, deveria ter visto que, desde a sua criação, o capitalismo "subordina atividades reprodutivas — na forma de trabalho feminino não remunerado — à produção de força de trabalho e, consequentemente, o trabalho não remunerado que os capitalistas extraem dos trabalhadores é muito mais conspícuo do que o extraído durante a jornada de trabalho remunerado, pois inclui as tarefas domésticas não remuneradas das mulheres, até reduzidas ao mínimo".[10]

A perspectiva de Federici (2017a, p. 27) também se diferencia de Marx "em sua avaliação do legado e da função da acumulação primitiva". Para a autora, apesar de Marx destacar o caráter criminoso do desenvolvimento capitalista, "não cabe dúvida de que considerava isso como um passo necessário no processo de libertação humana".[11]

---

10. Sobre este debate, consultar Federici (2017b) e Saffioti (1984).

11. "Nos últimos anos de sua vida, Marx reconsiderou sua perspectiva histórica e, ao ler sobre as comunidades igualitárias e matrilineares do nordeste da América, começou a reconsiderar sua idealização do desenvolvimento industrial e capitalista e valorizar a força das mulheres" (Federici, 2017a, p. 14). Para Federici (2017b), embora Marx não tenha se dedicado às teorias de gênero em seu trabalho e tenha mudado parte de seu olhar em seus últimos anos, ainda é importante discuti-las e enfatizar que seus silêncios a esse respeito não são descuido, mas o sinal do limite que seu trabalho teórico e político não pode superar, mas que cabe a nós fazê-lo.

Marx acreditava que o desenvolvimento capitalista acabava com a propriedade em pequena escala e incrementava (até um grau não alcançado por nenhum outro sistema econômico) a capacidade produtiva do trabalho, criando as condições materiais para liberar a humanidade da escassez e da necessidade. Também supunha que *a violência que havia dominado as primeiras fases da expansão capitalista retrocederia com a maturação das relações capitalistas*; a partir desse momento, a exploração e o disciplinamento do trabalho seriam alcançados fundamentalmente por meio do funcionamento das leis econômicas (Marx, [1987] 1909, t. I). *Nisso, estava profundamente equivocado. Cada fase da globalização capitalista, incluindo a atual, vem acompanhada de um retorno aos aspectos mais violentos da acumulação primitiva* [...].

Nessa direção, Federici (2017a, p. 27) acredita que "a contínua expulsão dos camponeses da terra, a guerra e o saque em escala global e a degradação das mulheres são condições necessárias para a existência do capitalismo", diga-se, em qualquer época. Fontes (2010), com distintos argumentos (afinal, parte e fundamenta-se na obra marxiana), parece se aproximar da tese de Federici (2017a) ao defender que a expropriação (expressão da violência estrutural) constitui um processo permanente e é condição mesma da reprodução ampliada do capital. Para Fontes (2010, p. 93),

> Não se trata de um processo de retorno a modalidades anteriores, primitivas, mas de um desenvolvimento do capital que é, ao mesmo tempo, o aprofundamento da tragédia social. Essa é a marca original do capital — seu desenvolvimento propulsa a socialização da existência em escala sempre ampliada, mas somente pode ocorrer impondo processos dolorosos de retrocesso social.

No entanto, a perspectiva de que esse processo, nomeado como sendo próprio da *acumulação originária*, não tenha desaparecido com a hegemonia da reprodução social capitalista é por demais controversa. O não consenso indica, pois, "a complexidade do real que afasta qualquer simplismo interpretativo e motiva a reflexão sobre a questão".

O consenso, por sua vez, está na "afirmação de que a acumulação primitiva se constituiu num processo que abriu as portas para a expansão do processo de reprodução do capital" (Lencioni, 2012, p. 2). Ademais, mesmo entre aqueles/as que defendem a continuidade das expropriações, esse processo é feito sob prismas distintos e até divergentes. Entre os/as autores/as, destacam-se: Federici (2017a), Rosa Luxemburgo (1985) e David Harvey (2004). Tais autores/as partem, assim como Fontes (2010) e Boschetti (2016) — mais recentemente — da análise do capitalismo imperialista para defenderem suas teses. Porém, não há dúvidas sobre o consenso em considerar que, desde a acumulação primitiva até o imperialismo, a *violência* — através de processos de *expropriação, apropriação e exploração/opressão* — é mecanismo imprescindível da dinâmica de produção e reprodução dos valores produzidos pela classe trabalhadora em sua heterogeneidade.

A atualidade da expropriação pela violência contra as mulheres

Partindo da compreensão de que os processos nada idílicos da acumulação primitiva não se esgotaram na transição do feudalismo para o capitalismo, Harvey (2004) defende que a acumulação capitalista no imperialismo "apresenta características inéditas ao lado das mesmas já evidenciadas em outros períodos da história deste modo de produção" (Castelo, Ribeiro e Lima, 2016, p. 8). Harvey (2004) também destaca a centralidade do papel do Estado quando emprega a violência de forma sistemática e contínua para defender os interesses privados das classes dominantes. Entre os novos mecanismos violentos, destaca: a tributação regressiva da renda do trabalho; antigos e novos processos de apropriação e mercantilização de terras (como a biopirataria), de recursos naturais e de outros bens comuns; endividamento público das nações, especialmente aquelas dependentes, e os ataques especulativos dirigidos a esses países dependentes; a financeirização da economia e o sistema de crédito, ou a usura formal e juridicamente institucionalizada; a escravidão, inclusive a sexual; e a expulsão sanguinária de populações camponesas, indígenas, quilombolas e ribeirinhas (Harvey, 2004, p. 122-3).

Para o autor, é necessário haver "uma revisão geral do papel permanente e da persistência de práticas depredatórias de acumulação 'primitiva' ou 'originária' ao longo da geografia histórica da acumulação de capital [...]" (Harvey, 2004, p. 108). Harvey (2004, p. 109) propõe assim a substituição dos termos "originária" e "primitiva" pelo conceito de *"acumulação por espoliação"* — um novo padrão de acumulação do capital na era neoliberal do imperialismo — para se referir a esses processos contemporâneos, dado que denominar primitivo ou originário seria um equívoco já que são processos permanentes, mas que se reatualizam em toda a história do capitalismo.

Mesmo que defenda uma tese aparentemente idêntica à de Harvey (2004) quando se refere à expropriação atual na reprodução do capital (dinâmica do mais-valor), Fontes (2010) empreende algumas críticas a sua formulação — diga-se, sob o mesmo argumento, que Harvey questiona Luxemburgo, nos termos da existência de uma pretensa externalidade ao capital. Essa externalidade, para Fontes (2010), está posta na contraposição que Harvey (2004) faz entre *expropriação* e *espoliação* e na utilização do conceito "acumulação por espoliação" em contestação a "acumulação por reprodução expandida". A autora questiona o uso do conceito de "acumulação por espoliação" como sendo uma nova produção de externalidades qualitativamente distinta das expropriações e que, em seu ver, "não parece convincente, exatamente num período em que a tendência mais dramática é a subordinação de todas as formas de existência ao capital" (Fontes, 2010, p. 73). Para Fontes, a categoria entendida como base da relação social que sustenta a dinâmica capitalista "permite melhor apreender a dinâmica interna da lógica do capital, como ponto de partida, meio e resultante da concentração de capitais" (Fontes, 2010, p. 73-4). Fontes (2010) considera que Harvey mantém a pressuposição da necessidade de uma "exterioridade" para o capital. Nos termos de Fontes (2010),

Harvey defende "que o próprio capital passou a produzir externalidades, assegurando terreno para sua expansão, sendo este um dos elementos distintivos da acumulação "primitiva"".

Fontes (2010, p. 68) considera a tese de Harvey (2004) fundamental, pois elucida a continuação do processo de expropriação; todavia, também congrega "dificuldades, em especial sobre a existência de um "lado de fora" (uma externalidade) e sobre uma "qualidade" diferente entre as formas de acumulação". A qualidade está posta na diferença entre o processo capitalista de acumulação primitiva e o de reprodução do capital. Sendo o processo de acumulação primitiva relacionado à *espoliação* e à produção de um capital novo, enquanto o segundo, o de reprodução do capital, está relacionado à *exploração* e tem como ponto de partida um capital já constituído (Lencioni, 2012, p. 2). Percebe-se aí que não se consideram as expropriações como base da exploração, mas fenômenos com origens e qualidades distintas que coexistem no processo de reprodução do capital. Para Fontes (2010, p. 65), essa contraposição "leva Harvey a não correlacionar as múltiplas expropriações ao gigantesco crescimento da disponibilização de trabalhadores para o capital (livres como pássaros, como expressou Marx) [...]". Segundo Fontes (2010, p. 46-7), "a relação-capital por excelência repousa sobre uma expropriação originária dos trabalhadores, porém não se limita a ela", posto que exige a conservação e a reprodução em escala sempre crescente de uma população dependente e disponível para o mercado. "Não se trata apenas de uma extensão linear do mercado, mas de um processo variado que redunda na transformação da capacidade de trabalho em mercadoria, impulsionada pela necessidade econômica (a *subsistência*)". Assim, a exasperação das condições da disponibilidade de trabalhadores para o capital (independentemente da forma jurídica que viabilize a relação capital-trabalho) corresponde à expansão das relações sociais capitalistas (Fontes, 2010, p. 44).[12]

---

12. Disso resultam as expropriações, que Fontes (2010, p. 44) divide em *expropriações primárias* e *expropriações secundárias*. Nos termos da autora, "A *expropriação primária*, original, de grandes massas camponesas ou agrárias, convertidas de boa vontade (atraídas pelas cidades) ou não (expulsas, por razões diversas, de suas terras, ou incapacitadas de manter sua reprodução

Fontes (2010, p. 45) concorda que o tema é quase sempre relegado à condição de "acumulação primitiva", como algo episódico, e que tal interpretação "nutriu inúmeras perorações contra o êxodo rural, em prol de fixar as populações no campo para impedir a pobreza urbana, mas que não passam de declarações de intenções, totalmente inócuas", pois tratam o capitalismo despido de sua forma social própria. Nesse sentido, assevera:

> A suposição de que a "acumulação primitiva" tenha sido algo de "prévio", "anterior" ao pleno capitalismo leva ainda à suposição de que, no seu amadurecimento, desapareceriam as expropriações "bárbaras" de sua origem, sob uma azeitadíssima expansão da exploração salarial, configurando uma sociedade massivamente juridicizada sob a forma do contrato salarial e "civilizada". Se Marx criticava a origem idílica do capital, aqui se trata de uma figuração idílica da historicidade regida pelo capital (Fontes, 2010, p. 45).

Nessa direção, mesmo que tenha acordo sobre a atualidade das expropriações, Fontes (2010) contrapõe os argumentos de Federici (2017a) e David Harvey (2004) na crítica que esses autores fazem a Marx. Para ela, Marx não localiza o fenômeno na gênese do capitalismo ou o trata como um fenômeno episódico. Para confirmar sua análise, recorre ao Livro III de *O capital*, na seguinte passagem:

> O sucesso e o insucesso levam aqui simultaneamente à centralização dos capitais e, portanto, à *expropriação* na escala mais alta. A expropriação estende-se aqui dos produtores diretos até os próprios capitalistas pequenos e médios. Essa expropriação constitui o ponto de partida do modo de produção capitalista; sua realização é seu objetivo; trata-se em

---

plena através de procedimentos tradicionais, em geral agrários) permanece e se aprofunda, ao lado de *expropriações secundárias*, impulsionadas pelo capital-imperialismo contemporâneo [...]". Tais expropriações, na leitura da autora, constituem um processo permanente, "condição da constituição e expansão da *base social* capitalista e que, longe de se estabilizar, aprofunda-se e generaliza-se com a expansão capitalista" (Fontes, 2010, p. 45).

última instância de expropriar todos os indivíduos de seus meios de produção, os quais, com o desenvolvimento da produção social, deixam de ser meios da produção privada e produtos da produção privada e só podem ser meios de produção nas mãos dos produtores associados, por conseguinte sua propriedade social, como já são seu produto social. Essa expropriação apresenta-se, porém, no interior do próprio sistema capitalista como figura antitética, como apropriação da propriedade social por poucos; e o crédito dá a esses poucos cada vez mais o caráter de aventureiros puros (Marx, 1985, p. 334, grifo do original).

A autora reconhece que Marx de fato considera que, "uma vez realizada a violenta expropriação camponesa, a coação econômica "normalizada" sobre os trabalhadores agora "livres" substitui a violência aberta" (Fontes, 2010, p. 63). Mas faz uma ressalva à crítica dirigida a Marx, pois, em diversas passagens de *O capital*, Marx afirma que a expansão capitalista pressupõe sempre sucessivas expropriações. Ademais, sabe-se que o capitalismo "nunca dispensou a especulação, a fraude, o roubo aberto e, sobretudo, as expropriações primárias, todos, ao contrário, impulsionados" (Fontes, 2010, p. 63). Nesta direção, não se sustenta a possibilidade de um capitalismo predatório e um capitalismo normalizado: o que existe são "formas de conexão peculiares a cada momento histórico, no qual as forças capitalistas dominantes [...] aproveitam-se de situações [...] subalternizando populações sob relações desiguais, mas imbricadas, utilizando ou recriando formas tradicionais como trampolim para sua expansão" (Fontes, 2010, p. 63-4). Daí ser possível afirmar que *a violência primordial do capital é permanente e constitutiva*. O retorno permanente aos aspectos mais violentos da acumulação primitiva, como "a expulsão dos camponeses da terra, a guerra e o saque em escala global e a degradação das mulheres" (Federici, 2017a, p. 27), evidencia esse argumento.

Ademais, Fontes (2010, p. 44) afirma a partir dos postulados marxianos que a expropriação é condição para a existência do capital e sua reprodução. Para a autora, isso não reduz o capitalismo ao movimento de expropriação: "estas podem decorrer de situações naturais, como cataclismos, ou de conflitos que não dizem respeito diretamente às relações capitalistas (por exemplo, tribais)". E ainda, "em alguns casos, as expropriações não se convertem em capital (isto é, na exploração do trabalho vivo dos expropriados pelos recursos sociais concentrados dos acaparadores), limitando-se a rapinas variadas". Não obstante, diz Fontes (2010, p. 44) que a dominação do capital "tende a exigir e impulsionar constantes expropriações, além de nutrir-se, como as aves de rapina, da concentração de recursos que a desgraça alheia favorece". Portanto, "a expropriação não se limita à supressão direta dos meios de produção dos camponeses e trabalhadores do campo, mas incluem processos que provoquem a submissão dos trabalhadores à lei geral da acumulação" (Boschetti, 2016, p. 128). O entendimento de expropriação como *base da relação social* que sustenta a dinâmica capitalista "permite melhor apreender a dinâmica interna da lógica do capital, como ponto de partida, meio e resultante da concentração de capitais" (Fontes, 2010, p. 73-4). Essa visão é compartilhada por Boschetti (2016) em sua análise, posto considerar a expropriação como uma forma permanente e selvagem de expansão do capitalismo. Compartilha-se dessa perspectiva, uma vez que ela supera visões dualistas ao considerar a relação indissociável entre expropriação e base social, ou seja, as expropriações compõem tanto o processo de produção como de reprodução do capital.

A despeito das divergências entre autores/as e do debate teórico em torno da permanência da *acumulação primitiva* ou da *expropriação*, acredita-se que a "acumulação primitiva foi um processo universal em cada fase do desenvolvimento capitalista" (Federici, 2017a, p. 36), e que é condição para a constituição e reprodução do capital nos seus diversos modos. Não se trata de uma externalidade à acumulação capitalista, mas condição para o seu desenvolvimento, assim como é a violência estrutural (forma pela qual a expropriação se manifesta). Para Federici (2017a, p. 36), não é porventura que seu "exemplo histórico originário tenha sedimentado estratégias que, diante de cada grande crise capitalista, foram relançadas, de diferentes maneiras, com a finalidade de baratear o custo do trabalho e esconder a exploração das mulheres e dos sujeitos coloniais". Ademais, percebemos ao longo do referido debate a invisibilidade das implicações da acumulação primitiva para as mulheres e seus corpos e sobre a produção da força de trabalho.

Dito isso, inferimos que a violência estrutural é simultaneamente premissa e expressão da expropriação e, como tal, constitui-se num mecanismo imprescindível da produção e reprodução das relações capitalistas nas suas várias manifestações. Assim, a expropriação não pode ser relegada à condição de acumulação primitiva, posto que constitui um processo permanente, condição da constituição e expansão da base social capitalista e que, longe de se estabilizar, generaliza-se com a expansão capitalista e aprofunda-se no cenário de crise estrutural do capital (Fontes, 2010). Nesse contexto, os processos de *expropriação, exploração-opressão* estão cada vez mais imbricados e indicam que o capitalismo não apenas preserva métodos originais de acumulação, como também os agudiza e os reatualiza numa dialética de conservação, negação e superação de antigos elementos em novas sínteses históricas (Castelo, Ribeiro e Lima, 2016).

De forma concreta, no capitalismo tais processos são interdependentes e integram na contemporaneidade o processo de reprodução desta sociabilidade. Esses fenômenos se distinguem, mas não existem isoladamente. A separação desses "momentos" funciona quase sempre de forma a mistificar e naturalizar a violência que deles resulta. Na mesma direção, apreender as expressões contemporâneas desses processos pode servir para capturar as múltiplas manifestações da violência estrutural. A fome, a escravidão por dívida, o mercado de pessoas, a retirada violenta da terra de quem nela trabalha, a expulsão de povos de seus territórios, o etnocídio e o genocídio de negros e indígenas, o racismo, a exploração sexual, o estupro, a extinção de direitos, o desemprego em massa e o controle dos Estados sobre bens comuns e matérias-primas estratégicas são apenas alguns exemplos dessas expressões.

Tais expressões podem ser apreendidas de forma particular sobre os corpos e a vida das mulheres. Afinal, o desenvolvimento econômico não é indiferente ao sexo/gênero e tampouco às relações étnico-raciais. Ao contrário, utiliza suas estruturas a favor da acumulação ampliada do capital que produz e reproduz desigualdades. Logo, entendemos que a violência contra mulheres é uma *violência em si*, com conteúdo próprio, reconhecida socialmente pela sua persistência, vasta abrangência e gravidade — e, ao mesmo tempo, uma *forma* pela qual a violência estrutural se expressa na vida social. Neste sentido, a expropriação pela violência contra as mulheres é uma expressão da violência estrutural, posto que é *condição* e *sintoma* da forma como se estruturam as relações sociais. Expressa-se, pois, tanto na violência subjetiva como na violência objetiva.[13] Os critérios que levam à identificação de uma situação como violência contra a mulher quase sempre passam pelo crivo da dominação masculina que produz efeitos na realidade concreta da vida das mulheres, entre os mais deletérios, o estupro — considerado sexo quando na verdade diz respeito a uma relação desigual de poder — e o trabalho doméstico não remunerado — como uma condição natural mesma das mulheres.

Conforme dados da Organização Mundial da Saúde (OMS), cerca de 120 milhões de meninas em todo o mundo (pouco mais de 1 em 10) tiveram relação sexual forçada ou outros atos sexuais forçados em algum momento de suas vidas, e 35% das mulheres já sofreram violência física e/ou sexual praticada por parceiro íntimo ou violência sexual por um não parceiro em todo o mundo. Por volta de 200 milhões de mulheres e meninas sofreram mutilação genital feminina nos 30 países onde existem dados de prevalência representativos, sendo que, em

---

13. Nos termos de Žižek (2014, p. 17), a violência *subjetiva* refere-se àquela visível, feita por agentes identificáveis, "vista como uma perturbação do "normal", do estado pacífico das coisas". A violência *objetiva*, também nomeada de sistêmica, seria "a violência inerente a este "normal" estado das coisas", que é composto pelas "catastróficas consequências do funcionamento de nosso sistema econômico e político". Žižek (2014, p. 25) ressalta que a *violência objetiva* necessita ser abarcada historicamente, pois assumiu nova expressão no capitalismo. A partir da análise de Marx, aponta para o fato da violência fundamental do capitalismo, "muito mais estranhamento inquietante do que qualquer forma pré-capitalista direta de violência social e ideológica", a violência sistêmica, "não pode ser atribuída a indivíduos concretos e às suas "más" intenções, mas é puramente "objetiva", sistêmica, anônima".

grande parte desses países, a maioria das meninas foi mutilada antes dos cinco anos de idade. Mulheres e meninas juntas representam 71% das vítimas de tráfico humano no mundo, sendo que as meninas representam duas em cada três vítimas, segundo dados da ONU. A Comissão Interamericana de Direitos Humanos da Organização dos Estados Americanos (OEA), entre janeiro de 2013 e 31 de março de 2014, acompanhou as denúncias de violência contra as pessoas lésbicas, gays, bissexuais, trans e intersex (LGBTI) na América. Os dados contabilizaram pelo menos "o assassinato de 594 pessoas LGBT, ou percebidas assim, e 176 vítimas de ataques graves, embora não letais. Desse total, 55 foram contra mulheres lésbicas, ou percebidas como tais" (Patrícia Galvão, 2015).[14] Na União Europeia, uma em cada dez mulheres disse já haver sofrido assédio pela internet, incluindo ter recebido de forma indesejada mensagens via SMS ou e-mails explícitos, sexualmente ofensivos ou abordagens inadequadas em redes sociais.[15] No Brasil, os dados seguem a mesma tendência.

A despeito da importância em demonstrar factualmente a existência da violência contra as mulheres, é comum os registros serem apreendidos como resultado biológico ou psicológico de uma natureza masculina. Angela Davis (2017, p. 48) chama atenção para a predominância desse tipo de análise e questiona os motivos que fazem os países que hoje vivem uma epidemia de estupros serem exatamente aquelas nações capitalistas consideradas desenvolvidas, que enfrentam severas crises socioeconômicas e estão saturadas de violência em todos os níveis: "Os homens estupram porque são homens ou porque são socializados pela própria opressão econômica, social e política — bem como por um grau generalizado de violência social no país em que vivem — para impor a violência sexual às mulheres?" Para a autora, a violência sexual decorre diretamente da política oficial e das estruturas de poder existentes em determinada sociabilidade, mas destaca que

---

14. Disponível em: <http://www.agenciapatriciagalvao.org.br/dossie/violencias/violencia-contra-mulheres-lesbicas-bis-e-trans/>. Acesso em: 4 jan. 2018.

15. Disponível em: <http://www.unwomen.org/es/what-we-do/ending-violence-against-women/facts-and-figures>. Acesso em: 22 dez. 2017.

não se trata de uma relação direta e simples. Nessa direção, Hanmer (1996) afirma que os homens têm podido perpetuar a sua dominação em razão de uma desigualdade de poder que lhes é favorável. Para a autora, isso permite aos homens o controle físico, emocional, sexual e econômico das mulheres (Hanmer, 1996). Ademais, possibilita que as mulheres possam ser "[...] privadas do dinheiro, do direito ao trabalho remunerado, de alimentos, da liberdade e até forçadas a depender da caridade de terceiros para poderem alimentar os próprios filhos" (Hanmer, 1996, p. 9). Concordamos com Davis e Hanmer, ao passo que ampliamos a análise para as diversas expressões da violência contra as mulheres. Não se trata de negarmos as subjetividades em torno da violência, mas de entendermos que *as subjetividades são forjadas pelas determinações sociais e se desdobram em desigualdades, discriminações e preconceitos diversos*. Não obstante suas particularidades, a violência sexual no contexto doméstico, praticada quase sempre por alguém da confiança das vítimas, possui a mesma lógica da violência contra as mulheres em contextos de guerra, *o controle do corpo das mulheres* — dito de outra forma, "da necessidade socialmente imposta de exercer o poder e o controle sobre as mulheres por meio da violência" (Davis, 2017, p. 45).

Davis (2017) destaca o estupro como um elemento frequente da tortura imposta a mulheres que são prisioneiras políticas de governos fascistas e de forças contrarrevolucionárias. Na história dos EUA, ela cita a Ku Klux Klan e outros grupos racistas que usaram o estupro como arma de terror político. A autora destaca, a partir dos estudos de Arlene Einsen, que no Vietnã os soldados americanos eram orientados a revistar com o pênis a vagina das mulheres vietnamitas. Faz referência também às pesquisas de Julia Schwendinger e Herman Schwendinger, que apontam a violência contra as mulheres ocorrida na ditadura chilena.[16]

---

16. As torturas de mulheres incluíam a dor de queimar seus mamilos e genitais, o terror cego de aplicar tratamentos de choque em todas as partes de seu corpo e, óbvio, o estupro coletivo. O número de mulheres que foram estupradas é desconhecido; algumas delas, que engravidaram em razão do estupro, não receberam permissão para abortar. Mulheres tiveram

No Brasil, no período da ditadura civil-militar, registraram-se as mesmas práticas. Conforme aponta o relatório final da Comissão Nacional da Verdade (CNV),[17] os depoimentos das mulheres trazem à tona diversas violações cometidas dentro dos ambientes de reclusão, o que fez a Comissão constatar que os abusos sexuais eram recorrentes no período. Além da violência sexual, o relatório enfatiza narrativas de humilhações, maus-tratos e torturas sofridas, acompanhadas de referências explícitas ao fato de que as mulheres haviam se afastado de seus "lugares de esposa e mãe" e ousado participar do mundo político, tradicionalmente considerado masculino.[18]

Falquet (2016), ao estudar a colonização do corpo das mulheres, destaca as lutas das mulheres contra a guerra ao extrativismo neoliberal na Guatemala. Para a autora, a violência contra as mulheres no espaço público e privado é entendida como um meio de garantir uma força de trabalho a preços muito baixos, ou mesmo sem remuneração, e para manter a organização social que autoriza essa extorsão, a estrutura patriarcal. Falquet (2016) também explica como várias instituições organizam a aprendizagem e a transmissão dessa violência.

---

insetos inseridos na vagina; grávidas foram espancadas com coronhas de rifles até abortar (Schwendinger, J.; Schwendinger, H. *apud* Davis, 2017, p. 48-9).

17. O Relatório Final da Comissão da Verdade pode ser consultado no seguinte endereço eletrônico: <http://cnv.memoriasreveladas.gov.br/>.

18. O depoimento de uma das vítimas, Maria Aparecida Costa, relata torturas sofridas durante a Operação Bandeirante no período de dezembro de 1969 a janeiro de 1970. Conforme consta no relatório, para ela, o fato de ser mulher despertava ainda mais a violência entre os torturadores. "Pelo fato de você ser mulher, também você percebe que há talvez, às vezes, uma raiva muito maior, eu não sei se é pela questão de achar "por que uma mulher está fazendo isso? Por que uma moça está fazendo isso?" E é uma forma, talvez, muito de querer te desqualificar de todas as maneiras. Inclusive, o mínimo que você ouve é que você é uma "vaca". São as boas-vindas. É a maneira como você é chamado. E isso foi crescendo, e eu acho que você se sente exposto — e você é exposto, você, enfim, se encontra diante deles de uma dupla maneira: você está inteiramente nas mãos enquanto ser humano e na tua condição feminina você está nu, você está à mercê, não é? Normalmente você é educado e visto para proteger a sua feminilidade para que ela se exponha em outras situações de escolha", diz trecho de seu depoimento. Disponível em: <http://www.brasil.gov.br/governo/2014/12/violencia-sexual-foi-pratica-disseminada-durante-ditadura-revela-relatorio-da-cnv>. Acesso em: 23 dez. 2017.

Para as autoras citadas, a ocorrência da violência não é coincidência ou resultado de um impulso incontrolável de homens ruins. Em concordância com as autoras, acreditamos que *as violências não resultam das relações individuais isoladamente, mas, sobretudo, são estruturadas pelas relações sociais*. Daí, quando os dados explicitam que a *violência contra as mulheres* na maioria dos casos (de forma direta) é praticada por homens, não implica dizer que todos os homens sejam necessariamente violentos ou que as mulheres estejam imunes à prática dessa violência, mas que existe um sistema de *dominação masculina* que produz, reproduz e orienta práticas, comportamentos, instituições, normas etc. E, como tal, molda as relações sociais de sexo/gênero de forma diferenciada, implicando a construção de padrões e modelos que vinculam as masculinidades à violência, e reproduzem a dominação do "masculino" sobre o "feminino". Por outro lado, isso também indica que a violência baseada no sexo/gênero é uma experiência praticamente comum a todas as mulheres — ou, como diz Davis (2017), a *violência misógina condiciona a experiência feminina*. Isso não implica universalizar de forma simplista todas as mulheres, tampouco homogeneizar as diversas experiências, mas sim encontrar unidade na diversidade, compreendermos a violência contra as mulheres como uma experiência que se apresenta de maneira particular e, ao mesmo tempo, universal para as mulheres e nos corpos femininos.

Partimos do entendimento de que a ordem social não se limita a uma representação: ela refere-se a estruturas duradouras de dominação, produzidas historicamente e reproduzidas objetiva e subjetivamente nas relações sociais. O patriarcado seria uma dessas estruturas, e a dominação masculina *produto histórico* de um trabalho contínuo de reprodução com o qual contribuem, especialmente, sujeitos singulares (homens com suas armas) e instituições, tais como: família, igreja, escola, Estado. Ademais, sabe-se que o patriarcado não atua sozinho, e o risco de incorrer em equívocos na análise da violência contra as mulheres a partir da sua dissociação de outras determinações pode implicar a construção de estratégias e ações contra a violência não adequadas na direção de sua pretensa eliminação. Nessa direção, Davis (2017, p. 51) aponta:

> Nunca conseguiremos ir além do primeiro passo na eliminação da horrorosa violência cometida contra as mulheres em nossa sociedade se não reconhecermos que o estupro é apenas um elemento na complexa estrutura de opressão das mulheres. E essa opressão sistemática não pode ser precisamente avaliada, exceto a partir de sua ligação, por um lado, com o racismo e a exploração de classe no país e, por outro, com a agressão imperialista e o potencial holocausto nuclear que ameaça o mundo.

Ao mesmo tempo, reconhecer a violência sexista ou a violência contra as mulheres como estrutural não significa naturalizarmos a opressão-exploração das mulheres pois, se assim fosse, poderia contribuir sobremaneira no reforço à ideologia da inferioridade feminina em detrimento da supremacia masculina. Do contrário, significa situar a violência nas relações sociais historicamente determinadas e no contexto sociopolítico mais amplo. A compreensão da violência estrutural só é possível se se avança a dimensão da superficialidade do imediato que contribui para a sua invisibilização. Nesse ensejo, relacionar a violência contra as mulheres às estruturas sociais coloca-se tão necessário como destacar a expropriação que deriva dessa mesma violência. Ademais, não reconhecer a violência contra as mulheres como estrutural é reforçar, naturalizar e invisibilizar os padrões de dominação e opressões-explorações. Afinal, essa violência é material e tão prenhe de implicações quanto qualquer violência mais explícita.

Referências

BEHRING, Elaine Rossetti. Trabalho e seguridade social: o neoconservadorismo nas políticas sociais. In: _____. (Org.). *Trabalho e seguridade social*: percursos e dilemas. São Paulo: Cortez, 2010.

BOSCHETTI, Ivanete. *Assistência social e trabalho no capitalismo*. São Paulo: Cortez, 2016.

CASTELO, Rodrigo; RIBEIRO, Vinicius; LIMA, Ricardo de. *Estado, acumulação capitalista e questão social*: da acumulação primitiva ao novo imperialismo. CONGRESSO DE ASSISTENTES SOCIAIS DO ESTADO DO RIO DE JANEIRO, 2. Anais... 2016. Disponível em: <http://www.cressrj.org.br/site/wp-content/uploads/2016/05/008.pdf>. Acesso em: 15 nov. 2016.

DAVIS, Angela. *Mulheres, cultura e política*. São Paulo: Boitempo, 2017.

ENGELS, Friedrich. *A origem da família, da propriedade privada e do Estado*. São Paulo: Escala, 1987.

FALQUET, Jules. Violences contre les femmes et (dé)colonisation du "territoire-corps": de la guerre à l'extractivisme neoliberal au Guatemala. *Collectif Guatemala*, 2016. Disponível em: <https://issuu.com/collectifguatemala/docs/jules_falquet_-_violences_contre_le>. Acesso em: 25 maio 2017.

FEDERICI, Silvia. *Calibã e a bruxa*: mulheres, corpo e acumulação primitiva. São Paulo: Elefante, 2017a.

_____. Notas sobre gênero em *O capital* de Marx. *Revista Movimento*: Crítica, Teoria e Ação, set. 2017b. Disponível em: <https://movimentorevista.com.br/2017/09/genero-o-capital-marx-feminismo-marxista>. Acesso em: 20 dez. 2017.

FONTES, Virgínia. *O Brasil e o capital-imperialismo*: teoria e história. Rio de Janeiro: ESPJV/UFRJ, 2010.

_____. Expropriações contemporâneas: um primeiro debate teórico. In: ALIAGA, Luciana; AMORIM, Henrique; MARCELINO, Paula (Orgs.). *Marxismo*: teoria, história e política. São Paulo: Alameda, 2011.

HANMER, Jalna. Women and violence: communalities and diversities. In: FAWCETT, Barbara et al. (Eds.). *Violence and gender relations:* theories and interventions. London: Sage Publication, 1996. p. 7-21.

HARVEY, David. *O novo imperialismo*. São Paulo: Loyola, 2004.

IANNI, Octávio. *Capitalismo, violência e terrorismo*. Rio de Janeiro: Civilização Brasileira, 2004.

LENCIONI, Sandra. Acumulação primitiva: um processo atuante na sociedade contemporânea. *Confins*, n. 14, 2012. Disponível em: <http://confins.revues.org/7424>. Acesso em: 14 out. 2016.

LUXEMBURGO, Rosa. *A acumulação do capital*: contribuição ao estudo econômico do imperialismo. São Paulo: Nova Cultural, 1985 [1913].

MARIUTTI, Eduardo Barroso. *Violência, capitalismo e mercadorização da vida*. Texto para discussão. Campinas: IE/Unicamp, n. 240, jun. 2014.

MARX, Karl. *O capital*: crítica da economia política. São Paulo: Boitempo, 2013. Livro I. (Original de 1867.)

ODALIA, Nilo. *O que é violência*. São Paulo: Brasiliense, 2004.

SAFFIOTI, Heleieth. *Mulher brasileira*: opressão e exploração. Rio de Janeiro: Achiamé, 1984.

_____. *A mulher na sociedade de classes*. São Paulo: Expressão Popular, 2013.

SILVA, Marlise Vinagre. *Violência contra a mulher*: quem mete a colher? São Paulo: Cortez, 1992.

TOLEDO, Cecilia. *Gênero e classe*. São Paulo: Sundermann, 2017.

ŽIŽEK, Slavoj. *Violência*: seis reflexões laterais. São Paulo: Boitempo, 2014.

12

Conciliação de classe:
mediação ao aumento da exploração do trabalho?

Sara Granemann

Introdução

A hipótese que atravessa o texto presente é a seguinte: a *conciliação de classes* levada a termo em diferentes países e períodos não somente apassivou a classe trabalhadora — o que não seria de pouca ou menor gravidade —, senão que a domesticou e com esta que se tornou uma ferramenta privilegiada para o aprofundamento da exploração da classe trabalhadora — aqui o óbvio precisa ser repetido! No Brasil, como alhures, estes métodos foram usados à larga no período recente, especialmente sob os governos do Partido dos Trabalhadores.

Nosso procedimento metodológico buscará recolher, por prova existente no real, indicações e, quiçá, tendências que expressas na empiria de documentos e relatórios de órgãos dos grandes capitais e do estado, estudos e leis, afirmem ou infirmem a hipótese em torno da qual argumentamos. Nesta direção, a política de previdência social se oferece como inequívoco e emblemático solo "permanente" de realização das práticas político-econômicas de *conciliação de classes*.

O material a ser utilizado, parece-nos, carrega singular riqueza por exteriorizar um dos particulares momentos nos quais o Estado — por meio de seus governos — e os grandes capitais — com o "luxuoso" auxílio de direções da classe trabalhadora — reuniram-se para transferir a *"conta"* da crise econômica para trabalhadoras e trabalhadores; a contrarreforma da previdência social sintetiza tal movimento embasada em velha e conhecida fórmula: suprimir direitos e impor novas e mais duras exigências à força de trabalho. Mas, embora por sua natureza ocupe lugar de destaque nas diferentes experiências de *conciliação,* não é o único instrumento por meio do qual acordos entre representantes das classes antagônicas exercitam-se na *"arte"* de impor mais penúrias a quem trabalha e a quem não consegue trabalhar por distintas razões, dentre as quais desemprego, acidentes laborais e incapacitações várias.

O lapso histórico posto aqui sob as lentes de análise é aquele no qual os governos do Partido dos Trabalhadores (PT), eleitos para ocupar o poder executivo federal de janeiro de 2003 a agosto de 2016 — antes que o golpe subtraísse, por impedimento, o governo de Dilma Rousseff — apascentaram sistematicamente as relações entre as incompatíveis classes sociais ao ponto de emblemarem a *"conciliação realmente existente"* como parte — ainda que não assumida — de seu método de governo: *o modo petista de governar.*

A narrativa que intentamos no decorrer destas páginas quer oferecer ao debate alguns argumentos analíticos do processo de derruição específica[1] de uma política social nos governos petistas e de como tais ações não estão em desacordo com o consubstanciado na Proposta de Emenda à Constituição (PEC n. 287/16) encaminhada ao Congresso Nacional em dezembro de 2016, pelo governo de Michel

---

1. Específica mas não inédita porque no âmbito da previdência social a austeridade fiscal dos governos petistas estabeleceu uma linha de continuidade com as contrarreformas previdenciárias implantadas no governo de Fernando Henrique Cardoso, cujo resultado também específico foi consignado na Emenda Constitucional n. 20 de 1998, ela mesma integrante da contrarreforma do Estado daquele governo.

Temer. Governo que destitui, por golpe jurídico-parlamentar, a Presidenta Dilma Rousseff que compunha com o mesmo Temer — então seu vice — a chapa resultante da grande e exótica articulação entre o Partido dos Trabalhadores (PT) e o Partido do Movimento Democrático Brasileiro (PMDB); tal junção foi e é para a eleição de 2018 um dos mais significativos sustentáculos também em distintos governos estaduais e locais e uma de suas mais constantes bases de apoio, do petismo, mesmo depois do golpe.

Da singular *conciliação de classes* na contrarreforma da previdência social

Lênin, em seu livro *O Estado e a Revolução*, retoma Karl Marx para desvelar a natureza de classe — *burguesa* — do Estado capitalista. A *conciliação de classes* constituiu-se na construção de argumentos e ações *consensuais* para classes sociais essencial e ontologicamente oponentes em seus destinos e projetos de sociedade. Na letra leniniana:

> Para Marx, o Estado é um órgão de *dominação* de classe, um órgão de *submissão* de uma classe por outra; é a criação de uma *ordem* que legalize e consolide essa submissão, amortecendo a colisão das classes. Para os políticos da pequena burguesia, ao contrário, a ordem é precisamente a conciliação de classes e não a submissão de uma classe por outra; atenuar a colisão significa conciliar, e não arrancar às classes oprimidas os meios e processos de luta contra os opressores a cuja derrocada elas aspiram.
>
> [...] Inúmeras resoluções e artigos desses políticos estão profundamente impregnados dessa teoria burguesa e oportunista da "conciliação". Essa democracia pequeno-burguesa é incapaz de compreender que o Estado seja o órgão de dominação de uma determinada classe que *não pode* conciliar-se com a sua antípoda (a classe adversa) (Lênin, 1983, p. 10, grifos no original).

O mesmo Lênin, agora em *O imperialismo: fase superior do capitalismo*, no prefácio para as publicações em França e Alemanha, anota: o parasitismo e a decomposição são vincos da fisionomia da sociedade burguesa e endógenos ao momento superior de desenvolvimento do capitalismo, no qual são possíveis os superlucros. Ao discorrer sobre as tais marcas inerentes ao capitalismo, Lênin sublinha, por outros caminhos (na citação anterior, o fez no plano do Estado, da política), uma determinação agora mais evidentemente econômica que tornou "possível" *conciliar o inconciliável.* Assevera:

> É evidente que tão gigantesco *superlucro* (visto ser obtido para além do lucro que os capitalistas extraem aos operários do seu "próprio" país) *permite subornar* os dirigentes operários e a camada superior da aristocracia operária. Os capitalistas dos países "avançados" subornam-nos efectivamente, e fazem-no de mil e uma maneiras, directas e indirectas, abertas e ocultas.
>
> Essa camada de operários aburguesados ou de "aristocracia operária", inteiramente pequenos burgueses pelo seu género de vida, pelos seus vencimentos e por toda a sua concepção de mundo, constituiu o principal apoio da II Internacional e, hoje em dia, o principal *apoio social* (não militar) *da burguesia.* Porque são verdadeiros *agentes da burguesia* no seio do movimento *operário,* lugar-tenentes operários da classe dos capitalistas [...] (Lênin, 1986, 584-5, grifos no original).[2]

A constituição do GTP

A *conciliação de classes* no âmbito da política social da previdência no Regime Geral de Previdência Social (RGPS)[3] e nos Regime(s) Pró-

---

2. Antes de seguir adiante, um esclarecimento, talvez necessário: não ignoro as polêmicas em torno da categoria *"aristocracia operária"* e de sua validade para o tempo presente e para o operariado brasileiro. Embora também tenha consciência de sua quase sempre existente vinculação com o debate da *conciliação de classe,* não privilegiaremos, por múltiplas razões, este caminho.

3. O RGPS é comumente denominado pelo título da principal instituição que viabiliza a execução da política social, o INSS (Instituto Nacional de Seguro Social). Destinado a proteger

prio(s) de Previdência Social[4] (RPPS) teve momentos de elaboração por grupos de estudos e fóruns singulares para a tecitura de um amplo diagnóstico. Nele, foram construídas as balizas estruturais do enunciado público sobre a previdência social para os dois diferentes regimes previdenciários públicos, por representantes de classes oponentes. A diagnose por um tal grupo somente poderia parir, na expressão de Francisco de Oliveira (2003) quando de suas análises sobre assunto afeito à "previdência privada", um *ornitorrinco*. Representantes de capitais, governo e centrais sindicais acordaram no substantivo e resguardaram espaços para arranjos e divergências nas nuances, nas dimensões adjetivas da matéria. Exemplos de desacordos são as avaliações de períodos, ritmos e ordem de implantação das "mudanças" necessárias — nunca a própria necessidade de mudança — ao que denominamos contrarreformas, para que se evite — dizem os signatários dos "estudos" — o indigitado e iminente colapso do maior programa de combate à desigualdade social do país.

Em nossos estudos sobre a previdência e as suas alterações seminais durante o *modo petista de governar*, restou-nos evidente que a escolha pela *"previdência privada"* foi uma opção afinada destes governos ao projeto dos capitais. Tal escolha, materializou a *conciliação* quando o Presidente Lula fez do rebaixamento e da privatização dos direitos previdenciários, o primeiro gesto do seu governo, nos seus primeiros meses e no auge de sua imensa popularidade. Gesto na direção oposta à previdência pública porque, ao mesmo tempo, a nega

---

a fração da classe trabalhadora empregada por diferentes capitais, autônoma(o)s, doméstica(o)s, trabalhadora(e)s da agricultura familiar, indígenas, pescadora(e)s artesanais e a força de trabalho empregada pelo Estado não incluída nos RPPS. Para conferir todas as categorias, ver: <https://www.inss.gov.br/orientacoes/tipos-de-filiacao/>. Acesso: jun. 2018.

4. O RGPS é uno para uma diversidade de trabalhadora(e)s. De modo diferente, a força de trabalho empregada pelo Estado (União, Estados, Distrito Federal e Municípios) está agrupada em 2.124 RPPS, assim distribuídos: **1** para trabalhadora(e)s empregada(o)s pela União. **27** para trabalhadora(e)s empregada(o)s nos estados e no Distrito Federal; **26** para municípios-capitais; e **2.070** RGPS em municípios cujo número de habitantes vai de menos de 10 mil a mais de 400 mil habitantes/município. Disponível em: http://sa.previdencia.gov.br/site/2018/06/Indicador-de-Situacao-Previdenciaria-ISP-01-2018-Relatorio-2018061....pdf. Acesso em: ago. 2018.

e permite que definhe a única possibilidade de proteção previdenciária real, aquela construída como o projeto da classe trabalhador a: previdência pública — adjetivada, social.

Em 2015, o Executivo ainda sob o comando da Presidenta Dilma Rousseff urdia, criava o *Fórum de Debates sobre Políticas de Emprego, Trabalho e Renda e de Previdência Social*[5] com a formação de um específico Grupo Técnico de Previdência (GTP). O material que deu a conhecer mais substantivamente o trabalho do GTP foi divulgado em maio de 2016. A composição do grupo é de 2015. Suas atribuições estão consignadas em dois instrumentos jurídicos, a saber:

1) O Decreto n. 8.443, de 30 de abril de 2015.[6] Esta norma constitui o fórum e indica sua composição geral: os *representantes dos trabalhadores, dos aposentados e pensionistas, dos empregadores e do Poder Executivo Federal*. O decreto também nos permite conhecer as razões da reunião de tão egrégia e matizada congregação; visa "o aperfeiçoamento e à sustentabilidade das políticas de emprego, trabalho e renda e de previdência social e a subsidiar a elaboração de proposições pertinentes". (Acima, na citação entre aspas, o decreto não escreve ao mas o e creio que nós, por ser citação, não lhe podemos alterar o conteúdo, certo? Então deve permanecer o *aperfeiçoamento*...)

No artigo 3. do mencionado decreto, detalha-se a representação institucional dos quatro segmentos. Representarão o Poder Executivo Federal: a) Secretaria-Geral da Presidência da República, que o coordenará; b) Casa Civil da Presidência da República; c) Ministério do

---

5. Embora já não seja possível visualizar o citado documento na página do Ministério de Previdência Social (ministério hoje inexistente e que foi reduzido à Secretaria da Previdência no interior do Ministério da Fazenda sob o governo de Temer), na ligação a seguir ainda é possível conhecê-lo. Disponível em: <http://bibspi.planejamento.gov.br/bitstream/handle/iditem/718/Forum-RelatorioFinal.pdf?sequence=1&isAllowed=y>. Acesso em: jun. 2018.

6. Disponível em: <http://www2.camara.leg.br/legin/fed/decret/2015/decreto--8443-30-abril-2015-780652-publicacaooriginal-146777-pe.html>. Acesso em: 1 set. 2015, o então MINISTRO DE ESTADO CHEFE DA SECRETARIA-GERAL DA PRESIDÊNCIA DA REPÚBLICA, Miguel Rossetto, pela Portaria n. 21, publicou os nomes dos representantes de cada entidade para a representação no Fórum.

Trabalho e Emprego; d) Ministério da Previdência Social; e) Ministério do Planejamento, Orçamento e Gestão; f) Ministério da Fazenda.

Os trabalhadores ativos serão indicados pelas seguintes entidades: a) Central Única dos Trabalhadores — CUT; b) Força Sindical — FS; c) Central de Trabalhadores e Trabalhadoras do Brasil — CTB; d) União Geral dos Trabalhadores — UGT; e) Nova Central Sindical de Trabalhadores — NCST; f) Central dos Sindicatos Brasileiros — CSB; g) Confederação Nacional dos Trabalhadores na Agricultura — Contag.

Na representação de aposentados e pensionistas, as indicações caberão ao: a) Sindicato Nacional dos Trabalhadores Aposentados, Pensionistas e Idosos — SINTAPI/CUT; b) Sindicato Nacional dos Aposentados, Pensionistas e Idosos da Força Sindical — SINDINAPI; c) Sindicato dos Aposentados, Pensionistas e Idosos — SINDIAPI/UGT; d) Confederação Brasileira de Aposentados e Pensionistas — COBAP.

Os empregadores, por sua vez, representarão as seguintes entidades: a) Confederação Nacional da Agricultura e Pecuária do Brasil — CNA; b) Confederação Nacional do Comércio de Bens, Serviços e Turismo — CNC; c) Confederação Nacional das Instituições Financeiras — CNF; d) Confederação Nacional da Indústria — CNI; e) Confederação Nacional de Serviços — CNS; f) Confederação Nacional do Transporte — CNT; g) Confederação Nacional do Turismo — CNTur.

Proveitoso é observar: no decreto há — e isto nos pareceu exótico — recomendação de que os representantes indicados exerçam cargos e funções de relevância nos órgãos e nas entidades que representarão (!) A tão diferenciada composição revela-nos, na particularidade da constituição de um Fórum, a pedagogia da *conciliação* entre tão antagônicos interesses como o Estado, trabalhadores (ativos e aposentados) e empregadores, com as grandes Centrais Sindicais, com as Confederações dos grandes capitais, *"com tudo"*.

O relatório foi apresentado sob a forma de 194 (cento e noventa e quatro) *slides*, em maio de 2016, no governo da Presidenta Dilma Rousseff, e deve-se, à partida, mencionar: não há nele qualquer registro aos resultados positivos produzidos no orçamento da Seguridade Social fartamente demonstrados em vários estudos acadêmicos e técnicos e já sobejamente conhecidos. A perspectiva assumida pelo Grupo Técnico de Previdência parte da suposta existência de déficit para a formulação de suas conclusões.

2) A Portaria n. 21, de 1 de setembro de 2015. Por intermédio deste instrumento legal, dá-se a conhecer as representações definidas no decreto. Ademais da longa lista, há também no estudo menção a participantes no debate em temas específicos; como a matéria é histórica e exige delicadeza no seu trato, por oportuno, registramos o conteúdo da lei:

> Portaria n. 21, de 1 de setembro de 2015
> **O MINISTRO DE ESTADO CHEFE DA SECRETARIA-GERAL DA PRESIDÊNCIA DA REPÚBLICA,** no uso das atribuições que lhes confere o art. 87, parágrafo único, incisos II e IV, da Constituição Federal, o Decreto n. 7.688, de 2 de março de 2012 e o Decreto n. 8.443, de 30 de abril de 2015, em especial o art. 3°, resolve:
> **Art. 1°** Designar os membros para integrar o Fórum de Debates sobre Políticas de Emprego, Trabalho e Renda e de Previdência Social, instituído pelo **Decreto n. 8.443, de 30 de abril de 2015:**
> I — **Representantes do Poder Executivo Federal:**
> A — Secretaria-Geral da Presidência da República. Titular: Miguel Soldatelli Rossetto; e Suplente: Laudemir André Müller.
> B — Casa Civil da Presidência da República. Titular: Gabriel Ferraz Aidar; e Suplente: Adauto Modesto Junior.
> C — Ministério do Trabalho e Emprego.
> Titular: Manoel Dias; e Suplente: Francisco José Pontes Ibiapina.
> D — Ministério da Previdência Social.
> Titular: Carlos Eduardo Gabas; e Suplente: Marcelo de Siqueira Freitas.
> E — Ministério do Planejamento, Orçamento e Gestão.
> Titular: Nelson Henrique Barbosa Filho; e Suplente: Manoel Carlos de Castro Pires.
> F — Ministério da Fazenda.
> Titular: Afonso Arinos de Mello Franco Neto; e Suplente: Rodrigo Pereira de Mello.

II — Representantes dos trabalhadores ativos:

A — Central Única dos Trabalhadores — CUT. Titular: Vagner Freitas; e Suplente: Sérgio Aparecido Nobre.

B — Força Sindical — FS.

Titular: Miguel Eduardo Torres; e Suplente: João Carlos Gonçalves.

C — Central de Trabalhadores e Trabalhadoras do Brasil — CTB. Titular: Pascoal Carneiro; e Suplente: Adilson Gonçalves de Araújo.

D — União Geral dos Trabalhadores — UGT. Titular: Ricardo Patah; e Suplente: Francisco Pereira de Souza Filho.

E — Nova Central Sindical de Trabalhadores — NCST. Titular: José Calixto Ramos; e Suplente: Moacyr Roberto Tesch Auersvald.

F — Central dos Sindicatos Brasileiros — CSB. Titular: Antônio Fernandes dos Santos Neto; e Suplente: Juvenal Pedro Cim.

G — Confederação Nacional dos Trabalhadores na Agricultura — CONTAG. Titular: Alberto Ercílio Broch; e Suplente: José Wilson de Sousa Gonçalves.

III — Representantes dos aposentados e pensionistas:

A — Sindicato Nacional dos Trabalhadores Aposentados, Pensionistas e Idosos — SINTAPI/CUT. Titular: Epitácio Luiz Epaminondas; e Suplente: Maria Goreti dos Santos.

B — Sindicato Nacional dos Aposentados, Pensionistas e Idosos da Força Sindical — SINDINAP. Titular: João Batista Inocentini; e Suplente: Carlos Andreu Ortiz.

C — Sindicato dos Aposentados, Pensionistas e Idosos —- SINDIAPI/UGT. Titular: Natal Leo; e Suplente: Gilberto Torres Laurindo.

D — Confederação Brasileira de Aposentados e Pensionistas — COBAP. Titular: Warley Martins Gonçalles; e Suplente: João Florêncio Pimenta.

IV—- Representantes dos empregadores:

A — Confederação Nacional da Agricultura e Pecuária do Brasil — CNA. Titular: João Martins da Silva Junior; e Suplente: Daniel Kluppel Carrara.

B — Confederação Nacional do Comércio de Bens, Serviços e Turismo — CNC. Titular: Laércio José de Oliveira; e Suplente: Patrícia Serqueira Coimbra Duque.

C — Confederação Nacional das Instituições Financeiras — CNF. Titular: Pedro Henrique Pessanha Rocha; e Suplente: Magnus Ribas Apostólico.

D — Confederação Nacional da Indústria — CNI.
Titular: Sylvia Lorena Teixeira de Sousa; e Suplente: Pablo Rolim Carneiro.
E — Confederação Nacional de Serviços — CNS. Titular: Luigi Nese; e Suplente: José Hugo Klein.
F — Confederação Nacional do Transporte — CNT. Titular: Adriana Giuntini Viana;
G — Confederação Nacional do Turismo — CNTur. Titular: Carlos Augusto Pinto Dias; e Suplente: José Osório Naves.
Art. 2º Esta Portaria entra em vigor na data de sua publicação."
MIGUEL ROSSETO

No diagnóstico, novamente e de resto em estreita convergência (coincidência?) com documentos produzidos pelo Banco Mundial desde 1994,[7] afirmaram-se as bases da proposta de contrarreforma da previdência, que mais tarde viria a ser apresentada como PEC n. 287/16, pelo governo de Michel Temer.

A Agenda do grande capital:

Igualmente em 2016, a Confederação Nacional da Indústria (CNI) difundiu uma importante mensagem por painéis, em pontos estratégicos do país, como aeroportos e rodoviárias, lugares nos quais há grande movimentação de pessoas[8] e que, ao mesmo tempo, exigem, por sua natureza, aguardar sem nada fazer, que informava, *Indústria: Essencial para o país — Reformar a Previdência Social: Essencial para a Indústria.*[9] As faces mais públicas e visíveis desta campanha, também um signo da extensão de seus interesses, propaga(ndea)das aos

---

7. Disponível em: <http://documents.worldbank.org/curated/pt/973571468174557899/pdf/multi-page.pdf>.

8. Lugares para pessoas *"em trânsito"*, nos quais nada de muito formal, além da espera, pode ser realizado e que são propícios à captura da atenção para mensagens curtas e repetitivas.

9. Ao painel da previdência, segue-se o da contrarreforma trabalhista em idênticos termos: **"Indústria — Essencial para o país ➤ Modernizar a Legislação Trabalhista — Essencial para a Indústria".** Em ambos os painéis, há um convite nestes termos: "Acesse cni.org.br, conheça a Agenda para o Brasil sair da Crise e Todas as Iniciativas da Indústria".

quatro ventos, amparam-se, segundo documentos da mesma mesma CNI, em um programa de fôlego para o país, intitulado *Agenda para o Brasil sair da crise*.[10]

A *Agenda* do grande capital desenvolve e aprofunda as anteriores contrarreformas materializadas nas Emendas Constitucionais n. 20/1998, do governo de Fernando Henrique Cardoso, e n. 41/2003, do governo de Luiz Inácio Lula da Silva, e as várias regulamentações no campo da previdência no governo de Dilma Rousseff. Pode-se afirmar que estas contrarreformas foram dirigidas, respectiva e prioritariamente, nos diferentes governos: ao RGPS sob FHC, ao RPPS sob Lula e por regulamentações infraconstitucionais contra ambos os regimes sob Dilma Rousseff. No governo de Michel Temer, com a PEC n. 287/16, as contrarreformas anteriores alcançam seu ápice e exprimem também as propostas da *Agenda*. Este longo matrimônio do grande capital com seu Estado revela inequívoca disposição para aprofundar a retirada de direitos e dificultar ainda mais o seu acesso pela classe trabalhadora vinculada aos dois diferentes regimes. Dito de modo diverso, o governo atual pretende concluir por uma mesma contrarreforma a destruição dos direitos previdenciários de todos os trabalhadores e trabalhadoras e de uma só vez.

Um outro documento, este produzido por uma das mais poderosas entidades dos grandes capitais industriais, a Confederação Nacional da Indústria (CNI), divulgado em maio 2016, demonstra uma similaridade — algo chocante — entre o estudo apresentado no documento do Estado brasileiro e as proposições dos capitais na construção do "consenso" que estabelecerá as necessidades — dos capitais e de seu Estado — para a contrarreforma da previdência social (no RGPS e no RPPS) brasileira.

---

10. Aqui os *links* para conferir a agenda nas suas duas versões:

<https://bucket-gw-cni-static-cms-si.s3.amazonaws.com/media/filer_public/ad/92/ad9242ad-9b8f-4e08-b80e-a8283b6725cd/agenda_para_o_brasil_sair_da_crise_2016_-_2018_final_maio.pdf>.

<https://bucket-gw-cni-static-cms-si.s3.amazonaws.com/media/filer_public/59/da/59da2e37-b6c9-4b72-a2c7-7f80f1caea50/agenda_para_o_brasil_sair_da_crise_2016-2018_apos_um_ano.pdf >.Março de 2017.

A CNI apresenta a sua *Agenda para o Brasil sair da crise 2016-2018* com uma informação relevante, para a compreensão de sua formulação, relativa aos formuladores e ao tempo em que foi gestada:

EFICIÊNCIA DO ESTADO. Este documento foi desenvolvido tendo como referência a publicação *Regulação e desburocratização: propostas para a melhoria do ambiente de negócios — 2015*. Ele contempla exclusões, novas propostas e ajustes no texto original. A CNI agradece a colaboração das federações estaduais de indústria e das associações setoriais participantes do Fórum Nacional da Indústria (CNI, 2016).

O material divulgado organiza a *Agenda* em 36 (trinta e seis) propostas, apresentadas em uma espécie de organograma que as conecta, hierarquiza e as agrupa em 8 (oito) eixos capazes de sintetizar os grandes temas do diagnóstico para o desenvolvimento do país, segundo a Confederação. Os eixos da *Agenda* são os seguintes: 1) Eficiência do Estado; 2) Tributação; 3) Relações de Trabalho; 4) Infraestrutura; 5) Financiamento; 6) Comércio Exterior; 7) Segurança Jurídica e Regulação; 8) Inovação.

No interior destes 8 grandes eixos estão distribuídas as 36 propostas. O primeiro tema, Eficiência do Estado, é constituído por duas propostas: 1) Reformar a previdência; e 2) Implementar mecanismos de controle do gasto público. Por abrirem a apresentação das propostas, quer nos parecer, os dois temas dizem de sua importância e prioridade. Didaticamente, cada proposição é, ao longo do documento, apresentada em uma breve síntese que delimita o debate da entidade e as ações necessárias a serem desenvolvidas no plano do Estado (Executivo, Legislativo, Judiciário). Veja-se:

EFICIÊNCIA DO ESTADO
Proposta 1
Reformar a Previdência Social.
A reforma da Previdência Social tem como motivação garantir a sustentabilidade dos benefícios e reduzir a pressão sobre as contas públicas

no médio prazo. O processo de envelhecimento da população brasileira torna inviável a manutenção das regras previdenciárias atuais.

Os problemas de financiamento da Previdência já estão presentes. O percentual do PIB gasto com benefícios previdenciários no Brasil é muito superior ao de países com nível de desenvolvimento semelhante. Mesmo com um percentual ainda pequeno de idosos na população, as regras previdenciárias atuais geraram despesas equivalentes a 7,1% do PIB em 2014. Essas despesas se referem apenas ao regime que cobre o setor privado (RGPS). Se incluídas também as despesas da previdência dos servidores públicos, o total gasto com previdência no Brasil alcançou quase 12,0% do PIB em 2014.

Adiar a reforma significa privilegiar a geração atual de trabalhadores em detrimento daqueles que ainda entrarão no mercado de trabalho. E quanto mais tarde vierem as alterações, maior será o custo suportado pela nova geração (CNI, 2016).

A leitura da anterior citação presente na *Agenda* da CNI permite-nos resumi-la: o **diagnóstico** — os benefícios previdenciários e, por causa deles, também as contas públicas estão ameaçados e em risco na sua sustentabilidade. Como evidência inconteste do cataclismo anunciado, apresentam-se os dados dos gastos e os comparam com a grandeza do PIB de 2014: chegam aos *perigosos* 12% se somados o RGPS e os RPPS; o **problema** — move-lhes, no primeiro parágrafo, o processo de envelhecimento da população brasileira que torna inviável a manutenção das regras presentes e, informam-nos, no segundo parágrafo, que o percentual de idosos na população brasileira é *"ainda pequeno"*; a **preocupação** — não permitir que os "privilegiados" da geração atual de trabalhadores inviabilizem os direitos previdenciários das futuras gerações de trabalhadores.

Movidos por "elevadas e dignas virtudes", enumeram as ações necessárias para a correção das situações de desigualdade no interior da classe trabalhadora — note-se: seu discurso dirige-se à classe trabalhadora contra a qual aplicam a máxima dividir para reinar — e em defesa dos ideais públicos de equilíbrio (das contas) do Estado:

EFICIÊNCIA DO ESTADO
AÇÃO
Reformar o Regime Geral de Previdência Social (RGPS) com base nas seguintes premissas:
a. adotar idade mínima para as aposentadorias por tempo de contribuição;
b. equiparar, gradualmente, o diferencial do tempo de contribuição das mulheres ao dos homens e dos trabalhadores rurais dos demais na aposentadoria por tempo de contribuição;
c. equiparar as regras para aposentadoria dos professores às dos demais trabalhadores;
d. desvincular o valor dos benefícios previdenciários do salário mínimo;
e. diferenciar o piso dos benefícios previdenciários do piso dos benefícios assistenciais (CNI, 2016).

Na Proposta de Emenda Constitucional (PEC n. 287/16) encaminhada pelo governo Michel Temer ao Congresso Nacional, foram acolhidas as "preocupações" da CNI. A luta das classes sociais, nas suas diferentes formas de mobilização (passeatas, atos, pressão aos prefeitos, deputados, senadores, governadores e presidente), e as denúncias e os escândalos de corrupção a envolver as mais altas autoridades da República, impuseram o adiamento da votação da PEC n. 287/16 no Congresso Nacional. Passadas as eleições de outubro de 2018, a pressão dos capitais ao seu governo é de que a contrarreforma previdenciária volte a ser a pauta prioritária na escalada de retiradas de direitos da classe trabalhadora já que, na fraseologia das organizações da burguesia e dentre seus quadros técnicos, é o caminho consistente para promover a "justiça e o desenvolvimento" do país.

Um ano depois da publicação do documento original, nova versão da *Agenda* é difundida em março de 2017. O título *Agenda para o Brasil sair da crise 2016-2018* foi mantido, mas se lhe acrescentou o subtítulo, *Evolução após 1 ano — Brasília, março de 2017*.

Logo após a página da capa, apresenta-se um balanço numérico do estágio das mudanças das 36 propostas da *Agenda*. O saldo é apresentado em números com sugestivas cores e com um desenho de uma bateria com sua carga inteira ou parcialmente carregada, consoante o andamento da proposta no Estado brasileiro e segundo os interesses da CNI. Para as 4 propostas concluídas, há uma bateria inteiramente carregada na cor verde. Para as 20 propostas em evolução, há uma bateria parcialmente carregada na cor amarela. Para as 12 propostas que não evoluíram, a bateria é da cor vermelha e está quase inteiramente descarregada, em alerta e prestes a parar de funcionar.

No organograma no qual os oito eixos são agrupados, também se reproduz a visualização das cores para evidenciar a etapa percorrida em cada uma das propostas. Ademais, o balanço apresenta a mesma proposta visual da *Agenda* primeva e a lâmina cujo conteúdo reproduzimos anteriormente oferece, agora, uma rápida avaliação do estagiamento da proposta:

SITUAÇÃO: em evolução.[11]
A PEC n. 287/2016 (Reforma da Previdência), apresentada pelo Executivo, vai além das premissas aqui propostas e está em tramitação na Câmara dos Deputados (CNI, 2017).

A tocante sinceridade da avaliação da CNI nos faz saber, sem nenhuma preocupação com os seus prepostos no Estado, que a proposta apresentada pelo governo de Michel Temer foi além do que o próprio patronato "reivindicou" na contrarreforma para a previdência social da(o)s trabalhadora(e)s brasileira(o)s.

A segunda proposta da *Agenda* da CNI também compõe o eixo 1, qual seja,

EFICIÊNCIA DO ESTADO
Proposta 2
Implementar mecanismos de controle do gasto público.
A superação da crise econômica e o retorno ao crescimento dependem crucialmente de um ajuste fiscal de curto e longo prazo que assegure

---

11. O sublinhado no texto acima é o que aparece na cor amarela na lâmina da CNI; isto é, parcialmente tratado e, por isto, requer atenção por parte da Confederação.

o controle das contas públicas, promova maior eficiência na aplicação dos recursos e recupere a capacidade de investimento do Estado. Essa é uma condição fundamental para viabilizar alterações na economia que promovam a volta do crescimento (CNI, 2016).

A Proposta n. 2 diz respeito à implementação de instrumentos de controle do gasto público. Ao público desavisado, lhe parecerá que não há no Estado brasileiro mecanismo algum de controle das contas públicas. Entretanto, ao ler a inteira proposição, saber-se-á que não se trata de conter o gasto em geral. A defesa da eficiência tem direção e, evidentemente, como está dito na proposta, a redução dos gastos é necessária para que se os apliquem na economia e promova-se o crescimento. A lógica do crescimento é, sem meias palavras, aquela que vai subsidiar o lucro dos capitais. A Eficiência do Estado burguês será tanto maior se os gastos forem direcionados à acumulação dos capitais. Em ambientes de crise, especialmente, o investimento do Estado deve ser direcionado para promover a volta do crescimento dos capitais. Neste jogo não há empate: se os capitais ganham, os trabalhadores, fatalmente, perderão.

As ações da segunda proposta da *Agenda*, relativas ao eixo EFICIÊNCIA DO ESTADO, consistem em:

AÇÃO
Implementar uma agenda de mudanças nos mecanismos e sistema de definição do gasto público, contemplando os seguintes pontos:
a. Limitação do crescimento do gasto corrente: impor limite decrescente para a relação entre gastos correntes em proporção do PIB e a redução progressiva dos gastos com pessoal;
b. Reforma orçamentária: reduzir a rigidez do orçamento, alterando a sistemática de vinculações de receitas; estabelecer os montantes destinados aos gastos prioritários por prazos fixos, sem vinculação ao PIB e com revisão das prioridades em planos plurianuais;
c. Gestão pública eficiente: implementar Programa de Modernização da Gestão Pública para aumentar a eficiência na aplicação dos recursos

públicos e elevar a capacidade de avaliação das políticas públicas (CNI, 2016).

O **diagnóstico**, a crise econômica e a retomada do crescimento dependem do ajuste fiscal realizado nas contas públicas. Trata-se, aqui, de uma "disputa" do fundo público, sem meias palavras, da luta de classes, para definir a destinação do gasto público — para nós, riqueza socialmente produzida pelo trabalho e mobilizada pelo Estado dos capitais. As alternativas são excludentes entre si: ou uma porção é utilizada de modo social, como políticas sociais realizadoras do direito — e, então, pode-se ter *uma vitória da economia política do trabalho sobre a economia política do capital como recomendou Marx;* ou o gasto público precisa de mecanismos de controle — *o ajuste* — para ser um instrumento crucial de superação da crise econômica.

> Implementar mecanismos de controle do gasto público
> A superação da crise econômica e o retorno ao crescimento dependem crucialmente de um *ajuste fiscal* de curto e longo prazo que assegure o controle das contas públicas, promova maior eficiência na aplicação dos recursos e recupere a capacidade de investimento do Estado. Essa é uma condição fundamental para viabilizar alterações na economia que promovam a volta do crescimento. (CNI, 2016)

O problema, a preocupação

No Brasil e em partes do planeta, nas denominadas economias periféricas, o saneamento das contas do Estado estrutura-se, geralmente, pela redução dos salários e das aposentadorias da força de trabalho ali empregada, por contrarreformas orçamentárias que desvinculam impostos da construção de políticas sociais — as mais substantivas vitórias constantes da Constituição da República Federativa do Brasil de 1988 dizem exatamente respeito à vinculação de impostos para a construção de direitos sociais, tais como a educação pública, a saúde e a previdência social — e pela difusão da gestão pública como panaceia equacionadora de todos os eventuais problemas do Estado. Como já o dissemos em outro texto (Granemann, 2011), o fetiche da gestão é, com frequência a antessala da privatização.

Na *Agenda* publicada um ano depois, em 2017, para as ações acima descritas, a CNI avalia que a implementação pelo estado brasileiro no que diz respeito ao Controle do gasto público, é a seguinte:

> SITUAÇÃO: em evolução[12]
> O ponto (a), que é um avanço importante, foi atendido com a promulgaçãoo em 15 de dezembro de 2016 da Emenda Constitucional n. 95, que limita por 20 anos os gastos públicos e ficou conhecida como a PEC do Teto dos Gastos.
> Os pontos (b) e (c) ainda precisam ser enfrentados (CNI, 2017).

A Emenda Constitucional n. 95/16, reivindicada pelos capitais ao seu estado, para ser aprovada disseminou largamente, por meio de propagandas regiamente pagas com o fundo público, que o gasto público brasileiro é desprovido de mecanismos de controle[13]. Por existirem instrumentos vários de diferentes órgãos, legislações e poderes para o controle dos gastos no estado brasileiro, quer nos parecer que tal controle diz respeito apenas aos gastos sociais e não ao conjunto dos gastos públicos já que os gastos financeiros, com a dívida pública, por exemplo, não estão concernidos no teto estabelecido na EC n. 95/16. Por fim, há que se dizer sobre este tema: a EC n. 95/16 congela os gastos sem congelar a arrecadação; com isto, reduzem-se os direitos e aumentam os deveres, sobretudo a quota parte que, no plano imediato, diz respeito à contribuição por impostos sobre o consumo da classe trabalhadora.

---

12. Ver a nota n. 11.

13. Lei complementar n. 101, de 4 de maio de 2000. Estabelece normas de finanças públicas voltadas para a responsabilidade na gestão fiscal e dá outras providências. Ver: http://www.planalto.gov.br/ccivil_03/Leis/lcp/Lcp101.htm

Conciliação de classe e ajuste fiscal

A resposta possível para estabelecer os nexos da relação conciliação e ajuste é de que ambos os fenômenos sociais conformam o caldo ideo--político e cultural, cuja determinação econômica em um momento de crise propiciou redobradas ameaças à democracia brasileira, inclusive as de traço fascista.

A partir do exame — sempre provisório — dos argumentos citados não podemos encaminhar nossas afirmações senão para explicitar que a conciliação de classes praticadas nos governos petistas contribuiram para o ambiente do aumento da exploração da classe trabalhadora por ser uma pedagogia que pretende elidir a luta de classes e seus antagonismos. Em seu lugar, oferece a cooperação entre interesses ontologicamente diversos, desiguais, inconciliáveis. Consideramos ser o ajuste, talvez, o principal mecanismo a incidir na despolitização, no apassivamento da classe trabalhadora brasileira — ademais do desemprego e da subtração do trabalho não pago — e a lhe succionar vida no tempo presente e a lhe roubar, diminuir o futuro por piorar as condições gerais de vida e de trabalho da classe trabalhadora.

Em nossa consideração, o ajuste fiscal praticado no Brasil é similar às medidas implementadas em países (mais em uns do que noutros) da Europa; medidas, tão severas contra a classe trabalhadora e seus direitos que por lá foram alcunhadas por *austeridade fiscal*.

O momento de austeridade sobre o gasto social alocado na realização de direitos sociais da força de trabalho é parte importante da resposta do capital a mais um momento de sua crise; parte importante, sobretudo porque a austeridade — para além do midiático discurso difundido pelos grandes capitais e vocalizado por seus governos em todo o mundo — é a forma presente de imposição de uma "nova" partição do fundo público. Nova partição que para o grande capital viabiliza, simultaneamente: novos espaços de inversão de seus lucros pela privatização de "complexos construídos com fundos públicos" (Netto, 1992), pela metamorfose das políticas sociais em espaços mercantis de que são exemplos suficientes a previdência privada como uma nova forma de centralizar capital dinheiro; as empresas de educação superior que possibilitaram a formação de gigantescas sociedades por ações e as rentáveis "aplicações" em títulos públicos que carregam, sob a forma de juros, o fundo público tornado capital fictício no qual investem diferentes capitalistas parasitários. O ajuste fiscal é uma variante contemporânea das múltiplas funções que o Estado do grande capital passou a desempenhar no modo de produção capitalista; funções que se complexificaram na idade monopolista (Mandel, 1982 e Netto, 1992); para a hipótese que desenvolvemos neste texto, possibilitar aos grandes capitais fundo público em quantidades absolutamente gigantescas para que enfrentem as suas crises tem sido uma das formas de potencializar a exploração do trabalho na medida em que também parte do salário da classe trabalhadora tem sido capturada pelos grandes capitais. Evidentemente, sem a mediação do Estado não seria possível transformar os impostos sobre o consumo e as contribuições sociais em lucro e mesmo em capital.

A matéria previdência social, tomada aqui como a política que mais bem expressa o fazer-se da conciliação de classes e a razão do ajuste fiscal, é também matéria que nos permite um olhar retrospectivo sobre a Constituição da República Federativa do Brasil de 1988, quase (apenas) 30 anos passados de sua elaboração. A conclusão mais evidente que se pode opor é: a desconstrução da Carta Magna opera na velocidade oposta a de sua formulação; vagarosa em recolher as demandas dos trabalhadores, tem sido célere em retirar-nos as parcas conquistas sociais.

A PEC n. 287/16 do governo de Michel Temer guarda continuidades e aprofundamentos em relação às contrarreformas efetuadas, como já o indicamos, pelos governos de Fernando Henrique Cardoso e de Luiz Inácio Lula da Silva.

A linha de continuidade entre essas duas contrarreformas e a do governo Temer expressa-se no renitente diagnóstico do déficit, do envelhecimento demográfico da população brasileira e na ênfase de que existem privilégios que frações da classe trabalhadora, especialmente a empregada pelo Estado, usufrui. Estes argumentos, mais enfatizados em um ou outro momento, por um ou outro governo consoante ao que se objetiva contrarreformar amparam-se em diagnósticos com horizontes comuns e a solução também sempre se encaminha para implementar políticas geneticamente similares: ampliar deveres e rebaixar direitos.

Como já o dissemos, a PEC n. 287/16 operada pelo governo de Michel Temer, por amparar-se em golpe jurídico-parlamentar que o alçou à Presidência da República, permitiu-lhe na relação com as contrarreformas anteriores conjugar continuidade com aprofundamento. O aprofundamento consiste numa importante alteração na tática política; se nas contrarreformas anteriores a aposta dos governos, na divisão política da classe trabalhadora, exigiu realizar os ataques aos direitos em separado e em momentos diferenciados para evitar-se a unificação das lutas da classe trabalhadora, a contrarreforma hoje em curso investe sobre os direitos de toda a classe trabalhadora de uma só vez. Impulsionado — e em alguma medida, ofuscado — pelo verde-amarelo das ruas e por caçarolas noturnas de efêmera vida, o cálculo político empenha-se em opor uns aos outros por meio da culpabilização e pelo cultivo da desconfiança entre os iguais, como se à classe trabalhadora e aos seus erros ou privilégios se devesse a contrarreforma. Assim, aos jovens há que se dizer: os idosos são remunerados com aposentadorias acima do que se lhes seria possível pagar, e isto converterá a vida em um horizonte de dificuldades aos recém-chegados ou por chegar ao "mercado de trabalho"; aos trabalhadores urbanos deve-se fazer acreditar: são os trabalhadores rurais os responsáveis pela iminente (para o ano de 2060?) quebra das aposentadorias públicas; aos trabalhadores e às trabalhadoras empregados/as pelos capitais cultiva-se-lhes a aversão aos "servidores públicos" sempre acusados, injustamente, por enormes privilégios; aos homens (esta é uma pérola da ignomínia machista e misógina) estimula-se a brutal impressão de que a sua exploração (de classe) é proveniente de sua relação com as mulheres e, com isto, encoraja-se, cada vez mais, a violência contra as mulheres em vez da busca de reais condições de igualdade e de salário, e da supressão das múltiplas jornadas assumidas pelas mulheres. Argumentos como estes obscurecem as determinações das contrarreformas, mas também, contraditoriamente, podem desencadear reações articuladas dos que padecem, sofrem pelos ataques. A conjuntura, doravante não somente se desenhará em jantares, gabinetes, ideias e votos amparados em moedas e privilégios.

Após outubro de 2018, parece-nos, nada poderá ser como antes.

Referências

BEHRING, Elaine R. *Brasil em contrarreforma* — desestruturação do estado e perda de direitos. São Paulo: Cortez, 2003.

GRANEMANN, Sara. Fundações estatais: projeto de estado do capital. In: *Cadernos de saúde*. Bravo, M. I. S. e Menezes, J. S. B. (Orgs.) Rio de Janeiro: UERJ, Rede Sirius, 2011.

_____. PEC n. 287/16: falácias para a desconstrução dos direitos do trabalho. *Revista Ser Social*, Brasília: UnB, v. 18, n. 39, 2016.

LÊNIN, Wladimir Ilitch. *O Estado e a Revolução*. São Paulo: Hucitec, 1983.

_____. *O imperialismo*: fase superior do capitalismo. In: Obras escolhidas. V. 1. 3. ed. São Paulo: Alfa-Omega, 1986.

MANDEL, Ernest. *O capitalismo tardio*. São Paulo: Abril Cultural, 1982.

MARX, Karl. *O Capital* — Crítica da economia política — o processo global da produção capitalista. Livro III. São Paulo, Boitempo, 2017.

_____. *Crítica da filosofia do direito de Hegel* — 1843. São Paulo: Boitempo, 2005.

NETTO, José Paulo. *Capitalismo monopolista e serviço social*. São Paulo: Cortez, 1992.

OLIVEIRA, Francisco de. *Crítica à razão dualista:* o ornitorrinco. São Paulo: Boitempo, 2003.

WORLD BANK. *Averting the old age crisis*: policies to protect the old and promote growth. (A World Bank policy research report). New York. Published by Oxford University Press, september/1994. Disponível em: http://documents.worldbank.org/curated/pt/973571468174557899/pdf/multi-page.pdf

Sobre os autores

ANA ELIZABETE MOTA   Doutora em Serviço Social pela PUC-SP. Pós--doutoramento na ISEG/Universidade Técnica de Lisboa. Professora titular aposentada do Departamento de Serviço Social da UFPE e Professora visitante sênior da Escola de Serviço Social da UFRJ. Pesquisadora 1A do CNPq.

ANA PAULA ORNELLAS MAURIEL   Assistente social e Mestre em Serviço Social pela ESS/UFRJ. Doutora em Ciências Sociais pela Unicamp (2008). Professora associada da Escola de Serviço Social e do Programa de Pós-Graduação em Serviço Social e Desenvolvimento Regional da UFF. Coordenadora do Grupo de Pesquisa sobre Política Social e Desenvolvimento (GPODE/UFF).

CARLA CECILIA CAMPOS FERREIRA   Docente da ESS/UFRJ. Mestre e Doutora em História (PPGHIST/UFRGS). Coordenadora do Laboratório de Estudos sobre Marx e a Teoria Marxista da Dependência (www.lemarx.org), fiel depositária dos arquivos de Vânia Bambirra (www.ufrgs.br/vaniabambirra) e membro do GT Crise e Economia Mundial do CLACSO.

ELAINE ROSSETTI BEHRING   Assistente social. Mestre e Doutora em Serviço Social pela ESS/UFRJ. Docente associada da Faculdade de Serviço Social e Programa de Pós-graduação (mestrado e doutorado) em Serviço Social da UERJ. Coordenadora do Grupo de Estudos e Pesquisas do Orçamento Público e Seguridade Social (GOPSS/UERJ/CNPq) e do Centro de Estudos Octavio Ianni (CEOI/UERJ/CNPq). Coordenadora Local do Procad/Capes/UERJ.

GUILHERME LEITE GONÇALVES Professor adjunto de Sociologia do Direito na Universidade do Estado do Rio de Janeiro (UERJ); Bolsista de Produtividade do CNPq e Professor-pesquisador do Consejo Latinoamericano de Ciencias Sociales (CLACSO). Foi Professor visitante na Friedrich-Schiller-Universität Jena (2017-2018) e na Freie Universität Berlin (2014-2015).

IVANETE BOSCHETTI Assistente social. Mestre em Política Social (UnB). Doutora e pós-doutora em Sociologia (EHESS/Paris). Docente do Departamento de Serviço Social e Programa de Pós-graduação (mestrado e doutorado) em Política Social da UnB até junho de 2018. Coordenadora do GESST/UnB (2000-2018). Coordenadora Nacional do Procad/Capes no período 2014-2017. Docente da graduação e Programa de Pós-graduação em Serviço Social da ESS/UFRJ e Vice-líder do Grupo de Estudos e Pesquisas Marxistas em Política Social (GEMPS/UFRJ) a partir de junho de 2018.

MÁRCIO LUPATINI Economista. Doutor em Serviço Social pela ESS/UFRJ. Professor da Universidade Federal dos Vales do Jequitinhonha e Mucuri (UFVJM). Coordenador do Grupo de Estudos de Crítica da Economia Política (GECEP/UFVJM). Membro da Sociedade Brasileira de Economia Política (SEP). Pesquisador associado do Núcleo Interdisciplinar de Estudos e Pesquisas sobre Marx e o Marxismo (NIEP-Marx/UFF).

MARIA AUGUSTA TAVARES Professora do Departamento de Serviço Social e do PPGSS da UFPB (aposentada). Investigadora integrada ao Grupo de História Global do Trabalho e dos Conflitos Sociais do Instituto de História Contemporânea da Faculdade de Ciências Sociais e Humanas da Universidade Nova de Lisboa.

MILENA FERNANDES BARROSO Assistente social. Doutora em Serviço Social pelo PPGSS/UERJ. Professora adjunta da Universidade Federal do Amazonas (UFAM), no Instituto de Ciências Sociais, Educação e Zootecnia (ICSEZ). Membro da Coordenação do GTP Serviço Social, Relações de Exploração/Opressão de Gênero, Raça/Etnia, Geração, Sexualidades da ABEPSS (Gestão 2016-2018).

RODRIGO CASTELO Professor da Escola de Serviço Social da Universidade Federal do Estado do Rio de Janeiro (Unirio) e Membro do Grupo de Trabalho (GT) de Teoria Marxista da Dependência da Sociedade Brasileira de Economia Política (SEP). Autor do livro *O social-liberalismo: auge e crise da supremacia burguesa na era neoliberal* (Expressão Popular, 2013) e organizador do livro *Encruzilhadas da América Latina* (Pão e Rosas, 2010).

RICARDO DE LIMA Estudante de graduação em Serviço Social da Unirio, Especialista em Comunicação Institucional pela Universidade Castelo Branco (2009) e Licenciado em Letras pela Universidade Estácio de Sá (2004) e pela Universidade Castelo Branco (2012).

SARA GRANEMANN Mestre e Doutora na Escola de Serviço Social pela UFRJ, com estágio pós-doutoral no Instituto de História Contemporânea da Universidade Nova de Lisboa. Docente na graduação e no Programa de Pós-graduação (mestrado/doutorado) da ESS/UFRJ. Grupos de Pesquisas: NEPEM (Núcleo de Estudos e Pesquisas Marxistas) e GEMPS (Grupo de Estudos e Pesquisas Marxistas em Políticas Sociais).

VINICIUS DE MOURA RIBEIRO Assistente social. Mestre em Serviço Social pela ESS/UFRJ (2014) e Bacharel em História pela Unirio (2018).

VIRGÍNIA FONTES Professora da Pós-Graduação em História da Universidade Federal Fluminense (UFF), credenciada na Pós-graduação da Escola Politécnica de Saúde Joaquim Venâncio (Fiocruz) e Docente da Escola Nacional Florestan Fernandes (ENFF-MST). Integra o Núcleo Interdisciplinar de Estudos e Pesquisas sobre Marx e o Marxismo (NIEP-Marx/UFF). Autora de livros e inúmeros artigos, participa de vários conselhos editoriais de periódicos no Brasil e no exterior.

LEIA TAMBÉM

MARXISMO, POLÍTICA SOCIAL e DIREITOS

Ivanete Boschetti
Elaine Behring
Rita de Lourdes Lima (Orgs.)

1ª edição (2018)

304 páginas

ISBN 978-85-249-2668-6

Este livro debate questões teórico-metodológicas do marxismo e enfrenta os dilemas e aspectos da crise do capitalismo contemporâneo e é resultado e um projeto intelectual coletivo, que reúne dezenas de pesquisadores de três importantes universidades públicas.

LEIA TAMBÉM

POLÍTICA SOCIAL
NO CAPITALISMO TARDIO

Elaine Rossetti Behring

6ª edição - 2ª reimp. (2018)

216 páginas

ISBN 978-85-249-2322-7

A obra parte da aventura do marxismo para redescobrir o mundo. O marxismo luta para sobreviver, na maior de todas as aventuras — a da retomada de seus fundamentos em Marx, não para enclausurar a realidade nos textos, mas para fazer com que estes se tornem aquilo para o qual foram formulados — um guia para desvendar o real, na perspectiva de sua transformação.

Impressão e Acabamento:
EXPRESSÃO & ARTE
EDITORA E GRÁFICA
Fones: (11) 3951-5240 | 3951-5188
E-mail: atendimento@expressaoearte.com
www.graficaexpressaoearte.com.br